国家林业和草原局普通高等教育"十三五"规划教材
高等农林院校农林经济管理专业系列教材

林业金融学

秦 涛 陈国荣 顾雪松 主编

中国林业出版社

内 容 简 介

本教材基于林业与金融深度融合的视角，针对林业经营个性特征和金融属性，量身定制适合不同类型林业经营主体和林业项目可操作性强的融资技术支撑、市场化融资模式、金融工具和金融服务项目，以期解决林业金融服务功能单一和林业金融产品创新、应用不足的问题。作为首部聚集了林业领域金融理论和金融产品的教材，本书构建了林业金融理论框架；深入剖析了林业金融需求和供给特征；详细介绍了林业信贷、林业债券、林业PPP、林业信托、林业产业投资基金、森林资源资产证券化、林产品期货、森林保险财政补贴等林业金融产品（工具），具体分析的典型案例包括背景情况、模式创新和推广应用建议等方面内容；提出了促进林业金融服务体系建设的优化途径以及解决中国林业金融问题的新框架、新视角、新观点、新思路。

本教材可作为林业金融与森林保险的教学材料，也可作为商业银行、农村信用合作社、证券公司、基金公司、信托公司、保险公司等金融机构和大型林业企业培训的学习资料，还可作为相关政府部门制定林业金融政策的决策支持。

图书在版编目（CIP）数据

林业金融学 / 秦涛，陈国荣，顾雪松主编. —北京：中国林业出版社，2021.10
国家林业和草原局普通高等教育"十三五"规划教材　高等农林院校农林经济管理专业系列教材
ISBN 978-7-5219-1265-4

Ⅰ.①林…　Ⅱ.①秦…②陈…③顾…　Ⅲ.①林业经济学-高等学校-教材　Ⅳ.①F307.2

中国版本图书馆CIP数据核字（2021）第137896号

中国林业出版社教育分社

策划编辑：肖基浒　　　　责任编辑：肖基浒　郭　琳
电　　话：(010)83143555　　传　　真：(010)83143516

出版发行	中国林业出版社（100009　北京市西城区刘海胡同7号） E-mail: jiaocaipublic@163.com　　电话：(010)83143500 http://www.forestry.gov.cn/lycb.html
经　销	新华书店
印　刷	三河祥达印刷包装有限公司
版　次	2021年10月第1版
印　次	2021年10月第1次印刷
开　本	850mm×1168mm　1/16
印　张	19.5
字　数	462千字
定　价	60.00元

未经许可，不得以任何方式复制或抄袭本书之部分或全部内容。

版权所有　侵权必究

《林业金融学》编写人员

主　　编　秦　涛　陈国荣　顾雪松
副 主 编　邓　晶　潘焕学　田治威
　　　　　　曹芳萍　张宝林
参编人员（按姓氏笔画排序）
　　　　　　王　姗　王富炜　朱庆福　朱彩霞
　　　　　　刘琨天　孙晓敏　李　昊　肖慧娟
　　　　　　宋　蕊　陈晓倩　罗长林　周瑞原
　　　　　　夏　玲　彭卫红　程军国

前 言

森林是陆地生态系统的主体，是国家、民族最大的生存资本，是人类生存的根基。林业是绿水青山转化为金山银山的重要载体，是实现乡村产业兴旺的重要领域。党的十八大以来，生态文明建设成为中国特色社会主义"五位一体"总体布局的重要组成部分；党的十九大进一步强调建设生态文明是中华民族永续发展的千年大计，要统筹山水林田湖草系统治理。林业自身的特有属性需要金融支持，发展林业产业也需要强大的金融支持。然而由于林业金融创新不足，缺乏有效的林业金融工具，导致无法实现投资收益与风险跨期配置，成为制约我国林业发展的重要因素。长期以来，我国林业所获得的金融资源与其在经济和社会发展中的地位和作用极不相称，林业与金融有效结合未引起足够的重视。具体表现为：林业金融理论体系与市场机制远未形成，林业金融服务水平严重滞后，林业投融资渠道有限、信贷资金供给不足、金融产品创新乏力、金融服务功能单一、产业资本外流严重，以及林业风险管理发展滞后。这些问题严重阻碍了我国林业改革成果巩固和继续深化，禁锢着我国林业的健康发展。

在生态文明建设大背景下，本教材以我国林业金融服务体系发展滞后、林业信贷与保险市场存在明显缺陷为起点，基于林业金融需求与供给双重视角，具体介绍和分析了金融工具在林业产业的应用，主要包括林业信贷、林业债券、林业 PPP、林业信托、林业产业投资基金、森林资源资产证券化、林产品期货和森林保险财政补贴等林业金融工具，覆盖包括林农、林业企业、林业合作组织等各类经营主体，提出了促进林业金融服务体系建设的优化途径以及解决中国林业金融问题的新框架、新视角、新观点、新思路，为相关政府部门制定林业金融政策提供理论依据和决策支持。

与其他同类书籍相比，本教材有以下 5 个方面的显著特点和创新：

（1）原创性。首先，打破了原有林业投融资的思维定式，构建了全新的林业金融服务体系框架，提出林业金融支持体系建设并非孤立存在，而是一个庞大的系统工程，需要制订整体性解决方案，建立具有复合共生特征的林业金融支持的基础平台。其次，创新性地以构建林业经营主体信贷与森林保险耦合机制为切入点，将信贷需求（包括保险需求）与保险的金融供给进行有效结合，对推动金融需求主体有效需求的满足以及激励金融供给主体加强林业信贷的支持起到一定的助推作用。

（2）前瞻性。把握金融创新发展趋势，针对林业产业经营个性特征和金融属性，量身定制适合不同类型的林业经营主体和林业项目的可操作性强的融资技术支撑、最优的市场化融资模式、金融工具和金融服务项目，以解决林业金融服务功能单一和林业金融产品创新及应用不足的问题。目前在全国高校和学术界尚没有专门针对林业金融创新及应用方面的教材，由此充分体现了本教材的前瞻性。

（3）政策性。本教材从林业与金融结合的实践出发，结合林业信贷、林业债券、林业

PPP、林业信托、林业产业投资基金、森林资源资产证券化、林产品期货、森林保险财政补贴等具体林业金融产品，创新与优化配套的财政政策和产业政策，对于推进金融机构对林业的金融支持、提高产业政策调控林业发展的有效性、丰富林业产业政策的内容体系具有重要的实践价值。

（4）系统性。本教材首先从林业金融理论开始，构建林业金融理论框架；然后从林业金融需求和供给两个角度来分析；接着详细讨论具体的林业金融产品，包括其产生背景、发展现状、主要特点、存在问题以及优化路径，部分产品还提供了近年的典型案例。从理论到产品，既参考了严谨的学术文献也包含了最新的政策文件和相关资料，因此本教材具有较高的系统性。

（5）应用性。将林业金融服务体系和金融产品设计应用置于我国林业产业发展和林权改革的整个过程中。熟悉这些金融产品的特性可以给相关行业的从业人员提供参考和借鉴，而且对于想要提升、改进林业金融领域的政府部门来说，本教材含有针对性和创新性的政策建议，对这些部门具有一定的支撑作用。同时，对于林业金融专业学生和金融机构人员学以致用、提高林业金融产品创新能力能够发挥重要作用。

本教材是国家林业和草原局普通高等教育"十三五"规划教材，并得到以下科研项目的资助：国家社科基金后期资助项目"中国森林保险需求与供给模式研究"（编号：20FGLB022）、教育部人文社会科学研究青年基金项目"我国森林保险精准扶贫效应评估与机制优化研究"（编号：20YJA790059）、教育部哲学社会科学研究后期资助项目（编号：13JHQ047）、北京林业大学2020年研究生课程建设项目（编号：JCCB2035）、北京林业大学科研反哺人才培养研究生课程教学改革项目（编号：JXGG19031）、北京林业大学重大科研成果培育项目（编号：2017CGP019）、北京林业大学研究生课程建设项目（编号：JCCB15089）、北京林业大学教育教学研究教学名师项目（编号：BJFU2017MS006）、中央高校基本科研业务费专项资金项目（编号：2015ZCQ-JG-01）、北京市社会科学基金项目"北京市公益林保险产品创新与运行模式优化"（编号：18YJB011）、国家林业和草原局业务委托项目"国家储备林金融创新风险防控机制研究"、国家林业和草原局业务委托项目"林业PPP项目操作指南编制"、国家林业和草原局业务委托项目"我国林业PPP融资模式创新研究"、国家林业和草原局业务委托项目"我国林业产业化规模融资模式创新研究"、国家林业和草原局业务委托项目"林业巨灾风险管理机制研究与森林保险发展报告"。

本教材的完成归功于北京林业大学林业金融研究院，"林业金融与森林保险研究团队"多年来一直聚焦于林业金融领域的科学研究与实践探索。主编负责全书框架的设计和最终定稿。邓晶负责第五、十一章，潘焕学负责第六、七章，田治威负责第二、三、四章，曹芳萍负责第八、九章，张宝林负责第十、十二章，参编人员负责其他章节以及全书数据资料的收集整理。特别感谢国家林业和草原局、国家开发银行、中国农业发展银行、北京惠农资本管理有限公司、中林集团、青岛联合信用资产交易中心有限公司等单位和机构的大力支持。

尽管我们全力以赴，但由于主客观条件所限，本教材尚有诸多不尽如人意之处，热忱盼望各位专家和读者批评指正，以利于今后不断完善和提高！

编　者

2021年7月7日

目 录

前 言

第一章 概述 ... 1
第一节 国内外研究综述 ... 2
第二节 林业金融服务体系与关键要素 ... 3
第三节 林业金融学创新之处 ... 7

第二章 林业金融理论基础 ... 9
第一节 林业金融理论框架 ... 9
第二节 林业金融支持机理 ... 13
第三节 林业金融发展模式 ... 22
本章小结 ... 34

第三章 林业金融需求 ... 35
第一节 林业信贷需求 ... 35
第二节 森林保险需求 ... 40
本章小结 ... 54

第四章 林业金融供给 ... 55
第一节 林业信贷供给 ... 55
第二节 森林保险供给 ... 73
本章小结 ... 81

第五章 林业信贷 ... 83
第一节 林权抵押贷款融资模式 ... 83
第二节 林业贸易信贷融资模式 ... 109
第三节 林业合作组织信贷融资模式 ... 113
本章小结 ... 116

第六章 林业债券 ... 117
第一节 地方政府专项债券 ... 117
第二节 典型案例 ... 122
本章小结 ... 126

第七章 林业 PPP ································ 127
- 第一节 林业 PPP 应用条件与模式选择 ································ 127
- 第二节 国家储备林 PPP 模式 ································ 136
- 第三节 森林公园 PPP 融资模式 ································ 161
- 本章小结 ································ 175

第八章 林业信托 ································ 176
- 第一节 林业信托融资机制与运作模式 ································ 176
- 第二节 林业信托融资项目典型案例 ································ 181
- 本章小结 ································ 189

第九章 林业产业投资基金 ································ 190
- 第一节 产业投资基金概况 ································ 190
- 第二节 林业产业投资基金设立的必要性与可行性 ································ 199
- 第三节 林业产业投资基金设立运作模式 ································ 203
- 第四节 设立我国林业产业投资基金的关键问题及推进策略 ································ 213
- 第五节 案例分析：中国农业产业发展基金 ································ 215
- 本章小结 ································ 219

第十章 森林资源资产证券化 ································ 220
- 第一节 森林资源资产证券化融资机理 ································ 220
- 第二节 国外森林资源资产证券化应用模式 ································ 225
- 第三节 我国森林资源资产证券化操作模式 ································ 238
- 第四节 我国森林资源资产证券化发展的关键要素 ································ 244
- 本章小结 ································ 248

第十一章 林产品期货 ································ 249
- 第一节 林产品期货概述 ································ 249
- 第二节 林产品期货发展的可行性 ································ 252
- 第三节 林产品期货市场发展状况 ································ 255
- 第四节 林产品期货市场发展策略 ································ 258
- 第五节 案例分析：胶合板期货 ································ 260
- 本章小结 ································ 268

第十二章 森林保险财政补贴 ································ 270
- 第一节 森林保险财政补贴理论依据 ································ 270
- 第二节 森林保险财政补贴主要方式 ································ 272
- 第三节 我国森林保险财政补贴方式 ································ 275

第四节　我国森林保险补贴政策优化方向 …………………………………… 278
　　本章小结 …………………………………………………………………………… 280

第十三章　林业银保合作机制 ……………………………………………………… 282
　　第一节　林业信贷与森林保险耦合机制与优势 ……………………………… 282
　　第二节　林业信贷与森林保险合作问题与对策 ……………………………… 287
　　本章小结 …………………………………………………………………………… 292

参考文献 ……………………………………………………………………………… 293

第一章 概 述

发展林业产业需要强大的金融支持，然而长期以来我国林业所获得的金融资源与其在经济和社会发展中的地位、作用极不相称。林业与金融有效结合未引起足够的重视，严重阻碍了林业产业健康发展。随着集体林权制度改革的不断深入，我国林业产业发展进入新的战略转型期，林业产业化发展和产业技术升级需要投入大量资本，单纯的信贷融资和财政支持已经很难满足林业产业发展对资本的需求。从我国林业产业发展现状来看，林农融资渠道有限，林业企业上市融资数量较少，林业企业债券融资占比较低，其他融资手段和金融工具未充分利用。为了有效应对和解决上述问题，财政部、国家林业和草原局等部门出台多部重要法规。国家林业局联合财政部、国家发展和改革委员会分别出台了《关于运用政府和社会资本合作模式推进林业生态建设和保护利用的指导意见》（林规发〔2016〕168号）和《关于运用政府和社会资本合作模式推进林业建设的指导意见》（发改农经〔2016〕2455号），明确提出重点支持林业重大生态工程、国家储备林建设、林业旅游休闲康养服务、林区基础设施建设、木本油料产业发展、野生动植物保护及利用等领域开展林业PPP模式创新。国家林业局联合国家发展和改革委员会、国家开发银行、中国农业发展银行出台《关于进一步利用开发性和政策性金融推进林业生态建设的通知》（发改农经〔2017〕140号），提出要拓宽林业生态建设投融资渠道，创新林业投融资机制，以支持国家储备林建设、国家公园、森林公园、湿地公园、沙漠公园等保护与建设，林业生态扶贫项目建设等。财政部发布的《中央财政农业保险保险费补贴管理办法》（财金〔2016〕123号）明确了森林保险的补贴险种、补贴水平、保障措施、预算管理等。中共中央办公厅、国务院办公厅发布的《关于做好地方政府专项债券发行及项目配套融资工作的通知》（厅字〔2019〕33号）鼓励专项债券聚焦于生态环保领域，对专项债券的市场化定价、偿债能力匹配、期限比例等作出了明确指示。

林业金融服务体系的建设不是一个孤立的问题，它牵涉到政府部门、金融机构、林业企业和林农自身等方方面面，是一个庞大的系统工程，需要构筑一个复合共生型的多元化金融服务体系。通过建立林业金融服务体系，为林权改革提供金融支持，为林农和林业企业等提供全方位、多元化金融服务，进而提高林业产业资金运行效率，已成为发展林业产业和推进林权制度改革的重大战略举措。林业金融是金融体系与林业系统相互渗透、融合形成的新的金融系统，而林业金融学是金融学与林业经济管理学科交叉派生出来的一个新兴学科。在全面推进集体林权制度改革的新形势下，加强林业金融学科建设，从根本上解决林业金融严重滞后等林业产业发展的突出问题，具有极其重要的现实意义和深远的前瞻价值。

第一节　国内外研究综述

目前，国内外学者已开始关注林业与金融互动的理论研究与实践探索。国外学者认为林业是天生的弱质产业，但又具有生态效益和社会效益的特性，因此在林业金融服务方面普遍采取了以财税支持为主要内容的扶持方式，主张政府应该利用税收使公共物品的外部性内部化，从而解决资金投入不足等问题。美国的阿玛彻（Amacher，1997）教授指出，"应在充分考虑林业资本流动性、森林权属、林业与非林业市场竞争的基础上，分别进行林业税制设计，财政应该支持并在预算收入上加以体现"；加拿大的苏珊娜（Susanna，2004）认为"积极的政策会有利于林业运转，就能吸引外商对林业部门的直接投资"。国内理论界对林业金融服务的研究主要集中在林权抵押贷款、林权改革与金融服务创新、林业融资模式等方面。国内学者普遍认为林权抵押贷款存在以下几方面的问题：一是缺乏林权抵押贷款制度框架设计；二是林权抵押贷款难管理；三是信贷产品特点与林业生产错位；四是森林保险发展滞后，抵押贷款的森林资源保险问题难解决；五是相关财政配套支持措施没有到位。福建农林大学的陈玲芳与金德凌（2005）从林业生产特点、林权制度及信息不对称等角度解释林业获取信贷资金难的原因，提出要解决林业融资难，必须首先解决林业投融资中的信息不对称问题，依靠自由市场机制，寻求适合林业的融资体制，进行融资创新。通过融资创新，提供一种新的产品或交易方式来减少内生交易费用，降低融资成本。中国人民大学的马九杰与李歆（2008）分析了林业生产经营者融资需求、满足状况以及导致林业融资困境的原因，提出通过抵押品扩展和替代机制进行金融创新，描绘和分析以林权抵押贷款为核心的林业金融创新主要模式，并对订单林业、合作经济组织的发展对林业融资的作用进行探讨。北京林业大学的秦涛（2009）提出我国林业金融支持的战略框架，包括财政性、政策性和商业性融资体系构成的金融服务基础平台，并对不同类型的林业经营主体和林业项目量身定制最优的市场化融资模式和金融工具。

总体来说，目前国内外尚未从产业共生发展角度对林业和金融两大产业及其相关要素间作用机理进行系统性梳理，林业金融的理论基础甚为薄弱，在研究思路、范围和方法方面存在偏差。（1）研究思路主要采用"理论导向型"思路，沿着林业投融资理论发展逻辑，仅提出林业发展过程中资金短缺和投资不足的问题，并没有从金融需求和供给角度出发，分析导致林业融资困境和金融供给不足的根本原因。由于未能深入分析林业产业的特有金融属性，因此无法设计出针对不同类型林业产业特征的林业金融服务体系和金融产品，在微观层面上不具有可操作性。（2）研究范围只停留在林业金融服务的某一个方面，未能从林业融资支持体系、金融组织体系、产品创新体系、风险管理体系和政策支持体系等方面综合考虑林业金融服务问题，尤其缺乏对财政性、政策性、商业性和合作性金融支持林业发展的协调机制的研究。大部分研究局限在林业范围内讨论林业金融服务问题，而对涉及外部经济环境、农村金融体系、森林保险体系、产业化经营、林地流转等相关领域的研究较少，因此，依据微观主体行为特征重新审视和思考林业金融服务问题是亟待解决的一个重要课题。（3）研究方法方面，现有的文献引入了不确定性、非对称信息、交易成本、产权理论等理论成果[如崔玉果（2010），范刘珊（2019），冯文丽（2004），刘晓（2018）等]，用于解释融资难的问题和设计林业投融资机制,但多为直观、静态地分析某一时期我国林业投融资现状和存在的问题,相当一部分研究属于实践工作的经验总结,他们仅从财政、金融、法律法规和政策执行等不同角度分析有关的问题,并提出相应对策措施,在研究中缺乏定量和实证分析,博弈论、模型法等经济分析方法运用不足,或者说逻辑分析和抽象分析的力度不够。

综上所述,目前对于林业金融问题的研究,仍停留在林业投融资理论层面,尚未从产融结合和金融发展的视角来探讨林业信贷约束和融资困境、林业产业投资不足,以及社会资本难以进入林业领域的深层次原因,在研究林业投资收益和风险水平等林业发展中的核心问题方面严重不足,在构建林业金融支持体系和林业金融工具创新实践方面更是严重滞后,直接影响到林业金融服务体系的建立,致使我国林业产业发展面临投融资渠道有限、金融工具创新乏力、信贷资金供给不足、林业金融服务功能单一、林业产业资本外流严重,以及林业产业政策支持和风险管理体系发展滞后等多方面的严峻挑战。因此,从系统工程角度对林业金融服务进行跨学科交叉式综合性研究,是一项富有挑战性的新课题。

第二节 林业金融服务体系与关键要素

一、我国林业金融服务体系框架

从经济学角度来看,产业资本形成不足主要有3方面原因:融资需求不足、投资供给不足和资金利用效率不高。①林业经营者作为资金需求者,由于信贷约束以及融资渠道不畅而面临融资困境,无法从金融机构及其他融资渠道获取资金;②金融机构及社会投资者作为资金供给方,由于林业产业投资收益低、风险高,不愿意将资本投向林业;③林业金融工具创新不足,缺乏相应投融资渠道和平台,导致各类资本难以进入林业。因此,为了保证各类资本源源不断地进入林业,必须探寻造成林业经营主体融资困境和阻碍金融资源进入林业的根本原因,以便从源头上解决问题。所以,林业金融问题的研究需要从金融需求和供给角度出发,即从客户层面的金融需求、微观层面的金融供给、中观层面的金融基础设施和宏观层面的政策支持体系等角度入手,梳理林业产业发展进程中金融支持的内生逻辑,为我国林业金融服务体系的构建提供理论依据(图1.1)。

1. 基于客户层面的金融需求

从金融需求角度入手,了解林业经营主体包括林农、林业企业以及林业合作组织的金融需求,通过对各类林业经营主体的实地调查,全面评价各经营主体融资状况,了解其是否面临信贷约束,需要什么样的金融服务,需要什么样的金融机构,目的是发掘林业金融服务体系建设和机制创新的原动力。在调整林业产业结构和推进林业产业化过程中,林业的专业化生产以及为联结林农与市场而发展起来的各类专业合作组织有了新的金融需求。林业产业化经营的一个重要任务就是培育龙头企业。龙头企业可以将林产品生产、加工和贸易融为一体,增加林业产业上下游的关联度,促进林业产业链的延伸和一体化发展,通过采取"龙头企业+合作组织+林农"等新型林业产业化经营模式,必然产生新的金融需求,如综合性、较大规模的系列性金融服务。因此,只有准确把握林业金融的需求特征和融资

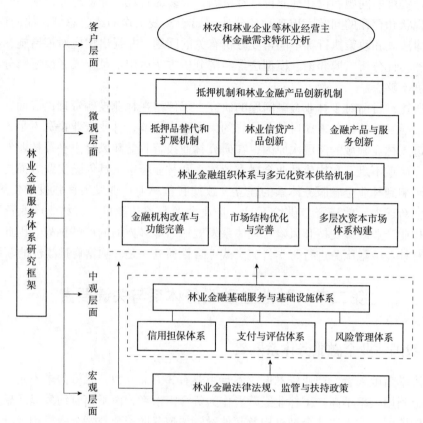

图1.1 我国林业金融服务体系研究框架

状况,才能为金融机构改革和产品创新提供依据。

2. 基于微观层面的金融供给

首先,在分析供给主体(政策性银行、商业性银行、农村信用合作社等金融机构)为林业提供金融服务的基础上,寻求增加服务种类的办法,主要是通过银行与非银行金融机构等组织体系的制度创新、金融产品或业务的创新。其次,基于收益与风险的视角研究林业产业吸融力,分析影响资本进入林业的关键因素。林业投资决策取决于其投资收益率和风险的大小及其比较,因此投入林业领域的资本同任何领域的资本一样,不仅要求收回成本,还要求不低于相同风险水平下投资其他领域的预期收益。由于林业投资收益与风险不匹配,导致资本不愿意投资林业,解决此问题的关键路径就是提高林业投资收益能力、降低投资风险水平,以及通过林业金融工具创新实现林业收益与风险跨期配置,以此来增强林业产业对资本的吸引力。

3. 基于中观层面的金融基础设施

林业金融基础设施是林业金融服务体系不可或缺的一部分,在我国林业中小型企业和林农贷款难以及农村金融机构相对萎缩的情况下,林权改革进入攻坚阶段,对林业金融服务需求进一步高涨,林业金融供求矛盾更加突出。其主要原因在于金融结构、体制与政策约束。在制约我国林业金融深化的各种因素中,最重要的是林业金融基础设施建设滞后所带来的约束。完善我国林业金融服务体系，需要从我国林业金融组织体系和产品体系的改革和完善入手，如信用体系、信贷担保体系和风险管理体系建设。信用体系建设可以降低金融机构服务林农和林业中小企业的交易成本，减少信用风险；信贷担保体系建设可以降低金融机构直接面向林农或林业中小企业提供服务所要承担的高交易成本和信贷风险，从而提高金融机构为分散林农和林业中小企业服务的积极性，增加对林业的信贷供给；风险管理体系的建立可以有效规避和转移林业风险，保障林业经营主体的收益实现，降低林业投资风险和信贷风险。

4. 基于宏观层面的政策支撑体系

促进集体林权制度改革和林业产业发展的金融服务体系建设需要通过确立合理有效的金融创新制度，确立适应林业产业发展的金融组织结构、融资结构及金融制度安排，需要完善林业金融相关法律法规和政策支持体系，因此，财政、金融和林业管理部门需要出台相应的配套政策和措施，以多层次、多形式的财政支持、金融支持和产业支持政策，支持金融机构为林业产业提供各项金融服务。

基于以上的林业金融理论框架，我们得出以下主要观点：

(1) 林业产业金融弱质性问题不是一个孤立的问题，它牵涉到政府、金融、林业及企业自身的方方面面，是一个庞大的系统工程，需要整体性的解决方案。林业产业化发展进程要求对现有金融体系进行改革创新，构筑一个复合共生型的多元林业金融服务体系。

(2) 从林业信贷需求与供给状况来看，林农信贷需求十分强烈，其信贷需求特征明显，借款以生产性用途为主，资金需求规模大、期限长，且主要来自正规金融。但目前林业信贷服务体系存在一定缺陷，各金融机构之间缺乏分工与协作，林业信贷供给不足，林农和林业企业普遍面临信贷约束。

(3) 我国林业信贷供求矛盾突出，体现为供求总量失衡和结构错位，其根本原因是有效金融供给不足。一方面是由于林业信贷服务体系功能缺位、信贷交易成本较高、信用担保体系、风险分散机制及相关配套政策不健全，导致信贷供给总量不足；另一方面是信贷服务对象错位和产品结构单一，导致信贷供求结构(规模和期限等)不合理。增加有效金融供给，核心是避免金融机构成本与收益不对称，并有效控制贷款风险，因此需要进行金融工具、金融手段和金融组织方面的创新。

(4) 林业"产业吸融力"弱主要是由于林业投资收益低、风险高、资产缺乏流动性，导致林业资产变现困难。因此，提高林业"产业吸融力"的根本路径是：加快林业产业化进程，完善林业产业政策保障体系，增强林业收益水平，并通过建立林业金融工具(产品)创新机制和林业一体化风险管理体系，实现林业收益与风险跨期配置。为有效化解林业经营所面临的市场风险、自然风险和流动性风险，建议构建基于"订单林业+林产品期货+森林保险+资产证券化+信贷风险补偿基金"的林业一体化风险管理体系，积极探索林业信贷市场与林产品期货市场、森林保险的有机结合方式。

(5) 林业信贷与森林保险耦合机制可以提高信贷机构、保险公司及林业经营者的预期收益，相对于独立的信贷与保险机制具有明显优势，通过对林农信贷与森林保险需求关系分析发现，林业信贷与森林保险合作机制具有可行性，但我国林业信贷与森林保险双方尚未建立合作机制，因此，为推进"林业信贷+森林保险"运作模式需要配套机制保障，一是探索建立信贷与保险合作框架，择机推行"林业信贷+森林保险"的运作模式；二是建立信贷与保险机构联动平台，加强产品开发合作，建立重点林业项目合作机制；三是完善森林保险经营体系，开发分散林业巨灾风险的途径；四是推进林业合作组织建设，有效降低金融机构的经营成本；五是加大中央财政支持力度，发挥其对信贷和保险投放的杠杆效应。

二、我国林业金融发展的关键要素

党的十九大明确提出，必须树立和践行"绿水青山就是金山银山"的理念，统筹山水林田湖草系统治理。目前我国生态工程的规划思路、组织方式和具体实践，主要还是以单类生态系统的保护和恢复为主，山水林田湖草一体化保护和修复机制并没有完全构建起来。同时在工程项目的组织实施和投入机制上也比较单一，金融产品创新力度不足，引入金融资本和社会资本投入的政策措施相对比较薄弱。在此"三期叠加"①的大背景下，迫切需要对生态系统的自然规律、区域差异及其价值实现途径进行准确把握和科学认知，通过金融创新驱动实现生态治理能力的全面提升，为实现美丽中国和生态文明建设"2035目标"②和"2050愿景"③奠定坚实基础。我国当前林业金融发展的关键要素可以概括为以下6大方面：

1. 金融产品创新是关键环节

一是充分发挥政策性、开发性金融机构的作用，鼓励银行积极参与和扩大林业投资和贷款业务，通过利率优惠等措施提供政策性长期贷款；二是积极鼓励引导商业银行大力发展林业信贷业务，推进银企合作，支持创新类贷款业务的发展；三是支持地方政府发行专项债券，鼓励大型企业、商业银行、政策性银行以及国际金融机构发行绿色债券；四是鼓励有条件的地方政府和社会资本按市场化原则共同发起林业产业基金，搭建民营资本林业投融资平台，重点支持国家储备林、碳汇林、特色经济林建设，森林、湿地、草原、荒漠等生态修复，国家公园、森林公园、湿地公园等自然保护地的项目建设；五是鼓励保险机构创新绿色保险产品，探索绿色保险参与生态保护补偿的途径，开发生态工程保险产品。

2. 融资平台建设是基本前提

林业生态工程项目大多融资需求大、收益回报期长，项目主体实力弱、资信不足，尤其在目前国家大力控制地方政府债务风险的背景下，传统的贷款限制越来越多。解决途径有以下3点：一是加强林场和林业企业自身的信用，以林权抵押、木材采伐收益权质押、公益林预期收益权质押、房产抵押，以及利用其他实力企业给予保证担保等多种方式融资。二是整合区域内林场形成新的主体。对于一个区域内整体实力较弱的林场或者因为一类事业单位属性不能自身贷款的林场，可以通过以县、市为单位，整合区域内林场资源，以人工商品林权入股成立地方林业投资公司，统一编制森林经营计划，理顺林业投资公司和林场之间的关系，以地方林业投资公司作为借款人进行融资。三是引进有实力的企业集团作为统贷平台。依托大型中央企业森林资源经营或项目建设优势，以央企作为借款人，通过央企与地方企业和国有林场以签订合作协议方式共同运营储备林项目；充分挖掘国家

---

① 三期叠加：增长速度换挡期、结构调整阵痛期、前期刺激政策消化期。
② 《中华人民共和国国民经济和社会发展第十四个五年规划和2035年远景目标纲要》，2017年。
③ 《决胜全面建成小康社会 夺取新时代中国特色社会主义伟大胜利》，中国共产党第十九次全国代表大会报告，2017年。

级林业龙头企业的优势和潜力,利用其辐射和带动作用,逐步在林业系统内建立一批有着高专业素质、强融资实力、强运营能力的优质企业。

3. 收益回报机制是基础条件

如果林业项目投资回报率水平较低,其还款能力和现金流则无法达到银行贷款要求,因此,缺乏对社会资本的吸引力。需要对项目的收入来源进行优化设计,一是可以通过集约化、专业化经营提高林地生产效率,以经营周期内的采伐收入形成项目现金流,建立项目自身造血功能和项目现金流的正常循环;二是推广人工林可持续经营技术模式,以长周期、大径级用材培育储备,以及林地价值的上升,保障承储主体长期收益;三是通过发展林下经济、森林旅游、森林康养等项目,产生直接经济效益,增强项目盈利能力。

4. 收储担保体系是重要支撑

林权抵押能力弱、抵押处置难是影响金融机构开展林业信贷业务的主要因素,通过引入林权收储担保不仅可以打消金融机构的顾虑,还可以降低林权抵押贷款的综合成本,解决了林权抵押贷款期限短与生产经营周期长的"短融长投"问题。林权收储担保是打通林权抵押贷款梗阻的融化剂,是促进社会资本和金融资本投资储备林项目、弥补财政投资严重不足的催化剂。一方面,鼓励地方财政注资成立林权收储机构;另一方面,依托现有林业要素市场(林权交易中心)组织区域性的林权交易所,丰富交易模式和品种,以此作为林业企业和林农的信用平台,并组建林业担保机构。

5. 生态产品交易是重要条件

探索建立市场化的生态产品有偿使用和生态补偿制度,允许国有林地使用权、林木所有权和使用权向民营企业、金融资本开放,鼓励通过租赁、特许经营等方式积极发展森林旅游、森林康养等生态产业。研究开展森林、湿地、草原、荒漠等典型生态系统的水源涵养与调节、水质净化、固碳服务等功能的有偿使用和生态补偿。针对南北方的气候差异和地域特点,建立自然资源资产与生态产品交易的南方中心和北方中心,紧紧围绕商品林赎买、公益林收储、集体和国有林地及沙地经营权流转、碳汇交易等,开展投资、出让、租赁、买卖等自然资源资产和生态产品交易。

6. 信贷保险合作是主要途径

林业信贷与森林保险耦合机制可以提高信贷机构、保险公司及林业经营者的预期收益,相对于独立的信贷与保险机制具有明显优势。跨市场的机构合作和跨市场的产品对接这两种发展路径比较适合我国林业信贷与森林保险互动发展的现实需要。一是基于"合作-代理"模式,信贷机构与保险公司可以构建新型的信贷与保险联合体,即"政府+金融机构(银行+保险公司)+公司(龙头企业)+项目经营主体"新型信贷与保险联合体;二是信贷机构与保险公司加强信贷与保险产品合作开发,将林业信贷与森林保险统一起来,制定产品动态开发工作机制,形成结合信贷机构、保险公司的市场需求收集、反馈、产品设计、销售流程;三是建立重点林业生态保护项目合作机制,建立双边项目合作机制。

第三节 林业金融学创新之处

本教材以金融学理论为基础,突出林业行业背景,聚焦我国林业金融发展面临的问题，全面分析加强林业金融学科建设的必要性及其重要意义，提出林业金融学科的发展要坚持以学科建设为主线、凝练学科方向、突出学科特色、建设学科队伍、搭建学科平台，明确需要研究的前沿问题以及学科建设的主要内容，以期对促进金融学与林业经济管理等学科的融合、创新与发展具有启示和借鉴作用。通过对国内外林业金融研究现状进行总结评述，描述我国林业金融服务体系框架，即从客户层面的金融需求、微观层面的金融供给、中观层面的金融基础设施和宏观层面的政策支持等角度入手，阐述林业产业与金融业的关联、林业金融的需求特征以及林业金融支持体系框架等重点问题，以此建立林业与金融的产业共生机制，实现二者协调发展。主要包括以下方面创新：

(1) 打破了原有林业投融资研究的思维定式，构建了全新的林业金融服务体系和金融工具。提出集体林权制度改革过程中的林业金融支持体系建设并非孤立存在，而是一个庞大的系统工程，需要建立包括财政性金融、政策性金融、商业性金融和合作性金融所构成的具有复合共生特征的林业金融支持的基础平台。

(2) 在认识我国林业金融服务体系与农村金融制度的差距方面进行了突破。相对于农村金融领域的研究，国内对林业金融问题的研究比较薄弱。本教材对林农金融需求状况和问题做出多角度、全方位的深入分析，提出在推进林业金融服务体系建设过程中，要进一步坚持市场化、商业可持续与政策扶持相结合的原则，制定符合林业金融需求特点的金融组织体系、产品创新体系、风险管理体系和政策支持体系。

(3) 深入挖掘我国林业金融机构服务不能令人满意的根源。现有农村金融机构存在着改革迟缓、服务林业产业和林业改革的动力不足、积极性不高、产品太少、服务太差等重大问题。本教材探讨了国家林业产业政策的有效金融支持机制，以及支持金融机构信贷供给的配套财政政策和产业政策，对于推进金融机构对林业的金融支持和信贷供给、提高产业政策调控林业发展的有效性、丰富林业产业政策的内容体系具有重要的实践价值。

(4) 针对林业产业经营个性特征和金融属性，设计了相应的金融产品和服务模式。本教材针对不同类型的林业经营主体和林业项目，提出了可操作性强的融资技术支撑、最优的市场化融资模式、金融工具和金融服务项目，以期解决林业金融服务功能单一和林业金融产品不足的问题。

(5) 对森林保险、林产品期货等林业金融产品，以及林业银保合作机制进行了专门介绍，探讨了林业一体化风险管理体系框架设计，提出了以森林保险体系、订单林业、林产品期货市场和森林资源资产证券化为主要构成的框架，并提出了相应的实施策略。

第二章 林业金融理论基础

在现代市场经济条件下,随着金融效率的提高,金融对经济的支持与推动作用越来越明显,并在相当大的程度上决定着经济发展的速度和效率,使得金融在经济中处于核心地位。林业产业发展要求广泛而有效率的信用活动和金融运行,以保障持续增加的资本投入和金融资源的有效配置。毫无疑问,我国现阶段的林业面临着严峻的资本形成不足,这就必然导致推进林业产业化发展所需资金投入出现一定的缺口。林业金融支持正是为了弥补这个缺口而产生的一种创新制度安排,旨在通过金融改进与金融创新、合理配置信贷资源、优化信贷结构、建立健全林业金融支持体系、规范并引导林业资本市场运行、完善林业金融服务等途径,为林业产业化发展奠定坚实的金融基础。

本章首先提出金融支持林业发展的重点问题和理论框架,然后分析林业金融的传导机制、作用机理、支持体系,总结目前我国的林业金融支持体系,接下来重点讨论林业财政性金融、林业政策性金融和林业商业性金融这3种林业金融支持发展模式,最后提出增强我国林业产业融资能力的主要路径,为林业金融支持体系的框架构建提供了理论依据。

第一节 林业金融理论框架

一、林业金融的重点问题

(一)林业金融互动机制和关联机理

林业产业发展过程中的资金需求极大地刺激了经济的发展,林业产业成为金融业的利润来源之一,同时金融支持又促进了林业产业的发展。在这个互动发展的过程中,林业产业发展促进了金融业的创新与合作,也产生了多元化的金融服务需求。这种需求又使金融业面临着对林业产业发展支持力度、金融服务方式、金融产品创新乃至整个金融市场面向林业产业创新等诸多问题,并最终促进两大产业的协调发展。厘清林业产业与金融业的互动机制和关联机理,就是要找出两者之间存在着的相互影响、相互联系的动态关系,从而找到符合林业发展内在运行规律的金融机制,最终使两大产业内各自独立的经济组织因同类资源共享或异类资源互补(主要是后者)而促进产业内、外部直接或间接的资源配置效率改进,推动林业产业的发展。

(二)林业金融需求特征

林业金融需求是指现代林业在生产、经营、加工和流通等各环节中,其生产和经营主体所产生的金融需求，主要包括信贷需求和森林保险需求。林业金融需求主体主要分为林农、林业企业和林业合作组织等，不同经营主体的信贷能力和金融需求具有鲜明的多层次特征。通过分析林农、林业企业和林业合作组织在借款期限、借款用途以及金融服务方面的情况，全面评价林业经营者的金融（融资）需求及满足状况。森林保险是指森林经营者（投保人和被保险人）按照一定的标准缴纳保险费以获得保险公司（保险人）在森林遭受灾害时提供经济补偿的行为。

（三）林业金融供给体系与产品创新

从金融供给角度出发，全面评价目前我国林业金融供给体系发展现状，重点分析以国家开发银行和中国农业发展银行为代表的政策性金融，以中国农业银行、农村商业银行等为代表的商业性金融，以及以农村信用合作社为代表的合作性金融对林业的金融资源供给状况，并对各金融机构开展林业金融服务过程中的运行状况、信贷支持重点及存在问题进行剖析。以此为基础基于信息经济学、交易成本和信贷供给理论，从资金供给和需求双方的视角分析导致林业融资困境的主要原因，探讨哪些机制可以起到控制信用风险和节约交易成本的作用，并在金融供给主体（指正规机构，包括经过改革的或新成立的机构）对林业经营主体的金融服务供给行为分析基础上，寻求增加对金融信贷供给的办法，结合林农和林业企业面临的信贷约束问题，提出林业金融体系建设和金融创新的抵押品扩展和替代机制的应用模式。同时基于功能视角对林业金融组织制度进行创新，如内生于中小企业（包括林业中小企业）的民营银行及村镇银行的建立；金融交易的制度创新，如商业银行信贷制度、融资技术、融资业务（品种）的创新等。森林保险的供给体系也遇到了发展困境，需要探讨如何从政府职责定位、保险产品设计、保险运行模式以及保费补贴政策等方面来解决问题。

（四）林业金融组织体系与发展模式

林业金融组织体系的总体框架，包括林业融资支持体系、林业金融产品创新体系、林业风险管理体系和林业政策支持体系。

林业金融组织体系是林业金融服务体系的基础平台，由财政性金融、政策性金融、商业性金融和合作性金融共同构成，通过分析这4类融资模式各自的支持机制、治理结构与体制建设，探索如何将这些正规金融与民间非正规金融有效结合起来，进而发展多种形式的新型农村金融机构和以服务林业为主的地区性中小银行，引导各类资本到林区设立村镇银行、贷款公司、资金互助社等金融组织，鼓励各种商业性和公益性小额信贷组织的发展，从而建立起多层次、广覆盖、可持续发展的林业金融组织体系。

林业金融产品创新体系是根据林业产业发展的金融需求，通过金融机构开发适宜林业发展的金融工具，有效地组织和调剂林业产业金融资源的运行和配置效率。从时间、风险、收益3个维度来探讨林业产业运用金融工具应具备的必要条件，立足于林业产业的金融属性和林业金融需求的特征，吸引金融资源进入林业产业，设计针对不同林业类型的金融产品，以改变当前林业融资主要依赖财税资金的局面。林业金融产品设计要覆盖包括林农、林业企业、林业合作经济组织等各类经营主体，满足他们不同的金融需求。林业金融产品创新主要涉及证券（包括股票、债券等）、衍生金融工具（包括资产证券化、实物期权等）、信托、产业投资基金、风险投资、项目融资等。

林业生产经营过程中面临各种风险因素，由于风险的类型和来源不同决定了风险管理方式的不同。自然风险和技术风险宜采用森林保险手段，因为这类风险具有风险性高、致损程度严重、概率可算、起因可查、便于保险操作等特点，一般由政府和保险公司承担此类风险的管理工作。市场风险宜采用订单林业、期货市场远期合约和期权的保障手段。流动性风险可以采用资产证券化手段或通过建立统一的林业要素流转市场来解决。政策风险或制度风险不是一般风险管理手段所能奏效的，需要有规范的立法程序和保证公众能参与或影响决策过程的正式渠道。在对林业产业风险进行分类管理的基础上，有必要建立适合林业特征的一体化风险管理模式。

此外，为促进金融机构增加林业金融供给，需要尽快完善与林业金融服务相关配套的政策，探索建立包括金融支持、财政配套和产业支撑的协调发展机制。

二、林业金融的分析框架

林业金融可以按照"理论构建—金融需求分析—金融供给分析—供求矛盾分析—优化途径"的技术路线对我国林业金融服务体系建设进行系统的阐述。根据以上技术路线，本教材主要包括林业金融需求状况分析、林业金融供给状况分析、林业金融供求矛盾原因分析、促进林业金融支持体系建设和林业金融工具的应用5个方面主要内容。

(一)林业金融需求分析

从金融需求角度出发，重点总结林农和林业企业的金融需求及满足状况，具体包括借款规模、期限、用途、渠道以及森林保险服务方面的需求特征及满足状况。在此基础上，从信贷需求规模与结构、融资的顺序选择、借贷成本以及信用等级等方面，对林农、林业企业等林业经营主体的金融需求进行细分。根据林业经营主体金融需求多样化、层次化、差异化的特征，需要对林业金融组织尤其是政策性银行、商业性银行和农村信用合作社等进行重新市场定位，"有的放矢"地增加信贷供给和金融产品创新，充分发挥金融支持的功能。

(二)林业金融供给分析

从金融供给角度出发，全面评价我国林业金融供给体系发展现状，以及林业金融资源和金融服务供给情况，重点描述国家开发银行、中国农业发展银行、农村信用合作社以及开展森林保险业务的保险公司对林业的金融供给状况，并总结各金融机构开展林业金融服务过程中的运行状况、支持重点及存在问题。以此为基础，基于信息经济学、交易成本和信贷供给理论，从资金供给和需求双方的视角分析导致林业融资困境的主要原因，提出增加对金融信贷供给的办法，并结合林农和林业企业面临的信贷约束问题，进一步提出林业金融体系建设和金融创新的抵押品扩展和替代机制的应用模式。

(三)林业金融供求矛盾分析

通过对我国林业金融需求、金融资源供给情况进行全面评价，总结导致我国林业信贷有效供求总量错位、金融供求结构错位、金融供求区域布局错位的根本原因，深入探讨制约金融信贷产品供给的关键性因素。同时，对我国森林保险需求与供给矛盾进行深入分析，基于林农、保险公司和基层政府部门3个主体分析森林保险发展过程中面临的主要困境，并从政府职能、运行模式、产品设计和补贴标准4个方面探讨造成森林保险面临发展困境的主要原因，以此为基础提出森林保险的政策优化方向。

(四)林业金融服务体系设计

根据导致我国林业金融供求矛盾的原因，提出建立林业金融服务体系的总体框架，包括林业融资支持体系、林业金融组织体系、林业金融产品体系和林业风险管理体系，以期从根本上解决林业产业发展中金融供给不足的问题。在金融供给主体对林业经营主体的金融服务供给行为分析基础上，寻求增加金融机构提供信贷产品与森林保险产品的办法和措施，重点研究林业信贷与森林保险互动机制和对接模式，并基于林业产业链视角探索建立"森林保险+订单林业+林产品期货+资产证券化"的一体化林业风险管理体系，同时探索建立包括金融支持、财政配套政策和产业支撑的协调发展机制。

(五)林业金融工具应用

林业金融工具(产品)创新体系是根据林业产业发展的要求，满足其金融需求，通过金融机构开发适宜林业发展的金融工具，有效地组织和调剂林业产业金融资源的运行和配置效率。立足于林业产业的金融属性和林业金融需求的特征，为了吸引金融资源进入林业产业和改变当前林业融资主要依赖财税资金的局面，指出林业产业运用金融工具在时间、风险、收益3个维度应具备的必要条件，设计针对不同林业类型的金融产品。重点介绍金融工具在林业中的具体应用，利用林业信托融资计划、林业产业投资基金和资产证券化融资，吸引社会资本投资林业。

目前国内外学者已经开始关注林业产业与金融支持的理论研究与实践探索，但对林业金融研究处于探索阶段，尚未展开系统性研究，远没有形成独立的分析框架和相对完整的理论体系。国外对林业金融的研究主要集中在金融如何支持林业产业发展，如在森林资源等的长期发展的研究上，尚没有关于林业产业与金融如何融合和联动发展的研究。国外学者普遍认为林业是天生的弱质产业，又具有生态效益和社会效益的特性，因此，在林业金融支持方面普遍采取以财税金融为主要内容的扶持政策，主张政府应利用税收使公共物品的外部性内部化，从而解决资金投入不足问题。总之，无论是发达国家还是发展中国家对林业金融支持研究都比较零散，难以找到专门、系统的理论论著，多是实践方面的操作研究。

国内理论界尚未从产业共生发展角度对林业和金融两大产业及其相关要素间作用机理进行系统性研究，对林业金融支持的研究主要集中在林业投融资机制方面，以及对林权抵押贷款等少数信贷产品的研究，对金融工具(产品)创新程度明显不够，并且孤立地从林业自身出发对某一种融资方式和行为探讨，未能从林业融资支持体系、林业金融组织体系、林业金融产品体系、林业风险管理体系和林业政策支持体系综合考虑林业金融服务问题，尤其缺乏对财政与金融支持林业，政策性金融、商业性金融和合作性金融支持林业发展的协调机制的研究。现有林业金融工具和金融产品研究也只是对一些新颖融资方式简单借鉴，还有一些停留在"创意"层面，体现出研究系统性不强、对策多于问题的特点，缺乏更深层次的理论探讨，没有形成完整的理论体系。

通过剖析金融支持林业产业发展的作用机理，从产业发展、金融创新、风险防范和政策保障全面优化出发，系统提出林业金融支持体系框架和具体发展模式，将林业金融支持领域的零散、无序与个别的分析和考察过渡到综合、系统与整体结构的分析，同时把林业金融服务体系和金融产品设计置于我国林业产业发展整个过程中，从中取得宝贵经验和一般理论，为林业产业发展提供强大的金融支持，有效解决林业金融服务功能单一和林业金融产品不足的问题。通过学习和分析金融支持林业产业发展的体系架构，对于正确认识金融在林业产业发展中的地位和作用，推进金融机构对林业的金融支持和信贷供给，建立金融支持林业产业发展的长效机制具有重大而深远的意义。

第二节 林业金融支持机理

一、林业金融传导机制

金融作为经济发展和运行中货币资本融通的活动，是资本形成和运动的具体表现形式。金融作用于产业发展的过程，实质上就是金融在市场经济中充分发挥资源配置的过程，在资源配置中，金融的运动轨迹也决定着资源配置的基本格局和配置效率。从林业产业发展与金融的互动机制出发，找出两者之间存在着的相互影响、相互联系的动态关系，从而找到符合林业产业发展内在运行规律的金融机制，调动社会资源和力量，以推进林业产业全面发展。林业产业与金融互动机制是指林业和金融相互促进的途径与方式，通过有效的互动，使林业产业与金融实现"增长双赢"。就我国林业产业化发展而言，金融基础薄弱是一个长期性的问题，由此林业产业受到"金融瓶颈"的制约，在某种意义上也陷入一种配置低效率的困境，对林业产业和金融来说都是一个"双损"。因此，健全林业产业与金融的互动机制是实现林业金融支持的基本途径。

林业金融支持机理是金融与林业产业互动发展的条件，是林业金融形成支持效应的途径和渠道，是林业金融资源效应的传导机制。

(一) 林业金融资源效应作用机理

林业金融资源是指在现代金融体系中为林业产业发展服务，具有林业产业属性的货币资本和投资。林业金融资源通常包含"林业金融资本资源"和"林业金融组织资源"，其中，"林业金融资本资源"是指以货币形态表现出来的林业经济资源，而"林业金融组织资源"则是指所有为林业服务的金融组织所蕴含的组织资本，即为林业提供金融服务的相关金融组织所具有的内在组织、协调和配置货币资本的知识与能力。

"林业金融资源效应"指林业金融资源基于初始条件的制约，在其被开发或被配置的过程中所形成的价值增值效应，是林业金融资源通过在一定时间和一定空间内的"集聚与组合配置"所形成的金融能力，主要包括3种能力：一是"林业产业吸融力"，指林业产业吸纳社会各种类型的金融资源进入林业领域的能力。林业产业"吸融力"越大，则其能够实现的林业产业资本规模就越大。二是"林业产业吸储力"，指林业产业通过为其服务的金融组织体系的运营而吸纳社会储蓄的能力。林业产业的"吸储力"越大，则其在特定时期内能够获得的社会储蓄余额就越大，而储蓄余额是林业金融形成信贷能力的前提。三是"林业产业金融置换力"，指林业金融资源在被开发或被配置过程中所形成的对林业产业其他生产要素(或经济资源)的替代、置换与重组的能力。林业产业金融置换力越大，则林业生产或其经营中的金融密集度就越大，当越来越多的金融资源被配置到林业生产中去的时候，就会形成金融资源(资本)对劳动要素的替代或置换，从而推进林业由劳动密集型产业向资本密集型产业的提升或转换。

从金融经济学的角度来看,"林业金融资源效应"是林业金融资源配置状态与配置结构的函数:给定林业金融运行的时间和空间以及林业金融资源总量,在确定的配置目标导向下,林业金融资源在初始"配置状态"与"配置结构"条件的制约下,经由配置而形成的金融效应必然存在一个动态性过程,即基于时间序列的效应演进和基于空间制约的效应演进。由此,林业金融资源效应必然形成一个时空区间,即林业金融效应区。林业金融资源配置通常被划分为3种基本形态:"初始配置""再配置"和"转型配置"。由此"林业金融资源效应"通常也被划分为3种基本的对应形态:"初始配置效应""再配置效应"和"转型配置效应"。由于金融资源配置是在一定的制度与体制安排下进行的金融性活动,所以林业金融资源"初始配置"的改进必然存在一个演进方向的问题:或者"前向改进",或者"后向改进"。前者通常表现为林业金融资源配置由初始配置均衡向高效率均衡方向的配置改善或结构优化;后者则通常体现为林业金融资源配置由初始配置均衡向低效率方向的配置退化或结构失衡,实际是对经济社会有限金融资源的耗费。如果能够提供必要的、合理的制度与体制安排,就能够实现金融资源效应的"前向改进",反之必然陷入"后向改进"的陷阱。

从林业产业发展与增长的角度来看,林业若想获得来自金融机构的资本或服务支持,自身必须创造出能够吸引金融资源参与的产业基础,这就需要林业进行必要的产业改进,包括质性、质态的改善和结构的调整与优化。任何金融资源配置都是一个"配置博弈"的过程,从产权的角度来说,金融资源所有者总是追求资源增值最大化;从金融组织运营配置的角度来说,金融资源所有者总是追求配置效率最大化。因此,金融资源被最终配置到何种产业领域,不仅仅只是一个"投入的问题",还是一种基于"经济理性"和"产权效用最大化"的博弈选择。从理论上说,林业是我国国民经济的基础性产业,林业应该成为金融支持的重点领域,但是从实际情况来看,林业的比较利益制约和国家金融资源的市场化配置导致林业成为我国金融资源基础最薄弱的领域之一。

从供给和需求的角度来看,我国当前林业金融资源的配置普遍存在着多方面的效率损失,陷入"低效配置状态",主要表现为金融资源总量短缺、信贷结构失衡、信贷管理机制低效、风险管理和风险补偿机制缺失等。林业产业化发展要求建立和形成高效率的林业金融资源配置机制。在市场经济条件下,林业金融资本是林业再生产过程中不断运动着的、能够带来价值增值的资本,林业金融资本对于林业经济增长,特别是在林业产业化发展中,不仅存在投入问题,而且存在一个如何融通与配置的问题。实践证明,有效率的金融资源配置需要建立健全市场机制来激励,市场机制是促进金融资源参与林业产业化发展的内生机制,是使金融真正成为促进林业发展的基础性力量。

林业发展需要金融资本的投入为其奠定坚实的金融基础,增强其"产业吸融力"。金融发展则必须合理配置其信贷资源保证能够获得长期投资收益回报,金融效率的核心在于其信贷资产高质量配置,而信贷资产高质量的源泉在于其投资产业的增长基础,因此林业产业发展和金融效率具有内在的收益互补性。

(二)林业金融支持效应作用机理

1. 林业产业是一个高风险行业

相对于制造业甚至农业,林业天生具有的特性使其具有多方面的显著风险,主要包括自然风险、市场风险、政策风险等。由于林业生产经营周期长、林业种植面积广、种植区域地形复杂及其高度关联性,林业产业面临巨大的自然风险,主要包括火灾、病虫害、极端天气等自然灾害带来的风险。较长的经营周期也会带来市场价格的较大波动,增加其价格的预测难度,而林业在国民经济中的基础作用、其显著的外部性必然需要国家政策的扶持和监督,因此政策的多变性也是林业产业面临的一个重要风险。而金融支持可以有效控制和分散林业风险,一方面可以通过技术改进来提高林业对抗自然灾害的能力,另一方面可以通过金融工具的使用来转移和分散市场风险。

2. 金融支持是促进林业投资的基本机制

林业投资除了国家财政支出和林业经营主体自我投资外,最主要的来源和途径就是金融信贷投资。因此,林业投资(资本)乘数效应,可以通过金融信贷的运行得以体现。林业信贷规模越大,林业投资规模就越大,则林业投资乘数效应就越大。乘数效应(Multiplier Effect)指当一种经济变量的初始投入经由经济运行机制作用后,在最终结果上所形成的一定程度的"放大"或"扩张"效应。林业金融中投资的乘数效应体现了金融与林业产业增长之间的关系,表明金融对于促进林业产业发展的支持效应。

3. 林业金融集约化效应

金融因素的引入形成了金融对传统林业劳动密集型生产函数的全面提升,这一效应称为金融集约化效应(Finance Intensification Effect)。金融集约化效应具体内涵可包括3种基本形态:一是金融集约化数量效应。在给定土地、劳动因素初始投入的条件下,林业增长主要靠资本追加。金融通过信贷渠道对林业所提供的资本追加,增加了林业的资本存量,这些增量资本对林业投资乘数效应的作用,最终形成林业总产出的增长或总产出增长率的提高。二是金融集约化质性效应。增量资本的追加不仅仅只是一个数量增加,它还可以通过对林业中的资本—土地比率、资本—劳动比率、资本—技术比率的改变,提高林业资本有机构成,并通过改善林业产业初始资源禀赋,提高林业要素生产率,促进林业由劳动密集型产业转型为资本密集型产业。三是金融集约化质态效应。增量资本追加通过对林业要素配置状态和配置结构的改进,在提高其全要素生产率的基础上,进一步诱导林业产业的技术变迁,并通过技术变迁诱导出林业产业的经营方式、增长方式、发展路径、经营机制等的转变,从而促进林业由粗放式经营向集约化经营转型。总之,林业金融支持通过金融集约化效应,最终能够确立一种以金融为核心配置的新型林业经济增长模式。

(三)林业金融支持效应传导机制

林业金融支持效应通过资本积累、集中和集聚3种传导机制作用于林业产业增长过程。三种机制相互联系、相互制约,共同构成一个有机的传导体系。

1. 林业产业资本积累传导机制

林业产业资本积累包含两层含义:一是林业生产中林业剩余价值再转化为资本的过程;二是林业中"资本的规模不断扩大再生产的过程"。两种含义的资本积累既有区别又有联系:前一个含义的资本积累是积累的行为过程,后一个含义的积累是积累的行为结果。没有积累行为也就没有可能实现规模扩大的再生产,但是仅有积累行为也并非必然导致实现规模不断扩大再生产的结果,从积累行为到积累结果还受制于一系列其他条件的制约。

因此，林业产业资本积累必须把上述两种含义有机统一起来。

林业产业资本积累是实现林业扩大再生产的前提，林业产业资本积累"内生"一种扩张能力，当它与技术因素有机结合起来的时候，这种内在扩张能力将诱导出林业巨大的增长潜力。但是林业产业资本积累职能不仅取决于其数量，还取决于其积累率、积累结构与积累效果等。给定积累规模，积累效果取决于积累率与积累结构。因此，扩大林业产业资本积累的途径主要就是提高林业资本积累率和资本积累结构。其中，提高林业资本积累率是基本途径，而林业资本积累率是林业收入的函数，因此，要提高林业资本积累率，就必须增加林业收入。如果林业收入增长，那么在给定消费率的条件下，林业资本积累率必然提高。所以"积累率"与"收入增长"又是一个互为因果关系的过程。金融为实现林业收入增长提供必需的资金投入，在引入金融的条件下，由于投资乘数效应最终促进了林业总产出增长率提高，所以，提高林业资本积累率与"林业投资乘数"具有内在的联系机制（Relation Mechanism），林业资本积累成为林业金融效应的一个有效的传导机制（Transmission Mechanism）。林业产业资本积累传导机制如下：

> 林业投资乘数效应→林业生产环境改进→林业总产值增长率提高→林业总收入增长→林业资本积累率提高→林业资本积累规模扩大→林业经营规模扩大→林业可持续增长→林业储蓄余额增长→林业金融资源增长→林业金融集约化效应增强

2. 林业产业资本集中传导机制

资本集中是指将社会分散的、小规模的、产权分割的、闲置状态的资本联合起来形成规模资本（Scale Capital）的过程。我国林业以林农和林业中小企业为基本的经营主体，在这种经营体制下，林业投资经常受到投资分散、投资额度小的限制，难以形成一定的规模。如何通过有效率的制度安排形成投资的规模经济效应，是一个具有长期意义的问题。"林业资本集中"是解决该问题的有效途径之一，但如何建立能够实现资本集中的机制却是难题。鉴于我国林业融资中"正规金融"[①]缺位的实际情形，通过产业化经营模式培育大型林业经营主体、建立林业资本市场体系、完善制度环境、健全信用环境、建立健全投资激励机制等，促进林区"合作金融"的发展，从而充分调动民间私人资本投资的积极性，是一种有效的资本集中机制。林业产业资本集中传导机制如下：

> 培育林业资本市场→确定指导性利率→健全信用环境→健全民间投资激励机制→分散资本的集中和联合→扩大林业产业规模投资→林业持续增长→提高林业经营主体收入→促进林业金融成长与发展

---

① 正规金融：从金融监管的角度看，金融体系可以分为两大类：一是由政府监管部门批准成立并受严格监督和法律约束的正规金融机构；二是不受政府监督部门对于资本金、储备金、存贷利率限制、强制性信贷目标以及审计等要求约束的非正规金融。

3. 林业产业资本集聚传导机制

资本集聚是指以资本产权为纽带所形成的"资本合作"(Capital Cooperation)。资本集聚的核心是资本产权收益，因此资本集聚效应能够形成的一个基本前提是健全长期的资本产权激励机制。在我国的正规金融领域，"资本合作"通常以"股份合作制"的"基金金融形式"，通过资本市场而实现其投资—融资运行。资本集聚以产业集聚为导向，产业集聚以资本集聚为前提，二者的互动形成产业化增长机制。因此，任何产业的长期性和规模性发展都离不开金融集聚的支撑。林业作为一个基础性产业，且由于其特殊的金融脆弱，其产业化发展更需金融集聚的强力支撑作为基础。例如，在"林农+公司+基地"的模式中，产业化的增长动力之一来源于其中的"公司"作为"龙头"的带动与联动效应，而这种效应的规模与其投资与融资能力具有直接关联。在给定的条件下，"公司"所能够拥有的投资与融资能力是由其资本集聚效应决定的。林业产业资本集聚传导机制如下：

> 资本产权激励机制→资本产权收益预期→资本合作和资本集聚→林业产业资本集聚→林业产业化增长

(四) 林业金融支持效应传导渠道

林业金融支持效应(包括林业产业资本积累、林业产业资本集中、林业产业资本集聚)主要通过4种基本渠道传导，即国家财政林业支持渠道、林业金融信贷支持渠道、林业金融市场融资渠道(含外资)和林业金融服务渠道，这4种主要渠道有机联系构成对林业产业发展与增长支持的基本途径。

1. 国家财政林业支持渠道

国家财政支持林业可分为两种形式：一是财政对林业直接投资；二是财政对林业转移支付。前者主要指财政以直接投资形式投入林业领域，以生产并提供林业公共产品和服务。财政对林业直接投资的支持功能定位于为林业长期可持续发展创造基础性条件，其支持效应的实现取决于投资的规模与结构。在给定规模的条件下，如果投资结构是合理的，则其支持效应由财政资源的配置效率决定；如果结构是不合理的，则有限的财政资源可能陷入低效率配置。财政对林业转移支付主要指国家财政以直接或间接补贴形式，用于林业生产、林业流通和林区基础设施建设费用的支出。财政对林业转移支付的支持功能定位为林业产业的准公共产品领域提供保护性支持，因而具有显著的政策性特征，其支持效应由其政策环境和运行机制效率决定。国家财政林业支持渠道传导过程如下：

> 国家财政对林业直接投资→增加林业资本投资存量→改善林业基础环境→创造长期发展条件→促进林业可持续发展
>
> 国家财政对林业转移支付→增加林业生产经营补贴→改善林业外部环境→促进林业可持续发展

2. 林业金融信贷支持渠道

林业金融信贷支持渠道，包括政策性金融、商业性金融和合作性金融3种渠道。林业信贷投资取决于林业信贷资源总量与信贷资源配置结构。在给定金融资源总量条件下，林业金融资源总量由其在国家金融资源总量中的比例决定。给定国家林业金融资源总量，则林业金融的信贷投资效应由其配置结构(配置效率)决定。林业金融信贷支持渠道传导过程如下：

> 林业金融信贷投资→投资乘数效应→林业信贷规模扩张→林业信贷结构优化→林业产业资本积累、集中和集聚效应→林业资本存量增加→金融集约化效应→林业生产函数改进→集约化经营促进→林业产业效益提高

3. 林业金融市场融资渠道

林业产业吸引社会资本投资主要通过金融市场融资渠道来完成，金融市场融资渠道主要指资本市场融资。给定资本市场的融资总量(一般指资本市场年度融资数量)，则林业能够获得的融资额度由资本市场上林业产业融资主体的规模与数量决定。资本市场融资是形成林业金融集聚效应的基础。林业金融市场融资渠道的传导过程如下：

> 林业金融市场融资→社会资本融资配置→金融资源集聚→林业产业投资增长→投资乘数效应→林业产业化发展

4. 林业金融服务渠道

现代经济发展中，金融服务越来越成为一个相对独立的金融产业，金融服务的支持功能正在日益显示其不可替代的地位。林业金融支持作为旨在促进林业经济增长的一种战略性机制，投资固然是重要和主要的因素，但金融服务支持也是不可缺少的基础。特别是在我国这样一个发展中国家，林业金融基础薄弱、林业金融支持体系相对不完善的条件下，增强金融服务支持应是一个具有长远意义的决策。林业金融服务内涵丰富，主要包括储蓄、汇通、汇兑、结算、支付等方面，其支持效应由机构效率、机构网点布局与覆盖密度、服务方式与手段、人员素质、服务技术条件等因素决定。林业金融服务渠道传导过程如下：

> 林业金融机构设置→运转效率提高→交易成本节约→金融效率提高→促进资金流动与配置→林业产业投资效率提高→促进林业产业化发展

二、林业金融作用机理

市场经济条件下，林业资本对林业经济增长的推进作用，不仅表现为林业资本的持续投入追加，而且存在着一个"融通"问题，这就形成了林业金融的必要性。林业金融的基本

职能在于实现社会对林业资本的动员和配置(筹措和使用),以保证林业资本的顺畅循环、周转和有效流动,规避和防范林业投资风险,满足林业发展日益增强的资金需求。林业金融运行的核心集中于林业金融资源配置及其效率实现。配置是效率的前提和基础,效率"内生"于配置。因此,关于林业金融的一个必要条件是:经济社会必须实现林业资源的合理配置。但合理配置并不是一个可以任意设计的"自发性经济行为",配置是在一定制约因素下进行的能动性经济行为。这些制约因素主要包括:金融制度、金融体制、金融体系、金融治理、金融运行机制等。所有这些制约因素是否能够形成某种激励兼容,是能否实现林业金融资源配置合理的关键。市场机制是形成激励兼容的基础性机制,因此市场机制也应成为林业金融资源配置的基础性机制。

我国当前林业金融资源配置存在多方面的效率损失,陷入"低效配置状态",主要表现为金融资源总量短缺、信贷结构失衡、信贷管理机制低效、风险管理和风险补偿机制缺失等。林业发展客观上需要金融组织的创新与资源的优化配置,综合考虑金融资源配置的制度性因素及经济基础,从金融机构设立、金融机构运营、金融资产交易、信贷体制(投资体制)及林业的产业结构运营机制、产业规模等方面出发,优化林业金融资源配置,提高金融资源配置效率。基于上述分析,可以构建出我国林业金融支持体系运行机制框架(图2.1)。林业金融支持理论与实践分析的内在逻辑是:林业发展面临多种初始条件制约,必须构建必要的金融支持体系;资本供给短缺是我国林业发展最紧迫的瓶颈制约,必须增加其资本形成规模、完善其资本形成结构、提高其资本形成效率,广泛动员社会储蓄余额并促使其转换为金融资源,促进有效资本供给增加,从而满足林业发展的金融需求。

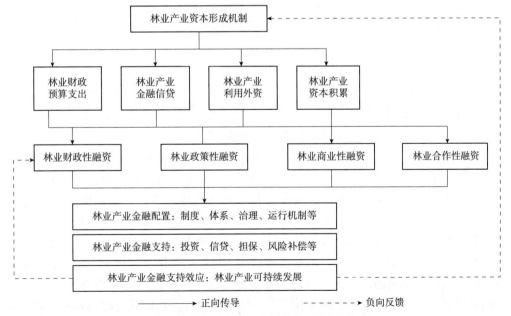

图 2.1　我国林业金融支持体系运行机制框架

林业金融制度安排的合理性以及体制的完善能够提供林业发展所需要的金融资源集聚与配置机制。林业金融效率取决于制度供给的完备性和有效率的传导。必须采取积极对策,增强林业金融支持的力度与效率,因为金融支持是我国林业发展最重要的支撑之一。

上述内在逻辑的展开存在于两个方向上的演进阐述：一是基于林业资本形成缺口的逻辑阐述；二是基于林业金融效率的逻辑阐述。两条逻辑阐述之间通过林业金融支持得以相互联系，从而显示出一个完整的演进过程，如图2.2所示。

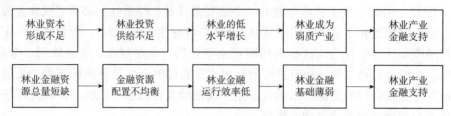

图 2.2　林业发展与金融支持演进框架

通过对林业金融支持作用机理分析，不难发现我国林业产业与金融互动发展机制存在两条实践路径（图2.3）：一是推进林业产业化发展，这是形成和增强林业"产业吸融力"的前提和基础；二是金融制度改革与金融治理改进，这是提高林业金融效率从而增强林业金融支持效应的关键。"产融互动机制"就是要把这两条不同路径联结起来从而形成具有内在激励兼容的途径与方式。在我国林业产业发展过程中，这些途径与方式是多样的，间接金融方式仍居于林业金融支持的主要地位，而间接金融的机构主体主要是政策性银行（政策性金融）、商业性银行（商业性金融）和农村信用合作社（合作性金融），在这种"三融并举、分类运行"的间接金融格局下，商业性银行和农村信用合作社的商业化取向、商业化程度必将形成对林业产业发展的深度影响。

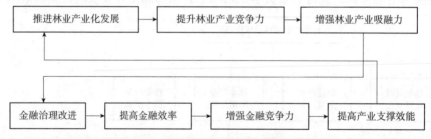

图 2.3　林业产业与金融互动发展机制

林业产业化发展不仅增强了林业作为基础性产业的综合素质和产业竞争力基础，而且有利于促进商业银行和农村信用合作社作为我国林业金融支持体系主导性力量的微观金融效率和金融支持途径的拓展。林业产业化发展有利于实现林业产业规模化、集约化发展，有利于促进林业生产的专业化、商品化和社会化。世界先进国家林业产业化的经验和实践说明，林业产业化越发达，林业金融的微观经济基础越成熟，金融商业化与林业产业化之间的关系机制更加紧密，货币和资本运作将贯穿于林业产业化全过程中，促使银行商业化与林业产业化的互动机制的深化。合理的林业金融支持体系应该由3种类型的支持构成，即：财政性金融支持、商业性金融支持和合作性金融支持，它们成为建构林业金融支持的基本因素。尽管在林业产业化的过程中，政策性金融和合作性金融也发挥着十分重要的支持效应，但在市场经济条件下它们都是对商业性金融支持的补充，它们只有与商业性金融支持有机地结合与协调才能融入林业产业化进程中，并形成各自的支持路径与效应。

三、林业金融支持体系

长期以来,政府的直接投资和配套政策支持,以及国有银行的金融信贷,是林业投资的最重要渠道。随着市场经济的发展,原有的融资渠道已经不能满足林业产业化深化发展的需要。林业发展与林业金融支持体系之间存在互动机制:一方面,林业金融支持体系为林业发展提供了金融支持;另一方面,林业发展也促进了林业金融支持体系的创新和完善。可见,进行林业金融创新,构建林业金融支持体系、设计新型金融工具,以及建立林业投资风险防范体系无疑是解决林业融资瓶颈的一个重要突破口。

林业产业的本质特征、地位及其发展运行特点决定了依靠某一种融资方式或融资机制安排来解决其融资难的问题是非常困难的,在我国当前投融资体制改革进程完成之前更是如此。一方面,从其公益性本质、基础产业及战略产业的地位来说,加速发展林业在某种程度上是政府目标(意图)的体现,因此财政性融资是必不可少;另一方面,林业产业的发展与壮大,给商业银行乃至证券中介机构提供了天然的潜在优质服务对象。更重要的是,从财政资源的有限性和其存在的"四两拨千斤"的客观导向性来说,只有充分发挥财政与金融两种融资机制内在的特征与优势,实现有效对接,才能破解当前我国林业产业资本形成问题的特殊难点,以实现优化我国林业投资结构、规范投资行为和提高投资效率的最终目的。

合理的林业金融支持体系应该由4种类型的支持构成,即财政性金融支持、政策性金融支持、商业性金融支持、合作性金融支持。它们作为林业基本的金融支持,必须形成合理的分工格局和运营定位,即关于林业金融支持的"四维建构模型"(图2.4)。"四维建构模型"包括3项核心内容:①以财政性金融体系、政策性金融体系、商业性金融体系和合作性金融支持体系所构成的四维空间奠定林业金融支持体系的基础平台;②以林业产业资本形成及其金融效率为基点构造林业金融支持的机制与路径方式;③以林业发展为核心演绎林业金融支持制度供给模式的基本框架。

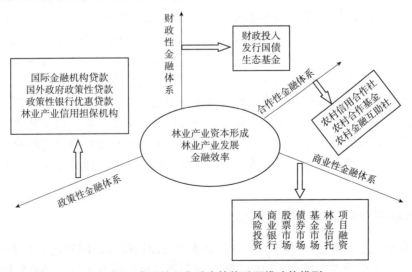

图 2.4　我国林业金融支持体系四维建构模型

第三节 林业金融发展模式

一、林业财政性金融支持发展模式

由于财政对林业投资具有无偿性，因而在政府筹资和资金运作能力不足的条件下，林业财政性金融支持方向应有所侧重。林业财政性金融支持的重点应集中在企业及其相关产业组织无力投资的，工商业组织、商业银行等金融机构不愿意投资的生态保护项目和基础设施建设领域，即那些生态效益和社会效益显著，但经济效益偏低及产业利润率低于社会平均利润率水平，以及在国内外市场上缺乏开展公平竞争能力的产业项目和领域。在财政性金融体系中，要加强和改善政府对林业的财政、税收优惠政策，建立生态保护公共财政体系，改革现有的林业税费制度，综合利用财政、税收等手段，并结合产业投资基金试点把国债资金进行市场化运作，尝试发行市政债券，利用资本市场为国家财政金融，以支持林业产业发展。

二、林业政策性金融支持发展模式

林业产业的弱质性导致商业性金融供给不足，大量的林业产业资本外流，需要政策性金融的强力推进。政策性金融兼有国家财政职能与金融职能，合理界定林业政策性金融的职能是充分发挥其支持效应的先决条件。我国林业政策性金融由于定位和运行机制的原因，致使政策性金融功能的弱化和异化，没有充分发挥其对林业的金融支持作用。在市场经济的条件下，充分发挥政策性金融的职能优势，对于引导社会资金投入林业产业具有重要作用。在政策性金融支持体系中，要充分运用各种政策性融资活动支持林业发展，同时要补充、纠正商业性金融在林业金融领域中作用的不足和偏差。为解决林业中小企业间接融资问题，可以考虑建立政策性金融机构，从贷款担保以及咨询服务等方面全方位、多角度支持林业产业的发展。首先，发放政策性优惠贷款是扶持林业产业发展的最直接的方式；其次，由政策性金融机构为林业产业的负债融资进行担保，提高借款企业的资信度，帮助其获得金融机构的普通贷款，还可作为中间人帮助林业企业吸收社会投资。同时，政策性金融机构还应为具体企业提供相关咨询服务，帮助它们不断开拓新的融资渠道，解决产业发展中的资金问题。我国林业政策性金融体系的建设极具紧迫性和必要性，参照西方国家的经验和我国的实际情况，加强现有政策性银行融资支持力度，设立林业政策性信用担保机构，组建国家和地方生态保护基金，是加强发展林业政策性融资的政策选择。政府对林业提供金融支持的活动和体系要求秉承效率性原则，这是构建林业政策性金融体系的必然要求。

三、林业商业性金融支持发展模式

在林业商业性金融支持体系中，林业产业涉及的领域较多，同时还具有生产周期长、显著外部性、天生弱质性等特点，迫切需要金融创新，包括融资工具、融资机构等方面的创新；通过市场融资的金融创新融通资金，引导资本流向林业，包括建立商业银行间接融资体系和多层次资本市场直接融资体系；要加大商业银行（农村信用合作社）对林农和林业企业的信贷投入，改进对林业企业的金融服务，借鉴国外"绿色银行"经验，积极引导社会资金流向林业；建立林业金融担保体系，发展林业产业担保市场，为林业中小企业提供更多的信贷担保；同时大力发展林业资本市场，放开直接融资，从股票市场、债券市场、基金市场等方面进行融资创新，优化金融资源配置，使社会资本转化为林业资本。

商业银行是商业性金融体系的主体，商业银行本质是通过转让所经营的特殊商品——货币的使用权来追求利润最大化，其主要执行主体是各类金融企业。在资金来源（存款）成本弹性较小的情况下，为获取资金足额的增值——资金存贷利息的差额，商业银行资金流向取决于不同行业利息负担能力和资金周转速率。鉴于商品林的盈利性特征，商业银行应该在我国的商品林生产经营中发挥重要作用。然而，相对于其他行业，林业对于信贷资金的吸引力相对不足，特别是营林业。但是，在营林业中也存在着一些经济效益高而风险相对较小的领域，如近几年得到长足发展的短周期工业原料林建设，将会成为商业信贷的新领域。因为短周期工业原料林建设具有经营周期相对较短而且收益颇丰的特点，另外，商品林经营所具有的投资收益与其他投资资产收益相关性不强，并与一些资本市场投资工具收益和通货膨胀呈负相关，它们对商业银行中长期资金运用具有一定的吸引力。因此，商业银行将一部分中长期贷款投放在短周期商品林生产中，能有效地控制其他资产风险联动，并规避可能的通货膨胀风险引起的资产损失。商业银行虽然很难在林业发展的起步阶段进行较大规模的资金介入，但是可以在林业企业发展到一定规模后给予相应的贷款、提供全方位的结算业务等。此外，商业银行可通过开设分支机构及融资业务创新，配合金融市场化改革，积极介入林业基础设施项目和原料林基地项目融资，发挥其对林业产业的支持作用。商业银行的进入是林业投融资过程完成的一个重要标志。

四、林业合作性金融支持发展模式

农村合作性金融以"互助合作"为基础，具有主体同一性、运行民主性、非营利性和自我服务性的特点。目前，我国已基本形成多元化的农村合作金融体系，既包括传统的尚未改制成农村商业银行的农村信用合作社、农村合作基金、农民专业合作社内部开展的信用合作，也包括农村资金互助社及随着现代科技发展起来的互联网新型合作金融形态等。

合作性金融内生的"自救性"弥补了政策性金融的"施救性"之不足，体现社员之间的自我服务，而非以追求利益最大化为目标，但并不意味着合作性金融组织自身不产生营利、不进行商业化运作，恰恰相反，为了维护组织的稳定、可持续运作和适度规模的发展，只有获取一定的营利，才能实现社员的自我服务。林业中小企业和广大林农的存款和贷款规模普遍较小，但数量众多，相互之间比较熟悉，流动性较小，同时这些经营主体的整体利润率不高，这些特点都非常适合发展合作性金融。但是合作性金融的发展严重滞后于林业的金融需求，资金供给明显不足，其中一个重要因素是合作性金融的资金来源局限于组织内部成员，规模难以扩大。可借鉴有限合伙制的做法，形成"有限合作"的新型模式。让入股资金少的社员成为有限合伙人，而领头人承担无限责任，这样的模式既保证了合作的性质不变，也增强了领头人的风险责任意识，还有利于吸引外部社会资金。这是因为外部出资人加入合作性金融组织首要考虑的是资金的安全性问题，虽然外部出资人不熟悉社员的结构,但内部社员之间相互熟悉,信息较为充分对称,熟人社会发挥着隐形担保的作用,有限合作制可使得外部出资人资金的安全性得到大大提升,较大程度上打消其顾虑。

五、林业金融支持体系互动发展模式

财政性金融与商业性金融有着各自的独特性与存在空间,长期共存,不可完全替代。财政性融资只能在商业性金融不能或暂时还不能充分发挥作用的时期、领域起到补充性与诱导性作用。因此,财政性金融与商业性金融有着自身对应的目标主体与存在空间,两者只能是相互促进、相互补充和有效衔接,并不可能完全替代。有效发挥财政与金融手段,充分对接,各取所长,综合政府与市场的配置资源功能,从机制上精心安排,才能缓解直至解决林业融资问题,这也正是林业融资不同于其他经济主体融资的特殊之处。在财政性金融、政策性金融、商业性金融和合作性金融支持的林业产业化发展过程中,从各投资主体、管理主体和受益主体之间的相互关系来看,可供选择和采用的组合模式有以下几种(图2.5):

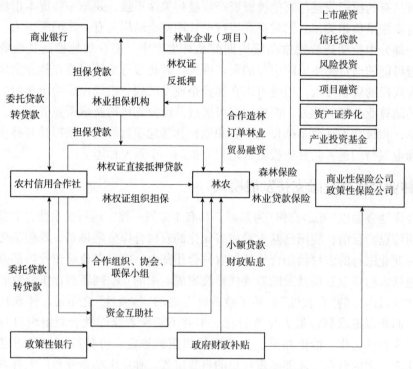

图 2.5　我国林业金融支持体系互动发展模式

1. 财政部门与政策性金融机构组合模式

此模式是由财政部门及体现林业投资政策的政策性金融机构联合筹资,投资于林业及其相关产业领域,形成国有资产或其他类型的资产。对这类项目的运作管理主体及管理方式因资产结构不同而有所差别,既包括由政府主管的,也包括由其他工商主体主管的。该模式应用的基本条件是投资项目建成并投入运营后,必须具有一定的经济效益和投资回收能力。具体包括:林业基础设施,林业科技开发及成果转化项目,林产品生产、加工、储运、贸易等产业项目。其中，建成后运作的经济效益及投资回收率较低的项目，其资金来源主要应该是各级财政，政策性金融机构只提供部分资金支持；建成后运作的经济效益及投资回收率较高的项目，其资金来源主要应该是政策性金融机构，财政只提供补助性或补贴性资金支持，以便为政策性金融机构分散部分经营风险。

2. 财政补贴与商业银行组合模式

这种模式是通过政府为商业银行提供必要的信用担保或一定比例的利息率补贴，以少量的财政投资来引导林业综合开发项目。一方面，为商业银行参与林业综合开发项目的建设投资分散和转移部分风险，鼓励其增加对林业及其相关产业领域的投资；另一方面，为林农、林业企业、林业经济合作组织及其相关产业组织开展商业性融资降低门槛，在一定程度上解决林业综合开发项目区域范围内林业内部资本积累能力弱和财政对林业投资不足等问题。

3. 政府投资与商业性金融组织组合模式

这种模式的特点是由商业银行以外的其他商业性金融组织在一定的投资约束下使用政府资金鼓励和扶持特定行业发展。例如，林业产业投资基金，即政府购买林业产业投资基金的全部或部分资金份额，约定投资行业范围，引导和鼓励林业产业化开发，由基金管理公司负责进行投资管理，投资于林业产业化龙头企业或基地的股权、债权、林业产业化创业投资项目等各类资产。鉴于该类基金的投资范围有限，在税收等方面实行减免等优惠政策。

4. 政府补贴与政策性森林保险组合模式

这种模式的特点是政府以财政转移支付制度为基础，为办理森林保险业务的组织提供部分财政补贴，建立政府支持下的商业性或合作性森林保险机制，商业性保险组织介入森林保险业务，并为林农、林业企业及其相关产业组织提供商业化或合作性保险服务，遵循商业化经营原则，为林农及其相关产业组织经营的林业及其相关产业项目投保。

总之，林业金融支持体系内含财政性金融、政策性金融、商业性金融和合作性金融支持体系，它们面向林农和林业企业，通过提供信贷资金融通以及各种金融服务等方式实现对林业发展的支持效应。尽管这些金融机构由于其自身运营导向或运营定位的差异，实际形成了对林业金融支持不同的路径选择、形式选择和机制设计，但是信贷供给和金融工具创新仍是它们实现支持职能的共同途径。

六、林业吸引金融和社会资本主要路径

根据林业投资收益及风险的影响因素，造成林业投资收益低、风险大的主要原因包括：一是林业自然再生产过程使其极易受到自然灾害的影响和破坏，造成巨大损失；二是林业产业化经营水平较低，无法实现规模经营效应，而且林业税费过高，造成收益水平不高；三是林业经营的长周期性，使其面临的自然风险、市场风险、流动性风险进一步加剧，林业资产缺乏流动性，短期内无法收回投资；四是林业限额采伐政策限制林业经营的自主性，而且林业要素流转市场尚未建立，导致林业收益无法实现。因此，只有通过改变影响林业投资收益率和风险的因素，提高投资收益率和降低风险水平，才是为社会资本进入林业清除阻碍、促进商品林投资的最根本且最有效的方法。

根据以上对林业投资收益影响因素的分析，可从以下几个方面寻找解决路径：一是通过加快林业产业化进程，提高林业企业的经济效益；二是利用林业金融工具创新机制，在

林业和社会资源之间搭建一座桥梁；三是建立林业风险防范管理体系，化解和降低林业投资风险；四是健全和完善林业产业政策保障体系，增强林业收益水平。通过运用以上各种方式，最终解决林业资本形成不足、林业产业吸融力不强的问题(图2.6)。

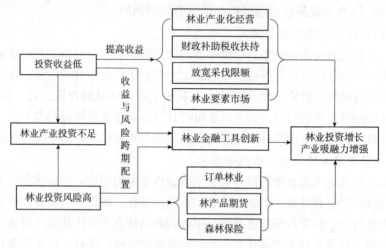

图2.6　增强林业产业吸融力路径

(一) 创新林业产业化经营模式

加快林业产业化进程，实行多样化经营模式，提高林业企业的经济效益。在林业产业发展上，要坚持林业增效、企业创利、林农增收。林业企业应该更新观念，大胆创新，适应市场需求的变化，探索符合市场经济规律的、全新的产业发展模式。加快推进林业产业化进程，推动产业重组，进行合并、兼并或联营等多种形式的资本运营，优化资源配置，组建较大规模的营林企业集团；也可以组建松散型的企业联合体，如营林企业合作联社。加快形成以森林资源培育为基础、以精深加工为目标、以科技进步为支撑的林业产业发展新格局。采取多样化经营方式，逐渐形成布局合理、规模适度的林业产业，最终延长林业产业链，为社会创造更多的价值。

通过实施产业化经营可减少与投入或产出的数量和质量有关的风险，因为实行产业化经营的公司对其商品生产和销售过程的两个或多个阶段享有所有权或控制权。产业化经营有利于实行规模经营，可以增强林业生产者的竞争力，避免市场竞争风险。产业化经营所需要的健全的市场信息系统，使生产能够以市场需求为导向进行组织，可以避免市场信息风险。产业化经营根据市场需求进行组织生产，依靠健全、畅通的信息系统传导市场信息，实现了小生产与大市场的对接，可以避免林产品供求失衡所形成的市场风险。因此，要积极鼓励培育林业龙头企业，推广公司带基地、基地连林农的经营形式，加快林业产业化发展。

鼓励大、中型工业用材企业建设原料基地，推进人工用材林建设，实行林工一体化经营，这是国外林业经营的成功经验。我国现行体制下，用材林培育与木材加工分属于不同部门管理，木材流通过程被人为割裂，木材生产和利用难以统一，导致木材市场整体供不应求，结构性供需矛盾突出。要改变木材培育与利用脱节的现实，必须把木材生产和流通统一起来，实行定向培育、定向利用和定向供应，做到以需定产、以求定量。因此要依托龙头企业，以木材相关企业的生产规模确定基地建设规模，以其产品方案确定树种及培育周期，真正把商品林基地变为木材加工企业的第一车间。要鼓励大型木材加工企业以独资、合资、参股、联营等方式投资商品林基地建设，参与制订用材林的经营方案，走贸工林、产供销一条龙的产业化发展道路。

在基地建设与关联企业间构建衔接紧密、产销顺畅、运转协调、管理高效的经济利益共同体，同时大力发展订单林业，积极鼓励培育名牌产品和龙头企业，推广"龙头企业+基地+林农"的契约式经营形式、"龙头+市场+企业+大户+林农"的松散式经营形式等，提高用材林建设项目抗御市场风险的能力，保证广大林农的稳定收入，为加工企业提供数量充足、品质优良、价格低廉的工业原料，建立利益共享、风险分担、权利与责任对称、利益与风险均衡的经营机制，真正实现加工企业、建设基地和林农的双赢。

由于不同林产品的收入不会呈现完全相关的上下波动，通过多样化经营就可以使得一些经营活动的低收入被其他经营活动的高收入所抵消。对市场风险而言，由于林业生产周期较长，市场需求变化多端，人们难以准确预测市场风险，如果林产品销售受阻，就会影响投资者的收入。另外，多样化经营也有利于利用生物种间相互作用关系合理组织林业生产，预防病虫害等引起的自然风险。根据生物原始协作和互利共生关系，以及生产生活对树种的不同需求，通过间作、混种等，建立互利合作关系，实现对环境资源的充分利用，控制有害生物，改善生长环境条件等，以预防自然风险。为预防林业自然风险和市场风险，保证投资者收入的可靠性和稳定性，需要进行多样化经营，在发展中不断提高林业企业的综合实力和抗风险能力，树立林业企业良好的社会信誉，增强社会对林业企业创造价值能力的信心。

（二）完善林业产业政策保障体系

林业产业政策的变化既可能刺激林业生产，也可能降低林业生产者的积极性。不合理的林业产业政策会造成林业生产的萎缩，只有正确的林业产业发展政策，才能调动生产者的积极性，吸引更多的资金投入到林业生产，林业生产技术、科技成果的推广和应用才能得到保障。当前，我国林业经济正处于变革过程中，各种政策措施还在实验当中，政策变动往往比较大，由于缺乏相应风险管理措施，林业生产经营者可能感到难以适从，对未来的预期难以确定，不利于加大商品林投资。在林业发展的新阶段，政府对林业产业结构进行战略性调整，对林业产权制度进行改革，这些政策变革，既是增加林业生产者收入、促进林业发展的迫切需要，也是我国经济可持续发展的客观要求。

林业投资的长周期性，造成在林业经营过程中面临各种不确定的政策因素。国家制定相应林业产业政策措施，清除影响林业收益实现的相关政策因素，以保证林业投资收益能够得以实现，强化林业产业的竞争能力。由于林业经营长周期的特征，如果林地和林木资产不能有效流转，必然限制森林资源资产的流动性。因此，通过放宽森林采伐限额制度，建立森林资源资产交易市场，健全林业社会化服务体系，能够有效地将资源要素优化配置到商品林生产过程中。

1. 放宽森林采伐限额制度

森林采伐限额制度的实施对保护森林资源发挥了重要作用。但是，随着林业建设的快速发展，森林采伐限额制度的一些不足和缺陷逐渐显现，目前暴露出来的问题主要集中在商品用材林方面，基层普遍反映现行制度对商品林采伐控制过严、管理过死，森林经营者缺乏经营自主权，不能根据市场需求和价格状况自主决定采伐数量和时间，因而也影响到社会资金对林业的投入热情。各地对改革森林采伐限额制度的呼声越来越高，已经成为林业改革的一个热点和焦点问题。但是，考虑到我国国民生态观念及生活水平的现实状况，目前限额采伐制度还不能完全取消，以免对森林资源造成大规模的破坏。根据实际情况，必须在实行森林分类经营的基础上建立科学的商品林采伐制度。要积极引导林业经营者按照经营目的，科学编制森林经营方案，明确经营单位在一定期限内对各类森林的培育目标、经营方针，以及营造和利用的具体经营措施，并落实到山头地块。森林经营方案经审核或审批后才能执行。

对于工业原料林的采伐以及中幼林的抚育间伐，应放宽采伐指标的限制。因为绝大多数私有林都属于商品林，而商品林经营的主要目的就是为了取得盈利的最大化，为此，要合理进行采伐，充分考虑各树种的经济成熟龄，而不是考虑生态成熟龄。在这种情形下，不仅可使培育年限大大缩短，还可以从根本上改变林木资产培育中的资金运营过程，达到林木资产增值的显著效果。同时，商品林的采伐事关生态环境和水土保持，因此，森林经营方案应对此作出严格的规定，如采伐森林不得引起水土流失、水质污染和破坏；采伐作业必须注意对现有森林和地表植被的保护；必须在一定期限内确保林地及时得到更新等等。经营者应严格按照森林经营方案的内容实施，林业主管部门则应当加强对森林经营方案实施的监督检查。

目前林木采伐限额审批程序烦琐，手续复杂，从申请到下达采伐指标须要 2~3 个月的时间。为此，首先，必须简化林木采伐的审批手续和缩短审批时间；其次，对于商品用材林，特别是私有的商品用材林，可考虑在保证消耗量小于生长量一定比例的前提下，实行全省采伐指标 5 年总控、年度间可以调剂的办法。当然，鉴于商品林的属性，在条件成熟的情况下，最终应该逐步废除商品林的限额采伐制度，并按照不同主体的林改管理诚信等级，分别采取核准制、申报制和备案制。

原国家林业局出台了《关于完善人工商品林采伐管理的意见》(林资发〔2003〕244 号)，对改革森林采伐迈出了坚实的一步。该《意见》规定："国家对人工商品林的年森林采伐限额和年度木材生产计划实行单列"；按照合理经营、持续利用的原则，依法编制和实施森林经营方案的人工商品林，其年森林采伐限额根据森林经营方案确定的合理年森林采伐量制定；达到一定规模的人工商品林，其经营单位或个人可以单独编制年森林采伐限额，"一定规模"的标准由省级林业主管部门确定；在采伐限额编制单位内，人工商品林年森林采伐限额本年结余的，经省(含自治区、直辖市，下同)林业主管部门批准，报国务院林业主管部门备案，可以结转下年使用；地方各级林业主管部门可以根据批准的人工商品林年森林采伐限额，足额编制人工商品林年度木材生产计划，并逐级汇总报国务院林业主管部门批准后执行；在非林地上营造的商品林，森林经营者要求采伐的，县级以上林业主管部门应当保证其年森林采伐限额和年度生产计划，依法发放林木采伐许可证。

森林采伐限额制度改革影响极大，应当反复调研，积极试点，稳步推进。改革的最终目标应当是：对公益林采取严格的采伐管理；而对商品林，则应当逐步做到由经营者完全按照市场需求自主经营、自主采伐；同时，鉴于森林是一种特殊商品，国家还要控制采伐方式和限时限质更新。

2. 建立森林资源资产交易市场

森林、林木、林地合法流转问题长期得不到有效解决，资金投入林业后易被固化，难以依法流转和变现，致使林业投资长期以来一直被认为"周期长、周转慢、效益低"，严重影响了社会资金投资林业的积极性，很多银行也不愿意以森林资源资产作抵押发放贷款。因此，在理顺森林资源产权关系的基础上，要尽快地制定和完善全国统一的森林资源资产（包括森林、林木和林地资产产权）流转的政策，完善森林资源流转制度，制定《森林、林木和林地使用权流转条例》，明确规定可流转的资产范围、流转的管理程序、资产的评估方法以及相关的利益分配和税费政策。

建立统一的森林资源资产交易市场，实现森林资源资产有效流转。这样，对抵押人来说，通过这种依法强制执行权利的实施，可以在处置中受益，化长周期为短周期，减少投资风险，林木资源的价值得到合理评价并且货币化，弱化森林采伐限额制度所带来的不利影响，从而保证实现抵押物的流转权、处置权和收益补偿权。同时，完善森林资源流转与转让制度还有利于促进林业的规模化经营，是实现社会化生产的有效途径，是连接经营和市场化的纽带，提高经营者的市场竞争力，增加抵押方的抵押贷款融资能力，因为资产的易变现性是决定资产价值的重要因素之一。

日本、瑞典等经济发达国家是林权流转的典范。我国在这方面也已开始各种尝试，并取得了初步成效。如福建省永安市允许林权可以直接在林业要素市场挂牌交易。实践中，龙头企业通过向周围群众租地造林扩大规模；私营企业通过承租乡村集体土地和国有集体林场的林地，培育经济林和用材林；以及通过林地招租吸引外商投资造林等，都属于这种流转形式。另外，对贷款提供方来讲，银行平时无需承担林地开发和保护的责任，又可以在抵押方无力清偿债务时，在特定的产权市场上进行货币资金与产权资本的置换，以获取资金损失的补偿。

在林地使用权流转过程中，要特别注重使用权期限的稳定，应当根据不同树种及培育目的，将使用权的期限适当延长至 50~100 年。这样，林地使用者会不断增强林木资产风险意识，避免侧重于眼前利益和劳动者个人报酬最大化的短期行为，从私有商品林培育的整个周期角度考虑，在森林经营活动中寻求资源可持续与经济盈利的最佳结合点，具有更强的筹集信贷资金的功能，为放宽森林采伐限额制度的实施铺平道路。同时，要搭建林权流转交易的信息平台，及时提供政策法规、流转项目、参考价格等信息。

健全完善森林资源流转体系，以下两种方案可供选择：一是"市场化流转与政策性收储相结合"。市场化流转就是依托现有林业服务中心，逐步建成类似于股票二级交易市场的林木交易市场，实行公开、公平、公正的市场化交易。将需要流转处置的林权标的在林木交易市场挂牌上市，林木交易市场无偿服务或收取少量服务费。在规定时间内无法成交的林权标的，经债权人、债务人协商由政策性林权收储中心按一定价值收储处置，有效维护债权人、债务人利益。二是"市场化流转和市场性收储相结合"。市场性收储就是由非政府出资的具有收储性质的公司（如担保公司等）承担、发挥收储职能。

3. 健全林业社会化服务体系

林业社会化服务包括专业经济技术部门、林业合作组织和其他方面为林业发展所提供的各种相关服务。加强林业社会化服务体系建设，是推动社会主义市场经济进一步发展和深化林业经济体制改革的一项重要举措,特别是随着我国私有林的不断发展壮大,林业社会化服务体系建设的作用愈显重要。

目前,我国私有林的经营形式日趋多样化,既有具备相当规模的外商独资、中外合资、中外合作经营企业,又有数量众多的个体经营者,后者所占的比重较大。由于个体经营主体受自身的条件限制,对外界的了解十分有限,信息比较闭塞,其所投资的企业大都经营规模小、组织化程度低、缺乏必要的技术和管理人才,因此企业的技术和管理都比较落后。在这种情形下,需要政府有关部门及相关的社会机构尽快地建立健全相应的林业社会化服务体系,为他们提供产前、产中和产后的一系列社会化服务,包括林业科学技术、市场信息、政策和法律咨询、人才招聘、社会保障、金融服务、森林资源资产评估、森林资源资产产权流转等诸多方面的社会化服务。具体包括以下两项重要内容:

(1) 健全和完善森林资源资产评估制度

科学的森林资源资产评估不仅为国家宏观管理、企业的森林资源资产经营提供了依据,而且也为市场流转中森林资源资产的价值提供了量化和信息化数据,为森林资源资产交易、融资铺平了道路。而目前许多地区开展的森林资源资产评估由于人为因素干扰、评估理论和方法的局限、基础资源数据准确性差、技术标准不统一等原因导致评估结果与真实情况相差很大,评估结论的社会接受性较差。因此,应加快修订《森林资源资产评估机构资质认定办法》和《森林资源资产评估技术规范》,建立一套科学、可行的森林资源资产评估方法,建立权威的国家森林资源资产基础数据库,向社会提供咨询服务。在对森林资源资产评估机构进行资格认证的前提下引入市场竞争机制:首先,建立、完善各类森林资源资产评估机构和评估人员市场准入和退出机制,切实加强对森林资源资产评估机构及其人员的监督管理,防止在评估环节出现道德风险。对涉嫌进行林权抵押贷款诈骗或通过暗箱操作故意抬高林木评估价值、骗取银行贷款的有关评估机构和人员,由相关部门予以行政或法律制裁。其次,积极推动森林资源资产评估方法与评估结果在确认方面的改革。确定森林资源资产的价值,应以市场中需求与供给所确定的价格为基础,国家正式认证的、提供的数据经过补充和修正后再运用。

(2) 大力发展相关中介组织

如评估中心、林业信用协会等,搭建融资服务平台,有效地防范风险,提高资本运营效益,按照"政府引导、银行贷款、社会运作、部门服务"的原则,构建"政府+专业经济组织(协会)+金融机构(资本)+企业+基地+林农"多位一体的林业发展模式。

林业生产周期长、容易被破坏的特点决定了任何一项林业政策必须在科学合理的基础上保持较长时期的稳定性。而政策多变正是我国林业行政管理的痼疾,曾经导致很多恶劣后果。因此,政府必须充分认识林业政策长期稳定的重要性,使林业行政管理制度化、法制化、规范化、程序化。

(三) 健全林业产业政策扶持体系

我国林业的长期稳定发展,有赖于全社会的积极参与和社会资金的广泛进入,与国家财政投入的着力点不同,社会资本投入林业的主要目的是要获得合理的收益。因此,保护林业经营者的合法权益、充分调动各种经济成分进入林业,是促进林业投资政策框架非常重要的组成部分。鉴于森林资源培育所具备的生态、经济和社会3大效益的特点,同时考虑到我国私有林经营者目前在森林资源资产产权上受到的非正常的限制，必须采取适当的财政扶持政策，给予私有林经营者必要的优惠政策，以增强私有林的比较优势，提高其筹资能力。"引导型"的林业投资政策，由于能发挥政府和市场优势、调动各方积极性，往往能起到"四两拨千斤"的效果，是比较有效的一种投资政策。

对于造林组织来说，现金流入包括由于林业的外部正效应产生的社会补偿收入和林木成材后的采伐收入。我国目前还没有实行商品林的外部补偿制度。对商品林的补偿方式可以多种多样，但无论采取什么方式，在存在外部正效应的情境下，补偿是必须的，否则私人投资达不到对林业投资的最佳水平。要想使营林投资项目具有较高的吸引资金能力，就必须提高项目内部收益率。因此，进行林业投资就必须研究造林、育林、培育森林投资信贷的特殊问题。政府有必要制定林业投资政策倾斜措施，对造林给予相应财政补贴和税收扶持。通过增加造林财政补贴收入，降低林业税费支出，提高林业投资收益水平。较为现实可行的办法是，降低税费比例、降低林地地租或免租、加大财政贴息力度和给予造林补贴等。

1. 加大财政贴息贷款力度

贴息贷款政策是产业型林业最主要的资金来源。贴息贷款吸引了大量的私人投资，为建立多元化的林业投资主体机制起到了重要促进作用。对林业贷款实行国家财政贴息支持，成效非常明显，今后应当进一步加强和完善贴息的导向性及强化管理。对私有商品林建设项目的贷款扶持，一方面，可以解决造林启动资金不足的问题，如果贴息以 5% 计，则 1 元的贴息可调动 20 元左右的资金，加上企业、地方自筹资金的配套，总投资额可达 40 元。因此，财政贴息可以动员民间资金按照国家产业政策方向进行投资。另一方面，有利于降低经营者付息的风险，增强金融部门的贷款信心。在历年的国家林业贴息贷款中，实际到位的比重虽然有所上升，但目前由于财政部贴息办法未定和其他原因，仍不能保证贷款总额全部到位，影响了林业建设的顺利进行，见表 2.1 所列。

表 2.1 2001—2005 年国家林业贴息贷款到位情况

林业贴息贷款	2001 年	2002 年	2003 年	2004 年	2005 年
应到位金额/万元	227 569	248 658	294 859	267 325	251 786
实到位金融/万元	148 055	199 508	252 473	238 639	208 586
实际到位率/%	65.06	80.23	85.62	89.27	82.84
占国内贷款实际到位额的比重/%	78.91	83.50	81.14	91.14	89.60

资料来源：《中国林业统计年鉴 2001—2005》整理计算而得。

国家为鼓励速生丰产林的发展，已将速生丰产林建设纳入政策性贷款的范畴，对国家开发银行、中国农业银行的速生丰产林贷款都给予了一定比例和时限的贴息优惠。国家政策性林业贴息贷款计划指标不能仅限于政策性银行，而应该扩展到所有的商业银行，促使它们参与此项业务的竞争，充分发挥财政贴息资金经济杠杆的作用，以引导信贷资金的投入。

2. 提高造林补助额度

商品林生产以森林经济价值利用为主要目的，但在主导发挥经济效益的同时，兼具生态环境效益。在林业分类经营政策指导下,商品林承担经济性产出的任务,也为主导发挥森林生态效益的公益林发展提供保证。因此,在商品林未达到社会平均报酬率的情况下,国家应当考虑采用补贴,通过对商品林生产过程的成本费用给予适当补助,调节商品林生产的边际收益,提高商品林的边际效益,吸引社会资本对商品林的投入,以缓解商品林投资不足。国家对私有林实施补助政策是国际的通行做法,德国、日本、美国等林业比较发达的国家都实行了造林补助政策,德国对私人造林的补助款占造林费用的70%,日本占50%,美国也达到40%。我国应进一步完善造林补助制度,制定相应实施细则,广泛吸纳社会资金,鼓励各种社会主体参与投资商品林建设。

3. 降低林业各项税费

降低林业各项税费,提高林业的投资回报率,增加对银行信贷和社会资金的吸引力,使森林经营者有积累和自我发展能力,已经成为当务之急。对不合理林业税费体系的改革不是一个简单降税的过程,它涉及各级地方财政、林业部门的切身利益,是一个包含基本目标和最终目标的系统工程。林业税费改革的基本目标是为林业经营主体争取到合理的税费水平,使商品林的税费水平至少等同于一般商品生产的税费水平,保证林业在国民经济发展中享受公平待遇。林业税费改革的最终目标是保证林业税费体系能够体现商品林生产中基础产业及兼有公共产品(环境服务和社会发展)生产功能的特征,对商品林生产给予一定的税收优惠和扶持。只有合理调整林业税费政策,确保商品林经营与其他产业在面对市场资金时站在平等的起跑线上,才能逐步建立一个符合商品林经营特征,支持林业产业体系可持续发展的资金循环机制。

林业税费扶持政策与林业产业政策、林业财政政策紧密相关,因此很多具体的政策也是融合在林业产业政策、林业财政政策等其他相关政策当中。总体来看,林业税费扶持政策包括以下3个方面:一是构建对林业新兴产业的税费扶持政策。目前,林业生物产业及生物质能源、生物质材料和高新技术等产业具有广阔的前景,将是未来社会经济发展的重要产业组成之一。在这些产业起步阶段,需要国家投入资金和给予税费优惠政策,才能逐步发展壮大;二是应社会主义新农村建设中的林业发展需求,探索建立与林权制度改革和生产力发展水平相适应、林农分散经营的林业产业基地及其初加工产品的税费政策和小额贷款扶持政策,探索建立绿色家园等建设的财政补贴政策;三是继续调整原有森林资源培育、利用的税费政策,促进资源培育产业的良性发展。

育林基金制度是为保证森林采伐迹地及时更新,并有计划地发展营林事业,不断扩大森林资源而建立的一种林业生产性专用基金制度。该制度规定国有森工企业、国有及集体林场从木材、竹材和一部分林副产品的销售收入中提取或征收一定数额的育林基金,专门用于林地更新和营林事业发展。收取比例为木材、竹材第一次销售收入的12%。育林基金制度对保证林区更新造林、育林和护林资金需要,促进森林资源恢复和林业发展发挥了重要作用。但是这一制度演变到现在,已经基本背离了它出台时的初衷,变成了林业系统办事、养人的重要来源。按照《中共中央国务院关于加快林业发展的决定》(中发〔2003〕9号)的精神,应改革育林基金征收、管理和使用办法,对育林基金采取"取之于林,用之于林",使征收的育林基金逐步返还给林业经营者。

（四）设计林业金融工具创新机制

从商品林的投资特征看，林业产业前期的不断投入，林木资产难以流动，到林木成材后采伐获得一次性收入构成了林业产业的典型金融特征，需要通过金融工具创新来实现林业投资收益与风险的跨期配置，有针对性地设计融资计划及采用相应的金融工具，实现森林资源资产投资标准化，使短期资金和小额资本进入林业。可以针对不同类型的林业项目设计相对应的金融工具，以此发挥金融工具在林业投融资中的桥梁作用：利用林业信托融资、资产证券化、风险投资、产业投资基金、林业项目融资等；合理运用林业项目融资，对于大型林业项目融资，要合理采用 BOT 方式、TOT 方式以及 ABS 方式；对于林业高新技术产业可以利用风险投资方式吸引投资；还可以通过组建林业产业投资基金，促进林业产业化、科技化的进程，增加林业产业的融资渠道，集中社会闲散资金，优化资本结构。

（五）建立林业风险管理防范体系

林业是一个同时交织着自然再生产与经济再生产过程的产业。在林业生产中，不确定性主要来自两方面：一是由于林业经营周期长，自然因素会带来不可预期性，形成林业经营的自然风险；二是来自经济体系内部各种经济因素的不可控性，形成林业的市场风险。当金融参与林业经营时，林业经营的不确定性内涵又包括了金融风险。虽然三类不确定性最终导致林业三类经营风险的形成，但实际情形并非如此简单，而是一个相对动态的复杂性过程。这使得林业成为现代经济中最具有风险性的产业之一，也是形成林业产业弱质性的一个主要原因。

风险只有加以有效控制，才能实现林业的稳定发展与增长。金融支持对于林业风险控制和分散具有积极作用：首先，金融为林业提供了分散自然风险所需技术手段与技术方法的资金投入，这些新的技术手段与技术方法在极大提高林业生产力的同时，也增强了林业的技术性；其次，金融通过追加资本投入，形成对林业生产函数的质态改进与要素配置结构的改善，从而提高林业生产的稳定性，金融通过其自身集约化机制，提高了林业生产要素禀赋，形成对林业传统生产经营方式的改造，从而促进林业增长方式的转变。林业金融对于林业不确定性控制和风险分散作用的形成，必须建立在林业金融自身的不确定性控制和风险分散的基础上。这需要林业金融加强自身的制度建设与治理改进，也需要林业金融形成对林业生产经营不确定性和各类经营风险的明确预期与科学分析，建立林业金融风险防范和管理体系。

长期以来我国的林业投融资渠道单一，基本依赖于政府投入，成规模的民间资本投入极少。究其原因，除了基础设施落后、林业税费高、投资环境差，关键还在于林业投资周期长、见效慢。由于林业经营周期长的特点，客观上造成商品林的经营风险加剧，商品林投资风险所带来的一系列问题一直困扰着商品林投资乃至整个林业经济的发展。林产品价格体系扭曲，缺乏风险管理工具，风险难以转化。要吸引民间资本投资林业，不仅要有较高的投资收益率，还要有风险控制和转换的有效手段。因此，建立一套有效的风险管理体系和防范机制，合理控制商品林投资的风险水平，提高商品林投资的安全性，确保投资目标的实现，是增强商品林投资对社会资金的吸引力及实施林业可持续发展战略的客观要求与战略任务。

本章小结

本章介绍了林业金融的分析框架、传导机制、作用机理、支持体系、发展模式等内容,为本教材后面章节内容的展开提供了必要的理论基础。我国林业金融面临的问题很多,目前的重点问题主要围绕林业金融的互动机制、关联机理、需求特征、供给特征、产品创新、支持体系与发展模式。在对林业金融问题进行剖析时,需要对问题的需求和供给分别进行分析,具体从信贷需求规模与结构、融资的顺序选择、借贷成本以及信用等级等方面,对林农、林业企业等林业经营主体的金融需求进行详细分析;对林业金融供给状况、运行状况、支持重点,然后分析两者的矛盾之处,最后设计相应的林业金融服务体系、选择恰当的林业金融工具并作出必要的工具创新。目前我国林业金融支持体系主要包括财政性融资、政策性金融、商业性金融以及合作性金融,它们的运营导向和运营定位各有差异,形成了对林业金融支持不同的路径选择、形式选择和机制设计。而有效、可持续的林业金融支持体系需要各方有机配合、互动发展,同时还需要创新林业产业化经营模式、完善林业产业政策保障体系、健全林业产业政策扶持体系、设计林业金融工具创新机制、建立林业风险管理防范体系。

第三章　林业金融需求

需求分析一般是市场分析的起点，如果一味地强调增加林业金融服务供给而忽视了林业经济主体对金融服务的有效需求，那么政策上过多的期望就会和林业金融服务的有效需求之间不相匹配，使林业金融市场出现巨大的灵活性缺口。林业金融需求是指现代林业在生产、经营、加工和流通等各环节中，其生产和经营主体所产生的金融需求。林业金融需求根据金融产品来分主要有林业信贷需求和森林保险需求。林业金融制度、金融产品和金融服务是否符合集体林权制度改革和林业产业发展实际需要，关键在于它能否符合林业的金融需求。林业金融服务体系的构建应该通过剖析林业金融的现实需求和潜在需求，设计符合林业金融需求主体的金融产品和服务的金融供给体系。我国当前的林业金融体系难以满足各种林业金融需求，必须重新加以构建，建立起多种所有制、多样化的林业金融服务体系。

本章从林业金融需求角度出发，依次分析林农和林业企业信贷需求及其满足程度，森林保险发展历程和主要经营模式，以及投保主体对森林保险的需求特征。

第一节　林业信贷需求

林业信贷需求主体主要分为林农、林业企业和林业合作组织等，不同主体的信贷需求具有鲜明的多层次特征。本章重点聚焦于林农和林业企业这两大类经营主体。林农的信贷需求，是指以家庭联产承包责任制为形式的、一家一户为林业生产经营单位的农民的信贷需求。林农信贷需求按照资金用途可以划分为生产性信贷需求和生活性信贷需求。生产性信贷需求主要是用于生产经营的资金需求，如林农购买生产资料等；生活性信贷需求指林农用于满足日常生活需要的资金需求，如建房、医疗、求学、婚嫁等。目前我国林农的信贷需求以生活性需求为主，具有一定的救助性特点，并不具备稳定的盈利性预期。林业中小企业主要是林业第一产业企业，作为重要的林业生产经营主体，在林业生产中发挥着重要作用。这些企业由于生产规模较小，大多处于发展阶段，面临着更为严重的资金问题。

一、林农信贷需求特征

（一）林农信贷需求总体状况

1. 金融需求呈现多样化，信贷需求未能得到满足

随着林业产业化发展水平的提高，随之而来的金融需求也与日俱增，林农金融需求越

来越不可忽视。现阶段，我国林农金融需求主要包括存款和贷款两个方面，但由于林农收入水平相对较低，对投资理财和保险意识不够，保险、理财服务和结算服务尚处于起步阶段，需求相对较少。相对来讲，由于近年来农村金融机构的不断发展，林农存款需求基本得到了满足，而信贷需求却存在着很大的缺口，多数林农的贷款需求未能得到满足。

2. 生产性与生活性资金需求并存，多样性和地区差异性明显

经济欠发达地区的林农倾向于单一型金融需求，低收入水平的林农其贷款用于生活支出的比例较高。由于非生产性支出往往占更大比重，因此，非生产性需求凸显出来，生活性借款比重加大。而经济发达地区，林农的收入较高，经营性资金需求加大，综合的金融需求、与城市趋同化的金融需求凸显。林农金融需求的层次性与林农收入呈正相关，越是收入高的林农，其生产经营越偏向非农产业或规模化农业，越倾向于生产经营性借款。从地域来看，西部欠发达地区的林业经济大部分仍处在封闭、半封闭的自然经济状态，林农的收入以实物收入为主，农业生产一般只能维持在简单再生产水平上，林农的储蓄和负债能力都很弱，他们的金融需求特别是资金需求很难由商业性金融机构来提供；中部地区林业经济大体处于自然经济向市场经济过渡阶段，林农可以根据自身情况选择外出务工或是从事农业、非农产业，收入潜力较大，他们的金融需求一般可以从林业信用社等小额信贷机构得到满足；东部发达地区林业经济与城市地区区别不大，居民对金融产品与金融服务的需求则比较全面。而值得关注的是，低收入林农还有相当的比例，尤其在经济欠发达地区，由于他们还款能力较低而得不到信贷支持，容易陷入"贫困陷阱"。

3. 林农生产投资意愿增强，需要外部资金大力支持

集体林权制度改革极大地激发了林农生产经营的积极性，再加上近年来林业税费改革、木材价格上涨和林业产业优惠政策出台等因素的刺激，林农投资造林的热情高涨。但我国大部分林农家庭入不敷出的现象十分明显，超过一半的林农家庭负有债务，近半的林农近三年来家庭收入无法满足日常生产、生活和投资需要。林农普遍认为林权改革后最急迫需要解决的问题就是提供资金和信贷支持。可以看出，林农生产投资需求加大，自有资金难以满足生产投资需求，仍然存在较大的资金缺口，急切需要外部资金的强力支持。

4. 资金来源渠道较为单一，林农信贷需求十分强烈

目前，林农生产经营主要依靠自有资金，尚未形成多元化的融资渠道，我国近半数的林农选择以自身积累为主要资金来源。由于大部分林农家庭资金结余较少，且自身积累资金有限，根本无法满足扩大经营规模的需要，林农借款需求十分强烈。在林业生产经营比重较大的地区以及拥有林地面积较大的林农，借款需求比较高；而林业生产规模较小且外出务工者较多地区，有借款需求的林农相对较少。按照林农目前的收入水平，仅依靠自身积累资金，林业生产无法全面推进，林农现存的资金缺口需要增加信贷和扩大融资渠道才能得以补充。

从总体上看，我国林业信贷需求的最大特点就是有效性低，呈现出低收益、高风险、高成本的特征。当林业金融需求主体的盈利能力极低、偿还能力很差、风险极高时，可称之为无效需求。根据林业金融需求主体的不同类型应采取不同的满足方式，才能真正满足林业金融需求。

(二)林农信贷需求特征

集体林权制度改革以后,林农生产经营积极性显著提高,林农生产经营、投资状况和信贷需求发生巨大变化。而投资造林需要大量资金支持,如果林农面临融资困难,林业的进一步发展将受到制约,林权改革的成效将难以巩固。由于林农金融需求与传统林农金融需求具有显著的差异性,而现有的林业金融体系主要服务对象以林农为主,难以为林农这一特殊经营主体提供恰当和有效的金融服务,林农信贷融资需求难以得到满足。因此,林业金融体系改革和服务创新需要明确以下3个问题:一是林农资金需求状况与满足程度如何,主要通过什么渠道满足;二是林农是否存在信贷需求,具有什么样的信贷需求特征;三是林农是否面临信贷约束,导致信贷约束的主要原因是什么。只有明确林农金融需求和信贷特征,才能找到林业金融改革和金融创新的有效途径,设计出符合林农需求的金融信贷产品,克服和打破林农融资困境。

1. 林农普遍期望长期借款,与实际贷款期限不相吻合

从贷款期限看,林农希望的借款期限普遍较长,大多数林农希望贷款期限在一年或一年以上,甚至三年或更长时间,这样才能满足林业生产经营需要。而且考虑到林业经营风险性较高,林农希望在贷款期限上适度放宽,有一个灵活的还款区间。但林农借款的实际使用期限主要集中在一年以内。贷款期限的短期化不利于帮助林农形成长期生产能力,能以成为"自偿性"贷款,因为短期借款使得林农无法将其用于长期扩大再生产,而只能解决短期、季节性和临时性的资金需要。

2. 贷款以生产性用途为主,资金主要来自正规金融

随着我国经济的持续发展,越来越多的林农贷款主要用于扩大生产经营规模和购买生产资料,即以生产性用途为主。其中,大户林农的贷款主要用于生产性支出,而小户林农贷款主要用于生活性支出。由于林农的生活性支出不能直接带来收入,更难从正规金融获得贷款,只能更多依靠非正规渠道贷款。林农生活性贷款主要来自于非正规渠道,而生产性贷款较多地由正规金融渠道满足。

3. 林农贷款依赖正规渠道,农信社的贷款比重最大

林农贷款主要来自于农信社(包括小额信用贷款、林农联保贷款及林权抵押贷款等),其次是中国农业银行等商业银行。低收入林农更倾向于从非正规渠道借款,而高收入的大户林农更多地选择正规渠道借款。这是因为低收入林农害怕面对严格的还款约束,而且承受不起较高的利息成本,因而愿意选择以亲友借款为主要形式的互助性非正规贷款。而高收入林农具有扩大经营规模的贷款需求,通过亲友贷款不能完全满足,因此,他们更多地采用正规贷款,并通过多渠道贷款满足大额的资金需求。

4. 贷款金额相对较大,大额资金需求未能满足

随着越来越多的林农从事特色种养业和扩大经营生产规模,林农的生产性信贷需求逐渐增大。再加上林业生产的长周期性,贷款金额也在相应增加。大部分林农期望的平均借款规模高于实际贷款规模,但很多林农受到信贷规模的约束,大额信贷需求难以得到充分满足。

5. 高息信贷活动发生较少,林农利息承受能力较弱

林农从事林业生产经营的盈利水平总体来说比较低,主要是由于林业分散和规模

不经济、林业基础设施不发达、林产品收益率较低、受自然资源和自然灾害影响大，还受到由于市场价格波动所带来的市场风险的影响等。林农非正规贷款的利率明显低于正规贷款的利率。大部分非正规贷款都是亲友贷款，少数的非亲友的民间借贷具有高利贷的性质。由于林业投资收益的不确定性较大，过高的利率水平必然给林农带来巨大经济负担，很大一部分林农的信贷需求不具有市场有效性，难以通过商业性金融满足。

6. 贷款拖欠情况比较严重，具有林业经营特征关联

整体上林农贷款拖欠情况普遍比较严重。由于贷款用途和来源不同，逾期率水平也有所差异。生活性贷款逾期率明显高于生产性贷款，因为一般情况下，只要未遭受市场风险、自然风险和生产损失，生产性贷款有生产性收入作为偿还保证；亲友贷款和其他民间贷款的逾期率都高于农信社贷款逾期率，因为亲友贷款在贷款期限上要求不严格，还款期限约束也不高。不能按期偿还贷款的原因主要是林业项目收益低和遭受自然灾害；另外，贷款期限与资金使用周期不相匹配，林木资产不能变现和项目在短期内未能产生收益来偿还贷款也有重要关联。可见导致林农还款逾期率高与林业生产经营特殊性有直接关系。

二、林业企业信贷需求特征

(一) 林业企业经营特征

根据营收规模可以将林业企业分成中小企业和大型企业。根据工业和信息化部等四部委于2011年发布的《中小企业划型标准规定》，林业中小企业为年营业收入在20 000万元人民币以下。这种企业与普通工业企业有较大差别：第一，生产经营循环时间长。因其受林木本身自然生产速度的影响，不像农业可以做到一年一收甚至一年多收，在长时间的林木生产阶段，投入的资金不能转化成商品资金的形态，影响企业的资金周转。第二，资金投入大且不均。林业企业需要在租赁林地与购买种苗、首次种植等前期培育阶段和后期采伐时进行集中高投入，预先投入具有一次性、大规模的特点，中期维护需要的投入相对较少。第三，生产经营风险相对较大。林业生产受自然环境的制约，特别是火灾、病虫害和某些人为因素会造成巨大的损失。第四，林业生产具有正外部性。林木资源不仅可以产生经济收益，同时可以产生生态效益，比如涵养水源、净化空气等。基于以上特点，林业企业融资会受到一定影响，比如说，因为林业生产周期较长，企业在融资时可能会倾向于还款时间较长的资金；由于风险大，金融机构可能会对其担保物有较高的要求；由于具有正外部性，可以申请林业贴息贷款等。

大型营林企业具有独特的经营特征。处于发展初期而且正在形成中的大型营林企业，由于市场预期还不明朗，又缺乏抵押、担保，融资难度较大，因此资金短缺是这类企业进一步发展的主要约束因素。处在成长期、稳定期的大型营林企业，已经积累一定的资产，经营稳定，具有较好的发展前景和盈利预期，资金需求变化不大，且融资途径较多，融资需求比较容易得到满足。

(二)林业企业信贷需求特征

1. 中小企业借款用途主要用于扩大生产,用于研发投入占比不高

企业贷款首先用来扩大原料基地,有强烈的扩大生产规模的意愿。其次是补充流动资产,企业日常经营活动需要外部资金的支持。选择购置固定资产的企业也较多,企业自有资金满足不了较高的一次性投入,只能从外界获取资金。另外,市场推广在林业企业生产经营过程中也占有较重要的位置。值得注意的是,林业中小企业贷款用于研发投入(专利申请等)占比不高,林业中小企业整体创新性有待加强。

2. 中小企业贷款金额不大,贷款需求得不到满足

林业企业主要以中小企业的形式存在,龙头企业只占很少的比重。大量的林业中小企业的借款规模普遍不大,但企业的期望贷款规模大于实际贷款规模,企业的贷款需求基本得不到满足。龙头企业的借款规模较大,资金占用时间长,但金融机构因其规模和效益,愿意对其贷款,因此融资不太难且成本相对较低。

3. 贷款成本较高,融资来源比较单一

林业企业融资成本较高,尤其是中小企业。林业中小企业主要以乡镇企业的形式存在,立足于当地资源而由乡镇投资发展起来,产品主要是面向市场的资源利用型企业。大量中小企业由于其技术含量低、产品结构不合理、管理水平落后、销售网络不健全等制约因素使得其经济效益低下,盈利能力有限。同时金融机构与中小企业之间也存在着较为严重的信息不对称,中小企业管理水平较低,财务会计制度不健全,因此金融机构对中小企业的经营业绩、还贷记录缺乏了解,增加了金融机构的信息搜集成本和监督管理成本。再加上相当一部分中小企业信用等级低,能够得到的担保比较少,而且抵押品较少、变现困难,也增加了贷款的风险性。因此,中小企业生产经营活动的风险性较大,林业金融机构对其发放贷款的风险性也较大。而对于处在成长期、稳定期的林业龙头企业,已经积累一定的资产,而且经营稳定,具有比较好的发展前景和盈利预期,是较为健全的承贷主体,贷款风险较小,其贷款成本相对低很多。总体上看,信用社或银行对林企的贷款中只有少数为基准利率,大多上浮10%甚至更多。没有信用社或银行贷款的企业,大多选择了外源融资,但融资来源比较单一,为民间借款,成本更高。

4. 贷款期限普遍为中短期,难以满足长期信贷需求

林业中小企业得到的贷款期限普遍为短期或者中期,拥有长期贷款的企业较少。但由于林业生产周期较长,林业企业最需要的贷款期限集中在1~3年中期贷款及3年以上长期贷款,企业期望的贷款期限普遍大于所得到的贷款期限,这说明大部分信贷产品的期限不符合企业的真实需求。

5. 贷款方式比较单一,无法满足多样化信贷产品需求

由于林业产业自身的特性,相对其他工业企业,林业企业通过发行股票、债券等方式进行融资的难度更大。另外,虽然大型营林企业信用较好、风险较低,可以通过信用贷款来筹措资金,但是林业企业以中小型企业为主,由于中小营林企业信用记录不良或缺失的情况比较严重,可以进行信用贷款的企业较少,最主要的借款方式仍为抵押贷款和保证贷款。这些比较单一的融资方式无法满足林业企业对信贷产品的多样化需求,严重阻碍着企业的发展。

第二节 森林保险需求

一、森林保险的内涵与特征

(一) 森林保险概念与内涵

森林保险是指森林经营者(投保人和被保险人)按照一定的标准缴纳保险费以获得保险公司(保险人)在森林遭受灾害时提供经济补偿的行为。这种行为以契约形式固定下来,并受到法律的保护。投保人可以是国有林业生产单位、集体所有制合作林场、林业股份制企业,也可以是林业专业户、重点户等。森林保险作为一种金融产品,其本质是森林经营者将自身风险通过保险形式转移给保险公司的过程,也是保险公司通过集合大量同质风险从而实现风险分散的过程。政策性森林保险是指在政府扶持和财政补贴下,对森林生产过程中因自然灾害或意外事故造成的经济损失提供经济补偿的一种保险制度。建立森林保险制度是市场经济发展的客观要求和必然趋势,是降低森林风险的有效措施。随着我国集体林权制度改革的全面深化,林农将独立承担经营风险,对保险的需求日益迫切。为增强林业的风险抵御能力、降低林业投资风险、减少灾害造成的林业损失,需要建立森林保险制度,将林业生产所面临的风险纳入保险保障体系。

(二) 森林保险主要特征

林业具有生产周期长、见效慢、商品率高、占地面积大、受地理环境制约强、林木资源可再生等特点。这些特点导致森林一旦受灾一方面很难恢复,另一方面则损失巨大。因此,森林保险与其他保险产品相比有自身的特点:

1. 森林保险续保周期长

由于林业生产经营的长周期特性,与农业保险相比,森林保险的最大特点是其可续保周期长。在农业保险中,保险期按生长季节只有几个月,一个有生命的标的就此结束,续保时是另一个有生命的标的;而森林保险标的则是多年生植物,生长期长,就连一般速生用材林都在十年以上,特别是风景林或珍贵树种的生长期有百年以上,对一个有生命的标的而言,其可续保期是相当长的。

2. 森林保险风险难分散

由于林业风险具有非独立性(相邻区域内)、相关性和巨灾性等特点,导致森林保险的风险较大,使保险公司开展森林保险业务时面临诸多制约因素。

(1) 森林损失风险集中,不易分散

相邻区域内森林保险标的之间的风险是不独立的,且区域位置越近,相关性越强。一次森林灾害事故往往涉及范围较广,在一个风险单位内,承包的林农越多,承包的面积越大,风险就越集中,损失也会越大,保险人的经营风险也就越大。一场中等强度的林业自然灾害就可以影响很大面积,使保险公司面临较大的损失。这种相关性破坏了保险要求的独立性原则,使"大数法则"的适用性在一定程度上受到限制,降低了风险转移的效率。

(2) 森林灾害风险具有广泛的伴生性

一种森林保险事故很可能会引起另一种或多种风险事故的发生，造成损失的因素具有多样性，不易将各种保险事故与相应的损失后果严格区分开来，这就要求建立一套专门针对森林保险业务的理赔程序和查勘定损方法。

(3) 森林灾害数据不充分

由于森林保险依据的资料不充分，特别是保险行业没有积累起一定数量的业务数据，如赔案数据，以支持精算工作，导致无法正确评估风险和厘定准确的保险费率。而且，目前没有完善的巨灾风险分散机制，当出现类似 2008 年的冰雪灾害时，如果林业大面积承保，则保险公司可能无法承受。再保险公司同样也有这方面顾虑，比如浙江省曾向国际再保险市场购买的种植业超赔再保险，再保险公司明确提出将林业剔除。

3. 森林保险经营成本高

森林分布范围广，林区往往远离市中心和发达地区，多为交通不方便的偏远山区，如果开展森林保险，基层保险销售工作将面临展业宣传难、收取保费难、调查成本高、交通费用高、核损和理赔成本高等诸多问题。

4. 森林保险价值确定难度大

保险合同中的保险金额应根据保险标的的价值来确定。在普通财产保险中，保险标的的价值在投保前是可以事先确定的；而在森林保险中，保险标的的价值在投保之前还未形成，一般只是根据经验和预期来确定它的保险价值。但是，这个价值不是固定的，而是会随着森林的生长、劳动和资金的投入而发生变化。加上森林资源市场价值会随着市场波动而发生变化，给合理确定森林保险保额难上加难。

此外，不同类型的林种其保险标的具有较大的差别性，导致森林保险的标的价格确定更加困难。森林保险的标的按性质分类主要有两种：一是物质性标的，其承保对象是被保险人享有所有权或用益物权（如集体林地经营权和林木所有权）的物质标的物的经济价值；二是生命性标的，其承保对象是被保险标的的生命和整体机能。其中，防护林、特种用途林主要以生命性标的为承保对象，如防护林主要以整体机能为保险标的，而名胜古迹的林木价值则不仅仅是物质性的经济价值，更重要的是其不可替代的人文价值，所以其生命为承保标的。而用材林、经济林和薪炭林主要以物质性标的为承保对象。这也是森林保险标的与农业保险标的的最大的区别，森林保险标的不是单纯的物质性标的，而农业保险标的都是第一种物质性标的。所以，在确定森林保险标的价值时需要对不同类型的林种加以区分，不分林种和树种而采取统一固定的保额显然不符合森林保险的特有属性。

我国森林保险保额在实践中存在着 3 种估价形式：按蓄积量确定保险金额、按经营成本确定保险金额、按林木再植成本确定保险金额。①按蓄积量确定保险金额可以使投保人具有的真实价值利益得到保障，但由于考虑到市场价格、蓄积量估算等因素，按蓄积量确定保险金额的难度较大；②由于林业生产成本投入的个体差异，成本核算要考虑多种因素，因此以营林成本确定保险金额的定价方式也存在诸多不足；③林木是多年生植物，由于生产资料、劳动力成本上升等因素，经营成本将会逐年增加，按林木再植成本确定保险金额尚不能满足林农的赔偿预期。也就是说，无论用哪一种保额估价方式，都存在投保保额不易确定的问题。

5. 森林保险费率难厘定

森林分布在广阔的林地上，不能仓储、封闭，管理艰难，森林火灾、虫灾、盗伐等人为或自然灾害频繁发生使得森林经营面临巨大风险。另外，我国幅员辽阔，森林分布不均，各类森林灾害事故的发生极不规则，森林灾害损失程度在各地之间和同一地区不同年度之间都存在差异，加之以前对有关森林灾害事故发生情况的数据收集和积累不够重视，导致测定森林灾害发生频率难度大，从而难以科学、合理地厘定森林保险费率，最终影响森林保险业务的开展。因此，制定科学合理的保险费率对于发展森林保险至关重要。森林保险保费率因与保险标的及其生产特点密切相关，在保费率制定时要考虑以下因素：

(1) 序列林价与费率

林业生产的劳动和资金投入往往要十几年甚至几十年才见效益。采种、育苗、整地、造林阶段的资金投入在50%以上，其后是幼林抚育阶段，经营者投入逐渐减少，并维持一定水平。而林价（立木价值）与生产者的阶段投入缺乏相关性，在不同生长期有不同价值，即所谓序列林价。也就是说，林业这个自然再生产和经济再生产相结合的过程中，前期、中期和后期，自然力的作用随时间的推移而渐渐增多，立木价值不断增大，而经济的投入则与此相反，林木生长期越长，投入越少，即所谓"以林养林"。

(2) 损失率与费率区

森林灾害的损失程度与森林特征、地形、气象因子、社会经济条件密切相关，我国林区规模和气象分布具有明显的地域差异规律，说明我国各林区灾害损失率是不同的。在开展森林保险业务时要根据当地的森林特征、灾害频率和社会经济条件，因地制宜地估算损失率，划定费率区，绘制森林保险费率区划图，为长期稳妥经营森林保险提供可靠资料。

(3) 林龄与等级费率

对于相同树种来说，确定保险纯费率时，有必要分成若干费率档次。如人工杉木林，根据幼龄林、中龄林、成熟林等林龄阶段划分档次，采用不同费率级别是合理的。

6. 出险理赔定损难度大

森林内部结构复杂，植被丰富，品种繁多，功能多样，使森林的价值难以确定。同时，如果受灾时间和受灾程度不同，那么所造成的损失程度也会有所不同。因此，各种环境因素的综合影响导致森林灾害的损失难以测定。另外，森林保险标的在不同的生长阶段有着不同的价值，林木生长周期长，其未来市场价值本身就难以预测，一旦发生灾害事故损毁标的，现场查勘、定损、赔付等工作求证不易，且费时费力，易产生偏差。森林生长还具有季节性，当年灾害发生所造成的实际损失可能要等到来年春天才能观测到。因此，森林保险的灾后观察期将长达几个月左右。多种因素导致森林保险的经营管理费用远比一般商业保险要高。

二、我国森林保险发展历程

（一）我国森林保险发展历程

森林保险制度改革是整个中国农村金融改革的一部分，其改革进程同金融体制改革过程基本一致，但稍有滞后。从1978年开始，我国森林保险经历了40多年的探索和实践，其发展历程大致可以划分为6个阶段。森林保险从无到有，经过了"酝酿启动—快速发展—停滞萎缩—稳定复苏—重新试点"的波动推进，其经营模式从多种形式经营到纯商业化运作，再到试点地区地方财政给予保费补贴，反映了政府和保险机构在推动森林保险的过程中不断地试验、探索和突破，为其后的中央财政森林保险保费补贴工作奠定了坚实基础。

1. 酝酿启动时期（1978—1984年）

党的十一届三中全会以后，林业"三定"政策及"以营林为基础"的方针逐步落实，带来了林业生产的发展和山区经济的进一步活跃。与此同时，林业生产经营主体开始独立面对林业生产经营中的自然风险和市场风险，出于稳定生产的需要，森林保险的现实需求随之显现。1978年，我国开始恢复研究森林价格，为森林保险的研究奠定了理论基础和提供了方法。1981年，为了加强森林资源管理和减少森林灾害损失，原林业部与中国人民保险公司联合启动了森林保险研究工作，共同完成了《对我国森林保险问题研究》的报告，阐述了开展森林保险的目的、意义、方法及有关政策。同时中国人民保险公司拟定了我国第一部《森林保险条款》，对森林保险业务的承保范围、费率精算、损失赔偿初步进行了规定，森林保险的理论框架初步形成。1984年，广西壮族自治区桂林市率先启动森林保险试点工作，森林保险的实践探索正式开启。

2. 快速发展时期（1985—1995年）

1985—1995年的10年间，森林保险快速发展，呈现以下4个发展态势：

（1）覆盖面迅速扩展

从1984年广西桂林启动了森林保险试点工作之后，吉林、山西、福建、辽宁等地也积极研究，陆续开始了森林保险的实践探索。到1988年，全国开展不同形式森林保险业务的省份达到20多个，主要承保人工杉木林、用材林、混交林、防护林等林木资源。据不完全统计，1989—1995年，全国森林保险累计参保面积占森林总面积的4%，累计保费达到11 860万元，实际理赔累计8340万元，平均赔付率为70.30%。

（2）保险产品不断丰富

保险品种从最初的杉木保险、柑橘保险扩展到用材林保险和经济林保险，部分地区对人工林和天然林、成熟林和中幼龄林做了费率和保额的区分，保险的责任范围从火灾扩展到病虫鼠害、风灾、水灾、旱灾等主要自然灾害，险种从单一险发展为综合险。

（3）多种经营模式并存

这一阶段各地区采取了形式多样的保险形式，主要有4种（表3.1）：一是保险公司主办，林业部门代理，这是森林保险试点的雏形；二是林业部门和保险公司共保，责任和利益按比例分担；三是林业部门自保，即由林业部门组织开展与森林保护相结合的森林灾害赔付机制；四是农村互助性质的林木合作保险。

表3.1 1984—1986年我国典型地区森林保险试点情况

年份	地区	林权所有形式	森林保险组织形式	业务类别
1984	广西桂林	集体林区	保险公司主办	森林火灾险
1985	吉林汪清	国有林区	保险公司主办	森林火灾险
1985	山西永济	集体林区	农村林木保险合作组织共济	—
1986	福建邵武	集体林区	林业部门与保险公司共办	森林火灾险
1986	辽宁本溪	集体林区	林业部门自保	森林综合险

资料来源：根据公开资料整理。

(4)市场发育程度较低

市场主体较为单一且市场发展不均衡。这一时期,中国人民保险公司是森林保险的唯一供给方,国有林场、国有采育场和乡镇集体为参保主体。森林保险市场在南方集体林区的部分县(市)发展较快,北方国有林区的省(自治区、直辖市)承保量相对较少,市场发展较为缓慢。

3. 停滞萎缩时期(1995—2003年)

20世纪90年代以来,由于政府对森林保险的支持力度减弱和国有林场经营状况恶化,导致林业生产经营主体的投保积极性下降;同时由于保险公司改制,森林保险成为商业保险,赔付率高,理赔困难,以及有关林木评估等技术问题,也导致保险公司和林业生产者对森林保险的积极性下降。从1995年开始,我国森林保险业务发展开始停滞不前,参保面积和保费规模双降,有些地区甚至停止开展森林保险业务。以福建省邵武市为例,1995年森林火灾保险面积为161.80万亩,1999年仅为28.94万亩,下降了82.11%;至2003年,邵武市森林保险工作全面停止。出现这种情况的原因在于:

(1)保险公司商业化改制,森林保险承保意愿下降

1995年,全国人大审议通过的《保险法》在保险行业中导入了市场机制,这对于促进保险业发展无疑有积极的作用。但在缺乏政府支持和政策性补助的情况下,市场化导致了业务运作的完全商业化,对于林业等生产周期长、灾害类型多、外部性强的行业来说,高风险、高赔付(表3.2)、低收益,必然导致其保险业务被保险公司边缘化。1996年,

表3.2　1997年全国主要省份森林保险经营状况表

省份	保费/万元	全国份额/%	赔付支出/万元	赔付率/%
湖南	1432.2	27.67	987.5	68.95
江西	873	16.87	763.5	87.46
广东	451.9	8.73	304.3	67.34
广西	450.3	8.70	203.1	45.1
福建	401.6	7.76	302.4	75.3
吉林	291.0	5.62	107.2	36.84
浙江	286.7	5.54	282.5	98.54
云南	253.5	4.90	80.3	31.68
湖北	215.4	4.16	213.2	98.98
贵州	156.0	3.01	49.5	50.96
河南	103.2	1.99	33.8	32.75
安徽	100.2	1.94	51.6	51.50
辽宁	40.1	0.77	47.4	118.2
四川	27.6	0.53	13.9	50.36

资料来源:中国保险监督管理委员会《中国森林保险发展报告》。

原中国人民保险公司组建为中国人民保险(集团)公司,森林保险由其子公司中保财产保险公司经营。同年,按《保险法》的基本精神,中保财产保险有限公司印发《关于目前加强种植业保险业务管理的几点意见》(保财农〔1996〕2号),修订完善森林火灾险种条款,放弃和停办规模小、效益差的险种。2003年,中国人民保险公司公开上市,从国有政策性经营机构转变为商业化经营公司,更加关注经济效益,逐步舍弃高赔付率、低利润率的森林保险业务。

(2)林业经营主体参保积极性不高,有效需求不足

首先,林业"三定"政策没能充分调动林业生产经营的积极性,加之受到亚洲金融危机的冲击,我国农村经济发展缓慢,农民收入增长近乎停滞,林农购买森林保险的有效需求不足;其次,20世纪90年代中后期,国有林场经营状况恶化,资产负债率不断提高,无力继续负担森林保险费用;再次,保险公司为提高经营效益采用上调保险费率和限制责任范围等方式,也抑制了林业经营主体投保的积极性。

这一时期,政府职能缺位是森林保险市场萎缩的重要原因。以商业化经营为原则,政府对森林保险参与主体几乎没有政策支持和财政补贴,放任森林保险自由发展、自主探索。虽然森林保险潜在市场巨大,但"三高一低"问题制约了森林保险的供给,高费率限制了有效需求,市场供需双冷,无法达到均衡状态,出现市场失灵。政府职能缺位,对森林保险市场失灵状态缺乏有效的校正和制度建设,是导致此阶段森林保险停滞萎缩的根源。

4. 稳定复苏时期(2003—2008年)

从2003年中央九号文件[①]颁布后,福建、江西等省份相继开启新一轮的集体林权制度改革试点。此后,2004—2007年的中央一号文件[②],连续对建立和完善政策性农业保险制度提出指导意见。2007年,中央财政农业保险保费补贴政策落地,开启了中国农业保险制度和事业的崭新篇章。在农业保险大发展的背景下,集体林权制度改革的推进也为森林保险的发展注入了一剂"强心针"。随着林权改革的不断推进,林业分散经营带来的风险和林权抵押贷款难的问题凸现,这重新激发了林业生产经营主体和相关部门对森林保险的关注和积极性。南方集体林区通过政府扶持,逐步建立了政策性森林保险,森林保险事业逐渐复苏,以湖南省为例(表3.3)。2005年福建省林业部门和金融部门合作开展了林业投融资改革试点,并引入森林保险制度作为配套措施。2006年开始,浙江、江西等地相继开展了"财政补贴、政府扶持"的政策性森林保险试点工作。政策性森林保险采取自愿投保模式,省、市两级财政按林地面积大小给予投保人一定保费补贴。2008年,受年初特大雨雪冰冻灾害的影响,一些地区森林保险的需求急速回升。在地方政府的积极支持下,森林保险面积大幅增加。2008年,全国森林保险面积为7720.05万亩,为2007年的6倍。

---

① 2003年中央九号文件:《中共中央国务院关于加快林业发展的决定》(中发〔2003〕9号)。

② 2004—2007年的中央一号文件:《中共中央国务院关于进一步加强农村工作提高农业综合生产能力若干政策的意见》、《中共中央国务院关于推进社会主义新农村建设的若干意见》、《中共中央国务院关于积极发展现代农业扎实推进社会主义新农村建设的若干意见》、《中共中央国务院关于切实加强农业基础建设进一步促进农业发展农民增收的若干意见》。

表 3.3 2004—2008 年湖南省森林火灾险发展状况

年份	参保面积/万亩	保险金额/万元	保费/万元	赔付金额/万元	赔付率/%
2004	148.95	45 841	530.9	604.8	113.9
2005	317.85	32 734	322.5	383.4	118.9
2006	985.65	101 210	534.6	519.0	97.1
2007	733.35	75 490	870.3	760.5	87.4
2008	657.90	164 478	937.8	1095.1	116.8

资料来源:《中国森林保险发展报告》。

在此阶段,森林保险的发展呈现如下特点:

(1) 政策性机制开始导入

围绕建立森林保险发展的长效机制,各界对于森林保险从最初认为是由保险公司自主经营的商业化险种,发展到承认森林保险的准公共物品属性,认识到其持续发展必须依靠国家的支持、走政策性保险的道路。2008 年中央一号文件①明确提出,积极推进政策性森林保险等配套改革。2008 年 6 月,中共中央、国务院颁布《关于全面推进集体林权制度改革的意见》(中发〔2008〕10 号),提出加快建立政策性森林保险制度,提高林农抵御自然灾害的能力。

(2) 市场竞争主体趋于多元

继中国人民财产保险股份有限公司和中华联合财产保险公司之后,从 2003 年开始,中国大地财产保险股份有限公司、安信农业保险股份有限公司、安华农业保险股份有限公司、阳光农业相互保险公司等相继成立。保险公司数量的增加,促进了森林保险的市场竞争,增加了森林保险的有效供给,推动了森林保险市场的发展。

(3) 财政支持效果明显

财政保费补贴极大地调动了政府、保险机构和林业生产经营主体推动和参与森林保险的积极性。例如,浙江省于 2006 年启动政策性森林保险试点,财政给予 45%的保费补贴,至 2008 年,森林保险面积达到 2121.23 万亩,保费共计 920.81 万元,提供风险保障 92.08 亿元(表 3.4),分别为 2006 年的 128.48 倍、85.82 倍和 257.42 倍。

表 3.4 2006—2008 年浙江政策性森林保险业务情况表

年份	投保户数/户	参保面积/万亩	保险金额/万元	保费/万元	理赔户数/户	赔付金额/万元	赔付率/%
2006	9453	16.51	3577.66	10.73	0	0	0
2007	293	66.93	24 234.00	24.40	3	5.20	21.3
2008	1548	2121.23	920 787.77	920.81	22	32.89	3.57

注:全部为火灾险。
资料来源:《中国森林保险发展报告》。

---

① 2008 年中央一号文件:《中共中央国务院关于切实加强农业基础建设进一步促进农业发展农民增收的若干意见》(中发〔2008〕1 号)。

5. 保费补贴政策初期试点阶段(2009—2011年)

自新一轮集体林权制度改革正式启动后，森林保险被确定为集体林权制度配套改革的主要政策措施之一，相关政策和文件密集出台。2009年中央一号文件《中共中央国务院关于2009年促进农业稳定发展农民持续增收的若干意见》明确"加大财政对集体林权制度改革的支持力度，开展政策性森林保险试点"。同年将福建、江西和湖南列为首批试点省份，中央财政森林保险保费补贴试点工作正式启动。在中央以及各试点省地方相关政策的共同扶持和各主要保险机构的积极助推下，2009年，福建、江西和湖南3省投保面积达到2.03亿亩，保费1.20亿元，保险金额达到973.59亿元，各级财政补贴9475.27万元。2010年，增加了浙江、辽宁和云南3个省份作为试点地区，中央财政对公益林保险保费补贴比例也由30%提高到50%，并要求地方财政至少补贴40%的保费，其中省级财政至少补贴25%的保费。2010年，森林保险面积达到5.58亿亩①，同比增长174.29%；保费为3.43亿元，同比增长185.83%；提供风险保障2366.58亿元，同比增长143.08%；各级财政补贴为2.77亿元，同比增长192.02%。2011年，试点新增了四川、广东和广西3省(自治区)，当年森林保险面积为7.69亿亩②，保费为6.6亿元，平均每亩保费0.86元；提供风险保障3216.83亿元，平均每亩风险保障金额418.36元；各级财政保费补贴为5.4亿元，补贴比例达到81.71%；全年共完成理赔案件1150起，理赔金额共计1.57亿元，简单赔付率为23.73%。

此后，财政部、保监会、原国家林业局等部门出台的相关政策文件③确定了森林保险业务发展的基本原则、工作思路、参保标的物、灾害责任、保额和费率、风险分散机制、推进森林保险工作的策略，以及财政部门、林业主管部门、保险监管部门在推动森林保险工作中的功能与角色等内容。在中央制定相关政策的同时，各试点地区也依据各省实际情况，相继出台了一系列规范化文件，均制定了省级《森林保险试点工作实施方案》，明确了指导思想、基本原则，界定了保险责任，针对不同树种、树龄、灾害类型等因地制宜设置险种，并设定了相应的费率和保额，规定了赔偿处理的操作方式、保费补贴及资金结算方式等具体环节的内容与要求，不仅为省级政策层面提供了规范，也为各试点地区森林保险的良性运行提供了保障。在此时期，保险机构与林业部门积极合作，共同推进森林保险工作。2010年，人保财险与原国家林业局林业工作站管理总站签订了《共同推进森林保险的合作框架协议》，约定在森林保险的宣传、培训、承保、查勘定损、防灾防损等方面开展全面合作。此后，双方联合印发了森林保险宣传产品，开展了森林保险培训，并在基层合作共建工作上进行了积极的研究和探索。各保险公司的分支公司与林业主管部门之间也建立起沟通协作机制，协同开展森林保险宣传、防灾减灾宣传教育等，研究完善森林保险的承保理赔机制，共同开展防灾减损工作等，均有力助推了森林保险的发展。

经过2009—2011年3年的试点，我国于2012年正式实施中央财政森林保险保费补贴

---

① 数据不包含辽宁省，因其在统计期内尚未正式开展试点工作。
② 数据不包含广东省，因其在统计期内尚未正式开展试点工作。
③ 相关政策文件：保监会联合国家林业局发布的《关于做好政策性森林保险体系建设促进林业可持续发展的通知》(保监发〔2009〕117号)；财政部联合国家林业局和保监会印发的《关于做好森林保险试点工作有关事项的通知》(财金〔2009〕165号)。

工作,并快速向全国铺开,形成了较为成熟的组织体系(表3.5)。这标志着政策性森林保险试点阶段结束,步入正式实施时期。在此时期,有关政策文件①对政策性森林保险理赔、条款和费率、大灾风险分散机制等内容进行了较为详细的规定,这有助于进一步完善森林保险制度,促进森林保险市场健康发展。值得说明的是,2013年中央一号文件②和2015年3月中共中央、国务院印发的《国有林区改革指导意见》(中发〔2015〕6号)明确指出,开展重点国有林区森林保险保费补贴试点,加大中央财政的森林保险支持力度,提高国有林区森林资源抵御自然灾害的能力。

表3.5 我国森林保险政府分级职能概况

政府分级	职能
中央	国务院保险监督管理机构对森林保险业务实施监督管理。财政、林业、发展改革、税务、民政等有关部门按照各自职责,负责森林保险推进、管理的相关工作
省级	省、自治区、直辖市人民政府确定适合本地区实际的森林保险经营模式。财政、保监、林业部门共同制订森林保险方案、完善森林保险制度。财政部门负责保费补贴资金管理,确保专款专用
市县级	县以上地方人民政府统一领导、组织、协调本行政区域的森林保险工作,建立健全推进森林保险发展的工作机制。县级以上政府有关部门按照职责分工,负责森林保险推进、管理的相关工作
乡镇林业站	开展森林保险政策宣传、林业防灾减灾、指导植被恢复等工作,协助保险机构组织承保、查勘定损、联系理赔等
村民委员会	推荐村级协保员协助推进所在区域森林保险业务

资料来源:根据公开资料整理。

此阶段的森林保险具体经营方式是商业化运营的政策性森林保险,由政府、林业部门联合保险公司共同出台森林保险方案,制定费率,并对保费进行补贴。政府推动下的这一阶段森林保险取得了长足进展。这一时期我国森林保险完全秉承了"低保费、低保障、广覆盖"的原则,致力于扩大森林保险险种和覆盖面,森林保险的规模不断提高。但此期间森林保险的保障程度未有明显的改进,尤其是商品林保险仍是以物化成本为承保对象。

6. 保费补贴政策全国推广阶段(2012至今)

本阶段,我国森林保险政策支持力度继续加大,试点地区不断增加,行业管理体系逐步健全,运营模式逐年优化,是信息互通共享的时期。呈现出3个发展特点:

(1)制度体系不断健全完善

本时期历年中央一号文件均对森林保险工作做出安排:2012年做出"扩大森林保险保费试点范围"的部署,2013年对"开展重点国有林区森林保险保费补贴试点"做出安排,2014年指出"扩大森林保险范围和覆盖区域",2015年指出"扩大森林保险范围",2016年指出"完善森林保险制度",2017—2021年不再单独提及森林保险,而是提及"农业保险""保险+期货"

---

① 有关政策文件:2012年1月,保险监督委员会发布《关于加强农业保险理赔管理工作的通知》(保监发〔2012〕6号);2013年4月,保险监督委员会印发《关于加强农业保险条款和费率管理的通知》(保监发〔2013〕25号);2013年12月,财政部印发《农业保险大灾风险准备金管理办法》(财金〔2013〕129号);2014年2月,财政部印发《农业保险大灾风险准备金会计处理规定》(财会〔2014〕12号)。

② 2013年中央一号文件:《中共中央国务院关于加快发展现代农业进一步增强农村发展活力的若干意见》。

等。为加快完善森林保险制度体系,财政部、保监会、原国家林业局等部门也在关键节点、薄弱环节及时出台相关政策文件,在年度保费补贴工作安排、保险条款和费率、大灾风险准备金、保险市场秩序监管、再保险、共保体建设等方面做出了规定。同时,各纳入中央保费补贴的省(自治区、直辖市)和计划单列市以及森工集团也结合各自实际,根据本地区森林保险发展阶段与特点,对森林保险工作做出了大量细致的安排。在中央、各相关职能部门、各省级实施单位的共同努力下,我国森林保险制度保障体系日趋健全。

(2)保险覆盖面迅速扩大

2012年实施中央财政森林保险保费补贴的省(自治区、直辖市)达到17个、计划单列市1个,较2011年末基本增加一倍。截至2015年,全国已有24个省(自治区、直辖市)、4个计划单列市、3个森工集团,共31个实施地区和单位纳入保费补贴范围,仅有天津、黑龙江、上海、江苏、西藏、宁夏、新疆(含新疆生产建设兵团)共7个省(自治区、直辖市)和黑龙江森工、长白山森工未纳入保费补贴范围,覆盖率已近70%(表3.6)。

表3.6　2009—2015年森林保险发展状况

年份	参保面积/亿亩	覆盖率/%	保险金额/亿元	保费总额/亿元	赔付率/%	财政资金投入/亿元	财政资金比例/%
2009	2.03	45.80	973.59	1.20	47.66	0.95	79.28
2010	5.58	64.25	2366.58	3.43	34.40	2.77	80.77
2011	7.69	57.59	3216.83	6.60	23.73	5.40	81.72
2012	12.89	57.21	6422.86	16.99	14.90	14.28	84.48
2013	19.57	68.69	9060.13	25.59	17.10	22.81	89.12
2014	21.03	67.40	10 889.29	27.27	20.82	24.34	89.25
2015	21.74	69.68	11 871.85	29.17	33.42	26.09	89.45
2016	20.44	65.51	11 779.98	29.45	36.06	26.74	90.79
2017	22.40	71.79	13 011.42	32.35	33.12	29.07	89.88
2018	23.26	74.55	14 521.60	34.76	29.92	31.16	89.64
2019	23.56	75.51	15 065.25	34.97	31.45	30.94	88.47

资料来源:中国森林保险发展报告。

注:2009年数据未包含参照福建省执行的厦门市,2010年数据未包含辽宁省和厦门市,2011年数据未包含广东省和厦门市,2012年数据未包含安徽省和厦门市,2013年数据未包含参照所在省份执行的厦门市和内蒙古森工,2014年数据未包含山东省。

(3)保险功能得到有效发挥

为更加有效的做好森林保险工作,发挥森林保险的各项功能,同时实现林业部门、保险部门及被保险人的利益最大化,并最大程度减少投保成本、降低灾害风险,目前各主要森林保险经营机构均着重加强基层服务网点建设,注重与林业部门开展密切合作,注重保险产品创新,以及应用工业4.0信息技术、"3S"技术、无人机等先进技术与设备,在灾害风险预测与预防、森林灾害遥感评估、灾后查勘定损等方面取得了较好的成效。截至2015年年底,中国人民财产保险股份有限公司在农村地区建设的基层服务网点数量共计32.03

万个,覆盖了全国96.28%的乡镇和56.00%的行政村,农网队伍人员数量达到32万人。截至2017年,在全国25个省(自治区、直辖市)布置了56个无人机基地,引入卫星遥感和地理信息系统。同时,人保财险也积极研究创新多年期森林保险产品。为开展好森林保险防灾防损工作,中华联合财产保险股份有限公司更加注重灾后减损的关口前移,重点做好日常风险防范的各项措施。通过积极与当地林业部门、气象部门以及共保体成员单位之间开展紧密沟通协作,共同搭建信息共享合作平台,及时掌握气象、火险、病虫害等灾害发生前的相关信息,并进行区域性预测预报,增强了灾害防治的预见性和科学性。

(二)我国森林保险经营模式

从我国森林保险发展历程看,政府介入森林保险的模式在实践中主要体现为4种模式,分别是:保险公司主办由林业部门配合的协保模式、林业部门与保险公司配合的共保模式、林业部门的自保模式和农村林木保险合作组织配合的共济模式。

1. 协保模式

协保模式由保险公司进行市场化运作,林农自愿投保,政府给予财政补贴,林业部门配合保险公司开展工作,一般以县乡为单位进行统保并将公益林强制纳入森林保险。这种模式的特点是政府支持、商业化运作、专业化管理。政府支持主要体现在对保费的财政补贴以及林业部门对保险公司开展森林保险业务的工作配合;商业化运作是指依靠保险公司已有的各种经营渠道开展森林保险业务经营;专业化管理是指凭借保险公司已有的保险产品经营和管理经验实现森林保险专业化管理。这种模式要求所在地区经济比较发达、财力雄厚,政府可以同时在资金和政策上给予扶持,同时林业生产者要具备较强的投保意识。

2. 共保模式

共保模式以保险公司名义开展业务,具体承保手续由林业部门负责办理,保费收入和赔偿在保险公司和林业部门按比例分享或负担。共保模式是国内外保险界对损失概率不确定的重大项目和罕见巨灾的一种理想的森林保险制度模式,可以降低独家承保的风险,提高化解巨灾风险的承受能力。由于森林保险的风险单位很大,对单个投保林业生产者而言,大部分林业灾害都具有较大的相关性,因此,要在空间上分散风险就必须在较大范围内从事保险经营,否则大灾面前,区域范围小且财力弱的地方林业部门是难以兜底的。

3. 自保模式

自保模式是由林业部门独立开展森林保险业务,自行收取保费并负责灾后赔偿的森林保险经营方式,这种模式带有较强烈的计划经济色彩。其优点是林业部门可利用自身行政管理和技术上的优势,有效地防止被保险人的道德风险和逆向选择现象的发生;其缺点是风险比较集中,风险难以在较大空间上得到分散,同时财政压力较大。

4. 共济模式

共济模式是由各级政府帮助组织和建立的以被保险林农为主体的民间森林保险合作组织或森林保险合作社。这种模式下的保险合作社是由社员在自愿互利的基础上自主建立的自负盈亏、风险共担、利益共享的森林保险组织,因此其经营灵活,可因地制宜设立险种,而且保险费不会太高。保险人和被保险人集中于一身,利益高度一致,信息比较完全,在这种情况下,被保险人往往容易站在保险人的立场上,实行以防范风险为主的管理,从而减少了道德风险的发生。但是,由于森林保险合作组织存在于狭小的社区地域,且主要经营对象是林业,而森林灾害一旦发生,受灾面大,往往波及数县甚至跨省,一次灾害可能使整个地区性合作保险的成员共同受损,保险以多补少、自我平衡的原则难以实现,同时该模式缺乏专业的保险技术人才,给该模式的持续发展带来了障碍。

这4种模式具有各自的特点、优点和缺点(表3.7)。这4种模式中,政府介入的方式主要是保费补贴、直接行政干预、指导和帮助建立森林保险合作组织等。针对我国不同地区、不同时期的林业风险状况,政府在介入森林保险模式的选择上进行了不同的组合和侧重,在一定时期、一定程度上防范和化解了林业的风险,保障了林业生产者的经济利益,促进了林业的发展。目前,我国所实行的中央财政森林保险保费补贴经营模式属于协保模式,即由政府提供制度框架,在林业部门的配合下,商业性保险公司开展森林保险业务,同时政府给予被保险人一定的保费补贴,其主要特点是政府主导,市场运作。

表3.7 4种森林保险经营模式的特点

经营模式	主要特点	主要优点	主要缺点
协保模式	政府支持、商业化运作、专业化管理,政府给予一定的财政补贴	能够发挥林业部门在查勘定损等方面的专业优势	保险公司追求利益最大化,开展业务积极性不高
共保模式	林业部门承保,保费收入和赔偿在保险公司和林业部门按比例分享或负担	可以降低独家承保的风险,提高化解巨灾风险的能力	受区域限制,区域范围小且财力弱的地方林业部门难以兜底
自保模式	由林业部门独立开展保险业务,计划经济色彩浓厚	可以利用林业部门在行政管理和技术上的优势	风险比较集中,财政压力较大
共济模式	政府引导建立、自主经营、风险共担、利益共享	经营灵活,可因地制宜设立险种,有效减少道德风险和逆向选择现象发生	受区域和资金限制,风险集中、缺乏保险技术人才

资料来源:根据公开资料整理。

三、森林保险主体需求特征

(一)期望多样化保险品种

林业风险的多样性决定了林业经营主体对森林保险需求的多样化。我国不同地区所面临的主要林业灾害存在差异,如福建、广东、海南等处于东部沿海或临近区域,易受台风影响,对强调台风灾害责任的保险产品需求较高;江西等地受雨雪冰冻灾害影响严重,对强调冰冻灾害责任的保险产品需求较高;福建山体多、山势陡且降雨多,对强调滑坡灾害责任的保险产品需求较高。而现在并没有针对地区特殊灾害的成熟的森林保险产品,综合险虽然将投保主体对其他灾害保险的需求全面归入,但不能满足不同地区投保主体地域化、特色化的保险需求。

(二)期望较高的保障程度

森林保险投保主体主要有小规模林农和大规模新型林业经营主体,后者包括林业专业大户、林业龙头企业及林业专业合作社等。近年来,随着林业产业化和规模化发展,新型林业经营主体逐渐成为我国林业生产的新趋势，成为森林保险的主要需求者。森林保险金额的确定原则主要有"保成本""保收入""保价值"3种。保成本，补偿灾害后林木的再植成本；保收入，补偿林业生产经营者因灾害造成的收入减少；保价值，补偿灾害对林木经济价值乃至生态价值造成的损失。现代林业发展呈现出高成本、高投入的生产特点，保险标的经营成本与经济价值日益增长。目前我国的森林保险遵循"保成本、广覆盖"原则，而没有做到像日本、瑞典等国家那样保价值。目前每亩林地的平均保额不足600元，而据估算每亩林地的综合经营成本至少在1000元以上。因此，该保险金额过低，且未能实现与林业生产成本的同步增长，不能满足规模化经营主体对灾害损失补偿的保障需求，导致真正有保险需求的投保主体尤其是大规模新型林业经营主体因参保"不解渴""获得感差"而无投保意愿。因此，随着"保成本"森林保险的逐步成熟，大户林农和林业企业对"保价值"的商业性森林保险需求也在加强。

（三）期望科学的保险价格

投保主体的保险价格指的是其最终需要缴付的保险费率，由补贴水平和补贴前的保险费率水平所决定。补贴前的森林保险费率本应由森林保险经营机构根据保险责任、灾害历史平均损失情况、地区风险水平、不同树种和树龄等多种因素进行科学厘定，但目前试点省份的森林保险费率厘定都受到了当地政府的较大干预，同时保险经营机构缺乏相关数据，导致最终的费率水平未能充分体现风险水平。因此，风险水平较低的地区其保险价格超出了投保主体期望，抑制了投保需求。

投保主体也期望合适的保费补贴水平。一方面，财政对于商品林保险保费的补贴比例偏低，主要体现在商品林的补贴比例小于公益林，而且森林保险的补贴比例普遍比农业保险低10个百分点。另一方面，中央政府对公益林进行补贴的时候没有进行细分。以第一次试点的福建、江西和湖南3省为例，其公益林的结构构成分为不同的级别，其中国家和省级公益林为主体，还有一部分为市、县级公益林以及林农经营的公益林。在统一的补贴政策之下，国家和省级公益林得到的补贴最多，而林农经营的公益林除了微薄的生态补偿金之外，没有任何其他的补贴和优惠政策。

（四）期望合理的理赔方式

森林保险经营机构在灾害发生后需要进行查勘定损，但整个过程需要较长的时间。再加上森林的地理特性、损失评估的难度、经营机构的主观因素等，都导致其从出险到获赔的时效性较差，与投保主体的预期存在一定的差距，影响投保主体恢复生产的最佳时期，因此投保主体期望缩短理赔时间，以便尽快获得资金支持来加快清理现场和恢复生产工作。由于发生灾害时投保主体可能需积极投入到救灾减灾过程中，再加上交通不方便等原因，报案时间可能会被滞后，因此投保主体期望能适当延长森林灾害的报案时间。另外，灾害发生后，投保主体因救灾减灾所产生的费用也期望被纳入损失补偿中。

四、森林保险需求影响因素

（一）保险认知水平

投保主体对森林保险的认知水平主要包括对森林保险的了解程度和其重要性的认识。

投保主体对森林保险越了解,投保的意愿就越强烈;认为森林保险越重要,投保需求就越旺盛。对于林农来说,年龄、受教育程度等因素影响着他们的森林保险需求。因为年龄影响其阅历和风险偏好,年长者风险规避意识更强;而受教育程度越高,越能更好地理解保险的作用和特点,更倾向于购买森林保险。林农风险意识普遍薄弱,主要是因为林农对自然灾害的发生存在侥幸心理,把频率低、数年未发生理解为不会发生。对于林业企业来说,森林保险需求主要取决于管理团队的保险认知水平,而这除了受企业文化影响外,主要还受团队成员的年龄、受教育程度等因素影响。除此之外,保险知识、保险意识的宣传普及程度对林农和林业企业也有一定的影响。

(二)经营主体特征

对于林农来说,其特征主要包括林业收入占家庭总收入的比重、是否参加过林权抵押贷款等。一般来说,收入越高,林农越有可能参加森林保险。另外,林业收入在总收入中的比重直接决定了林业在一个家庭中的地位,林业收入占家庭收入的比重越大,林农对森林灾害表现得就越敏感,购买森林保险的需求也就越明显。林农是否参与过林权抵押贷款也会影响他们对森林保险的决策,参与过林权抵押贷款的人,在林业生产面临风险的情况下还面临还款压力,因此这些林农更倾向于参保。对于林业企业来说,营业收入高、利润水平高、贷款程度高的林业企业对森林保险的需求相对更旺盛,一方面是出于保障收益、降低风险的目的,另一方面是由于企业对保费具有较高的承受能力。

(三)林地经营状况

林地经营状况主要包括林地规模、林地质量和林种等。林地规模的大小直接决定经营主体面临预期损失的大小,林地规模越大,面临的风险就越大,因此参保需求就越强烈。对于林地质量高的经营主体,其林地经济价值越高,投保的需求也随之增强,反之亦然。经济林相对于其他林种而言,收益更高,因此经济林的经营主体面临的风险更大,对森林保险的需求更强烈。另外,资源贫乏的林地受灾概率与损失相对较小,投保需求小;而资源富裕的林地投保需求更大。

(四)林业灾害特征

林业灾害特征主要包括林地近三年是否遭受灾害以及受灾的损失程度。保险作为风险的缓解手段,其存在和发挥作用的前提就是风险的存在。主体遭受的森林灾害频率越高、损失金额越大,越需要通过森林保险来分散风险,因而对森林保险的需求也就更为强烈。

(五)保险产品特征

保险产品特征主要包括保险责任、保险金额和保费水平。森林保险的保险责任越全面,则主体获得补偿的风险事件覆盖面越广,因而森林保险的吸引力也就越大;保险金额的高低直接决定了灾后赔款对弥补损失的作用大小,保障水平越高,主体越可能参加森林保险;在主体承受能力一定的情况下,保费水平越高,意味着支付的价格越高,森林保险的需求也就越小。

(六)保险补贴政策

我国森林保险采用保费补贴政策。该政策不仅能起到降低保费水平的作用,还能激励参保的积极性，扩大森林保险宣传。政府补贴水平越高，主体对森林保险需求越强。目前我国参保省市对公益林保险的财政补贴基本达到90%以上，主体自负的费用普遍很低，已经极大地刺激了保险需求，使得公益林保险在这些参保省市的覆盖率达到90%以上。但商品林的财政补贴水平普遍偏低，在60%左右，因此主体自缴部分较高，在一定程度上抑制了保险需求。

本章小结

　　林业信贷的需求主体主要包括林农、林业企业和林业合作组织等，不同主体的信贷需求特征差异明显，但都面临着有效需求不足的问题。对于林农来说，其金融需求呈现多样化，保险、理财等金融需求基本得到满足，但信贷需求未能得到满足；生产性与生活性资金需求并存，但是地域差异性显著；林农生产投资意愿增强，资金来源渠道较为单一，需要外部资金大力支持。从需求的具体特征来看，林农普遍期望长期贷款，而与实际贷款期限不相吻合；贷款以生产性用途为主，资金主要来自正规金融；林农贷款依赖正规渠道，农信社的贷款比重最大；贷款金额相对较大，大额资金需求未能满足；高息信贷活动较少，林农利息承受能力较弱；贷款拖欠情况比较严重。对于林业企业来说，中小企业贷款用途主要用于扩大生产，用于研发投入占比不高；中小企业贷款金额不大，但贷款需求还是得不到满足；贷款成本较高，融资来源比较单一；贷款期限普遍为中短期，难以满足长期信贷需求；贷款方式比较单一，无法满足多样化的信贷产品需求。

　　森林保险是林业金融的重要组成部分，其需求特征也非常显著。森林保险具有续保周期长、风险难分散、经营成本高、保险价值难确定、保险费率难厘定、出险理赔难定损等特点。我国自1978年开始试行森林保险，经历了酝酿启动时期、快速发展时期、停滞萎缩时期、稳定复苏时期、保费补贴政策初期试点阶段以及保费补贴政策全国推广阶段，得到了迅速发展。在这期间，我国探索实践的森林保险经营模式有协保模式、共保模式、自保模式以及共济模式。从森林保险需求特征来看，目前我国森林保险参保主体期望多样化保险品种、较高的保障程度、科学的保险价格以及合理的理赔方式。森林保险需求受到保险认知水平、经营主体特征、林地经营状况、林业灾害特征、保险产品特征以及保险补贴政策的影响。

第四章 林业金融供给

经过多年的改革和发展，目前我国林业金融服务体系由以国家开发银行、中国农业发展银行为代表的政策性金融，以中国农业银行等商业银行为代表的商业性金融，以农村信用合作社为代表的合作性金融，以及非正规金融组织组成。它们的业务发展各有侧重，国家开发银行和中国农业发展银行以其政策性银行的性质，主要履行对林业的政策性贷款；中国农业银行主要增加对农业（林业）产业化、龙头企业、乡镇企业、小城镇建设的贷款投放，并积极做好信贷扶贫和转向开发工作；农村信用合作社基层服务功能逐渐强化，发挥支持林农和林业中小企业信贷服务的主力军作用；小额信贷机构专门从事林农小额贷款的发放，并协助完成扶贫任务；各地区邮政储蓄所网点密布，主要为林农提供储蓄存款服务。

本章主要从林业金融供给角度出发，对各金融机构开展林业金融服务和森林保险过程中的运行状况、支持重点及存在问题进行分析，并提出促进各类金融机构融合发展，构建多元化、多层次林业金融服务体系的优化策略。

第一节 林业信贷供给

一、林业信贷主要供给主体

（一）国家开发银行

国家开发银行的林业信贷政策以重点地区的大型速丰林项目、工业原料林基地和国家林纸（板）一体化重大项目、油茶等木本油料经济林的培育与产品加工项目、名优特新珍贵树种的培育项目为开发重点，以生态建设及后续产业开发项目为补充，着眼于优质客户和优质项目。为做好林业项目的开发性金融服务工作，国家开发银行明确了林业贷款的期限、利率、信用机构和重点支持领域。

（1）在贷款期限方面

林权抵押贷款、林农小额信用贷款以及林农联保贷款等小额林农贷款，贷款期限最长可为 10 年；速丰林、生态建设及后续产业开发的贷款期限原则上在 15 年以下，最长不超过 20 年；林纸（板）加工项目的贷款期限不超过 12 年。

（2）在贷款利率方面

对小额信用贷款、林农联保贷款等小额林农贷款业务，借款人实际利率负担原则上不超过人民银行规定的同期贷款基准利率的 1.3 倍；客户信用等级 AA- 以上（含）的，根据市场竞争形势,可在贷款期内实行利率全程下浮10%;客户信用等级A+以下(含)的,原则上不给予利率优惠,确需优惠的,应在评审报告中说明优惠理由,报各单位利率审批部门决策。

(3)在信用结构及担保机构的担保放大倍数方面

林业贷款的信用结构设计中,可以采取担保机构担保、林农联保、第三方担保、大股东担保、资产抵押等各种措施,对以林权抵押为主要反担保措施的担保公司,担保倍数可放大到10倍。

2019年《国家林业和草原局办公室、国家开发银行办公厅关于推进开发性金融支持长江经济带大规模国土绿化的通知》(办规字〔2019〕159号)指出了国家开发银行对长江经济带的支持重点,包括国家储备林建设、森林质量精准提升工程、防护林体系建设、退耕还林工程、溶岩地区石漠化综合治理、草原保护修复等。提出了要加大金融支持力度,为政策贷款项目提供长周期、低成本的资金支持,创新综合金融服务手段;要科学构建融资机制,采用政府与社会资本合作(PPP),通过林权收储担保费用补助、贷款风险准备金、购买森林保险等方式完善风险补偿机制,管控贷款风险。

2020年7月,国家林业和草原局与国家开发银行共同下发《国家储备林贷款业务规程(试行)》,明确了国家开发银行国家储备林贷款业务的支持范围、部门职责,规定了项目启动、评审授信、贷款管理3个阶段的业务流程和具体要求。作为支持国家储备林建设的主力银行,截至2020年6月,国家开发银行国家储备林等林业生态重点项目承诺贷款1630亿元,累计发放贷款415亿元,贷款余额322亿元。

(二)中国农业发展银行

自2006年9月开办林业贷款业务以来,中国农业发展银行为我国集体林权制度改革提供了有力金融支持,不断加强对林业贷款的管理。2016年,中国农业发展银行推出林业资源开发与保护贷款产品,在天津、河北、山东、广西、贵州5省(自治区)开展试点。2017年,中国农业发展银行印发《关于全面开展林业资源开发与保护贷款业务的通知》,将林业资源开发与保护贷款业务推向全国,进一步加大对林业生态建设的支持力度。该贷款业务具有以下特点:

(1)该贷款用于支持国家储备林基地建设,林业生态保护工程建设,森林公园、湿地公园、沙漠公园等森林康养及生态旅游开发建设,林业生产基地建设,以及林区道路、电网、饮水安全、森林防火、病虫害防治、林业采伐设备采购等林业基础设施建设。

(2)贷款期限和宽限期根据项目建设的实际情况、综合还款能力等合理确定。其中,贷款期限一般不超过20年,最长不超过30年;贷款宽限期最长不超过8年。

(3)贷款利率依据中国农业发展银行资金成本和风险溢价补偿合理确定。

(4)根据林业贷款项目特点,主要融资模式包括政府购买服务融资模式、政府特许经营融资模式、自主经营融资模式3类。

(5)贷款需采用担保方式,可通过抵质押、保证、应收账款质押、林权抵押等多种担保方式组合,累计最高担保额度应覆盖项目贷款本金及还款期前3年利息之和。

(6)贷款条件有:信用等级在A级(含)以上;涉及林权流转的,要根据项目建设进度,按照依法、自愿、有偿原则,与林权流出方签订合法有效的书面林权流转合同;项目涉及更新造林的,要列入当地林业主管部门年度更新造林计划;项目涉及行业领域办理的行政审批手续须符合国家有关规定,并可根据项目建设进度分期、分批办理;项目林地原则上需办理森林保险。

(三)中国农业银行

作为金融服务乡村振兴的国家队和主力军,2006年以来,中国农业银行不断提高对各类林业客户的金融服务水平,积极为木材生产、木浆造纸、家具制造等木质产业的快速发展提供金融服务。近年来,随着林业供给侧结构性改革加速推进,林业产业结构逐步优化,总体进入数量增速换挡、质量升级提高的转型升级关键时期。因此,该行正在加快行业及客户结构调整,大力支持造林和更新、森林经营和管护、木材和主材采运、林产品采集等行业,积极支持林木育种和育苗行业、竹藤棕草等制品制造行业,适度介入人造板制造、木制品制造行业,支持木材加工行业的龙头企业的质量提升与产品转型升级,控制、压缩一般木材加工企业的信贷规模。该行在加大对优质客户支持力度的同时,也加快退出生产条件或产品质量不合规、销售渠道不稳定、经营收入下滑的企业。

1. 客户分类及新项目准入标准

该行将林业行业客户、木材加工业客户和木竹藤棕草制品业客户按照具体的标准分成支持类客户(可进一步分成直接准入客户、非直接准入客户)、维持类客户、压缩类客户以及退出类客户,并对新项目准入标准作出了明确的说明。

2. 区域政策

重点支持福建、浙江、江苏、广西、广东、安徽、湖南、江西等林业产值增速较快、新型经营主体发展迅速、资产质量较好的区域,加大信贷规模配置和差异化政策的支持力度。鼓励一级分行对林业资源富集的地市分行和县域支行扩大林业及加工行业信贷转授权。鼓励在相关行业信贷业务规模较大、林权收储流转机制较为完善的地区探索设立林业信贷专营支行,支持经营行设立林权专业评估岗位,加强林权价值评估专业队伍建设,完善相关考核激励机制。鼓励重点支持区域依据林业发展和金融需求特色,通过"分析报告+政策需求"方式报送一揽子区域信贷政策需求,在符合法律法规、监管规定的前提下授权一级分行审批,超出总行现行政策制度规定范围的,报总行相关制度维护部门备案。

3. 产品政策

(1)积极创新林业信贷产品

重点支持区域要因地制宜,充分利用产品创新权限,根据行业经营周期、林权期限、资金用途及风险缓释机制创新开发适用性强的信贷产品。建立与林业部门、林业收储机构、保险公司的多方合作机制,研发"林权抵押+收储担保+森林保险+风险补偿基金"等多种组合方式的贷款新模式。探索林权收储贷款、林权流转交易贷款、林权流转合同凭证贷款、公益林补偿收益权市场化质押担保贷款。对列入《国家储备林建设规划(2018—2035年)》的基地建设项目,其贷款期限可不超过20年,宽限期不超过5年,期限超过10年的应按规定报当地监管部门备案。

(2)做大做优林权抵押贷款

重点支持区域要加强与各级林业部门的合作,掌握林业规模经营主体名录库和政策扶持名单,结合当地林权评估流转体系建设情况,积极对接林权抵押贷款需求。完善林权评估机制,对于贷款在30万元及以上的林权抵押贷款项目,依据《中国农业银行林权价值评估指引》(农银办发〔2016〕6号)对其进行评估,或者准许已纳入省、市级优秀林权评估机构名录库的机构开展外部评估,着力提升评估专业性。积极与各地林权收储公司、资产管理公司等林权流转机构开展收储、担保、处置等全方位合作。因押品所担保的不良贷款已部分清偿而需返还部分林权的,依据《中国农业银行不良贷款押品处置管理实施细则》(农银规章〔2015〕140号)相关要求及时办理押品返还,提升抵押林权的处置变现能力与效率。

4. 管理要求

①加大林业领域信贷支持力度,重点支持区域积极建立银林合作机制,充分发挥融资融智优势,通过创新信贷产品、设计整体服务方案、推动增信机制建设和签订战略合作协议等方式,不断拓宽该行参与当地林业及加工行业发展的领域和渠道。

②加快优化行业信贷结构,即积极支持管理经验丰富、经营规模较大、市场占有率较高的省级及以上林业龙头企业,积极支持市场需求大、销售渠道稳定、具有区域知名度的林果、油茶等特色经济林的培育以及下游精深加工,积极支持林下经济、林木种苗、林业生物产业、森林旅游休闲康养等企业。

③严密防范行业信贷风险,主要包括林业及加工行业经营风险、企业转型风险、过度融资风险。

④高度重视加工企业环保督查情况,要具有前瞻性主动退出对产品不符合行业标准、生产工艺落后、设备措施不到位的客户。

(四)农村信用合作社

随着中国农业银行的上市,分布在农村地区的中国农业银行分支机构逐步撤出,农村信用合作社成为农村金融和林业信贷市场中的主力军。农村信用合作社按行政区划设置,基本上每个乡都有营业网点,县成立了县联社,一些地区还成立了市联社和省联社。可以说,农村信用合作社在林业金融服务体系中举足轻重,根据调研情况,调研地区的林农信贷资金80%以上来自农村信用合作社。农村信用合作社机制灵活,产品逐年增多,个人贷款不仅可用于生产经营,也可以用于个人消费。例如,不断推广林权抵押贷款,就打破了禁区。林权抵押贷款业务解决了发展林业产业缺乏资金的问题,受到广大农民群众的欢迎;在为林业发展、林农增收提供强大资金支持的同时,也极大地拓宽了农村信用合作社的资金运用渠道,降低了信用贷款的风险,提高了信贷资产的质量和经营效益。但由于农村信用合作社的改革未取得实质性进展,目前农村信用合作社产权关系模糊,行政干预和"内部人"控制现象严重,经营管理机制混乱,资产质量低下,严重影响了其支农(林)作用的发挥。

二、林业信贷供给理论与效用

信贷供给是金融机构愿意供给的信贷数量,是关于金融机构最大可能供给能力和对林农资信状况及其履约能力的主观评价的函数,可表示为:

$$S = f(L_{\max}, B) \tag{4.1}$$

式中,S 为信贷供给;$L_{\max}$ 为金融机构提供的最大可贷款数量,是由金融机构目前的融资能力及成本、信息获取能力及成本、信贷基础设施以及履约机制等决定的最大可能供给能力;B 为金融机构对借贷林农违约可能性及林农其他相关特征的主观评价。一般来说,金融

机构最大信贷能力 L_{max} 越大，信贷供给 S 可能就越大；但是在金融机构最大信贷能力 L_{max} 一定时，金融机构对特定贷款对象的信贷供给，取决于其对借款主体付款能力及违约可能性的评价，林农违约可能性越大，金融机构愿意提供的信贷供给就越小；反之亦然。基于信贷供给理论框架，从信息不对称和信用风险控制两个方面分析造成林农信贷约束的原因。

(一)信息不对称与信贷供给理论

在信贷市场上，相关信息在借贷双方的分布是不对称的，资金需求方对自己的财务状况、经营成果、资金用途以及经营风险等真实情况比较清楚，而资金供给方则较难获得这方面的真实信息。在交易双方信息不对称的情况下，信息优势方为了自身利益，就有可能隐瞒相关信息，选择对信息劣势方不利的行为，从而发生逆向选择和道德风险，影响信贷市场的运行效率，导致信贷融资成本过高。由于逆向选择和道德风险的存在，金融机构信贷供给不是由利率简单决定的，放款收益也不是随利率升高而增加，随着利率的升高，放款的预期收益反而可能下降。最优利率本身则是根据对借款人还款可能性的主观评价来决定。这里通过 Stiglizt 和 Weiss(1981)模型(S-W 模型)说明逆向选择和道德风险是如何影响信贷供给的。S-W 模型的基本假定是：在银行和借款人之间存在着信息不对称，在信息不对称情况下，银行提供贷款的预期利润 $E(\rho)$ 取决于贷款回报 R 和借款人的现金流分布 P。即：

$$E(\rho)=\rho(R, P) \quad (4.2)$$

而借款人的利润为：

$$\pi(y)= \max(C, y-r) \quad (4.3)$$

式中，C 为抵押品价值；y 为项目的现金流量；r 为借款人支付的利息。

如果在风险 ∂' 下，借款人最低利润水平是 $\overline{\pi}$，则有：

$$E[\pi(y)|\partial']=\overline{\pi} \quad (4.4)$$

只有在这个最低利润水平之上，借款人才会申请贷款，如果在风险 ∂_{max} 下，预期利润最大，即：

$$E[\pi(y)|\partial_{max}]=\rho_{max} \quad (4.5)$$

那么，贷款的需求量将取决于 $(\partial', \partial_{max})$ 区间中借款人的总数和贷款需求量。商业银行以追求利润最大化为目标。如果在信息对称的情况下，银行可通过甄别不同借款人面临的风险 ∂ 的大小而确定不同利率，从而使 $E(\rho)$ 最大化。对风险较高的客户要求较高的利息率，以补偿其较高的违约概率对银行的损害。但是，由于信息不对称，银行无法观察到具体借款人的风险程度，只能判别所有借款人的集体风险，也就是说银行只有向所有的贷款客户要求同样的利息率 r^*，以使预期收益最大化。如果不这样做，而是采用增加利息的方法，将面临逆向选择。对风险 ∂ 增加利息将使银行收益增加，但同时也将使风险 ∂' 有所增加，其结果是导致所有贷款人的总体风险增加。一般来说，加息会使风险较低的贷款人退出市场(逆向选择行为)或者诱使贷款人选择更高风险的项目(道德风险行为)，贷款需求量虽然减少，但贷款的风险将增加，反而可能会降低银行预期收益。所以，银行宁愿选择在相对低的利率水平上拒绝一部分贷款人的需求，也不愿意选择在高利率水平上满足贷款人的申请。

目前我国林业产业规模化经营程度较低，从事林业生产的主体中相当一部分是林农，林业信贷市场存在严重的信息不对称问题，林农与金融机构进行资金交易时处于信息优势地位，金融机构难以甄别林农信用状况的优劣，林农也不会主动提供自己信用状况差的信息，金融机构只能根据所有林农平均信用状况确定贷款利率或信贷条件。但事实上，不同林农的经营效益、财务状况及风险偏好并不相同，面对同一的贷款利率或信贷条件，信用状况好的林农将承担更多的融资成本，当这些林农认为贷款利率过高或信贷条件过于苛刻以致项目收益低于预期目标时，就会选择退出信贷市场；而风险高、信用状况差的林农往往愿意接受较高的贷款利率或信贷条件（逆向选择），所以市场上将剩下信用状况较低的林农。

当银行认识到林业信贷市场上林农整体信用状况下降时，为了降低风险、确保收益，只能选择提高贷款利率或信贷条件，高昂的融资成本又将使部分信用状况相对较高的林农退出信贷市场，而且较高的贷款利率也会诱使部分贷款人为了追求自身利益最大化，采取违背协议的行为选择，改变贷款资金用途，将资金投向高风险、高收益项目。为了消除信息劣势，降低逆向选择和道德风险带来的不良影响，确保贷款的安全性，金融部门需要耗费一定的人、财、物等经济资源用于对林农的贷款项目调查、跟踪和监督检查，这增加了内生交易费用，从而引起资金交易成本的上升，造成金融部门的"惜贷"或者"慎贷"现象，最终必然会导致林业信贷市场趋于萎缩。

（二）信用风险控制与信贷供给模型

金融机构的信贷供给除了受林业信贷市场信息不对称的影响，在其他条件一定的情况下，金融机构信用风险控制能力越强，其信贷供给越大。通过下面的信用风险评价模型，可以对金融机构信用风险控制及贷款供给行为加以认识。

$$EL = TE \times P \times (1-r) \tag{4.6}$$

式中，EL 为预期损失（expect loss），是指可能发生的信用风险将导致金融机构蒙受的损失；TE 为总的风险敞口（total exposure），是指面临风险的贷款本金及约定利息总额；P 为贷款对象违约概率（probability of counterpart default），是指借贷人不履行借贷合同的概率；r 为清偿回收率（recovery rate），是指发生违约后通过清偿（如变卖抵、质押品等）可能从借款人那里收回的金额在风险敞口中所占的比例。依据信用风险评价模型，金融机构可以通过采取减少风险敞口、降低违约概率和增加清偿回收率来控制信贷风险，减少信贷风险损失。根据信用风险评价模型，金融机构对林农的信贷供给是建立在对其资信程度充分掌握的基础上，由于林业信贷市场存在信息不对称，而且林农经营规模小且比较分散，必然会导致金融机构在对贷款人的筛选、贷款用途的审查以及还贷实施等方面投入的成本过高，同时贷款额较小，单位成本也会增加。在此情况下，金融机构将会减少信贷供给或者设置严格的贷款条件（抵押、质押），那么如果林农不能提供金融机构认可的抵押物，就必然会面临信贷约束。

（三）开发性金融支持林业融资效用分析

开发性金融机构的信贷资金具有规模大、期限长、来源稳定等特点，非常符合林业的融资需求与经营特点，其资金的投入对我国林业发展意义重大。近年来，我国的开发性金融机构也一直将林业作为国民经济的基础产业予以重点扶持，并积极探索支持林业改革和发展的途径与方法，不断完善其优惠的信贷政策。2004 年，国家开发银行以福建省永安市作为试点,利用融资平台模式开展林权抵押贷款,使当地林农手中的林地资产变为流动的现金,大大激发了林农和社会投入林业的积极性,增加了林业产业发展的活力。然而,从全国的范围来看,相较于其他产业,开发性金融对林业发展的支持力度仍处于较低水平。究其原因,我国林业经营主体以林农及林业中小企业为主,这使开发性金融在支持林业融资的过程中往往面临承贷主体缺乏的问题:一方面,林业经营主体多为林农,其经营规模相对较小、管理分散;另一方面,开发性金融机构不具备网点优势。这使得开发性金融在直接为林农和林业中小企业提供信贷服务时,往往会面临交易成本大、信息不对称、抵押品缺乏等的问题。因此,如何选择合适的中介机构,将资金引流至广大的林业中小经营主体,是开发性金融支持林业发展的当务之急。针对这一问题,基于信用平台模式对开发性金融支持林业融资进行的效用分析发现,信用平台的建立可以在保证开发性金融盈利的同时,促进林农及林业中小企业发展。

1. 信用平台使贷款成员获得潜在外部利润

外部利润是指在现有经济安排状态下无法获得的利润,它来源于规模经济、外部成本和收益的变化、克服对风险的厌恶和降低交易费用。在开发性金融的信用平台模式中,借款平台的建立作为一种外部事件,可使贷款者获得无平台时的潜在外部利润,这主要表现在借款平台降低了贷款的风险利率和交易以及信息费用。在此种模式下,成员的贷款不再以其本身的资产信用作为还款依据,而是由担保平台进行担保,这就为贷款银行提供了稳定和有效的第二还款来源和安全措施,降低了贷款银行的风险厌恶程度;同时贷款者统借统还,减少了银行的审批程序,降低了交易成本。这些都使银行更愿意为林农及林业中小企业提供贷款。

除此之外,借款平台是林农及林业中小企业的专门性利益集团,可在借贷双方的谈判中发挥平衡作用,为成员争取到利率、费用和期限等更为有利的贷款条件,从而进一步增加贷款者的外部利润。

如图4.1所示,假设林农及林业中小企业的贷款需求在一定时期内保持不变,I 表示包括交易、信息费用在内的贷款综合利率;I_{LME} 表示林业大中型企业贷款的均衡综合利率,由于其贷款风险较低,I_{LME} 低于中小企业贷款的均衡综合利率 I_0。借款平台的建立使贷款利率下降,贷款数量增多,即供给曲线从 S_1 右移到 S_2,此时,借款人的信贷缺口从 S_1 下的 Q_1Q_0 减少到 Q_2Q_0。Q_1Q_2 数量的新增贷款资金和 I_1I_2 价差的乘积 $|I_1I_2*Q_1Q_2|$ 就是新增的外部利润,林农及林业中小企业在均衡点 E_1 点无法获得的外部利润,在 E_2 点便可得到。

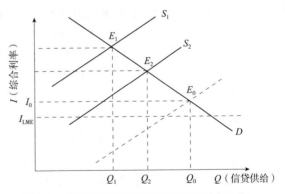

图 4.1 借款平台下贷款者获得潜在外部利润

2. 信用平台可扩大贷款成员的融资可能性边界

目前,无论是开发性金融机构还是商业金融机构,为林业提供的贷款种类都非常有限,对于林农及林业中小企业也基本上没有特殊优惠政策。过短的贷款期限、偏小的贷款额度和偏高的利率与林业生产周期极不匹配,严重束缚了林农及林业中小企业的发展步伐。信用平台的建立则有助于改变这种扭曲情况：一方面，如前所述，它降低了开发性金融对发放小额贷款的风险厌恶程度，从而降低了开发性金融要求的风险利率；另一方面，它又减少了各种交易费用。因此，在情况改善的条件下，开发性金融可能会降低贷款利率，同时增加贷款供给数量；也有可能在维持原有利率水平不变的情况下，增加贷款供给并延长贷款期限。

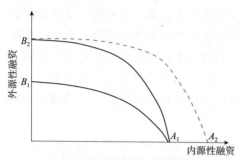

图 4.2　借款平台模式引起贷款主体的融资可能性边界移动

如图 4.2 所示，当其他外源性融资不变时，贷款增加使林农及林业中小企业的融资可能性边界从原有的 A_1B_1 扩大至 A_1B_2。此外，由于获得了外部利润和新增贷款创造的利润，林农及林业中小企业的内源性融资金额也会因此增加，那么融资可能性边界就能从 A_1B_1 右移至 A_2B_2。

3. 信用平台能减轻借贷双方信息不对称

信用平台的建立还能减轻借贷双方的信息不对称。这是因为借款平台和担保平台具有充足的代偿能力，能够有效地承担和消化或有担保损失，具体表现在：第一，它是一个按照保险原理管理和运作的保险人，用确定的担保费收入和代偿准备金弥补不确定的担保风险损失；第二，它是一个由政府或民间组织建立的担保人，保证规模和公信力良好；第三，借款平台成员同时接受成员之间和政府的监督，相对于开发性金融机构的直接监督来说，借款平台的运作效率与透明度都有很大提高。

信用平台的搭建利用了组织增信与横向监督理论，它使得贷款者之间互相负有连带责任——如果某个成员没有能力偿还贷款，那么其他成员就有责任替他履行偿还义务。同时，信用促进会还有激励与约束措施，奖励信用好的成员，处罚不守信用的成员。同一个信用平台中的成员相对于外部的银行来说，会更了解其他成员的有关信息，例如，他们的类型、行为和状态等；另外，成员间还可以以较低的成本对那些不履行还款义务的违约者实施有力的非金融约束。信用平台的运行，将林农及林业中小企业的风险在政府、担保机构、平台机构和银行之间分摊，化解了由单个金融机构承担全部风险的问题，同时降低了信息不对称。

如图 4.3 所示，林农及林业中小企业由于信用不足，开发性金融机构给其发放贷款的风险 V_A 已超过信用风险控制线 V_0。此时通过信用平台的搭建，在组织增信与横向监督理论的作用下，林农及林业中小企业的信用将会增加，相应的信用风险也由原来的 V_A 降至 V_B，进入开发性金融机构所能接受的风险范围之内，其贷款利率也随风险的下降由 R_A 降至 R_B。可见，信用平台的搭建，使得林农及林业中小企业由一个不合格的贷款人变为一个合格的贷款人，最终成长为一个好的市场参与者。

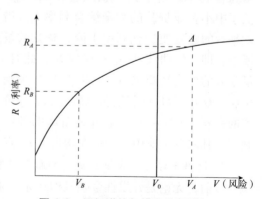

图 4.3　组织增信与横向监督增加信用平台贷款者整体信用

三、林业信贷供给现状与问题

(一)国家开发银行支持林业融资模式

通过前面的效用分析可以看出,信用平台模式能起到较好的桥梁作用,将开发性金融的资金传导给林农及林业中小企业。然而,要想成功地运用此种模式融资,选择合适的信用平台至关重要。该组织或机构首先应具有一定的信用级别,同时还需有相当的规模与经济实力。就我国目前情况来看,能够达到以上条件的组织或机构主要有:具有良好信用评级的林业产业化龙头企业、政府出面组建的信用平台、运行完善的林业合作组织和农村信用合作社等。

1."国家开发银行+林业产业化龙头企业"模式

此模式以林业产业化龙头企业或大型林业项目为载体,国家开发银行采取信贷和直接投资方式进行支持。国家开发银行重点关注大型林业企业并选择部分优秀的龙头企业开展战略性合作,对企业投资大型工业原料林、速生丰产用材林和生物质能源林基地等项目可采用项目融资模式;国家开发银行也可考虑与大型林业企业在项目开发初期形成联合体,共同投资林业重大项目,或是与其他金融机构、林业企业共同组建林业产业投资基金对林业重点项目进行投资。针对大型林业企业集团跨地区的参股、控股、并购、兼并等资本活动,可择机提供相关政策咨询和金融服务。

(1)开发背景

随着近年来国家对林业的日益重视与支持,我国林业产业也取得了快速发展,一批优秀的林业企业在市场中涌现,凭借自身实力承接重要林业项目,为我国林业产业重点战略做出了突出贡献。当前,为维持自身的迅速发展,这些林业企业迫切需要巨大的资金支撑,为银行等金融机构提供了大量的市场投资机会和资金出口。国家开发银行在进行林业领域的投资时,以林业产业化龙头企业为载体,加大信贷投入,一方面,可以为成长过程中的林业企业提供担保、并购融资、信托融资等多元化金融服务;另一方面,也可以为优质的大中型林业产业化龙头企业建设工业原料林基地项目、生物质能源原料林基地项目等提供项目融资服务。

(2)操作模式

针对不同类型林业企业的融资服务,可以采取以下不同的操作模式。

①贷款支持。是指国家开发银行为林业企业提供中长期贷款,帮助林业企业投资大型工业原料林基地、速生丰产用材林基地和生物质能源林基地等项目。在这个过程中,可采用项目融资模式。由于我国的项目融资模式尚不成熟,可辅以后续资产抵押,以降低融资风险,如图4.4所示。

②直接投资支持。是指大型林业企业在项目开发初期与国家开发银行形成联合体,共同投资林业重大项目。同时,国家开发银行也可与其他金融机构、林业企业共同组建林业产业投资基金对林业重点项目进行投资(图4.5)。

③债券及股票融资服务支持。是指支持符合条件的林业龙头企业通过债券市场发行各类债券类金融工具,募集生产经营所需资金。营林企业可以森林资源资产作保证尝试发行营林建设债券,主要用于森林资源培育及速生丰产用材林建设。人造板、林化、造纸集团应争取发行企业债券,筹集的资金主要可用于人造板、林产化工、制浆造纸等重点开发项

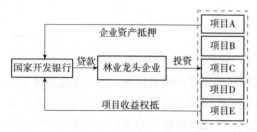 

图 4.4　贷款支持林业企业图　　　图 4.5　直接投资支持林业项目开发图

目的建设。对于骨干林业企业，创造条件上市融资，对大型林业企业集团跨地区的参股、控股、并购、兼并等资本活动，择机提供投行业务服务、相关政策咨询和金融服务。

(3) 应用范围

这一模式主要应用于有一定规模、有较好的市场开发能力与前景的林业企业和林业项目。发挥龙头企业在发展林业产业中的主力军作用，国家开发银行大力支持大板块、大基地、大龙头企业战略，用大工程、大项目推动林业产业向规模化、集约化、现代化方面发展，建设一批起点高、规模大、效益好的林业示范基地，积极培育一批年产值过 10 亿元、带动农民致富能力强的林业产业化龙头企业。

(4) 主要风险

针对大型林业企业在投资原料基地建设时的融资服务，其主要风险包括政策风险、违约风险和经营管理风险。

(5) 应用前提和推广策略

该模式的应用需建立在与林业产业化龙头企业的战略合作基础上。在融资对象的选择上，主要选择技术含量高的林业产业和管理科学的优秀现代林业企业集团进行投资。国家开发银行应借助林业产业联合会、林产工业协会等行业协会及专业机构对市场的判断能力，重点关注各省市认定的林业产业化龙头企业并选择部分优秀的龙头企业开展战略性合作。国家开发银行也可以和大型林业企业集团形成联合体，与有投资需求的地方政府开展战略合作。

2. "国家开发银行+林业龙头企业+林业中小企业或林农"模式

国家开发银行可以设立为扶持林业产业化龙头企业与林农合作造林（或基于订单林业的贸易信贷）的政策产业化性贷款专项业务，主要用于扶持林业产业化龙头企业与林农合作造林模式的贷款项目。

在没有政府背景的情况下，对于拥有林业产业化龙头企业的地区来说，国家开发银行可以考虑利用林业产业化龙头企业的产业链带动与信用保障优势，建立"国家开发银行+林业产业化龙头企业+林农及林业中小企业"的信用平台模式。首先，林业产业化龙头企业具有规模大、效益好等特点，是国家开发银行可以信赖的贷款投放对象；其次，林业产业化龙头企业的生产原料供给来源一般是企业所在地的林农所经营的林业第一产业。在这样的前提下，当林业产业化龙头企业的自有资金达到一定比例、政府信用和保证措施落实的情况下，国家开发银行可直接向该类林业产业化龙头企业发放中长期贷款。林业产业化龙头企业得到国家开发银行的资金支持后，一方面，可以将资金投入本企业使用；另一方面，还可通过订单林业、贸易信贷等形式将资金引流至与其有原料供应联系或合作造林的林农及林业中小企业。由于林业产业化龙头企业具有资金和信用的保证,"国家开发银行+林业产业化龙头企业+林农及林业中小企业"的信用平台模式既减少了国家开发银行直接向林农及林业中小企业贷款的风险,也降低了贷款审理过程中的交易成本,可以有效地缓解林农的信贷约束问题,促进林业产业化龙头企业和林农及林业中小企业的共同增收。

(1) 开发背景

林业产业化经营需要各地结合实际探索林业经营组织形式,使林业生产经营与市场经济相适应、与现代林业发展相衔接、与林农现实需求相契合。在市场经济条件下,分散的林业中小企业和林农实力不强,抗风险能力弱,缺乏市场竞争力,难以在大市场、大流通中长期占据一席之地,也无法直接与林业产业化龙头企业实现联接,通过采取"林业产业化龙头企业+林业中小企业+林农"模式把分散的林农组织起来,集合林地等林农所拥有的生产资料,建立自己的公司,形成具备一定实力和发展潜能的市场主体,通过规模化、集约化经营,在市场中不断发展壮大。因此,为了解决林业中小企业和林农信贷交易成本高、贷款获得困难的问题,国家开发银行可以设立为扶持林业产业化龙头企业与林农合作造林(或基于订单林业的贸易信贷)的政策性贷款专项业务,主要用于扶持林业产业化龙头企业与林农合作造林模式的贷款项目,促进林业产业化龙头企业和林农的共同增收和林业经济的发展。

(2) 操作模式

在信贷业务的操作流程上,国家开发银行向林业产业化龙头企业提供贷款,林业产业化龙头企业与林业中小企业或林农签订购销合作合同,通过商业信用的方式赊销生产资料给林业中小企业或林农,林农通过企业对林产品的收购偿还所欠债务,实现银行、企业和林农三方的共赢。开拓此项信贷业务,国家开发银行不仅能够保证自身信贷资金的安全,而且能够实现社会和生态效益的最大化。林业产业化龙头企业也可以通过订单形式或合作造林形式与林农、林产品生产基地的利益联结,发挥带动效应,最终实现银行、企业和林农多赢的结果。

在"林业产业化龙头企业+林业中小企业+林农"模式中,林业产业化龙头企业主要负责组织良种、防疫、收购、批发和深加工,同时承担贷款。林业中小企业是指林农自己组织起来的"公司",主要负责种植、养殖以及初步加工生产,林农根据实际条件和相关利益,自发组织进行规模生产,进而提高劳动生产率,实现规模化生产。

"国家开发银行+林业产业化龙头企业+林业中小企业或林农"模式在实践中具体操作流程如下:政府组织→国家开发银行推动→统筹规划→整合资源→公司运作→林农参与→技术指导→分步实施。即政府组织制定和推动本区域林业产业发展规划,国家开发银行帮助构建产学研相结合的产业化运作体系,统筹考虑具体实施方案,整合各方面资源,进一步完善信用结构,建立公司型的操作管理平台,积极组织林农参与,依靠专家进行技术指导,突出重点,抓好试点,及时总结经验,逐步推广。上述商业运作模式较好的体现了公司操作、技术指导、林农主体、小群体生产、大规模集群的产业特点,是一种可试行的发展特色经济林、林下经济、竹产业、花卉苗木业、森林食品制造等产业,帮助林农脱贫致富的有效途径。

(3) 主要风险

林农是此项融资模式成败的关键因素之一,需要加强对林农的培训,使林农改变粗放的种植和养殖习惯,学会科学种、养殖,树立市场观念及信用观念,明确"贷款要还,谁借谁还"的原则。建立健全林农信用协会，营造以诚信为基础的投融资环境，为林农贷款创造条件。同时应该鼓励企业通过多种形式的订单林业与林农结成紧密的契约关系，从而一方面带动林农致富，另一方面也保障企业自身的原料供应。政府和林业主管部门应在企业与林农之间做好"媒人"，为双方牵线搭桥，同时也监督双方切实履行契约。

(4) 应用前提与推广策略

该模式的应用前提是必须建立相应的交易制度，并实现与林业产业化龙头企业有效合作，不断完善"公司+基地+林农"等担保贷款方式，发挥林业产业化龙头企业的带动面广、与林农关系密切的特点，支持骨干企业做强做大，促进林业产业集群的形成。在推广此模式时要注意把握3个关键环节：

①建立省级林业产业技术金融服务平台。省级政府主管部门负责组建林业产业技术金融服务平台，可充分发挥林业工作站网的作用，争取事业单位企业化管理。省级林业产业技术金融服务平台负责整合各方面资源，制订本省林业产业及相关子行业发展具体实施方案，开展贷款担保，组织技术培训，建立政策性森林保险体系，为相关工作保驾护航。

②建立市（县）产业发展平台扶持林业产业化龙头企业。市（县）政府负责组建区域林业龙头企业，通过吸引各方投资，实行有限责任合伙制，重要专家和管理人员可以普通合伙人身份参与。林业产业化龙头企业实行现代企业制度，负责承载政府专项资金和国家开发银行资金，组织林农发展油茶种植、林下经济、竹产品初加工等并逐步形成产业链，实施林业重点行业推进方案。当地政府和林业产业化龙头企业共同负责推动建立"公司+林农"的产业化机制，以及专业协会、合作社等林业经济合作组织，提高林农组织化程度及其在市场中的主体地位。林业产业化龙头企业组织优良品种和种植技术，以及储运、加工、贸易等经济活动，带动林农脱贫致富。

③国家开发银行提供"融资"和"融智"支持。国家开发银行在开发性金融合作框架内和当地政府支持下，提供必要的中长期贷款，与政府各类专项资金匹配使用，融资推动林业产业重点发展工程。同时，国家开发银行可提供财务顾问服务，将"融智"和"融资"相结合，放大政府的有限资源，推动林业产业化龙头企业治理结构建设、法人建设、现金流建设和信用制度建设。

3. "国家开发银行+信用平台+林业中小企业或林农"模式

通过搭建"三台一会"（融资平台、管理平台、担保平台、信用协会），构筑由政府信用、企业信用和市场信用共同组成的一套较为完善的基层信用体系，逐步推广"商业性信贷+政策性信贷+商业性保险"的林权抵押贷款模式。此模式在推广中需要各级政府、企业、地方性金融机构以及民众的积极配合与支持，对于不同部门间组织协调的管理水平的要求较高。

"永安模式"是开发性金融在当地政府大力支持的情况下构建信用平台模式中较为成功的实践。"三台"即融资平台、管理平台、担保平台，"一会"为信用协会。该模式除政府组织增信外，还充分利用了农村信用合作社、商业银行在乡镇的网点优势。国家开发银行较大程度地解决了林农及林业中小企业这一客户群信用等级相对较低、信息不对称等问题。地方政府建立"风险准备金"、用款人缴纳"贷款风险互保金"、政府协调国有控股企业以优质资产为贷款提供担保、用款人以有效资产提供反担保等多元化的风险共担机制，有效地减少了贷款风险，有助于帮助林农及林业中小企业建立起相对完善的信用机制。

(1) 开发背景

针对林业中小企业和林农的涉及面广、企业性质多元化、林业项目规模小且分散、贷款金额小且用途多样等特征,通过充分利用地方组织优势,化零为整、集中放贷,极大地提高了资金使用效率。目前,林业产业的经济实体自我发展能力普遍较弱,治理能力不够,资源分散,难以承担融资和市场建设的责任。开发性金融与地方合作的重要内容就是要共同建设市场化的信用平台和统贷平台。这样不仅可以整合国家开发银行融资优势和政府组织协调优势,使各方资源优势在平台上相互结合、形成合力,从而降低总体运行风险,还可以避免盲目投资和重复建设,增强自我发展能力、治理能力和市场运作能力,以市场的方式完成市(县)政府的发展目标。

国家开发银行选择福建省永安市为试点搭建"三台一会",率先开展林业贷款信用平台构建,构筑了由政府信用、企业信用和市场信用共同组成的一套较为完善的基层信用体系。

(2) 操作模式

以福建永安开展的林权抵押贷款业务为例,进行说明"三台一会"融资模式。国家开发银行福建省分行与福建省林业厅、永安市政府充分协商,共同探索形成了林业中小企业及林农贷款的运作模式:由国家开发银行与福建省林业厅、永安市人民政府共同建立联合工作机制,并签订开发性金融合作协议,共同推进该贷款业务。国家开发银行提供开发性金融支持和信贷业务指导;福建省林业厅提供行业风险和政策指导;永安市政府组织协调并提供财政和政策支持;永安市林业局和林业信用协会具体开发和组织贷款需求,并对实际用款人(林农和林业中小企业)实行社会公示;永安市林业金融服务中心作为统贷平台向国家开发银行统借统还;永安市国有资产投资经营有限责任公司以其拥有的优质资产为贷款提供担保;永安市农信社作为委托贷款行以委托贷款形式向实际用款人发放贷款。

(3) 主要风险

林权抵押贷款存在较大风险。一是由于受采伐限额指标和流转市场机制约束,林业资源交易市场目前还没真正搭建和运作,受到限额采伐政策的限制,林木的流转困难,林权抵押贷款的处置偿还和保障补偿机制尚未形成,一旦债务人无法偿还债务,抵押品又不能流转或采伐,银行就要面对坏账损失的风险,不具备处置权的抵押物价值将被严重低估。二是由于缺乏权威性和公正性的林权评估机构,许多贷款抵押物的评估价格虚高,导致即使以物抵债银行仍然存在重大损失的可能,影响了银行信贷资金的安全。

(4) 应用前提与推广策略

此模式在推广中需要各级政府、企业、地方性金融机构以及民众的积极配合与支持,对于不同部门间组织协调的管理水平要求较高。国家开发银行应对已经开展林权抵押贷款和森林保险的地区给予重点关注,与地方政府有关部门联合推动贷款组合模式的推广。一方面,与地方政府合作,共同开展贴息贷款;另一方面,在林权抵押贷款过程中,地方政府对林权证有效性的审核与管理也将进一步降低贷款风险。

4. "国家开发银行+林业经济合作组织+林业中小企业或林农"模式

通过对林业经济合作组织的信贷扶持,把一家一户的分散经营组织起来,实现林业发展的专业化、规模化和现代化。国家开发银行通过向林业合作组织放款,可以利用合作组织对社员的信息优势,节约交易成本;也可以促使社员之间相互监督与相互帮助,从而降低信用风险。同时鼓励由林业企业和林农自愿入会或出资组建的互助性担保体系，为林业合作组织提供贷款担保。

开发性金融还可利用逐渐发挥功效的林业经济合作组织，基于地缘、组织缘的民间信用担保机制，建立"开发性金融+林业经济合作组织+林业中小企业或林农"的信用平台模式。近年来，在各地进行林权改革的过程中，出现了一些合作林场、林业协会等林业合作组织，这些组织的主要作用在于发挥企业与林农间的纽带作用，促成双方的产品交易与信贷交易。因此，林业合作组织也非常适合作为信用平台的中介结构，其优势在于：第一，信誉好、正规的林业合作组织可以发挥信用中介的作用，降低金融机构的放贷风险；第二，林业合作组织可为成员提供信贷担保，利用成员间的相互熟悉与横向监督原理，降低逆向选择与道德风险；第三，林业合作组织集中了林农及林业中小企业的利益，又拥有相对较高的地位，可与国家开发银行谈判，为组织内成员争取到条件较为优惠的贷款。

(1) 开发背景

随着林权制度改革推进，林业合作组织、协会也迅速发展。通过研究林业合作组织的组织结构、运行模式，结合其特点，利用合作组织的增信作用和担保作用，探索开发新型贷款担保模式，推动林业合作组织发展，鼓励林农走集约化经营道路。各种新型林业合作组织、协会克服了林权到户后小农化经济倾向，实现了林业生产的规模化和集约化。通过组建的林业合作组织筹集互助性权益资金，如股份制合作林场、家庭林场可筹集比林农单家独户更多的造林、营林资金。通过组建林业合作组织及有关林业专业协会，可以为金融机构对社员信用评级提供服务；金融机构也可以对林业合作组织统一授信。

(2) 操作模式

国家开发银行对林业合作组织法人授信和对合作组织成员授信结合起来，将"林业合作组织+担保机构"信贷管理模式与林农小额信用贷款相结合，提高借款人的信用等级和融资能力。要结合担保机构的资信实力、第三方外部评级结果和业务合作信用记录，科学确定担保机构的担保放大倍数。鼓励林业中小企业、林业经营大户自愿成立贷款联保协会或小组，协会或小组成员互相监督，并承担连带保证责任，开展林农联保贷款。通过对林业合作组织的信贷扶持，把一家一户的分散经营组织起来，实现林业发展的专业化、规模化和现代化。

(3) 主要风险

由于我国林业合作组织仍处于起步阶段，规模较小，而且关于林业合作组织的法律法规还未出台，林业合作组织缺乏法律主体地位，部分林业合作组织不够"正规"，向这样的组织贷款具有较高风险，林业合作组织还不能完全通过正规信贷方式获取资金，所以林业合作组织在解决林业信贷约束方面仍存在一定困难。

(4) 应用前提与推广策略

大力探索"国家开发银行+林业合作组织+林业中小企业或林农"的信贷管理模式，鼓励林农走"家庭合作""股份合作""公司+基地+林农"等互助合作集约化经营道路，稳步推行林农信用评价和林权抵押相结合的免评估、可循环小额信用贷款，扩大林农贷款覆盖面。同时地方政府应加快扶持林业合作组织自身的发展，例如，尽快出台林业经济专业合作组织的法律法规，提高林业合作组织在市场中的主体地位，从而降低金融机构向其贷款的风险，促进林业合作组织在信贷中发挥更好的作用。加快构建以专业合作组织为主体，鼓励由林业企业和林农自愿入会或出资组建的互助性担保体系，为林业合作组织提供贷款担保。同时完善以林权抵押为核心的林业信贷金融产品体系，设立覆盖种苗、造林、抚育、采伐等林木生产全过程的信贷产品，满足各个环节林业客户贷款需要。

5. "国家开发银行+农村信用合作社+林业中小企业或林农"模式

为促进国家开发银行加大林业金融信贷服务的力度，在构建林业金融服务体系过程中，各类金融机构必须形成合理的分工格局和运营定位。目前，各类金融机构往往只拥有同质的、最基本的金融产品和金融服务，难以满足多层次的林业经营主体的信贷需求。因此，需要建立多元化的林业金融服务体系。应该建立以国家开发银行的开发性金融服务为引导，中国农业银行、农村信用合作社等商业性和合作性金融机构适度竞争，森林保险与信用担保等金融中介适当介入，其他各类金融组织和民间借贷为补充的完备林业金融服务体系。同时通过各种金融机构的联结、链接，利用"行行联合、行社协作"等发展模式，采取委托贷款、转贷款和捆绑式担保信贷业务等方式，将国家开发银行信贷资金通过农村信用合作社等新型农村金融机构传递给林业中小企业和林农，最终达到开发性金融支持林业产业持续、健康发展的目标。

(1) 开发背景

由于林业经营主体主要以林农和林业中小企业为主，开发性金融支持林业过程中普遍面临承贷主体缺乏的问题，而且林业经营主体规模经营相对较小、管理分散，国家开发银行直接为林农和林业中小企业提供信贷服务面临交易成本大、信息严重不对称、抵押品缺乏等问题，难以向林农和林业中小企业直接提供贷款服务。因此，国家开发银行可以借助农业银行和农村信用社等农村新型金融机构的网络优势和信息优势，积极探索"行行联合、行社协作"模式，推进融资规模化。

(2) 操作模式

在贷款运营模式上，国家开发银行可以考虑采取与农业银行、农村信用合作社、村镇银行和农村资金互助社等农村金融机构，通过委托贷款、转贷、银团贷款、协议转让资金等方式加强林业贷款业务合作，以及由林业产业化龙头企业和林业合作组织承贷方式，将资金传导给林业中小企业和林农。

(3) 应用范围

国家开发银行可以借助农信社面向农村点多面广的优势，结合业已推广的林农小额信用贷款、联保贷款方式进行创新，打好林权抵押贷款创新"组合拳"，并推出符合林农信贷种苗生产、花卉生产、经济林生产、竹林生产、工业原料林生产、大径级珍贵用材林、生物质能源林、"森林人家"及森林生态旅游经营活动等需求特征的大额与小额全覆盖的、短周期与长周期全包含的信贷产品。

(4) 主要风险

随着中国农业银行在农村地区的分支机构逐步撤出，农村信用合作社成为提供林业信贷服务的主力军，但在乡镇一级的金融市场上，农信社的垄断问题仍然没有得到解决。从短期看，农村信用合作社的垄断地位似乎能够为其提供一个相对稳定的存款和信贷市场，降低竞争成本，增加经营收益。但从长期看，却会降低农村信用合作社改善经营机制的激励，造成运行的低效率和金融服务供给不足，从而导致其大量亏损。由于高度垄断，即使农村信用合作社经营亏损也不会被淘汰出局,这种退出机制的缺乏导致市场约束高度软化,难以为其改善服务水平提供充分的激励。而且出于自身财务上可持续发展的考虑,农村信用合作社经营中商业化倾向日益严重,使资金大量流向相对收益率较高的非农林部门,林农和林业中小企业常常难以获得贷款。

(5) 应用前提与推广策略

该模式的应用前提是建立在对农村信用合作社的有效激励,以及农村信用合作社自身经营能力和金融创新水平的基础上,可以通过培育建立林业小额信贷组织,进一步改善和提升林业金融的服务水平,促进形成更加多样化的林业金融服务体系,为打破农村信用合作社垄断林业信贷市场的局面创造条件。国家开发银行在推广此模式时,一是可以考虑选择经营水平和盈利能力较高、在林业信贷方面具有丰富运作经验的农村信用合作社作为合作伙伴;二是可以支持有条件的林业重点县、市加快推进组建村镇银行、农村资金互助社和贷款公司等新型金融机构,这样可以形成有效的竞争机制,一方面,可以促进农村信用合作社提高金融服务水平,增强与国家开发银行合作的意愿;另一方面,国家开发银行也可以借助新型农村金融机构来支持林业中小企业和林农,开辟多种金融服务途径。

(二) 林业信贷供给体系缺陷

近年来,随着集体林权制度改革的深入,金融机构支持林业信贷的力度逐步增强,中央和地方的林业财政贴息政策也促进了正规金融的林业信贷供给,但现有的林业信贷服务体系仍存在缺陷和不足。

1. 政策性银行林业信贷范围有限,林业信贷功能明显缺位

理论上,政策性贷款应该在我国林业发展中发挥越来越重要的作用,但总体来看,政策性银行对林业信贷支持的职能定位模糊不清,功能发挥受到限制。一是国家开发银行林业政策性信贷范围有限,目前重点支持速生丰产林、人造板、木浆、造纸、林产化工等领域,对经济林、种苗花卉、竹产品、森林食品、森林药材、森林旅游、林业服务等其他领域的信贷支持明显不足,而且主要支持大型项目和林业产业化龙头企业,极少直接为林农和林业中小企业提供金融服务;二是中国农业发展银行信贷功能缺位,中国农业发展银行在支持林业生产、林产品深加工以及林业基础设施建设等方面的引导和带动作用并没有充分发挥出来。林业信贷业务目标主要以规模较大的优质林业龙头企业为主,而不是那些贷款困难的林业中小企业和林农。从林农的资金需求角度来看,政策性金融对满足林农投资需求效果甚微,其主要原因是政策性金融的主要目标对象并不是林农,单个林农很难或根本不可能通过政策性金融体系获得生产性资金。由于政策性金融针对林农融资的有限性,决定了政策性金融不可能是解决林业资金问题的主要途径。

2. 中国农业银行等商业银行分支机构大量撤并,林业信贷功能趋于弱化

商业性金融机构的融资行为,受到信息获取成本、信用评估成本、风险控制成本、网点设置成本等的制约,出于资金逐利性的特质,纷纷撤离农村市场。对于大型金融机构而言,当其面对大量分散的林农的时候,其获取信息的成本很高,难以对如此众多而分散的客户群体进行信用评估和甄别工作,因此贷款的风险和不确定性增大。近年来,国有商业银行按照集约化经营的原则,不断调整经营策略,信贷资金向大中城市、大行业、大企业和优质客户集中,中国农业银行支农(林)力度减弱。目前,农林业贷款仅占中国农业银行各项贷款余额的10%。而且现行的林业信贷业务在发展和管理上还面临困难和问题：现有的林业信贷产品不丰富，灵活性不够，林权抵押贷款总量比较小，贷款覆盖面也比较窄，尤其对中小林农的覆盖率偏低。

林业信贷产品灵活性不够的具体表现为：一是准入门槛较高。如在可抵押林木的面积上，一般要求自然人提供相对集中的抵押面积100亩(含)以上，法人客户300亩(含)以上。对树龄的要求也比较高，一般在6年以上。中小林农很难满足这些规定，只能通过小额信贷和联保贷款的方式获得贷款，很难满足资金需求。二是贷款期限较短。林权抵押贷款期限多为1~3年，与林木生长、砍伐周期不匹配。三是林木抵押率较低。林木抵押率一般控制在评估价值的50%以内。四是贷款用途规定较严格。一般规定林权抵押贷款只能用于林业再生产，而不能作其他用途。

3. 农村信用合作社林业信贷力不从心，整体服务水平有待提升

随着中国农业银行的正式上市，分布在农村地区的农行分支机构逐步撤出，中国农业银行在农村金融体系中的功能逐渐弱化，农村信用合作社成为了正规林业贷款的主要渠道，成为支持林农和林业中小企业信贷服务的主力军，农村信用合作社在林业金融服务体系中举足轻重。在正规金融机构多样性不足的今天，林农能够享受到的正规金融机构信贷服务主要来源于农村信用合作社，因此，从某种程度上讲，农村信用合作社林农贷款开展的程度和绩效是直接影响林农正规金融机构信贷获得性的主要因素。但出于自身财务上可持续发展的考虑，农村信用合作社经营中商业化倾向严重，使资金大量流向相对收益率较高的城市或非农林部门，真正需要农村信用合作社贷款的林农和林业中小企业常常难以得到贷款。

4. 小额信贷机构的发展明显不足，民间借贷组织需要规范

由于正规金融供给有限，作为一种补充，非正规金融实际上已成为一些地区经济发展的主要资金供给者。2005年以来，中国人民银行、银监会积极推进新型农村金融机构试点工作，小额贷款公司、村镇银行、贷款子公司和农村资金互助社等几类新型机构已经在农村开展业务，为林农提供了新的可供选择的融资渠道。但由于林业地域范围广，需求层次差异大，因此需要多样化的金融服务。目前适合林业需求的小额信贷机构明显不足，而且小额信贷机构专门从事林农小额贷款的发放，无法满足林农大额贷款需求。

四、林业信贷供给体系优化方向

从以上林业信贷供给主体来看，我国尚未形成独立完整的林业信贷供给体系。为加强金融支持集体林权制度改革的力度，需要建立一个功能完备、适度竞争的林业金融服务体系。由于林业金融服务需求存在点多、面广、期限长与风险大的特性，林业金融服务体系应该以国家开发银行和中国农业发展银行的政策性金融服务为引导，中国农业银行、中国邮政储蓄银行与农村信用合作社等商业性和合作性金融机构适度竞争，其他各类金融组织和民间借贷为补充的完备金融服务体系。同时通过各种金融机构的联结、链接，发挥各自的优势，实现优势互补。政策性银行、商业性银行发挥资金和管理优势；农村信用合作社利用地缘基础和分支机构网络，通过行社协作，采取委托贷款、转贷款和捆绑式担保信贷业务等方式，可以使银行的信贷资金通过农村信用合作社投入林业领域。

(一)强化政策性金融对林业支持力度,纠正商业性金融不足和偏差

国家开发银行和中国农业发展银行要调整职能定位,拓宽业务范围和资金来源,发挥政策性银行的导向作用,在信贷投入上大力支持林业产业化发展。

1. 开展政策性贷款业务

目前比较典型的如福建省永安市,他们以永安市国有资产投资经营有限责任公司作为借款主体统借统还,各林业中小企业及林农作为最终用款人使用并偿还贷款本息,当地农村信用社为委托贷款行办理贷款的发放和结算业务。这种方式适用于政策性银行,同时需要地方政府的支持。

2. 开展活立木储备政策性信贷业务

在地方政府或者其国有资产运营公司的担保下,中国农业发展银行可向政策性收储企业或者中心提供政策性贷款,从而诱导商业性银行和农村信用社积极提供林权抵押贷款,起到政策性银行应有的扶持、逆向选择和诱导功能。而政策性收储中心由于从事活立木收储,在收储期间林木会继续自然生长,只要贷款利息不太高,等待林木市场价格回升到一定程度后,收储中心就可以及时变现可处置的林权,实现盈利。因此,中国农业发展银行开拓活立木收储政策性贷款风险较小,是可行的一项信贷制度安排。

3. 开展扶持林业龙头企业与林农合作造林政策性信贷业务

为了解决林农信贷交易成本高、贷款困难的问题,政策性银行可以设立林业政策性贷款专项业务,主要用于扶持林业产业化龙头企业与林农合作造林模式的贷款申请项目,促进林业企业和林农的共同增收和林业经济的发展。

(二)加大商业性和合作性金融创新力度,增加林业有效金融供给

林业商业性金融支持体系主要包括3部分:一是为林业经营主体提供直接融资的资本市场体系;二是为林业经营主体提供间接融资的银行体系;三是为林业经济发展提供诸如担保、风险补偿、保险等服务的非银行金融体系。为支持我国林业商业性金融体系创新与发展,一是通过信贷制度和融资业务及技术创新,改进对林农和林业企业的金融服务,积极引导社会资金流向林业;商业银行要积极创新信贷管理机制,加强金融信贷产品开发研究,适时推出创新型的信贷产品,以满足林权抵押贷款业务发展的需要;农村信用社要利用面向农村点多面广的优势,结合业已推广的林农小额信用贷款、联保贷款方式进行创新。二是建立林业金融担保体系,发展林业产业担保市场,为林业中小企业提供更多的信贷担保。三是通过建立多层次资本市场,组建林业产业投资基金和林业高新技术产业化风险投资基金。四是合理运用项目融资,创新林业项目BOT、TOT、ABS及林业信托融资方式,引导资本流向林业领域,促进林业产业快速发展。

(三)培育符合林业需求的新型金融机构,建立适度竞争的林业信贷市场

建立多种形式的新型金融机构,吸引更多社会资金进入林业,是改善林业金融服务的又一重要举措。

(1)适度放宽农村金融的准入标准,继续允许成本低廉、业务简单、能够维持微利的各类机构进入林业信贷市场,可适当优先考虑当地已经存在多年、并有良好记录和口碑的各类小额贷款组织。通过培育、建立林业小额信贷组织,进一步改善和提升林业金融的服务水平，促进形成更加多样化的林业金融服务体系，为打破农村信用合作社垄断林业信贷市场、停滞不前的局面创造条件。有关金融监管机构应切实履行职责，深入调查研究，抓紧制定出台有关监管规定和实施办法，确保中央政策尽早得到落实。

(2)支持有条件的林业重点县、市加快推进组建村镇银行、农村资金互助社和贷款公司等新型农村金融机构。鼓励各类金融机构和专业贷款组织加强林业贷款业务合作，促进形成多种金融机构参与林业贷款市场体系。农村资金互助社的定位，应该成为商业性银行和政策性银行在农村对广大林农贷款的"零售商"。就现实看，商业性银行和政策性银行无法与分散的林农直接交易，只有与农村资金互助合作金融组织对接，商业性银行和政策性银行才能解决面对分散林农信息不对称和规模效益问题，才能有商业利润。只有这样，商业性银行才能有市场基础回归农村和林业，政策性银行才能通过农村资金互助组织将国家扶持林业资金转贷给林农。

第二节　森林保险供给

一、我国森林保险运行模式和产品体系

(一)森林保险运行模式

目前我国森林保险采取的是针对投保方(林农和林业企业)给予保费补贴的直接补贴方式。森林保险补贴工作运行机构层级一般为中央、省、市(州、盟)、县(市、区、旗)4级；在省直管县的地区，补贴层级则为中央、省、试点县(市、区、旗)3级。商品林，中央财政的补贴比例为30%，省级财政的补贴比例25%~30%，市级及以下财政承担的补贴比例5%~25%，林农自担部分平均为15%~40%。公益林，中央财政补贴比例为50%，部分省(直辖市)级财政对公益林的保费补贴比例提高到50%，因此林农自担部分大多接近0(图4.6)。

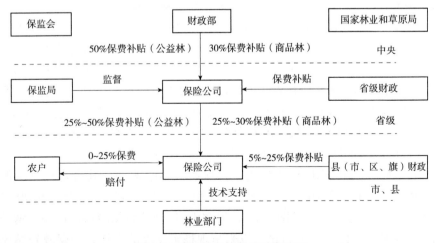

图4.6　我国森林保险运行模式图

(二)森林保险产品体系

林业生产经营面临的自然风险主要包括森林火灾(地表火、林冠火和地下火)、气象灾害(风灾、干旱、水灾、霜冻、雪灾、雾凇、雨凇等)、生物灾害(病害、虫害、鼠兔害、有害植物等)、地质灾害(地震、火山、泥石流、滑坡、崩塌等)4大类。

目前我国森林保险政策以"低保费、保成本、广覆盖"为原则,既考虑了林业生产经营者的缴费能力和基本保障需求,又考虑了保险公司的风险防范水平和稳健经营,防止超出双方的承受能力。保险金额原则上为林木损失后的再植成本,包括郁闭前的整地、苗木、栽植、施肥、管护、抚育等费用。现有森林保险一般以亩为投保计量单位,基本上不分树龄与树种。虽然我国各省森林保险的保险金额各不相同,但是普遍较低,2016年我国森林保险具体保障情况见表4.1所列。

表4.1 2016年我国森林保险产品的核心内容

	公益林	商品林
保险品种	综合险、火灾险、一切险、指数险	
保险责任	火灾、暴雨、暴风、洪水、泥石流、冰雹、霜冻、台风、暴雪、雨凇、虫灾、干旱、滑坡、雪凇、雨雪冰冻、热带气旋、龙卷风、雷击、洪涝、低温、沙尘暴、地震、干热风等	
保险金额/(元/亩)	400~1200	400~1024
保险费率/%	0.1~0.6	0.16~0.8

资料来源:国家林业局、中国保险监督管理委员会。

二、我国森林保险发展困境与制度成因

(一)我国森林保险面临的主要困境

1. 需求层面:保险产品与实际需求不匹配,林农参保意愿不强

由于林农缺乏基本的自然灾害保险知识,风险意识较差,未能充分认识森林保险的重要性,以及林业收入在多数农民家庭收入中所占比重较低,林农对林业生产收入的依赖程度较低,所以多数林农认为森林灾害不会给自家生产、生活带来较大的风险,林农对森林保险有效需求不足。相对于小户林农,大户林农的投保意愿更为强烈,但真正有保险需求的大户林农又因为现行的森林保险产品不能满足自身避险需要,投保意愿不强烈,商品林参保率逐年降低,从2012年的40.19%降低到2016年的16.88%。2016年,全国商品林参保面积3.45亿亩,比2015年减少1.85亿亩,下降34.91%(图4.7)。

公益林自2009年森林保险试点以来,参保面积不断增加,其占森林总参保面积的比重也不断增加。2012—2016年,公益林保险面积从7.71亿亩增加到16.99亿亩,增加了1.2倍,年均增速21.84%(图4.8),但2016年公益林保险参保面积的增长率有明显的跌幅。公益林保险之所以能自试点以来呈现稳定发展的态势,与财政补贴比例近年来持续增加密不可分。一旦公益林保险补贴降低,公益林保险也将陷入投保意愿不足的困境。

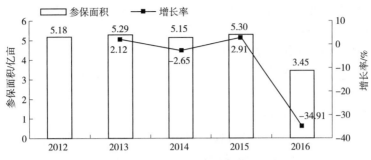

图 4.7　2012—2016 年商品林参保面积及变化

（资料来源：中国森林保险发展报告）

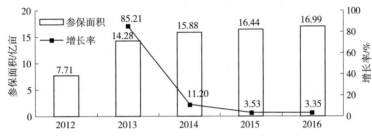

图 4.8　2012—2016 年公益林参保面积及变化

（资料来源：中国森林保险发展报告）

目前森林保险方案按照"低保费、低保额、保成本"的原则来确定，保险金额主要根据林业生产物化成本的一定比例确定，大量人力成本和其他成本得不到补偿。平均每亩 400~800 元的保险金额根本无法满足林农风险管理的需要，因此，林农的实际投保意愿并不强烈。森林保险产品种类单一、保障水平偏低，以及保险条款设置不合理等因素是导致林农参保率不高的最主要原因。

2. 供给层面：保险经营成本与收益不匹配，保险产品供给乏力

集体林权制度改革以后，我国林业呈现小规模、分散化经营的趋势。森林保险投保人和保险标的数量大、分布广，给保险公司开展相关工作增加了难度，使得经营成本过高，一是展业成本高。保险公司在开展森林保险过程中，积极探索推进森林保险的渠道，其中业务人员下乡推广保险是开展森林保险的主要方式，但成本非常高。二是保费收取成本高。由于林区往往地处偏僻，林业生产点多面广线长，从业人员多，经营分散，收取保费困难，基层保险销售员反映，收取的保费还不够油钱路费。三是核损和理赔成本高。由于林地状况、树种、林龄等情况复杂，森林保险的承保、查勘、定损技术难度大，需要专业的技术人员，综合险中多种承保风险如病虫害等，定损难度大，对勘察人员的要求都比较严格，增加了理赔的费用和难度。同时森林保险业务的低盈利性使得保险经营机构没有招募和保有专业技术人员，专业化理赔队伍明显不足。森林保险经营成本过高，限制了保险公司开展此业务的积极性。

目前，保险公司之所以愿意承保森林保险的重要原因是公益林保险采取统保模式，实行以县为单位统一投保，属于省和地级市直属单位管护的生态公益林则由省和地级市林业主管部门统一投保，试点初期部分省份的商品林也基本上采取的是统保模式。实际上，在

森林保险开展过程中，林业部门承担了大量的工作和经费支出，因此，减少了保险公司的经营成本，但是林业部门开展相关工作却未获得相应的经费支持，一旦林业部门由于缺乏经费而被迫停止森林保险工作，基层保险公司就有可能退出森林保险市场。因此，未来要保证基层保险公司经营森林保险积极性，需要解决的核心问题就是使保险公司的保费收入和实际经营成本相匹配。

3. 政策层面：地方政府的补贴资金难配套，基层部门动力不足

财政支持力度的大小直接影响森林保险覆盖广度和深度。当前，国家财政对森林保险实行固定比例和"倒补贴"的政策，要求中央、省、市、县四级财政均出资补贴保费，且在林农保费收缴、县、市和省级财政的补贴到位之后，才配套中央财政补贴，县级财政一般都担负着5%~15%的补贴比例。在现行补贴制度下，如果县级政府财力不足，就会直接影响省级财政和中央财政的保费补贴。部分地方政府财力有限，影响了推动森林保险工作的积极性。目前，黑龙江、西藏和新疆3个省（自治区）仍未纳入补贴试点范围，就是由于森林面积大、地方财力负担重；吉林省由于部分县财政困难，无力配套补贴资金，导致2016年吉林省公益林参保面积下降22.74%；云南省叫停了乡镇统保和政府代缴保费的模式，保险公司也因此放弃承保商品林，导致1.36亿亩商品林未能正常续保。

(二) 我国森林保险面临困境的主要原因

1. 政府职责定位超越了引导鼓励的范围

我国森林保险保费补贴政策的顶层设计缺乏应有的标准和规范，2012年国务院出台了《农业保险条例》，但并没有专门针对林业出台相应的《森林保险条例》，具体的森林保险实施方案由试点地区自行制定。因此，森林保险的性质得不到界定，政府在森林保险中的功能定位不明确，森林保险的组织形式、经营范围、保险金额、费率厘定及赔付标准等也缺乏法律规范。森林保险的运作应当遵循"政府引导，市场运作"的原则。然而，实际操作过程中，政府的作用并不仅限于给予资金、监管、业务等方面的指导和支持，还参与了有关森林保险责任、保险金额和保费率的制定。各地政府不同程度地存在着通过行政手段干预森林保险市场的情况，比较普遍的是干预森林保险的费率厘定，各地制定的保险金额、财政补贴比例、承保理赔办法、风险分担机制等差别较大。由于缺乏统一规定，森林保险经办公司在跨省业务中，分公司面临的政策环境存在很大差异，使其往往无所适从。如果政府只是一个引导者参与森林保险，则应当按照市场运作的原则，不宜过多介入森林保险条款的制定，有关森林保险中的保险责任、保险金额、以及保费率等核心条款应当由市场交易主体进行决定，过强的政府干预将使保险产品的价格偏离其真实的市场价格。

2. 保险产品设计未能完全遵循市场原则

设计一个合理的森林保险产品，需要科学确定保险责任、保险金额、保险费率等要素。在森林保险的试点阶段，这些要素没有经过科学的风险评估，随意性较强。

(1) 保险责任设计不明晰，森林保险品种比较单一

由于森林的植被丰富、品种繁多、价值难以确定，对森林保险标的要求也就不同，森林分类经营进一步细化了森林保险标的，增加了对森林保险险种的需求。但从各省的森林保险实施方案看，现有的森林保险主要是针对商品林、公益林的森林火灾险和综合险，森

林保险产品并没有根据林种、树种、林龄以及保险责任等进行差异化险种设计,不能满足广大林农的保险需求。保险责任的设计应根据各地具体的灾害状况,涵盖本地区发生较为频繁和易造成较大损失的灾害风险,建立多风险、多灾因的保险保障体系。通过对福建、江西、湖南等地的调研发现,林农最想要参加森林保险的灾害是火灾和病虫害,并且林农最需要的险种分别是涉及多种灾害责任的综合保险和涉及单一灾害责任的保险。但目前我国森林保险主要以火灾险和综合险为主,其他单一灾害责任的险种开展不足,对保险责任划分不够明晰,无法针对不同地区的灾害发生特点设计具有差异性的保险产品,使那些对某单一责任险具有强烈需求的林农无法得到满足。

(2)保障金额设置不合理,保障水平不能满足林农避险需要

根据财产保险的一般原理,保险产品保障水平的设置应根据产品的价值来确定。美国、日本、澳大利亚、芬兰等发达国家开展的森林保险都是根据林木的价值确定保险金额。而我国森林保险以"低保额、低保费、保成本、广覆盖"为原则,森林保险的保险金额是保再植成本,保险金额只占有承保对象物化成本的一定比例(40%~60%),以保障林农灾后恢复造林。因此,对于那些林木资源价值比较高的林业生产经营者,森林保险的吸引力不强。商品林经济价值较高,每亩500~800元的保险金额远低于林木实际价值,甚至不及再植成本,在现有的保险条款下林农的利益无法得到保障,影响了其投保积极性。根据在江西、湖南等地的实际调查结果显示,一般立地条件下的造林成本为每亩600~800元,紫色页岩、钙质岩、石灰岩等"三难地"造林成本在每亩2000元左右,个别特殊地带甚至达到每亩5000~6000元以上。此外,平均每亩抚育成本在300元以上。如果将造林和抚育成本综合计算,每亩林业的综合经营成本至少在1000元以上。在目前的森林保险条款中,每亩林地的保额为500元,明显低于造林的基本物化成本。

(3)保险定价机制不完善,保费率厘定不科学

科学厘定保险费率是确保森林保险经营稳定的重要前提,关系到林农对森林保险的有效需求,也关系到政府保费补贴的支出程度,同时也是区分政府引导还是政府主导的关键问题。如果保险费率偏高,超出林农交纳保费的能力,就会影响林农的积极性,不利于保险业务的发展;如果费率偏低,就会导致保险公司偿付能力不足,最终也将损害林农的利益。森林保险费率本应由保险经营机构综合保险责任、灾害历史平均损失情况和地区风险水平等多种因素进行科学厘定。由于区域间地理位置、气候条件的差异,森林的分布及其遭受的灾害呈现较大的差异性,再加上投保人森林经营管理措施的不同,区域间森林生产水平及经营风险差异很大。正是基于此,美国、瑞典、芬兰将全国森林划分为多个林区,实行级差费率;日本对森林保险费率的划分则更加细致,是根据树种、树龄和立地条件划分。财政部下发的《财政部 林业局 保监会关于做好森林保险试点工作有关事项的通知》(财金〔2009〕165号)中明确规定"保险费率应综合保险责任、林木多年平均损失情况、地区风险水平等多种因素科学厘定"。但现实情况是,各省一般都执行全省统一的保险费率,费率厘定仅仅体现了公益林和商品林的差异,费率设计未能充分体现树种、林龄和立地条件的不同。现行的森林保险费率厘定不够科学,导致保险公司无法根据标的实际风险状况科学厘定保险费率。

(4)投保的激励政策不健全

现有森林保险方案中的投保方式基本上采取"分年投保,一年一签"的方式,但由于按照统一费率计算,对于连续几年投保而没有遭受灾害的林农并没有相应费率优惠,仍按照原有的固定费率计算保额,林农普遍认为保费白交了,失去继续投保的积极性。保险公司应考虑对采取防灾减灾措施有力,以及灾害发生次数较少的林农实行费率优惠政策。

3. 保险运行模式影响了协同推进的效果

森林保险保费补贴政策涉及的主要参与主体见表4.2,森林保险保费补贴各参与主体利益不一致,影响了协同推进效果。

表4.2 森林保险保费补贴政策中涉及的主要参与主体

主要参与主体	目 标	职 责
中央政府	确保国家生态和林业生产稳定,促进林业发展,提供灾后援助	推动试点工作进行,制定相关政策,提供财政支持
省级政府	执行中央政府政策,确保国家生态和林业生产稳定,促进林区发展,提供灾后援助	制定操作细则,检查试点工作的执行情况,提供配套财政支持
基层政府（林业部门）	促进当地经济的发展和基础设施的建设,达到税收的最大化	提供配套财政支持,帮助基层保险公司开展业务,林业部门为灾害的预防预报、勘查定损工作提供技术支持
省级保险公司	利润最大化(长远考虑),履行社会责任,通过森林保险占据农村保险市场,积累业务资源	制定保险合同细则和操作流程,指导基层保险公司开展业务,分摊风险
基层保险公司	利润最大化(短期考虑)	执行保险业务,核灾理赔
林农	利益最大化,低保费,高赔付	林业生产,有效规避风险

资料来源:根据公开资料整理。

(1)中央政府与地方政府之间目标不一致

中央和省级政府站在利国利民和发展林业的角度考虑,对推动森林保险的开展有较高的积极性;而省级以下政府,特别是部分林区地方财政比较困难,由于受财政资金约束,对推动森林保险保费补贴政策工作的积极性不高。目前的保费补贴结构增加了县级财政的压力,尤其是经济欠发达、森林资源丰富的县域。由于森林面积越广,需要配套的财政资金就越多,这给经济相对落后的县级财政造成了更为沉重的负担,严重影响了基层政府推动政策性森林保险工作的积极性和有效性。

(2)省级保险公司与地方保险公司之间绩效评价指标不一致

保险公司总公司及省级分公司对森林保险业务不单独考核,加之公益林基本上采取统保模式,省级保险公司可以直接向林业部门收取保费,节省相关经营费用,因此,对推动森林保险业务的积极性很高。但对于基层保险公司在"基层混险展业"的工作模式和"效益优先"的绩效考核制度下,将森林保险纳入农业保险产品线统一考核的机制使得基层营销员不愿开展保额低、费率低、盈利低的森林保险业务，参与积极性较低。

(3) 林业部门与保险公司之间实际角色定位有偏差

林业部门由原本占主导地位的管理者变成保险公司的"打工者"，林业部门不但负责森林保险的宣传、出险定损和理赔等工作，甚至将参保面积与政绩挂钩，缺少森林保险管理的话语权。

4. 保费补贴标准不利于激励作用的发挥

单纯依靠提高补贴比例来提高补贴规模的空间十分有限。2016 年，中央、省、市、县四级财政对公益林保险的保费补贴金额共计 21.97 亿元，占总保费的 95.78%。山西、内蒙古等 14 个地区对公益林保险采取三级财政全额承担保费的政策，北京、海南和青岛 3 个地区由中央和省(或市)两级财政各承担 50% 的保费，以上地区的林业经营主体不需要交纳任何费用。2016 年，商品林森林保险保费补贴比例占总保费的 73.25%，大大超出全球农业保险保费补贴比例平均为 44% 的水平。依靠提高补贴比例增加补贴规模从而进一步提高林农参保率的空间已经十分有限，继续提高补贴比例会产生边际效用递减，影响补贴资金的使用效率。随着补贴比例的提高以及补贴覆盖面的扩大，持续加大补贴力度将会使政府财政负担过重。由于现行森林保险保障水平的基数过低，即使继续提高补贴比例，保费补贴规模仍难以得到显著提高。由于受保险金额水平的限制，通过单纯地提高补贴比例已经无法有效增加整体补贴规模，难以显著提高林农实际收入水平，也就无法达到增强林农支付能力和参保意愿的政策目标。按照"补贴规模=保费×补贴比例=保险金额×费率×补贴比例"，保险金额和费率是直接决定补贴规模的基础，补贴比例会对补贴规模产生间接影响。合理的保险金额和费率是补贴政策能否奏效的关键，而科学的费率厘定应体现区域间的风险水平差异。

三、我国森林保险机制优化和发展策略

(一) 科学设计保险产品，满足投保主体需求

1. 根据投保主体实际需求，合理设计保险品种

森林保险产品设计应当在考虑林地经营者需求的基础上，结合森林灾害特点，科学设计森林保险条款。目前我国森林保险主要以火灾险和综合险为主，综合险虽然考虑了林农对其他灾害保险的需求，但是不能满足林农对特殊灾害的保险需求。应结合林农需求和森林灾害特点，设计以火灾险或病虫害险为主险，意外天气灾害险为附加险的森林保险险种。基于科学谨慎的原则积极探索基差风险小的多种意外天气指数型保险，从而建立多样化的新型森林保险险种体系。尝试设计多年期森林保险产品，将施救费用纳入保险责任，逐步丰富险种和保险标的。

2. 根据森林资产价值，科学确定保险金额

保险金额是森林保险风险防范能力的重要体现，森林保险最根本的目标与功能是增强林业生产的抗风险能力。因此，为满足不同投保主体的需求，应借鉴澳大利亚等发达国家发展森林保险的经验，根据林木价值随时间变化的特征和规律，结合树种、树龄、地形等因素合理确定多层级的保障水平，以此来满足不同投保主体差异化的风险保障需求。需依

据森林资产价值逐步提高保险金额，在物化成本全覆盖的基础上，逐步实现由保完全成本向保实际价值的转化。保完全成本要求以保险标的市场成本为保险金额，包含物化成本、地租、劳动力成本等；保实际价值要求运用市场价格信号确定保险标的的价值，将其作为保险金额，以更准确地估计森林受灾损失程度并确定保障水平。现阶段首先要以完全成本覆盖的保障水平为首要目标，以此来确保投保主体在受害后能获得恢复再生产的保障。等保完全成本模式发展成熟后，逐步试行保实际价值模式。

3. 根据林业风险区划，实行差别保险费率

目前我国保费率确定的主观性较强，缺乏科学依据，而不同地区森林灾害的形成原因、发展机理、致损程度存在较大差别，因此应由保险公司针对不同地区自然环境条件和灾损情况，将全国森林资源划分为不同的林区。在此基础上，通过保险精算建立费率的科学厘定机制，实施费率差别厘价。同时，应考虑费率动态调整机制，如建立无赔付优待、续保优待以及给予高规模投保主体优惠等；结合奖惩措施来缓解道德风险与逆向选择问题，如对在投保期间赔付率低或未发生灾害的投保主体，可在下一年的保费上给予一定的优惠或适当降低费率，而对未按规定看护管理或及时施救的投保主体，可在赔付额上给予相应的惩罚。此外，应积极积累和完善森林保险承保和理赔数据，为森林保险风险区划与费率精细化厘定提供基础信息。

(二) 健全保险服务模式，提升保险经营效率

1. 引入承保机构竞争机制，提升服务水平

为有效发挥森林保险功能，须充分调动商业保险公司的承保积极性，形成有效的市场竞争机制，进而增强森林保险产品创新能力与服务水平。为此，在健全承保机构准入与考核机制的基础上，需要制定统一的招投标标准，依据公平、公正、公开原则公开招标，以筛选符合需求的保险公司，允许达标的多家承保机构进入森林保险领域，甚至包括小规模保险公司，拓宽承保对象，并依据统一承保综合能力评测标准评估各承保机构的森林保险业务执行情况，按照优胜劣汰竞争规则定期测评筛选；同时，广泛参考广大投保主体的服务满意度，按测评成绩重新分配各承保机构的市场份额。通过有序竞争增强承保机构经营动力，有效破解创新供给动力低、服务水平弱的两大难题。

2. 引入第三方理赔鉴定组织，提高经营效率

立足于我国投保主体点多面广的特点，引入专业理赔鉴定组织作为第三方进行灾后查勘定损，是提高森林保险经营效率与保障投保主体保险权益的有效路径。在现有森林保险运行机制下，作为承保方的保险公司，承担着产品设计、推广销售、定损、理赔等多重身份，这既提高了保险公司的经营成本，拉低了经营效率，也会增加不当行为产生的风险。而引入专业理赔鉴定组织实现专业化分工，不仅能有效提升经营效率，增强各机构经营动力与活力，提升服务水平，也能有效防止"寻租"等不当行为，还可以大幅降低保险公司经营成本，激励市场潜在进入者实现供给方的适度竞争，从而进一步加强森林保险产品和服务的改善。

(三) 强化运行模式创新，建立银保合作机制

将参加森林保险作为林业经营主体获得贷款的必要条件是国际上推动森林保险发展的重要手段之一。我国的森林保险也可以借鉴这种模式，将信贷与投保进行有效衔接，将参

加森林保险作为林业经营主体获得贷款的先决条件。中国人民银行、银行和保险监督委员会等监管部门应联合制定《银保合作指导意见》,以法律的形式来规范和引导森林保险与林业信贷合作的各个层面。根据森林保险发展实际,将森林保险纳入林业金融服务体系,建立林业信贷和森林保险合作机制,择机推行"林业信贷+森林保险"的运作模式。通过银保合作,不断构建信贷与保险发展的长效机制。在初期阶段,在同等条件下,对投保林农所需贷款实行贷款优先、服务优先等优先政策,并在贷款额度和利率等方面给予一定的优惠,鼓励林农参加森林保险。待条件成熟时,进一步将是否参加森林保险作为对林业经营者发放贷款的条件之一。信贷机构与保险公司应加强沟通和联系,按照互惠互利的原则,不断拓宽双边合作领域,建立业务合作机制。

1. 建立良好银保合作制度

信贷机构与保险公司既要提供人、财、物方面的支持和保障,还要在组织架构上有所突破,实现实质性的互动和融合,双方应共同协商制定合作业务的发展策略,建立有效的业务监督管理制度和激励机制。良好的合作机制应该从林业金融发展的内在要求出发,建立促进双方合作的配套制度,真正实现双方的"互助"协同发展。

2. 建立信贷资源共享机制

建立信贷资源共享机制,定期举行信息交流会议,全面熟悉双方支持的林业项目,逐步搭建双边信息合作平台和业务培训机制。中国农业银行、农信社等信贷机构和保险公司应联合加大对业务人员的培训,培养一批既懂林业信贷又懂森林保险的复合型人才,为提升"林业信贷+森林保险"运作的层次提供智力支持。

3. 加强金融产品开发合作

成立森林保险产品开发专家小组,由信贷机构和保险公司抽调专业人员组成,负责森林保险产品的设计和推广。森林保险产品开发专家小组应定期进行市场调查,收集市场需求信息,进行产品设计,对相关信息及时反馈,整合现有保险产品,满足林业经营主体对林业金融服务的需求。

(四)构建森林保险支撑配套体系

设计一个森林保险联席会议制度,分别在国家和省级层面组建国家森林保险协调办公室和省级森林保险协调办公室来行使相应的管理职能。为了配合两级森林保险协调办公室的工作,财政部门、林业部门、保监会和保险公司还应分工协作、相互支撑,完善森林保险的政策保障。其中,财政部门应以制定保费补贴、费用补贴和税费优惠政策为主;林业部门应围绕着提高森林保险参保率,完善森林保险的配套措施等为主要内容;保监会应加大对森林保险的监管力度;保险公司则应围绕着科学设计森林保险产品,规范森林保险操作等业务为主要内容。

本章小结

目前我国林业金融供给来源主要包括以国家开发银行、中国农业发展银行为代表的政策性金融,以中国农业银行等商业银行为代表的商业性金融,以农村信用合作社为代表的合作性金融，以及非正规金融组织。它们的业务发展各有侧重点，都是林业产业持续发展的不可或缺的融资渠道。其中，国家开发银行探索了多种支持林业的融资模式，包括"国家开发银行+林业龙头企业""国家开发银行+林业龙头企业+林业中小企业或林农""国家开发银行+信用平台+林业中小企业或林农""国家开发银行+林业合作组织+林业中小企业或林农""国家开发银行+农村信用合作社+林业中小企业或林农"。但林业信贷供给体系目前存在着多个缺陷，包括政策性银行林业信贷范围有限，农行等商行分支机构大量撤并导致其林业信贷功能弱化，农村信用合作社林业信贷力不从心，小额信贷机构的发展落后，民间借贷组织的借贷行为不够规范等。为了解决以上问题，需要强化政策性金融对林业支持力度，纠正商业性金融不足和偏差；加大商业性和合作性金融创新力度，增加林业有效金融供给；培育符合林业需求的新型金融机构，建立适度竞争的林业信贷市场。

在森林保险供给方面，目前我国森林保险政策以"低保费、保成本、广覆盖"为原则，采取对投保主体直接补贴的方式，公益林的财政补贴接近100%，商品林的财政补贴在70%左右。但是我国森林保险的发展目前面临多个困境，具体体现在保险产品与实际需求不匹配，林农参保意愿不强；保险经营成本与收益不匹配，保险产品供给乏力；地方政府的补贴资金难配套，基层部门动力不足。这些困境产生的原因主要是政府职责定位超越了引导鼓励的范围，保险产品设计未能完全遵循市场原则，保险运行模式影响了协同推进的效果，保费补贴标准不利于激励作用的发挥。解决这些困境的策略包括科学设计保险产品以满足投保主体需求，健全保险服务模式从而提升保险经营效率，强化运行模式创新并建立银保合作机制，以及构建森林保险的支撑配套体系。

第五章　林业信贷

长期以来，我国林农和林业企业一直面临融资困境，使林业产业发展受到严重制约。林权制度改革为林业金融创新提供契机，通过开展林权抵押贷款，为破解林农贷款难找到了突破口，有效缓解了林农和林业中小企业的融资困境。但由于林农缺乏有效的抵押物，贷款难成了制约林业产业发展的"瓶颈"，需要不断进行业务创新和完善贷款运行机制。林业贸易信贷融资模式能将分散林农和林业技术服务、信贷服务等渠道有效地联接起来，把分散林农与有保障的、有利可图的产品市场联系起来，同时建立起稳定的原料来源。林业信贷企业可以利用以往交易活动所捕获的信息，了解借款人信誉、生产经营能力、财产收入状况，通过提供技术服务、投入品及销售协议，降低林业生产经营失败的可能性，进而降低借款人的信贷风险，直接从林产品收购款中扣除贷款，采取将来不再提供贷款的"动态威胁"激励借款人还款。林业合作组织可以利用以往交易活动所捕获的信息，了解借款人信誉、生产经营能力、财产收入状况，解决信息不对称性，降低交易成本，利用正规金融机构的资金，将分散林农和林业技术服务、信贷服务等渠道有效地联接起来。从某种程度上讲，这些都是抵押品扩展或替代机制的具体运用。

本章主要介绍林权抵押贷款、林业贸易信贷、林业合作组织信贷3种主要融资模式，分析各模式的作用机制、内在机理、优势与缺陷等，以期进一步完善林业金融服务功能，加大林业金融创新力度，拓宽林农的融资渠道，缓解林农和林业中小企业的融资困境。

第一节　林权抵押贷款融资模式

银行信贷是商品林经营资金主要来源渠道之一，而银行放贷的主要方式之一是抵押贷款。森林资源资产是林业经营者所拥有或控制的最大资产，这些资产经过评估后可以进入资金融通的领域，可以将其作为抵押物向银行融资，这样不仅能有效地促进森林资源资产的合理流动、盘活林业存量资产，而且有利于实施森林资源资产化改革，从而有利于解除商品林发展中的资金"瓶颈"。通过林权制度改革，使得抵押品范围扩展成为可能，林农有了可用来抵押的资源。而森林资源确权、登记、评估、流转和采伐等环节管理的加强，森林资源资产抵押管理的规范化，使得林权抵押贷款风险得到有效预防和化解，增强了金融机构开展林权抵押贷款的积极性。

（1）让林权证具有法律依据，为开办林权抵押贷款创造了条件，实现了农村信贷史上

以林权为抵押物的突破

《中华人民共和国森林法》规定："国家所有的和集体所有的森林、林木和林地,个人所有的林木和使用的林地,由县级以上地方人民政府登记造册,发放证书,确认所有权或者使用权。森林、林木、林地的所有者和使用者的合法权益,受法律保护,任何单位和个人不得侵犯"。特别是全国统一式样、具有法律效力的林权证,为金融部门在农村放贷找到了一种有效的抵押物。国家林业和草原局《森林资源资产抵押登记办法(试行)》(林计发〔2004〕89号)对以林权抵押申请贷款有具体规定,明确林权证的法律地位和作用,为银行开展以林权抵押贷款提供法律依据。金融机构借助林权抵押贷款途径,使林农和林业企业贷款抵押担保难问题得到有效解决,有利于拓宽林业发展融资渠道,有效地解决了林农融资困难的窘境。

(2)能有效盘活活立木资产,促进森林资源流转

林权制度改革,明晰了森林资源产权,通过林权抵押贷款,实现了森林资源资产管理向资本运作转变,使森林资源不需要砍伐就可以从金融机构贷款,从而解决了生产和回收周期长与资金投入的继续性、多次性的矛盾。因此,开展林权抵押贷款的意义,更在于使活的资源变成了活的成本。

(3)使林业部门对森林资源的处置具有较强的调控能力,可以有效保证抵押物安全

与一般商品不同,森林资源作为一种特殊的商品,长期以来受到比较严格的限制,以保证生态环境和生态安全。为此,林业部门对森林的采伐、流转等方面都具有审批或监控权,一旦业主出现无法按时还贷,林业主管部门可以通过停止发放采伐证或暂扣林权证等方式,限制其对产品的处置权,确保抵押物安全。在林权改革后,全国部分省份已陆续建立了森林资源流转平台,使森林流转更加便捷、顺畅。这些措施大大缩短了林业生产周期,拓宽了森林资源变现渠道,使活林木变成了活资金。

林权抵押贷款不仅为其开拓了金融业务,而且有利于降低其信贷风险。随着林权证的发放、森林资源流转市场的建立、森林灾害保险业务的开展,投资林业的风险正在逐步降低,信贷安全系数大幅增加。在林权制度改革进程中,为了真正将森林资源资本化,体现林权证的价值,林业部门与金融部门密切配合,适时开展了以林权抵押贷款为主要内容的林业投资改革,例如,福建省、江西省等地陆续探索开办了林权抵押贷款。其中福建省林权抵押贷款登记流程参见图5.1。贷款对象既有大型龙头企业,也有林业中小企业和林农。开办林权抵押贷款业务的金融机构包括国家开发银行和中国工商银行、中国农业银行、中国建设银行等国有商业银行及部分股份制银行和农村信用社。

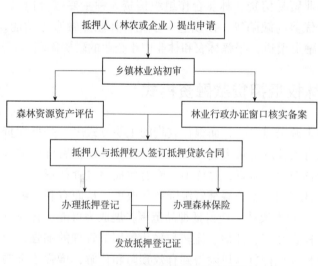

图5.1 林权抵押贷款登记流程图

(资料来源:福建省永安市林业服务中心《便民服务手册》)

一、抵押机制在林业信贷融资中的应用模式

银行信贷配给(拒绝贷款),关键原因在于缺乏对商业银行的激励,以及社会环境所导致的抵押、担保条款的可执行程度差,从而造成抵押、担保效果不理想,出现"融资难"和"惜贷"问题,最终导致资金短缺。因此,要借助政策等外部力量,不断完善资金需求者的外部经营环境,并逐步提高抵押品的可执行程度,以降低银行发放贷款的风险成本。其核心是改革现有的贷款经营模式,避免金融机构成本与收益不对称,并有效地控制贷款风险,在金融工具、金融手段和金融组织等方面进行创新。抵押机制在很大程度上克服信息不对称给正规金融信贷业务所带来的风险,并且能够降低银行所面临的逆向选择问题、贷款合约实施问题,促进金融机构信贷供给。

(一)抵押机制破解信贷约束的经济学机理

由于众多的分散林农和林业中小企业与金融机构之间存在较严重的信息不对称、交易成本高,以及林业经营规模小、生产周期长、风险大等原因,正规金融机构信贷供给不足,使林业发展面临明显的信贷约束。改变上述融资博弈结果的基本思路是,消除融资主体与贷款供给方之间的非对称信息,使其转变为对称信息,其有效方法就是抵押机制。对此,可以通过建立数学模型分析如下:假设融资主体从资金供给者处得到利率为 R,数量为 L 的资金,全部用于投资,所获收益为融入资金量 L 的函数即 $f(L)$,融资主体的利润 π 可描述为:

$$\pi = f(L) - (1+R)L \tag{5.1}$$

如果融资主体的收益为 $f(L) < (1+R)L$,则融资主体无力偿还贷款,此种情况可能是融资主体选择了效益差的投资项目。但如果 $f(L) > (1+R)L$,融资主体就具有偿还贷款的能力。此时,假如融资主体向贷款方提供价值量为 C 的抵押物,即可使 $f(L) > (1+R)L$ 与 $(1+R)L < C$ 成立。当融资主体选择不偿还策略,其收益为 $(1+R)L$,选择偿还策略,其收益为 C,也就是说选择不偿还策略的机会成本为 C,由于 $(1+R)L < C$,即选择不偿还策略的收益小于其机会成本,因而融资主体必然会选择偿还策略。

由图 5.2 分析表明,投资者实现其利益最大化的过程就是银行提高利率所带来的收益增加和发生不利于投资者的行为使融资风险上升导致的收益下降的权衡过程,其均衡出现在利率提高的边际收益=利率提高的边际成本,即 $MR=MC$。此时,均衡点确定的利率 $R_m <R^*$(完全信息债权市场的利率),Q_1(银行资金供给量)$<Q_2$(融资主体的资金需求量),即其利率低于完全信息债权市场的利率,并形成了资金需求大于资金供给的债权配给现象,导致了融资主体与银行的资金饥渴与资金闲置现象。而抵押机制的建立,使融资主体和资金提供者在融资行为发生前,签订抵押和担保条款,通过违约赔偿的承诺行为,建立了可置信威胁,形成了惩罚机制。

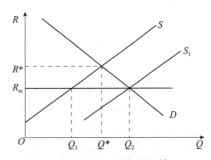

图 5.2 抵押机制作用下的信贷资金供求状况

从信息经济学的角度来看,抵押机制作为融资主体的信号传递工具和资金提供者信息甄别的工具,可

以缓解在信息不对称条件下资金提供者所担心的融资主体的逆向选择和道德风险行为,从而使他们相信融资主体是绩优主体,不会选择高风险的投资项目和不偿还策略,降低了银行信贷风险,因而银行会增加资金供给,使资金供给曲线向右下方移动,其结果使 R^* 下降到 R_m 即 $R^*=R_m$,且 Q_1 上升到 Q_2,即资金供需平衡,实现了银行和融资主体的共同利益最大化。

商业银行在对外发放贷款的时候,中央银行对其发放贷款的形式有一定的规定,要求其发放的抵押贷款、质押贷款总额要达到总贷款额度的 80%,这样降低了借款者的违约率,也增加了金融机构的预期收益率。在没有抵押的情况下,借款者违约的条件是:

$$U(W-D) > U[W-L(1+i)] \tag{5.2}$$

式中,W 表示借款者的初始财富;D 表示借款者因为违约而失去的未来收益;L 表示金融机构发放的贷款额;i 表示贷款利率。从式中可以看出,在违约推动一些利益以后的期望效用大于还款即履约的期望效用的时候,一个理性的借款者就有可能选择违约(不一定违约,因为除了利益因素以外,还要考虑社会利益)。在银行要求提供抵押或质押以后,借款者违约的条件也发生了变化,如式:

$$U(W-D-C) > U[W-L(1+i)] \tag{5.3}$$

比较上面两个式子可以发现,它们的右边是完全相同的,主要差异在于是否减去一个抵押物成本 C,而效用函数是增函数,所以,按照一般数学逻辑,前一个式子比后一个式子更难满足,因此在金融机构要求提供抵押或者质押以后,借款者违约的概率降低了。在银行对借款者贷款而不要求抵押、质押的时候,金融机构的预期效用函数是:

$$E_0(L) = i(1-\pi)L - L(1+i)\pi \tag{5.4}$$

式中,L 表示金融机构发放的贷款金额;i 表示贷款利率;π 表示贷款违约率。而在抵押时,金融机构的预期效用函数是:

$$E_1(L) = i(1-\pi)L + [C-L(1+i)]\pi \tag{5.5}$$

比较上面两个式子可以得出,$E_1(L) \geq E_0(L)$,也就是在有了抵押以后,增加了金融机构的预期效用。综上可见,金融要求借款者在借款时候提供抵押或者质押,这样增加了借款者的贷款还款率,同时也增加了金融机构的预期效用,因而在一般意义上就有可能促使金融机构增加对借款者的贷款发放。抵押机制具有上述的功能及效果,抵押品可以在很大程度上克服信息不对称给正规金融信贷业务所带来的风险,并且降低银行所面临的逆向选择和道德风险问题,也可以缓解贷款合约实施问题。同时,由于资金提供者运用抵押贷款的成本较低,因而多为其使用,其运用效果取决于抵押条款的可执行程度。因而抵押品设置可以缓解林农和林业中小企业的信贷约束,但是这些资金需求主体往往很难提供正规金融所需要的传统抵押品。

一个理想的抵押品具有 5 个基本特征。第一,可以被处置(appropriable),即担保财产可以很容易地从借款人转移给放贷者。第二,可以被销售(salable),或者能够很容易地折合成现金。第三,借贷人有受损失的感觉(feeling of loss)。一项财产对借贷人来说,价值越大,越可以作为担保品。第四,在合约时间内,担保品是耐用品(durable),担保品的价值不能有所损耗或损坏,且价值不能降低。第五,给借款人带来交易成本(transaction cost)。一项财产的以上特征性越强,越能作为担保品。林农和林业中小企业拥有的很多资产难以符合这些特性，缺乏抵押物品的处置市场，处置成本很高，很多资产不耐久保存，所以，这些资产难以被金融机构接受为抵押品。针对林农和林业中小企业抵押品缺乏的问题，有两类可供选择的解决办法，即抵押品扩展和替代机制，通过这些办法可以克服抵押品不足带来的融资困境。

林权制度改革前，虽然森林资源丰富，但是由于森林资源产权不明晰、产权流动困难、资产不易变现等问题，加上森林资源受人为因素、自然因素、政策因素的影响难以控制风险，使得金融机构提供林业信贷服务遭遇担保难、收回难的问题，进而给林业经营者的融资带来十分不利的影响，出现所谓的信贷约束问题。林权制度改革改善了林业金融基础设施，加快了林业产业化龙头企业的成长和壮大，促进了林业合作组织的发展，为基于抵押品扩展和替代机制的创新融资链条扩张提供了条件，而抵押品替代机制有利于控制风险和节约交易成本。在金融基础设施和公共服务支撑条件改善后，林业金融创新的模式和路径选择空间加大。针对林农和林业中小企业抵押品缺乏的问题，根据抵押品的扩展和替代机制，通过开展林权抵押贷款、林业产业化龙头企业对林农贸易信贷以及发展林业合作组织可以克服抵押品不足带来的融资困境。

(二)抵押品扩展机制应用模式(图5.3)

抵押品扩展机制就是将林农和林业中小企业拥有的不具有传统抵押品特性的物品，比如林权证、仓单等，通过流转市场的建立及相关配套设计，转变成可用来抵押的物品，这本身也是一种金融创新。

林权抵押贷款是一种重要的林业金融信贷产品创新，通过抵押品向林权证扩展，开展林权抵押贷款成为林农缓解融资困境的重要手段。林权抵押贷款既是继林权制度改革之后林业发展史上的又一次突破，也是农村信贷史上的一个突破。长期以来，林业经营者一方面拥有森林资源，但是这些资源周期长很难变现，成了不开门的"绿色银行"；另一方面，由于缺乏生产资金，林业经营受到很大制约。林权抵押贷款服务创新，有效地解决了这个两难问题。

仓单融资(warehouse receipt financing)，也称为"仓单值押融资""仓储融资"，指申请人将其拥有完全所有权的货物存放在融资单位指定的仓储单位，并以仓储单位出具的仓单在融资单位进行质押，作为融资担保，融资单位依据质押仓单向申请人提供用于经营与仓单货物同类商品的专项贸易的短期融资业务，被认为是国际上特别是发展中国家解决林农融资困境的一种金融创新途径。我国也需要积极探索设立以林产品为主要抵押标的"林产品信用担保公司"，为林农提供短期的融资服务。但是，仓单融资的有效运行需要一些前提条件。例如，健全的法律体系、商品交易场所、市场化的林产品价格制度、比较低的融资比率(因为商品价格是波动的)、特许的仓库系统、履约担保、地方化的银行等。仓单融资及其相关担保借贷机制实际上起到了银行及其他金融机构所要求的传统担保物的代替作用。

任何抵押商品交易背后的基本逻辑都是放款人结构风险的变化。在金融机构不想对大公司发放贷款的时候，可以依据公司的资产负债表来减少信用风险(credit risk)，但是承担着履约风险(performance risk)。通过仓单，可将履约风险降低到最小，因为当出现违约时，放款人有权出售这种流动性资产。在传统的抵押贷款中，抵押品只是第二还款源，因

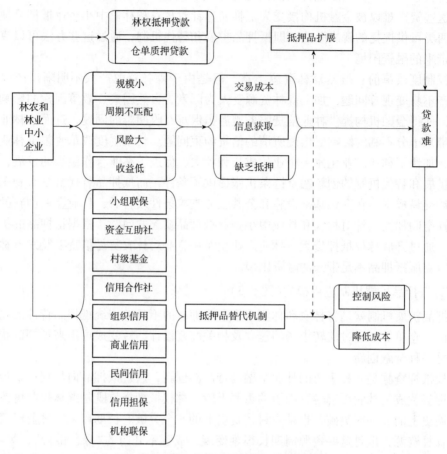

图 5.3 抵押品扩展和替代机制应用模式

为必须先把抵押品变卖、处置掉。在商品抵押贷款中,仓单是第一还款源。放款人不是依赖于借款人的偿还意思,而是依赖于借款人进行商品交易的能力。仓单融资其实也不是严格意义上的创新,但是仓单可以作为扩大金融覆盖面的一种催化剂,可以利用仓单来设计信贷产品。我国一些金融机构已经进行了农产品仓单质押贷款业务的探索。比如,中国农业发展银行开办商品仓单质押贷款就是先让棉花企业把商品棉存储在指定仓库,然后凭仓库出具的仓单向银行申请贷款,银行根据商品棉的价值向企业提供一定比例的贷款。随着木材、林业加工制成品仓储设施和制度的完善,以及林产品市场的完善,林产品仓单质押贷款也将会得到发展。

(三)抵押品替代机制应用模式(图 5.3)

抵押品替代机制,是指寻求林农和林业中小企业所拥有的资源,这些资源本身不具有抵押品的特性,但是可以起到抵押品的作用。抵押品的作用是控制信贷风险,当存在信息不对称、信息获取成本大(交易成本大)时,要求借款人提供容易处置的抵押品,以提高清偿回收率,降低信贷风险。此时,抵押品在某种程度上是对信息搜索活动的一种替代。林农和林业中小企业所拥有的资源也能够减少信息不对称程度、节约信息搜索成本、节约交易费用。林农和林业中小企业所处的社区,所参与的组织(如合作经济组织、资金互助组织、贷款联保小组等),所采用的经济活动,都会积累社会资源,这些资源可以变成一种具有信息传递、相互监督、社会抵押特性的社会资本。此时,基于地缘、亲缘、组织缘关系的社会资本,可以起到抵押品的作用。

社区组织、基于共同负债的小组借贷(group lending)、村基金的发展、具有小组借贷机制的资金互助社的发展和其他交易捆绑的商业信用(贸易融资)、信贷保险发展,甚至包括标会、合会等民间金融组织的发展、各具优势的大小金融机构之间的联结与协作等,都是抵押品的替代机制的具体形式。这些抵押品替代形式,由于各自具有的机制可以替代抵押品,突破林农和林业中小企业抵押品不足的困境,解决交易成本高和信息不对称的问题,进而缓解林农和林业中小企业贷款难的问题。实际上,信用体系建设(比如信用档案的建设)可以克服林农和林业中小企业因缺乏信用记录而出现的所谓信息不对称问题;信用担保体系也可以解决林农、林业中小企业缺乏抵押品的问题。所以,社会信用体系、协会性质的担保体系的建设,也是抵押品替代的一种形式。

林权确权到户后,为克服单家独户的经营难题,股份制林场、家庭林场等合作经济组织以及相关的协会得以较快发展。而家庭林场、合作林场等合作经济组织由于规模比单个林农大,可以作为一个组织申请贷款,使得金融机构节约了交易费用(与单个林农相比)。同时,合作社对其构成成员进行了筛选,减少了金融机构提供服务所面临的逆向选择问题。再者,若以合作社整体作为授信单位,或社员的贷款额度同整个合作社的信用水平有关时,合作社成员之间还可以相互监督,降低了金融机构提供服务所面临的道德风险。

随着林业产业化的推进,林业产业化龙头企业不断发展壮大,林业产业集群效应日益明显,可以通过"公司+林农""公司+基地+林农"等方式,带动林农的发展。从融资方面对林农的带动作用体现在,一是林业产业化龙头企业为与之有订单关系的林农提供担保,帮助林农获取贷款;二是通过"公司+林农"的订单林业、合作造林等方式,以预付款、赊销甚至直接借款等方式,将资金传导到林农那里。所以,与林农关系密切、带动面广、产品市场竞争力强的林业产业化龙头企业,其信贷可得性增强。一方面可减轻自身信贷约束,另一方面也将有助于通过产品与信贷的互联交易向林农传导资金,从而缓解林农的信贷约束。

此外,随着林业体制改革的推进,林业信用担保机构和担保体系得以发展。林业信用担保机构在信息获取、监督管理等方面具有优势,通过该类机构,还可以降低金融机构直接面向林农或林业中小企业提供服务所要承担的高交易成本和贷款风险。协会类担保机构在对林农和林业中小企业的信息获取、监督管理方面更具有优势。

二、林权抵押贷款的主要模式

在林权抵押贷款的实践中,金融机构根据林业生产经营的特点和借款人的具体情况,创造了灵活多样的贷款模式,主要有林权证直接抵押贷款、林权反担保抵押贷款、林农小额循环贷款以及合作组织等联保贷款模式。除此以外,林权质押贷款也取得了重大发展:浙江丽水于2015年开始试行生态公益林补偿收益权质押贷款,实现了林权融资由实物质押到权利质押的突破。

(一)林权证直接抵押贷款模式

林权证直接抵押贷款是由林权所有者持林权证直接向银行申请贷款,凭森林资源资产评估机构出具的评估书与银行签订贷款合同,经林权管理中心审核无误后核发林权他项权证,银行收到他项权证等有关资料后,依照合同发放贷款。该模式的中间环节少,手续简便,林农融资费用少,借贷手续较完备。目前,该模式是开展范围最广的模式,基本上开展林权证直接抵押贷款的地区均会采用该模式。该模式的主要特点包括以下方面:

(1)可适用对象广泛

具有完全民事行为能力的林农和具有法人资格的林业企业,只要能够提供银行认可的有效林木资产抵押担保的,都可以申请林权证直接抵押贷款。

(2)可操作性强

该模式的操作流程参照房产证抵押贷款,不需要全方位的进行重新设计,是全国各地推行林业投、融资改革中最常见的、应用最广的一种贷款模式。

(3)需要相关部门密切协作配合

银行办理林权证直接贷款业务时,必须得到森林资源资产专业评估机构、林权管理中心等部门的配合与协作。其中任何一个部门配合不力,如评估失真、随意给抵押标的物办理采伐证等,都有可能给银行带来风险隐患。尤其是专业评估机构、林权流转平台、部门合作机制缺位的地方,运用该种贷款模式的风险控制难度更大。

图 5.4 为林权抵押贷款的一般流程。

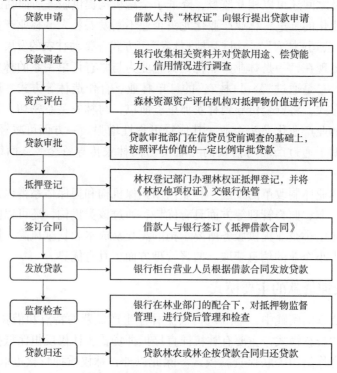

图 5.4 林权证直接抵押贷款操作流程

(资料来源:根据公开资料整理)

> **专栏 5-1　林权按揭贷款**
>
> 顾名思义，林权按揭贷款是以按揭方式进行的林权抵押贷款业务。2015 年，由三明市政府主导，兴业银行三明分行、中国邮政储蓄银行三明分行、三明农商银行与三明中闽林权收储有限公司推出了全国第一个林权按揭贷款，其业务模式如图 5.5 所示：
>
>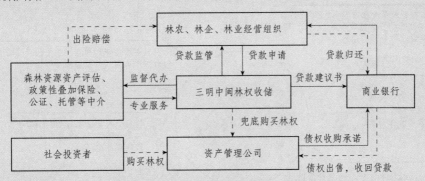
>
> **图 5.5　三明市林权按揭贷款的业务模式**
>
> 1. 三明市林权按揭贷款的申请流程
>
> 三明市林权按揭贷款在业务模式上最大的特点就在于引入了三明中闽林权收储有限公司作为中间平台，因此，其申请流程与一般的林权抵押贷款有所区别，如图 5.6 所示：
>
>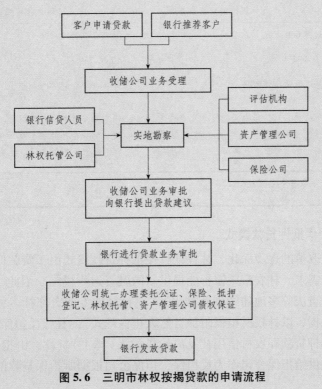
>
> **图 5.6　三明市林权按揭贷款的申请流程**

2. 三明市林权按揭贷款的主要优点

与一般的林权抵押贷款相比，三明市林权按揭贷款主要有利率低、期限长、金额大、用途广、还贷活等优点，如图5.7所示：

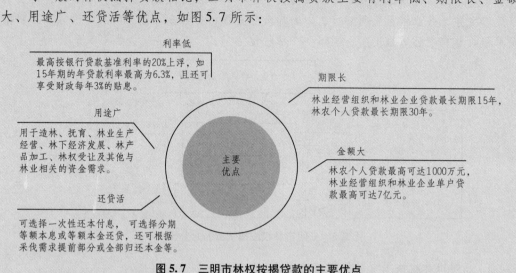

图 5.7 三明市林权按揭贷款的主要优点

3. 林权按揭贷款示例（表 5.1）

表 5.1 兴业银行林权按揭贷款业务简况表

（兴业银行）	个人林权按揭贷款业务	公司林权按揭贷款业务
金额	最高 600 万元	最高 7 亿元
期限	30 年以内	15 年以内
利率	基本利率上浮 20%	基本利率上浮 20%
资金用途	解决林农对林业的长期投入资金需求，包括林业种植、更新改造、林权规模化并购、林下第三产业等	用于满足植林、扩建林地、森林资源培育和开发、林业生产经营、林下经济开展、林产品加工、林权并购及其他与林业相关的资金需求。

资料来源：林业金融服务中心（2017.12）。

（二）林权反担保抵押贷款模式

随着林权制度改革的逐步深化，林权证直接抵押贷款模式由于贷款门槛较高，已经无法满足林农的资金需求，林农希望银行能提供新的融资运作模式。因此，福建、浙江、云南、江西、四川、重庆等多地陆续创新推出了"通过林业专业合作社、林业协会、林业信用促进会等中介机构，以林权反担保附加自然人担保形式"的林权反担保抵押贷款新模式。

林权反担保抵押贷款即农村信用社发放给借款人（林主）贷款，由担保公司提供担保，借款人将林权证提供给担保公司作为反担保，担保公司根据所担保贷款的金额收取一定的担保费。

担保公司等中介机构运作的林权抵押反担保贷款模式不但可以降低借款人的道德风

险、提高金融机构的预期收益,还可以有效地降低金融机构的借贷供给成本,包括信息不对称导致的较高的贷前信息搜集成本以及金融机构的监管成本和收贷成本,是一种可以减少内生和外生交易费用的有效的制度安排。

该模式的具体运作方式如下(图5.8):林农通过森林资源资产评估机构先对其林木资产进行评估,然后与担保中介机构签订抵押合同,将林权抵押给中介团体,然后向银行等金融机构提供森林资源资产评估报告及中介团体审查后出具的证明,并与银行签订借款保证合同,由中介提供担保;在此过程中,中介机构会要求贷款人向其提供一名有相应担保能力的自然人(一般是村干部)作为保证人,承担该贷款的连带责任;由此,贷款人便可取得银行贷款。如果中介机构担保的林农出现贷款逾期未还的现象,银行有权从中介机构的专项账户及相关责任人的任一账户直接划扣款项,用于偿还不良贷款。在这种模式下,银行和林农之间成立了一个起到桥梁纽带作用的中介机构(林业专业合作社、林业协会、信用促进会等),林农将林木资产抵押给担保中介,中介为林农在银行贷款提供担保,自然人则为担保中介提供反担保。该模式的运作有力地支持了林农信贷资金的需求,森林资源资产真正把山上的活立木变成了优质资产,同时也释放了潜藏其中的巨大信贷需求。

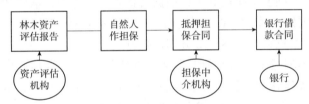

图5.8 林权抵押反担保贷款操作流程

(三)林农小额循环贷款模式

该贷款模式主要面向林农,结合信用村、信用户创建工作,由银行根据林农的个人信誉、生产经营状况以及其所有的森林资源资产情况对其进行信用等级评定,按信用等级给予贷款额度,并一次性办理林权抵押登记手续后发给林农贷款证以办理贷款。林农小额循环贷款模式采取"集中评定、一次登记、随用随贷、余额控制、周转使用"的管理办法,简化贷款手续。贷款程序:个人申请→银行或农村信用社对林农进行信用等级评定,按信用等级核定相应的贷款限额→填写《林权抵押登记申请表》→林权登记机关到现场集中办理林权抵押登记手续,然后在林权抵押贷款林权证相应宗地号的注记栏内签盖林权抵押贷款专用章,并出具《林权担保抵押登记证明书》→银行贷款。

(四)合作组织等联保贷款模式

以林权证为信用保证,在以自愿为原则的基础上,林农组成联保小组,金融机构通过对联保小组的林权资产评估,发放贷款。联保小组成员进行相互监督,承担连带责任,风险共担。这种模式降低了金融机构的信息成本,有效地规避了由于信息不对称而引发的道德风险和逆向选择。贷款违约时,首先由合作组织内部承担连带责任,仍无法还款时,金融机构有权合理处置抵押品。

(五)生态公益林补偿收益权质押贷款模式

生态公益林补偿收益权质押贷款是林权质押贷款中最值得关注的发展方向。目前生态公益林补偿收益权质押贷款在全国绝大部分地区均处于萌芽阶段,仅有浙江省取得了一定的进展。根据《浙江省公益林补偿收益权质押贷款管理办法(试行)》(浙信联发〔2017〕11号),公益林补偿收益是指村集体和个人等公益林权属所有人取得的经济补偿收入;公益林补偿收益权质押贷款是指借款人或第三人以合法、持续持有的公益林补偿收益权作为质押,由金融机构发放的一种创新型贷款。办理公益林补偿收益权质押贷款的组织和个人,应先到当地林业主管部门办理公益林补偿收益权证明,公益林补偿收益权证明包括权利人、林地所有权人、公益林补偿金额、补偿金变更记录、备注等。

生态公益林补偿收益权质押贷款与一般的林权抵押贷款相比,在金融属性上有其独特性。主要表现在生态公益林补偿收益权质押贷款的贷款额度应根据申请人生产经营所需资金和持有公益林收益权金额合理确定,原则上不超过年度公益林补偿金收入的10倍;贷款主要用于森林资源培育和保护、林业及相关产品生产经营与加工、农村生产设施建设、森林生态休闲产业发展等;根据贷款用途、借款人的实际还贷能力和公益林收益权年限,合理确定贷款期限,原则上不超过5年;根据借款人还款能力、信用状况等因素综合确定还款方式,可以采用按月(季)付息、到期还本或利随本清或分期还款等还款方式,期限较长的,一般采用等额本息或等额本金等分期还款方式。

在《浙江省公益林补偿收益权质押贷款管理办法(试行)》(浙信联发〔2017〕11号)出台前,丽水市就于2015年在全国创新开展生态公益林补偿收益权融资实践,取得了一定成效,对盘活我国广大生态公益林的经济价值有重大参考意义。

目前,丽水市探索出了以下4种生态公益林补偿收益权质押贷款模式:

1. 生态公益林未来收益权质押融资模式

林农先到当地乡镇林业工作站办理公益林补偿收益权证明或收益权证,再以公益林补偿收益权向金融机构申请收益权类质押贷款,林农最多可以获得年度公益林补偿金收入10倍的贷款额度,贷款最长期限可达5年,并享受利息优惠。

2. 生态公益林未来收益权信托凭证质押融资模式

政府将公益林未来补偿收益集中托付给信托公司管理,信托公司向林农发放信托权益凭证,林农向金融机构申请信托权益凭证质押贷款。丽水辖内龙泉市住龙镇水塔村率先与浙江万向信托公司进行了该项创新实践。

3. 集体生态公益林未来收益质押担保基金模式

以村集体生态公益林未来5~10年的补偿收益为基数,与政策性融资担保公司联合成立村集体生态公益林未来收益质押担保基金,为本村林农提供贷款担保,林业局、财政局将每年的集体生态公益林补偿收益划入该村集体担保基金账户。若当年未发生不良贷款,该基金从集体生态公益林补偿金提取10%作为贷款风险补偿金后,其余返还村集体支配;若发生不良贷款,则由担保公司代偿后,从村集体担保基金账户扣划。

4. 生态公益林收益权反担保融资模式

以村为单位,由村两委成员与村内具备一定经济实力的村民代表共同组建村级互助担保组织。林农以公益林未来补偿收益为反担保,向村级互助担保组织申请贷款担保,金融机构向林农发放担保贷款。截至 2016 年 8 月末,丽水市已经建立村级互助担保组织 168 家。

专栏 5-2　丽水市如何推进生态公益林补偿收益权质押贷款

近年来,丽水市深入实施"绿水青山就是金山银山"发展战略,积极探索生态经济发展道路,持续深化集体林权制度改革、农村金融改革,通过林权抵押贷款、林地经营权流转证等制度创新,有效缓解了"三农"融资难题,支持了林农创业,促进了林业经济发展。2016 年 3 月,国家林业局将丽水全市域列为集体林业综合改革试验示范区,继续探索完善生态公益林补偿收益权质押融资。截至 2017 年年末,丽水市在推进生态公益林补偿收益权质押融资上取得了不小的成就,借鉴丽水市的成功做法,对生态公益林补偿收益权质押贷款在全国的推广有重大意义。那么,丽水市究竟是如何推进生态公益林补偿收益权质押贷款的?我们可以从《丽水市推进公益林补偿收益权质押融资工作的指导意见》(丽政办发〔2016〕142 号)中得到启发:

1. 建立公益林补偿收益权证明制度

各县(市、区)政府在健全完善公益林分户档案基础上,根据公益林补偿收益权归属和补偿标准建立公益林补偿收益权证明制度。公益林补偿收益权证明由公益林补偿收益权权利人提出申请,公益林所在地县(市、区)林业局核发;公益林补偿收益权证明记载权利人、公益林面积、补偿金额、质押(转让)登记等情况,是权利人享有公益林补偿收益权的合法有效证明。权利人有融资需求时,可凭公益林补偿收益权证明向金融机构申请办理质押贷款。

2. 建立公益林补偿收益权质押登记制度

公益林所在地县(市、区)林业局负责公益林补偿收益权质押登记管理。借款人向金融机构申请公益林补偿收益权质押贷款,或林农转让公益林补偿收益权时,需办理公益林补偿收益权质押(转让)登记的,可通过人民银行征信管理中心的"中征应收账款统一登记平台"办理质押登记,并报送公益林所在地县(市、区)林业局。办理质押登记时,需提供公益林补偿收益权证明、与金融机构签订的贷款合同以及在贷款无法按期偿还时同意由金融机构处置公益林补偿收益权的履约承诺等材料。

3. 创新公益林补偿收益权质押融资方式

市本级、各县(市、区)林业、金融部门积极探索公益林补偿收益权质押融资方式,通过直接质押贷款、收益担保基金贷款以及收益权转让、收益权信托等多种融资方式,扩大融资渠道。

4. 促进公益林补偿收益权质押贷款业务规范发展

各金融机构根据公益林补偿收益权特点和质押贷款相关规定,制定公益林补偿收益权质押贷款业务办法、操作流程,积极推广公益林补偿收益权质押贷款业务,简化贷款手续,实行优惠利率。建立贷款风险防范机制,引导涉农融资性担保机构为林农公益林补偿收益权质押融资提供担保服务,并在担保机构与银行机构之间建立风险共担机制。将公益林质押贷款业务与农村信用体系建设成果运用有效结合,有效防范贷款风险。

> **5. 加强公益林补偿收益权监督管理**
>
> 市林业局要加强公益林建设、保护、利用和管理的检查和指导,探索扩大公益林补偿收益权内涵。县(市、区)林业局要进一步明晰公益林产权,建立健全公益林权属数据库,每年按照补助标准确定收益权人的补偿金额;为有需求的收益权人办理公益林补偿收益权证明。
>
> **6. 建立健全公益林补偿收益权质押贷款处置机制**
>
> 各县(市、区)要积极探索创新和完善公益林补偿收益权处置机制,对于借款人无法偿还到期质押贷款的,根据收益权人的履约承诺,县(市、区)林业局、财政局协助金融机构划转公益林补偿金,直至还清贷款本息为止;金融机构也可以通过将借款人的公益林补偿收益权转让给第三方的方式代偿。同时,各县(市、区)积极探索建立公益林补偿收益权收储平台、风险补偿等方式拓宽质押物处置渠道。

三、林权抵押贷款模式创新

长期以来,由于林农缺乏有效的抵押物,贷款难成了制约林业产业发展的"瓶颈"。林权制度的落实和林权监管、交易、流转等服务设施的逐步完善,为金融机构开展林业金融创新提供了有利条件和巨大的需求市场。特别是全国统一式样和编号、具有法律效力的林权证的出现,使林农向金融机构贷款有了有效的抵押物,为破解林农贷款难问题找到了突破口。通过开展林权抵押贷款这一金融创新,既解决了森林资源的资本化问题,又解决了林农有效抵押物的缺乏问题,拓宽了林业融资渠道,缓解了林业资金投入不足问题,同时促进了林业经营由资源经营向资产经营再向资本经营的转变。

(一)林权抵押贷款运行中存在的问题

林权抵押贷款作为一种新的金融服务创新模式,由于抵押物的特殊性,开办这些业务仍然面临着一些问题。

1. 林权抵押贷款存在较大风险,金融机构开展此项业务的积极性不高

(1)由于受采伐限额指标和流转市场机制约束,林业资源交易市场目前还没真正搭建和运作,金融机构担心执行债权难

我国目前实施森林资源限额采伐制度,按现行木材砍伐指标管理规定,砍伐指标是由林业部门分配到各乡镇,由各乡镇林木经营者向林业站申请参与抽签分配。因此,对于为数众多的林业经营者而言,他们能否争取到采伐指标缺乏必要的保证,可能造成林木已经到了采伐期或间伐期却因无采伐指标而不能砍伐,从而丧失最佳的采伐时间,按期归还贷款就会出现脱节,信贷资金的安全和流动性就难以保证。而且受到森林限额采伐政策的限制,林木的流转困难,林权抵押贷款的处置偿还和保障补偿机制尚未形成,银行也难以对其及时实施处置。所以,一旦债务人无法归还债务,抵押品就不能流转或采伐,银行就要面对坏账损失的风险,不具备处置权的抵押物价值将被严重低估。

(2)由于缺乏权威性和公正性林权评估机构,银行对森林资源资产评估结果不信任

由于人为因素的干扰、评估理论和方法的局限、林木评估市场的不完善、基础资源数

据准确性差、技术标准不统一等原因,只能依靠林业主管部门下设的森林资源资产评估部门进行评估。按照我国现行相关制度的规定,森林资源资产评估机构必须是那些同时经过国有资产管理部门和林业部门授权的具有资质的资产评估中介机构。但我国目前具有资质条件的森林资源资产评估机构较少,无法满足实际的需要,从而致使实践中实施森林资源资产评估业务的是那些并不具备条件的机构或部门,它们不仅影响了森林资源资产评估的质量,而且容易造成评估市场的混乱和降低资产评估的权威性。

(3)对林业资源监管不够,可实际操作的监管办法少,监管队伍缺编

有些地方为迎合市场,取消了毛竹凭票砍伐等方式,给林业资产管理带来困难,也成为林权抵押贷款信贷风险控制的难点。

以上这些问题都可能影响林权抵押贷款的风险控制以及金融机构提供林权抵押贷款服务的积极性。

2. 林权抵押贷款融资成本过高,林业经营者申请贷款意愿不强

(1)林权抵押贷款管理制度滞后、操作不规范、手续烦琐现象严重

林权抵押贷款已开办多年,但长期以来金融部门并没有相应的贷款管理办法和实施细则,只是沿用和参照其他类似贷款做法。由于制度的滞后,贷款操作更显得缺乏合规性。在林权登记上,由于一些地方林政服务中心和互联网络还未建立,操作流程不明确,申请贷款周期较长,申请贷款的时间成本较高。

(2)在利用林权抵押贷款中,融资成本较高

各地金融机构发放贷款的对象主要为林业中小企业和林农,他们的贷款额度相对较小,但每笔贷款的发放程序、经办环节等则大致相同。除了这部分成本负担外,由于林业中小企业和林农个人资产有限,抗风险能力较弱,在发放贷款时金融机构还要求扣缴20%的贷款额作为风险保证金,同时要求提供必要的担保,而担保机构在担保时会加收一定额度的担保费,这些更是增加了融资成本。在担保贷款中,有的年利率已超过10%。

(3)由于林业评估机构较少,部分评估机构过分追求效益,收费太高,使得林农一般不愿出钱评估和贷款

假设,价值10万元的森林资产,林农则需交纳评估费为600元,若最终能申请到贷款,最高贷款额度是5万元,贷款期限通常只是一年期,贷款月利率为0.79%。依此计算,评估费相当于在原有利率基础上增加了1.2%。而更多的情况是,即使进行了资产评估,最终也不一定能得到贷款,因而较高的评估费也大大降低了林农申请林权抵押贷款的积极性。

从林权抵押贷款成本看,农信社发放林权抵押贷款的利率一般是基准利率上浮70%,最高的上浮100%;商业银行对森林资源资产抵押贷款的利率则是基准利率上浮30%~50%。此外,林权抵押贷款还需按评估量支付0.01%~0.6%不等的评估费,通过担保公司担保另要缴纳0.3%的担保费。经测算,林权抵押贷款比房产抵押贷款的成本一般要高出3~5个百分点,个别县(市)的林权抵押贷款成本高达12%,与民间借贷利率相差无几。融资成本过高已成为制约森林资源资产抵押贷款广泛开展的一个关键因素。

3. 金融信贷产品设置与林业生产经营特点不匹配

从林权抵押贷款品种看,目前只有直接向大户林农、林企发放林权抵押贷款和由担保公司担保,用林权进行反担保的两个信贷产品,而缺少适合林业生产需求特点的信贷产

品，特别是能惠及和适合众多小户林农资金需求的信贷产品。大部分小户林农因其林地面积小或林地林龄低而得不到必要的贷款支持。从贷款期限看，福建南平市辖各县区林权抵押贷款90%以上为1年期的短期贷款。由于林业生产周期较长，生产周期最快的毛竹到成材也需要3年时间，而其他经济林作物则时间更长，林木生产周期与金融信贷期限不匹配的问题突出，无法满足林业生产经营需要。

(二) 林权抵押贷款机制创新的路径构建

为了促进林权抵押贷款机制建立和健全，金融机构要以森林资源资产抵押贷款业务为突破口，探索林业保险与林业融资互动机制，不断拓宽林业融资渠道；要建立健全林权抵押贷款工作协调管理机制、林权抵押贷款风险防范机制、林权抵押贷款规范管理运行机制以及信息服务工作平台；各金融机构要利用各自业务优势，整合金融资源，开拓林业信贷保险业务，发挥金融支持林业发展的整体功能效用；要根据造林资金需求特点，制定相应的林权抵押贷款操作办法，适当下放贷款审批权限，合理简化贷款程序，开展林权抵押贷款业务。

1. 创新林业金融信贷产品，完善林业信贷服务体系

各金融机构要按照有利于改善农村金融服务、有利于增加"三农"贷款、有利于促进林农增收的要求，积极创新推出多样化、个性化与林业生产特点相适应的金融信贷产品。如，针对毛竹垦复、低产林改造，贷款期限延长至3年；针对桉树等速生丰产林造林，贷款期限延长至5~10年等。商业银行要积极创新信贷管理机制，加强金融信贷产品的开发研究，适时推出创新型的信贷产品，以满足林权抵押贷款业务发展的需要；农村信用合作社要利用其面向农村点多面广的优势，结合业已推广的林农小额信用贷款、联保贷款等方式进行创新，打好林权抵押贷款创新"组合拳"。

(1) 开发小户林农林权质押贷款

可按照林农的信用评定标准，根据林农的个人信誉、还款记录、林木拥有量及所从事林业生产经营活动的规模、经营能力、偿债能力等指标，对林农进行信用等级评定，并根据其信用等级核定一定的贷款额度，采取"一次核定、随用随贷、余额控制、周转使用"的办法，向林农发放只需办理林权抵押登记、借贷双方协议评估林木价值的林权质押贷款。

(2) 推广小额林权抵押贷款

在小户林农林权质押贷款之外，农村信用合作社还可对经评估机构评估的林农林业资产按评估价值的一定比例，直接向小户林农发放林权抵押贷款。

(3) 开办林农联保贷款

由农村信用合作社选择5~10户具有一定林木资源规模的林农建立负有连带责任的联保贷款小组，并确定1户林农与农村信用合作社建立信贷关系，由该户将所有联保户的林权证收集起来，并进行统一评估、抵押，贷款与还贷均由该户统一负责。同时，也可以引导小户林农在自愿的基础上联合组建森林资源股份有限公司，并以公司拥有的森林资源资产向农村信用合作社申请林权抵押贷款。中国人民银行要发挥货币政策工具导向作用，适时调整支农再贷款限额分配方案，对因发放林业贷款而出现资金困难的农村信用合作社，按一定比例增加支农再贷款限额。同时引导金融机构灵活运用利率杠杆。对经营管理水平强、效益好、守信用的林权抵押贷款户或经过担保公司担保的林权抵押贷款，提供优惠利率，少上浮或不上浮利率。

2. 培育农村小额信贷组织，扩大林权抵押贷款渠道

现阶段农村金融机构网点大量收缩，金融服务缺位，形成了农村信贷市场由农村信用合作社独家经营的局面，信贷市场缺乏竞争与活力，在一定程度上抑制了林权抵押贷款业务的拓展。根据2006年中央一号文件"鼓励在县域内设立多种所有制的社区金融机构，允许私有资本、外资等参股，大力培育由自然人、企业法人或社团法人发起的小额贷款组织"的精神，及时总结推广"只贷不存"试点成功经验，大胆探索建立适合当地农村经济发展需要的农村小额信贷组织。要通过培育建立农村小额信贷组织，进一步改善和提升农村金融的服务水平，促进形成更加多样化的农村金融服务体系，为打破农村信用合作社垄断农村信贷市场、林权抵押贷款停滞不前的局面创造条件。有关金融监管机构应切实履行职责，深入调查研究，抓紧制定、出台有关监管规定和实施办法，确保中央政策尽早得到落实。

3. 加快林业信用体系建设，提升借款主体信用水平

大力推进林业信用体系建设。首先，林业经营者要重视信用意识的培养，加强信用管理，提高自身的经营管理水平，并加强与银行的沟通合作，建立协调联络长效机制。其次，要完善信用评价及管理机制，政府应采取有效措施组织、建立统一的数据检索平台，鼓励社会信用调查评估机构逐步形成专门性的评价、评级指标体系，建立林业经营企业和个人的信用评价体系。

(1) 建立企业信用评价体系

建立企业信用评价指标、企业信用数据库等林业系统信用体系，再加上政策上的扶持，可以培育林业企业的信用意识，使一批林业产业化龙头企业提高知名度、树立良好的信誉和形象，并在发展中突显出来，从而有利于企业和银行这一信息使用者间有效地减少信息不对称的现象，建立良好的信息沟通渠道和机制，为金融机构构筑防范风险的第一道屏障，为林业企业融资创造有利的条件。

(2) 建立以家庭为单位的个人信用体系

建立林农的个人信用体系，有助于将林农的历史贷款信用存档，以便于银行做出抵押信贷决策，从而规范银行的投资行为，保障贷款的安全性。个人信用制度的建立需要银行、政府有关部门、个人等方面的共同协作和努力。目前，国内仅上海等地开始运行个人征信系统，而一个完善的个人信用系统必须全国联网，社会化的个人信用制度体系对于网络化和电子化的要求很高。按照我国目前的经济发展水平和技术水平，跨越这一技术门槛即使在城市也需要一个发展的过程。但在广大的农村，可以考虑建立以家庭为单位的个人信用体系。因为农村家庭联产承包责任制的实施，是以家庭为单位分配生产资料的，生产资料的共有和继承也为造林抵押信贷提供了更为可靠的信用保证，而且在农村造林时较之于城市，更注重以家庭为单位造林。

4. 建立林业贷款担保机制，确保林业信贷资金安全

担保机制是促进森林资源资产抵押贷款制度建立健全的主要保障机制之一。为此，要重点按照以下3种形式做好抵押贷款担保工作：一是林业个体承包大户公议授信制度，解决其大额贷款担保抵押的相关问题；二是林业经营大户及林农联保制度，实行"个人申请、多户联保、周转使用、责任连带、分期还款"的管理办法；三是担保公司运作模式。针对我国森林资源资产抵押贷款发展的基本状况及今后的发展趋势，为了减轻担保公司的风险，加强林农育林、护林的积极性和风险意识，在担保公司和林业经营者之间也应建立风险共担、利益共享的合作关系；还可以大力推广福建省林业产权制度改革后新增加的林权反担保贷款新模式，即银行发放贷款给贷款户，并由担保公司提供担保，同时，贷款户将林权证提供给担保公司作为反担保，一旦贷款到期借款人不能按时还款，银行有权要求担保公司偿还贷款本息，同时，担保公司有权根据反担保协议处置变现借款人的林木资产以收回相应的资金。

    5. 探索林业信贷风险补偿机制与项目资本金制度

为降低森林资源资产抵押贷款的风险，应积极探索信贷风险补偿机制与项目资本金制度。政府应建立林业信贷风险补偿机制，依靠政府直接投资林业的专项资金，合理确定用于补偿农村信用合作社林业贷款的风险损失率，降低农村信用合作社的信贷投入风险。并建立银行、企业、个人风险基金，形成政府、银行、企业、个人共担风险的机制。以浙江省为例，新昌县每年安排500万元专项资金，建立信贷风险基金，解决林农小额贷款难的问题。江苏省政府文件规定，"乡镇可从林权改制回收资金中提取5%设立林业风险资金，专户储存"。

目前，我国许多地方的私有林营造项目成了"拼盘工程"，容易出现资金短缺问题。如果一旦形成资金缺口并且不能有效地弥补，极有可能演化为"胡子工程"，使银行承担着巨大的贷款风险。建立项目资本金制度，可以改变投资领域中的"无本经营"状态，有助于提高银行投资项目的安全性与效率性，防范信用风险。一般而言，贷款项目资本金比重越高，银行贷款就越安全。从国外银行业的经验看，英国、美国等西方发达国家的银行，无论借款人背景如何，这一标准都定为39%以上。这是因为根据他们的研究，当资本率低于39%时，业主若遇到经营困难，放弃从业的可能性和倾向性将大大增加。但是项目资本金的比例应该体现行业差别与区域差别。我国可以充分借鉴日本的成功经验，充分考虑私有林这一特殊的经营方式以及中西部经济欠发达地区的具体情况，对其采取适当的优惠政策，实行有差别的资本金制度，适当降低资本金比例，这样既有利于促进产业发展，也能兼顾投资人和债权人的利益，同时要强化项目资本金到位的监管。项目资本金若采取一次认缴、分期缴付的方法，这种授权资本金制度与法定资本金制度相比，难以从制度上保证资本金按时足额到位。

    6. 建立林业贷款保险机制，防范化解信贷风险

为保障金融机构在贷款到期后能够如期地回收资金，应特别注意加强林业贷款保险体系建设，由林农、农村信用合作社和保险公司3方签订协议，在林业投资发展项目贷款的同时向保险公司投保，并在合同中明确规定贷款银行为第一受益人。投保金额不得低于抵押物评估价值，投保时间不短于贷款期限。抵押期内保险单由贷款经办行保管。抵押的林木资产发生保险事故应及时通知贷款人，并向保险人索赔。赔偿金首先用于火灾迹地更新，其次用于偿还贷款人到期本息。赔偿金应存放在贷款经办行开立的专项存款户中，由贷款经办行监督使用。这样既拓展了中间业务（代理保险业服务），又降低了投资风险和银行信贷资金安全的后顾之忧。

四、林权抵押贷款风险管理

集体林权制度改革指出要依法明晰产权、放活经营、规范流转、减轻税费，进一步解

放和发展林业生产力,促进传统林业向现代林业转变。改革之后,林权抵押贷款得到了应用。林权抵押贷款就是按照规定的抵押方式,林业资源所有者或第三人以其森林资源资产作为抵押物或以债权担保向商业银行取得贷款,而不转移对其森林、林木的所有权和林地使用权的行为。但是从商业银行风险管理的角度来说,由于抵押物的特殊性,以及林业行业的弱质性,林权抵押贷款存在着诸多风险,探索林权抵押存在的风险及解决风险的过程,实际上是对金融制度不断完善、创新的过程。这就为商业银行风险管理提出了新要求,商业银行需要认清林权抵押贷款风险的分类及成因,并积极防范与控制风险。

(一)林权抵押贷款风险的分类及成因

造成林权抵押贷款风险的原因有很多。比如,由于贷款人信用不佳等原因造成的信用风险,由于银行内部操作及流程不规范造成的操作风险,由于抵押物容易受到外来因素影响的特殊性而造成的抵押物价值保全风险,由于林木生产周期长、价值变动大、林权抵押市场不完善造成的市场风险,由于林木生产周期长造成的流动性风险,以及国家政策使林权抵押贷款面临的政策风险。

1. 信用风险

根据借款合同,借款人有义务按期还款,但由于种种原因,借款人可能被迫违约或理性违约。一是贷款人在此期间可能由于家庭、工作、收入、健康和其他不确定因素,偿债能力下降,不能按期或无力偿还贷款本息;二是借款人故意欺诈,通过伪造的个人信用资料和资产状况骗取银行的贷款,从而产生道德风险。目前我国个人信用体系尚未完全建立,因而商业银行很难获取真实、全面的个人信用信息,商业银行和借款人信息不对称,此时商业银行是根据全体借款人的风险状况给予同样的贷款利率,从而出现 Stightz & Weiss 模型中逆向选择(风险低的借款者退出借款)和道德风险(借款人选择更高风险的项目)的情况。个别借款人诚信较差,还会存在通过不正当手段骗取贷款的现象,致使银行贷款面临一定风险。

2. 操作风险

《巴塞尔协议》中对操作风险的定义是指由不完善的内部程序、人员以及系统或外部事件所造成的风险。造成林权抵押贷款操作风险的主要原因有:

(1)林权抵押贷款操作流程不明,林权贷款抵押登记管理制度不完善,林权抵押登记程序不规范

主要表现在:抵押物的权属不清,林权的权属模糊不清,如一林多证,抵押物就失去了抵押权;债务人违反法律规定,抵押法律法规禁止抵押的林木,如生态林,超出林权抵押的范围,因而失去法律效力;一证多次抵押,因抵押登记管理不完善,债务人把同一林权抵押给多个金融机构,得到远大于正常抵押率的贷款。

(2)信贷人员贷前审查、贷后监督、档案管理不到位

具体表现在:信贷人员对借款人情况审查不严,没有认真地进行事前尽职调查和贷款后评价;对于林农和林木资源管理的监督力度不够,对贷款使用或偿还情况不能做到定期或不定期地检查和跟进;缺乏与林业部门必要的联系,抵押登记不落实;档案管理不规范,对重要合同、单据等法律文件不按规定保管。这些都会造成银行贷款风险。

(3)信贷人员的法律保护意识淡薄

在签署借款、担保合同时,主要条款出现疏漏或合同要素不全、追偿已过时效等,导

致银行合法债权得不到有效保护。业务人员不按章操作,导致贷款出现风险,如抵押担保未落实就放款等。

(4) 在进行林木资产评估时,由于客观及人为因素,往往造成估值不准

原因有以下3点:一是由于林木资源品种多,林地大多处于偏僻之地,范围广、种类多,评估难度大,评估人员很难精确地估算出其市场价值;二是由于林权交易市场不规范,森林资源资产的市场价格即公允价值难以确定,给其价值评估带来了客观的风险;三是由于商业银行专业的评估人才缺乏,专业的评估机构与借款者为了各自利益虚抬价值。

以上这些都属于人员或程序上引发的操作风险。

3. 抵押物价值保全风险

林业是风险很高的行业,受自然灾害的影响特别大,人为破坏如乱砍滥伐也给林业生产带来极大的损失。

(1) 自然灾害

根据统计局资料显示,我国平均每年发生森林火灾1.35万起,受灾面积73.71万公顷,2011年上半年,仅雨雪冰冻灾害和洪涝灾害造成的损失就达198.6亿元。2011年1~5月,全国共发生森林火灾4759起,受害森林面积2.3万公顷,除此之外还有林业有害生物灾害等。但是我国的森林保险体系不健全,具体表现在:承保险种单一,目前政策性森林保险只承保火灾风险,不承保雨雪冰冻、台风、病虫害等风险;保险费率高,由于赔付率高,造成森林保险的保险费率高,我国森林火灾保险平均赔付率为70.3%,而一般财产保险是30%~35%;承保率低,因为营林者的收益偏低,保险意识薄弱,所以森林保险承保率低。我国森林保险进入了"高风险、高费率、低保障、低覆盖"的怪圈。

(2) 人为破坏

林木生产周期长,贷款人对林木的不良管理也会造成抵押物价值的减损,贷款人为了使自身获益有可能过度砍伐林木资源,造成抵押物价值难以保全。另外,林区地处偏僻,盗砍盗伐的情况也时有发生。

以上这些都为抵押物价值保全增加了风险。

4. 市场风险

抵押的林木资源市场价格会随着市场供求关系的变化而变化,因而其市场价格一直处于变化中,难以确定。而林权抵押贷款又大多是中长期贷款,在贷款期间,市场价格波动幅度有可能更大,所以面临抵押物价值变动的风险。

抵押的有效性依赖于抵押品交易市场的发达程度,如果抵押品交易市场较为活跃,就算借款人违约,贷款者也可以顺利地变现抵押品,从而收回未偿还的贷款余额,抵押风险就小。现阶段商业银行处置抵押物有两种方式:一种是林权流转变现;另一种是林木采伐出售变现。不论哪种方式都会产生风险。前者是由于我国现阶段林权流转市场体系不健全,缺乏集中规范的林权交易平台,限制了林权流转变现,使风险大大提高;林木采伐出售受变现到林木采伐限额的限制,由于林业产业的正外部性,国家对林业发展一直实行严格保护扶持措施,对木材实行限额采伐,未经林业部门批准,银行对抵押物无权进行处置变卖,即使进行申请也面临着采伐指标审批难、审批周期较长等限制,增加了贷款的风险。

5. 流动性风险

由于林业生产周期相对较长，投资回收期也长，所以一般来说林权抵押贷款时间长、流动性差。如果贷款银行持有大量林权抵押贷款债权，可能会因为资金占压过多而引起资产流动性比率下降，资金周转不灵，所以流动性风险也是林权抵押贷款中存在的风险类型。

为避免这一风险，国际上通用的做法是建立抵押贷款二级市场，将持有的贷款抵押卖给二级市场的其他金融机构，使资产证券化，并且可在二级市场流通。但我国目前尚不存在可以有效化解抵押贷款流动性风险的二级市场。

6. 政策风险

政策风险是指政府的林业政策发生重大变化或是有重要的举措、法规出台所带来的风险。森林认证、对原木出口限制等政策都可能造成贷款的风险；政府政策可能会造成抵押的森林资源的价值损失，国家考虑到整个生态环境的发展，划定自然保护区，把商品林转化为生态公益林，出于某个地区发展的需要，修建公路、铁路，进行基础设施建设等，林农失去了对这片林地的使用权和林木的所有权，这些林地也就没有了经济收益，直接影响了借款人还款的来源；国家宏观调控造成市场需求的急剧变化以及税费体制改革，也会使林业生产经营者承担一定的风险。

除此之外，林权抵押贷款还存在以下风险：利率风险，林权抵押贷款时间较长，而支持林权抵押贷款的资金来源通常是期限较短的存款或短期资本市场资金，这种期限不匹配很容易在短期市场利率上升时造成银行负债与资产利率倒挂，出现入不敷出的现象；提前偿付风险，是指借款人提前部分或全部归还贷款，给银行带来利息损失的可能性；贷款结构风险，是由于某一地区的林木资源集聚，或者某一树种的林木资源过多，或者某一层次的林农过多，而导致风险过于集中，不利于整体控制风险。

(二) 商业银行风险防范与控制

林权抵押贷款的高风险性，降低了商业银行对其进行贷款的积极性。但在防范林权抵押贷款的风险上，许多商业银行都在尝试贷款风险管理的方法，如某银行永安支行在客户准入、抵押范围、抵押率上做了相应规定。解决贷款风险较高的现状，商业银行必须在贷款流程上进行控制。

1. 贷款申请

国际上通行一种评价借款人信誉状况的原则，即"6C"原则，是指品质、能力、现金、抵押、环境和控制。其中，环境和控制主要和国家宏观政策有关，商业银行要密切关注国家出台的关于林业行业的政策，做出积极反应。在贷款申请阶段关键看前4个原则，如江西省崇义县农村信用合作社在贷款申请时，对于未开户者和劣质客户，一般不予受理。对借款人品质的判断可以根据以往的信用记录，只有确认借款人具有认真负责的态度，才能发放贷款。确认借款人具有申请贷款的资格和行使法律义务的能力，信贷员要用现金流量分析法确定借款人的现金状况，以确定其偿还贷款的能力。抵押是指借款人用于抵押的资产，在林权抵押贷款中要特别注意检查用于抵押的资源是否权属不清或存在一林多证、一证多用的情况，并拒绝给没有进行登记的林木、生态林或国家禁止抵押的林木等做抵押。

在进行个人贷款申请时，林农和利益相关方可以组成专业合作组织，这样可以减少林农抵押物价值损失的风险，从源头上控制风险。

2. 贷款审查

贷款审查是林权抵押过程中最重要的一个环节。分析哪些因素对贷款的违约率有重大影响，然后将这些具有重大影响力的因素进行着重审查。对公司法人客户的调查包括：审查借款人提交的有关资料和财务报表，并确定其真实性；对借款人进行实地调查，如市场前景、主业状况、公司治理、内部管理、生产经营和市场评价，还要注重对公司法人代表的综合素质、诚信程度、是否有清晰的发展思路和企业文化等非经济因素进行调查，因为这是决定其发展速度的重要因素；约见公司的财务负责人，详细了解借款人的情况和借款意向；实地确定抵押林木是否符合抵押资格，评估其价值，可以引入专业的评估机构，并进行监督。对个人客户的调查包括：个人稳定性，如年龄、婚姻状况和是否生育等；个人素质，如学历；个人社会地位，如职业、职务等；还款承受能力；实地确定抵押林木是否符合抵押资格，评估其价值，可以引入专业的评估机构，并进行监督，减少信用风险。

3. 贷款审批

贷款审批着重注意以下几点：一是审批贷款业务是否合法合规，主要调查用于抵押的林权是否合法，审批业务程序是否合规；二是还款来源是否稳定可靠，审查借款人的信用记录，确定贷款利率与时间；三是授信方案各基本要素是否合理，比如抵押率的确定等。根据法规规范审批程序，建立健全内部审批授权与转授权机制，实行分级审批，按照授权独立审批，在授权范围内按规定流程审批贷款，不得越权审批。在出具调查报告时，必须明确注明贷款的金额、使用期限、利率、用途、还款方式和抵押物价值评估等项目。全方位规避操作风险。

4. 签订协议

贷款协议是借款者与银行签订的约定双方权利和义务关系的合同。加强抵押贷款协议的规范管理，防范协议签订过程中的风险，对商业银行来说至关重要。抵押贷款协议除了包括一般抵押贷款协议的内容，如贷款金额"期限"用途的规定，利率及计息，提款条件、时间、手续，归还时间，担保等，还应注明诸如禁止把已经抵押的林权重复抵押，禁止在抵押期间转卖，确定合理的抵押率等。起草和签订抵押贷款协议由银行的法律专家进行。

5. 贷后管理

商业银行在贷后要跟踪检查，着重检查借款人贷款使用情况、资产管理情况等，及时发现问题贷款。信贷员通过实地检查借款人的财务信息，了解抵押林木的防火、防盗、防自然灾害等情况，及时向有关部门报告，认真进行贷款复核，在有条件的情况下可以引进外部检查。

积极探索贷后差异化管理，集中力量针对高风险客户、高风险环节、高风险时期，采取贷后管理措施。对于银行贷款超过一定规模的林业企业，经过双方协商，可选派有经验的银行工作人员到企业的财务、管理类岗位挂职工作，加深对企业的了解，增强银行与企业的互动双赢。另外，要在现有的基础上，重新设计信贷管理流程，进行动态改进，完善贷款流程。

(三)减少林权抵押贷款风险的政策建议

林权抵押贷款中的风险主要有信用风险、操作风险、抵押物价值保全风险、市场风险、流动性风险、政策风险等。金融机构可以在贷款源头上控制风险,如进行贷款申请时,寻找优质客户,鉴定抵押物的合法性等;在贷款审查时,注重森林资产评估,严格进行客户信用评价;在贷款审批时确定程序是否合法、合规、合理,减少操作风险;制定规范的抵押贷款协议,明确抵押条款;在贷后管理时,着重跟踪贷款使用情况以及借款者的经营情况,并进行反馈,优化贷款流程,把风险降到最小。

商业银行本身可以在流程上对林权抵押贷款的风险进行控制,但是由于外部因素的制约,风险控制受到了限制。又因为林业行业是受自然条件影响大、具有正外部性的行业,所以国家和行业也应出台相应的扶持政策,减少林权抵押贷款的风险,让林企、林农、商业银行三方得到发展。①尽快建立和完善个人信用体系,使得个人信用记录快速可查,减少信用风险。②为了避免因林权流转市场不成熟带来的市场风险,地方政府、林业部门、商业银行之间应建立工作联系机制,加快林权交易市场、收储中心等林权流转市场配套体系的建设,为林企、林农融资以及商业银行提供有效的市场保障。另外,还要适当放宽林木采伐管制,增强抵押物变现的能力。③建立和完善抵押贷款二级市场,深化资产证券化,减少流动性风险。④政府要积极探索、开展森林保险,建立灾害补偿机制,引导保险机构开展森林资源保险业务,并给以适当补贴,制定林木资产保险的合理保费标准和赔偿标准,积极探索多种险种,如森林火灾险、雨雪冰冻、台风、病虫害等险种,以分散金融机构信贷风险,推进政策性森林保险业务。

林权抵押贷款中的风险种类繁多,商业银行风险管理难度加大,所以要重视每笔贷款,从申请到还款,严格按照程序执行。行业和国家政策要努力降低商业银行提供林权抵押贷款的风险,从而有效化解商业银行的经营风险,解决林业信贷约束,促进集体林权的深化改革。

五、案例:广西国家储备林"统贷平台+林权抵押"融资模式

广西是全国最大的商品林生产基地,光、热、水、土等资源优势非常明显,木材生产和储备的潜力巨大。2012年广西被确定成为全国首批国家储备林基地建设试点省份之一,共承担国家储备林基地规划建设任务约2800万亩,占全国13.37%,项目总投资约为387亿元,融资需求280亿元。其中,先期实施的一期项目拟营造林750万亩,项目建设期投资125.66亿元,融资需求100亿元以上。为破解融资难题,广西国家储备林项目引入国家开发银行贷款,建立了"统贷统还、融资担保、契约管理、按期还款"的融资模式,首次突破了林业建设领域一直以来依靠财政资金的单一融资格局,为其他储备林项目的融资提供了重要借鉴。

(一)广西国家储备林基地建设融资困境分析

广西国家储备林项目在承接国家开发银行贷款过程中,面临银行贷款难对接、信贷产品难匹配、还款来源不稳定、信用结构难搭建等问题,阻滞了贷款落地。

1. 建设主体多,缺少统一承贷平台

广西全区建设任务2100万亩,涉及14个市、72个县、13个区直林场和2个国有企

业，覆盖区内29个连片特殊困难地区，用款主体多且实力较弱，不具备足够的自有资金（资本金），难以直接承接国家开发银行的贷款。因此，如何解决国家开发银行贷款的承接问题，是获取其贷款的首要问题。

2. 建设期限长，难以匹配信贷产品

树木成材，少则五六年，多则十几二十年，红锥、松杉等珍贵树种甚至要30年以上，导致国家储备林项目建设周期长，投资回报期更长。而现有的常规信贷产品的短融资期限与国家储备林项目的长投资回报期限错配，将加大国家储备林项目的融资成本，增加经营压力。

3. 树种搭配不合理，还款来源不够稳定

还款来源是国家开发银行考察项目预期偿债能力的重要指标，广西国家储备林项目现有林包括生态林和公益林，而且用材林也多为桉树等短周期树种，长周期树种较少，树种搭配不合理，难以形成稳定、持续的现金流入，导致项目还款来源不够稳定。

4. 担保资源有限，信用结构难以搭建

目前，国家储备林项目的抵押物主要是林木所有权和林木使用权，其抵押价值难以达到国家开发银行的贷款要求。而林地因处置不便，以及难以进行价值评估等原因无法作为贷款抵押物。另外，广西现行"低保额、低保费、保成本"的保险政策，公益林每亩保险金额为500元，商品林每亩保险金额为800元，保额低，保障水平差，保险品种单一，保险责任范围小，风险缓释效力低，保障水平达不到保林木资产价值的目标，难以满足国家开发银行对项目风险控制的要求。

(二) 广西国家储备林项目融资模式

为顺利承接国家开发银行的贷款，广西国家储备林项目通过整合多方资金、建设承贷平台、优化信贷产品、调整树种结构、完善信用结构，建立了"统贷统还、融资担保、契约管理、按期还款"的融资模式。

1. 整合多方资金，发挥财政撬动作用

广西国家储备林项目充分整合各项资金，发挥财政资金的撬动作用，推动国家储备林建设。一是统筹整合中央和地方财政营造林补贴资金，将中央基建及财政、地方配套资金中的营造林补贴资金以及森林防火、森林防灾、林业道路等相关补助资金整合统一，用于国家储备林建设；二是推动林业项目贴息机制改革创新，通过积极宣介，推动财政部、国家林业局出台《林业改革发展资金管理办法》（财农〔2016〕196号），明确提出造林项目贷款财政贴息年限由之前的5年调整为按照实际贷款期限贴息。广西国家储备林项目融资来源如图5.9所示。

2. 确立承贷平台，承接开发银行贷款

为解决广西国家储备林项目建设任务分布广、林场多、建设主体实力弱的问题，广西建立了"统一规划、统一审批、统贷统还"的贷款机制。由自治区直属国有独资大型林业企业广西林业集团作为统一承贷平台，负责管理并分配信贷资金，并统一向国家开发银行还本付息。而自治区直属林场及基地建设单位等国家储备林建设主体作为用款人使用贷款资金，并负责向借款人还本付息，如图5.10所示。

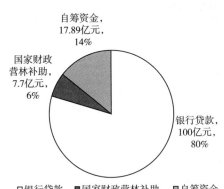

图 5.9　广西国家储备林项目融资结构

（资料来源：国家林业和草原局官网）

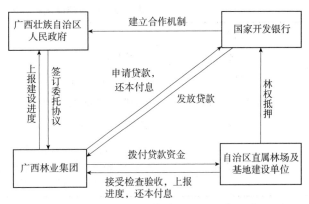

图 5.10　广西国家储备林基地建设项目融资流程图

（资料来源：秦涛等，2018）

3. 优化信贷产品，匹配项目建设周期

国家开发银行为广西国家储备林项目提供了匹配国家储备林建设周期的新型信贷产品，贷款期限长达 27 年，拥有基准利率及 8 年宽限期。一方面，解决了信贷资金与建设期限错配的问题；另一方面，8 年宽限期意味着国家储备林建设主体在建设期内无须还本，仅需付息，极大地减轻了建设主体的前期还款压力。

4. 调整树种结构，稳定项目还款来源

为解决项目树种搭配不合理导致还款现金流不稳定的问题，广西国家储备林项目根据不同树种、不同树龄，充分考虑各树种的生长特性和成材需要，通过对现有林进行改培，通过调整树种结构，实现"长短结合、以短养长、稳定还款"。广西国家储备林项目把生态林和用材林合理搭配，并将长周期的大径材、珍贵树种与短周期的用材林按一定比例规模进行搭配，长短结合，在纯林中套种乡土珍贵阔叶树种。同时利用巨大的林下空间发展林下经济，作为大径材培育的前期投入，实现以短养长。广西国家储备林项目以"长短结合"和"近自然经营"的模式，使储备林建设产生了更大的生态和经济效益。广西国家储备林一期项目还款资金来源为项目自由现金流，经测算，可通过木材采伐实现收益 226 亿元，能够有效覆盖贷款本息。

5. 搭建信用结构，完善风险保障措施

广西国家储备林项目创造性地构建了"风险准备金+林权抵押+林业保险"信用结构（表5.2），形成了多层次的风险保障体系，为储备林项目增信。

（1）建立项目风险准备金

风险准备金由自治区财政厅、借款人和用款人共同设立，由区直国有林场从其编入部门预算的经营收入中安排资金，在国家开发银行设立风险准备金专户，专户余额不低于累计贷款发放额的 6%，用以为偿债风险提供风险补偿。

（2）完善林权抵押机制

针对抵押物不足、担保资源有限的问题，广西林业厅与国家开发银行广西分行协商，最终放宽限制，除了林地使用权、林木所有权和林木使用权外，允许以商业用地和经济林等作为抵押资产，为贷款提供担保。由于广西国家储备林一期项目涉及 750 万亩林地，林地抵押情况复杂，国家开发银行为加快贷款发放进度，采用林地使用权动态抵押模式，即

表 5.2 广西国家储备林项目的贷款情况

贷款条件	贷款情况
借款人	广西林业集团
用款人	13家自治区直属林场和两家自治区国有林业企业
贷款额度和期限	中长期贷款100亿元，贷款期限27年(含宽限期8年)
还款来源	项目现金流(主要为木材采伐收入)
信用结构	①林权抵押担保，最大担保能力174亿元 ②风险准备金，能够有效覆盖贷款本息 ③林业综合保险，政策险、商业险全额覆盖贷款本息

资料来源：根据公开资料整理。

依据"成熟一批、抵押一批、放款一批"，利用流动贷款释放在押林权等方法，使林场及时获得信贷资金用于当季营造林生产。

(3) 实行林业综合保险

为解决广西森林保险保额低，保障水平差，保险品种单一，保险责任范围小等问题，广西国家储备林项目在投保政策性森林保险的基础上，探索以"组团保险"的方式购买商业综合险作为补充，并将国家开发银行指定为第一受益人，使保险金额能够覆盖贷款本息，满足国家开发银行的贷款要求。

(三) "广西模式"应用条件

广西的统贷模式是统贷平台在国家储备林项目中的首次应用，统贷模式一方面在一定程度上弥补了储备林建设用款主体普遍资信不足的问题，为其带来了整体信用优势；另一方面，该模式充分运用"以批发的方式解决零售问题"的方法，采用批发式、规范化的运作模式，在资金筹集、监督管理方面起到规模效应，有效降低了融资成本，提高了融资效率。但是，"广西模式"并不能解决所有国家储备林建设项目的融资难题，要想成功运用该模式必须具备以下条件：

1. 用款主体较少，层级关系简单

广西之所以成功实行统贷模式，统一申请贷款、统一管理、统一发放贷款、统一还本付息，是由于广西国家储备林建设一期项目贷款的用款人是13家自治区直属林场以及广西林业集团和广西华岭林业股份有限公司两家自治区国有林业企业，用款主体较少且层级关系简单，统贷模式较易实现，能够有效解决广西国家储备林项目融资面临的用款人实力弱、承贷主体不明确、信贷资金难获得的问题。

2. 现金流充足

广西国家储备林项目所承储的多为商品林，可以通过经营周期内的采伐收入形成项目现金流，保证还款来源。根据测算，广西国家储备林基地建设一期项目可通过木材采伐实现收益226亿元，项目现金流足以有效覆盖贷款本息，满足国家开发银行的贷款条件。

3. 有效的担保体系

国家开发银行为了控制信贷风险、降低不良贷款率，要求借款主体建立行之有效的信用担保结构。广西通过政府主导、市场运作，创造性地构建了"风险准备金+林权抵押+林业保险"风险防范机制。其中，风险准备金制度的设立为防范其他风险、确保按期还款提供了信用保障，是降低信贷风险的重要对策；国有林权抵押流转机制的建立，为项目贷款提供了担保；森林保险是分散、抵御抵押物灭失风险的重要手段，巩固和发展了储备林建设主体与国家开发银行之间的信用关系。广西将三者结合，形成了多层次的风险保障体系，有效降低了信贷风险，为储备林建设项目增信。

(四)"广西模式"推广策略

1. 融资担保结构有待改善

目前广西国家储备林项目的担保方式主要为林权抵押，林权具体表现在林地使用权、林木所有权和林木使用权，融资担保结构单一。应在后续推广过程中探索和尝试质押担保、信用担保等方式，为国家储备林项目提供更为稳健的融资信用结构。

2. 风险准备金利用效率有待提高

当前，项目借款人在贷款发放前均需提前缴纳贷款额度6%的风险准备金至专用账户，风险准备金存放当期不得随意使用，银行支付活期利息，借款人需负担5年期以上的借贷利息。目前，尚未出台关于风险准备金投资的有关规定，当期约1.2亿(现在贷款余额约20亿)和后期6亿的风险准备金(当贷款100亿时)存放在账户无法得到有效利用，其保值、增值和灵活使用的手段有待加强。

3. 贷款模式有待继续优化

广西90%的林地为集体林地，国家储备林建设一期项目只在自治区级国有单位实施，林地面积较为有限。而贷款需求强烈，拥有较多合法抵押物的市(县)级林场、造林公司(企业)、造林大户及合作社等却一直无法通过有效途径参与项目建设，造成合作项目整体进度偏慢。因此，广西统贷模式有待进一步优化，为市(县)级林场、造林公司(企业)、造林大户及合作社等提供贷款平台，满足其贷款需求，推进国家储备林项目建设。

第二节 林业贸易信贷融资模式

一、林业贸易信贷融资内在机理

随着林业产业化、集群化发展，林业产业化龙头企业迅速壮大起来，通过采取"公司+基地+林农"的经营模式，即林业产业化龙头企业通过与林农合作造林或基于订单林业的贸易信贷(又称商业信用)，可以将资金从金融机构传导到林农，从而缓解林农不能直接从金融机构贷款而面临的信贷约束问题。

基于订单林业的贸易信贷或合作造林实际上是一个商品交易和信贷交易的互联制度。订单林业不仅能将分散林农和林业技术服务、信贷服务等渠道有效地连接起来，还可把分散林农与有保障的、有利可图的产品市场联系起来。贸易信贷成为林农获得资金的一个重要来源，成为正规金融机构贷款的一种替代，其融资机理如图5.11所示。林业产业化龙头企业可以利用以往交易活动所捕获的信息，了解借款人信誉、生产经营能力、财产收入状况，通过提供技术服务、投入品及销售协议，降低林业生产经营失败的

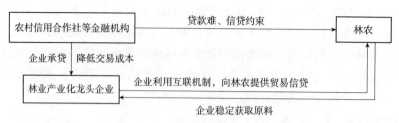

图 5.11 林业贸易信贷融资机理

可能性，进而降低借款人的信贷风险，直接从林产品收购款中扣除贷款，采取将来不再提供贷款的"动态威胁"来激励借款人还款。同时，林业龙头企业与林农签订订单，可以建立起稳定的原料来源。

从某种程度上讲，订单林业这种方式是一种抵押品替代机制的具体运用。林农将其林地上正在生长的林木作为抵押品，向林业产业化龙头企业做抵押（或实质上的反抵押），从而林农从林业产业化龙头企业获得了资本（实物或货币形式）；林业产业化龙头企业以其自身的资产作为抵押向银行贷款，同时从林农处获取了原材料的远期交易合同。

二、林业贸易信贷融资动力机制

林业产业化龙头企业与林农之间发生贸易信贷是基于双方有合作的需要，一方面，企业为了保障原料供给，降低零散采购的成本与风险，节省自建基地的经营管护成本；另一方面，林农为了获得造林资金，增强抵御风险的能力。林业产业化龙头企业和林农双方优势互补、贸易信贷的作用及林业部门和相关机构的积极参与则是信贷合约得以达成的条件。林业贸易信贷融资发生原因与合作机理如图 5.12 所示：

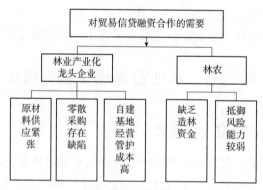

图 5.12 林业贸易信贷融资发生原因与合作机理

（一）林业产业化龙头企业贸易信贷合作需求分析

1. 原材料供应紧张

由于林木生产的长期性，在一段时期内，一个地区的木材蓄积量是一定的，可供采伐的木材是有限的，因此，需求的急剧增加使得原料市场上出现了供不应求的局面，仅靠本地的原料供给已经难以满足林业加工企业的需要。

2. 市场零散采购存在缺陷

依据林业产业化龙头企业以往的采购方式，林业产业化龙头企业与林农之间通常只存在口头协议，林农有采伐下来的木材就可以与企业联系，由林农负责将木材运到企业，货到付款。为了保证随时都有足够的木材供应量，林业产业化龙头企业通常会同时跟上千个分散的林农保持联系，这样的零散采购方式使得交易成本大大增加。同时，交易存在较大的不稳定性，在市场非常紧俏的情况下，林农可能将约定好的木材转卖给出价更高的企业，也可能因为自然原因使得木材被滞压在山场上，造成林业产业化龙头企业无法及时获得原料，影响正常生产。

3. 自建基地经营管护成本高

林业产业化龙头企业如果通过直接承包山地，建立自有原料基地方式来供应原材料，必须自己承担与造林相关的一切日常管护工作和具体的生产经营工作。如果雇用附近林农负责管护，则企业需要为此支付一笔护林费。而且在造林过程中，还存在开设采伐便道等可能涉及周边林农利益的问题，若由林业产业化龙头企业自己出面解决，很可能要付出较大的协商成本，处理不当还会引发与林农之间的纠纷。

(二) 林农贸易信贷合作需求分析

1. 林农缺乏造林资金

由于林木产品本身固有的特性，前期生产投入非常大。林农通过分派责任山、承包等方式获得林地，少则二三十亩，多则上百亩，大多数林农难以支付全部造林费用。由于农村金融市场存在信息不对称抵、抵押物缺乏、物质性成本与风险、非生产性借贷4个基本问题，林农在向正规金融机构贷款时面临着严重的信贷约束。在林权改革过程中，林业部门协同金融机构积极开展了以林权证作为抵押进行贷款的林业信贷创新，但开办至今，在缓解林农信贷约束上收效甚微。因此，为了解决资金难题，由正规金融机构转向求助于非正规金融机构，通过与资金实力相对较强的林业产业化龙头企业进行合作来获得直接信贷支持是林农在当前情况下的最佳选择。

2. 林农抵御风险能力较弱

林业生产的长期性和高风险性。如江西、福建一带的林区，除了竹林外，主要种植的树种为杉木和松木，杉木和松木的生长周期都很长，间伐期往往要二三年，主伐期则需要二三十年；在生长过程中，这些树木又常常伴随着不可抗风险的存在，如森林火灾、病虫鼠害和乱砍滥伐这林业"三害"。仅凭林农单家独户的力量，根本无法有效地进行风险防范，而当风险发生后，林农也难以通过法律或经济手段来获得一定的补偿。

3. 森林保险难以开展

尽管永安林业服务中心的有关负责人多次与保险公司协商，希望其能够为抵押的森林资产提供保险，以降低林权抵押贷款实施的风险、促进林业信贷业务的开展，但保险公司在开办森林保险的问题上仍十分谨慎。保险公司对于保险标的的要求非常严格，并将费率定在0.7%~0.9%，这对于存在资金困难的林农来说无疑又增加了一笔贷款成本。在林业部门的多次努力下，保险公司提出了全市统保，但是这在已经分山到户的情况下是很难操作的。最终，原先设想开办的森林保险业务无法实施。这不仅使开展林权抵押贷款显得更加步履维艰，也使得林农无法获得抵御风险和弥补损失的有效手段，只有通过与林业产业化龙头企业建立合作关系，利用企业在资金、技术和管理上的优势来分担风险。

因此，林业产业化龙头企业与林农之间的贸易信贷融资是出于双方的需求，而同时双方在达成贸易信贷合约方面具备充分的条件。其次，林农具备育林、地域及协商优势。林农拥有多年的育林经验及地域上的便利性，企业通过与林农合作的方式将日常管护和生产经营工作都转移给了林农，大幅度减少了护林防火、现场施工管理等工作量；同时，由于林农之间存在较为亲近的血缘关系或地缘关系，相互之间的协商成本较低，由林农协调处理开设采伐便道等可能涉及周边林农利益的问题也大大降低了企业的协商成本，避免了协商不成所引发的恶性纠纷。

正是由于林业产业化龙头企业与林农间的优势互补，使得双方的需要都得到了相应的满足，在此基础上的信贷合作将林业产业化龙头企业所拥有的资金、技术、管理优势与林农所拥有的育林、地域、协商优势相整合，实现了林业生产要素的最佳组合（图 5.13）。这不仅使企业保障了所需原料的数量和质量，也使林农满足了生产资金的需求，而且使山林资源得到了充分的开发和利用，实现了共赢。

图 5.13　林业产业化龙头企业和林农优势互补组合图

三、林业贸易信贷融资的发展策略

（一）加大对林业产业化龙头企业信贷支持，推动贸易融资顺利开展

林业贸易信贷融资的前提条件是林业产业化龙头企业资金充足，如果林业产业化龙头企业自身的资金紧缺，即使企业对原料的需求再迫切，也没有能力通过贸易信贷方式从林农处获取原料，或者仅能对小部分林农提供小额的贸易信贷。因此，为了促使林业产业化龙头企业进行信贷供给，并扩大供给的规模和覆盖面，金融机构应对林业产业化龙头企业本身进行信贷支持，缓解企业的信贷约束，才能通过企业使金融机构的信贷资金以贸易信贷方式传导到林农手中，实现正规金融机构与非正规金融机构的有效连接，克服正规金融机构直接面向林农的诸多困难，真正解决林农的融资难题。

（二）加强履约机制建设，保证林农利益

在任何交易中，由于合约双方的疏忽、规范合约条款的高成本、信息不对称性及专用性投资的存在，合约往往是不完全的。尤其是林产品交易合约，由于林业生产过程的特殊性、林产品市场的波动性、合约双方的信息不对称等原因，有限理性人事先难以考虑到所有可能发生的事件，因而，一旦在实际执行中出现合约未规范到的内容，合约中的一方就可能采取机会主义行为而损害他方利益。

在林业产业化龙头企业与林农进行贸易信贷融资的过程中，由于受原料生长周期的限制，借款期限一般在 5 年以上，而合约中却没有预先约定林产品的收购价格，只注明以市场价收购,林农的收益得不到稳定的保障,林业产业化龙头企业可以在合约事先留下的"公共空间"内任意压低产品的收购价格或延迟付款。即使事先约定了价格,由于合约的不完全性,当市场价格低于合约价格时,林业产业化龙头企业也总能为其机会主义行为找到依据。而林农若想利用合同外销售作为对抗企业压价的威胁,必须先获得林木的采伐权。可见,在林业贸易信贷合约中,一系列履约机制(如第三方的参与)主要是约束了林农的行为,而对林业产业化龙头企业违约及刻意损害林农利益的行为难以形成有力的制约。同样,合约也未对如何应对森林灾害及如何分担损失进行明确的规定。由于林业产业化龙头企业不负责林木的具体经营管护,加上森林保险迟迟未能开展,一旦发生森林灾害,林业产业化龙头企业很可能将全部责任推给林农。因此,要想增加林业产业化龙头企业向林农提供贸易信贷的数量、通过贸易信贷方式缓解林农的信贷约束,应该鼓励林业产业化龙头企业通过多种形式的"订单林业"与林农结成紧密的契约关系,从而一方面带动林农致富,另一方面也保障林业产业化龙头企业自身的原料供应。政府和林业主管部门应在林业产业化龙头企业与林农之间做好"媒人",为双方牵线搭桥,同时也监督双方切实履行契约。

(三)积极发展各类林业合作组织

使这些组织能真正发挥林业产业化龙头企业与林农间的纽带作用,促成双方的产品交易和信贷交易。江西、福建等地在林权改革过程中已经出现了不少合作林场、协会等林业合作组织,但规模都较小,所囊括的成员也较少。因此,在进一步的改革中,应加大对这些组织的扶持力度,鼓励林业产业化龙头企业以"企业+合作组织+林农"的方式带动更多的林农。

第三节 林业合作组织信贷融资模式

一、林业合作组织的融资作用机制

随着林业产业化、集群化发展,林业合作组织也迅速壮大起来,林业合作组织能将分散林农和林业技术服务、信贷服务等渠道有效的连接起来。林业合作组织贸易信贷成为林农获得资金的一个重要来源,成为正规金融机构贷款的一种替代,其作用机理如图 5.14 所示。分散的林农直接从金融机构获得信贷融资的难度较大,可以利用与林业合作组织的互联机制,发挥集体效应,比较容易获得基于林业贸易的信贷借款。而林业合作组织可以直接从金融机构获得资金,作为金融机构与林农之间的信贷桥梁,降低交易成本,促成信贷融通。

生产要素主要包括:劳动力、林地、资金、管理能力、社会资本、信息及技术等。当用材林产业链中某主体受到生产要素的制约时,则会对这种要素产生强烈需求,他们可以

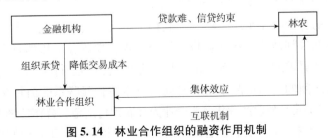

图 5.14 林业合作组织的融资作用机制

通过市场、政府公共服务等途径获得所需生产要素，称为"需求——外部供给"。但有时这种生产要素在市场或政府的公共服务中无法获得，或成本太高，此时主体可能会采取合作的方式来获得这种生产要素，则称这种行为是"需求——自我供给"。

对生产要素的"需求——自我供给"是自发性合作组织产生的必要条件。也就是说这种组织的成立，必然存在某种生产要素的"需求——自我供给"关系。

而林业合作组织就是这个自我供给的主体。林农将其林地上正在生长的林木作为抵押品，向林业合作组织做抵押，从而林农从林业合作组织获得了资本；而林业合作组织以其自身的资产作为抵押向银行贷款，然后向信用度较高的林农放贷。

二、林业合作组织的贸易信贷运作模式

林业合作组织的主体是林农，因此，熟知组织内成员的具体情况，同时作为林农自发成立的组织，它又是可以信赖的集体。如果让林业合作组织成为金融机构与林农之间的中介，可以把林农组织起来，提高林农与金融机构谈判的相对地位，将有利于解决林农贷款难的问题。

当林业合作组织的成员需要资金时，先由资金需求者向林业合作组织提出申请，然后由林业合作组织相关职能部门对申请林农的入股份额和信用情况进行审查，通过审查的林农再由林业合作组织为其向当地合作银行申请放大性的担保贷款，以此提升林农与银行在谈判中的地位，以便成功获得银行贷款。如果林农到期无法还贷，则由林业合作组织用"入股份额"代偿，并承担相应的责任和风险。对不能按时还贷的林农将按照林业合作组织的组织章程进行处罚，目的是促使每个林农维护集群的声誉。

（一）林业合作组织成为金融机构与成员的中介

正规而有信誉的林业合作组织能够成为金融机构与成员在接待业务上的中介。"正规"是指已正式登记或注册的经济合作组织。金融机构受理单个林农的贷款申请时，要对其进行审核，考虑到监督贷款人生产和还贷等的高额成本，林农申请贷款的成功率较低。

这样，林业合作组织成为金融机构和林农之间的一个中介，把林农组织起来，提高林农与金融机构谈判的相对地位，有利于解决林农贷款难的问题。合作经济组织作为一种组织，具有一种组织信誉，这种组织信誉可以作为一种信用，向金融机构融资。如果林业合作组织在当地信誉好，并且金融机构对于该组织成员进行借贷的各项成本相对降低，金融机构就更愿意贷款给合作组织的成员。同样，金融机构为信誉好、正规的合作组织提供贷款，其风险相对单个林农来说要低得多，因此以合作组织的名义更容易申请到贷款。

（二）林业合作组织有利于拓展各种渠道的信贷业务

未登记或注册的林业合作组织虽然不能获得金融机构贷款的优先考虑，但他们提高了林农的组织化程度和谈判地位，在商业贷款等非正式贷款业务上依然具有优势。林业合作组织有利于拓展各种渠道的信贷业务，下面以商业信贷为例进行说明。商业信贷是指发生在放贷人和借款人之间的、与产品市场交易同时发生并相互联系的信贷交易。

商业信贷的主要形式是林业产业化龙头企业为林农预付定金、合作造林及垫付资金等。由于部分林业合作组织还未正式注册，不容易申请到金融机构贷款。于是他们更加注重与林业产

业化龙头企业开展商业信贷的合作。林业合作组织开展商业信贷时也有一些前提。首先，必须是在产品供不应求的情况之下，为了满足自身对原材料的需求，林业产业化龙头企业才会愿意垫付资金；其次，林业合作组织和林业产业化龙头企业都必须具有较高的信誉度。

(三)林业合作组织为成员提供信贷担保

金融机构受理单个林农贷款申请时，要对其进行审核，同时考虑到监督贷款人生产和还贷等成本，贷款申请成功率较低。由于林业合作组织对成员信息较熟悉，降低了因信息不对称所引起的"逆向选择"问题，同时，林业合作组织可以对贷款人的生产经营活动进行有效的监督，有助于防范"道德风险"的发生。出于对林业合作组织的信任，金融机构在贷款人的筛选、贷款用途的审查及还贷实施上的成本大大降低。发展状况较好的林业合作组织为成员提供信贷担保，有利于降低金融机构的信贷风险，从而增加成员申请贷款的成功率。林业合作组织发挥这一作用，受到其自身规模、发展状况及成员出资额的限制。只有规模较大、经营能力较强的林业合作组织才会受到金融机构的青睐。

三、林业合作组织的贸易信贷优势

(一)解决信息不对称性

与正规金融机构的信贷相比，林业合作组织对林农的信贷供给建立在林木产品交易的基础上，因而利用原有产品交易所提供的信息，林业合作组织能够很容易地获悉借款人的风险偏好、信誉表现，降低因信息不对称所引起的"逆向选择"问题。

(二)降低与借款人之间的交易成本

由于林业贸易信贷具有的信息优势，与正规金融机构相比，林业合作组织在借款人的筛选、借款用途的限制以及借款偿还的实施上，都具有明显的成本优势，可在固定的较小范围内进行资金信贷，信息不对称风险降低到最低限，解决了正规金融机构面向林农借款时进行贷款前调查、贷中审查和贷后检查而造成的交易成本过高问题。

(三)存在潜在的还款激励

为提高林农生产积极性并防止林农进行合同外销售，林业产业化龙头企业往往对超额完成约定交易量的林农给予一定的现金奖励。而林农若是出现违约行为，林业产业化龙头企业除了要求其按合约条款进行相应的赔偿外，以后不会再与该林农进行任何方面的合作。出于"声誉机制"的作用及林农对与林业产业化龙头企业长久合作关系重要性的认识，林业产业化龙头企业提出以后不再与之交易的威胁将会对林农当期行为产生较大约束作用。相对于正规金融机构只能依靠法律手段保证贷款的偿还来说，林业贸易信贷通过与经济利益挂钩的还贷激励能对林农产生更有效的约束作用。

(四)利用正规金融机构的资金

由于大型林业合作组织所面临的信贷约束较小，林业合作组织可通过贸易信贷的形式将其从正规金融机构获得的贷款转带给林农，这样既发挥了正规金融机构由规模经济产生的成本优势，又发挥了非正规金融机构的信息优势，促成二者的有效连接进而缓解林农的信贷约束问题。

运用林业合作组织的发展对林业融资的作用主要表现在：一是利用本土化的组织资源作为抵押品替代机制，通过组建林业合作组织及有关林业专业协会，可以为金融机构对林农进行信用评级提供服务，金融机构也可以对林业合作组织统一授信（不是针对单个林农授信），而金融机构对合作组织的统一授信，可以促使成员之间相互督促与相互帮助，从而降低信用风险。另外，金融机构通过林业合作组织放款时，可以利用林业合作组织对成员的信息优势，节约交易成本。二是通过组建林业合作组织筹集互助性权益融资，如建立股份合作林场、家庭林场，可比单户林农筹集更多的资金。

因此，林业合作组织可以有效地解决林农信贷约束，由于资金、技术和管理方面具备优势，可以较易通过资产抵押从正规金融机构获得信贷支持。另外，林业合作组织也拥有其他的融资途径，如由股东私人筹资、民间筹资或上市融资等。因此，在替代正规金融机构向林农提供信贷的问题上，林业合作组织几乎不存在什么资金上的困难。由于林产品生产的长期性和高风险性，需要在生产过程中加大技术投入、加强生产管理，才能更好地防范风险，减少无谓损失。通过合作造林，由林业合作组织负责良种选择、造林设计、采伐规划，充分发挥其技术、管理优势，能帮助林农有效地减低风险。

发展林业合作组织，可以有效地解决小生产与大市场连接的交易费用大和风险成本高的问题，对于进一步巩固和发展集体林权制度改革的成果将产生重要作用。另外，发展林业合作组织，是推进适度规模经营、发展现代林业的重要手段。林业生产周期长，适度规模经营有利于按照自然规律和经济规律，实现良性循环。发展林业合作组织，有利于突破家庭小规模、分散的经营格局，发挥规模经营的优势，推进林业标准化、产业化、信息化、生态化发展，提高林业劳动生产率和林地产出率；有利于发展林产品加工流通业，带动林业产业结构调整，加快现代林业发展进程。

本章小结

我国林业产业长期受到资金不足的制约，而林权抵押贷款、林业贸易信贷、林业合作组织信贷等融资模式有效、缓解了林业产业的融资困境，都能在较大程度上解决信息不对称、降低交易成本、利用正规金融、提高还款动力等。但这些模式仍存在诸多缺陷以待解决。其中，林权抵押贷款的主要模式有林权证直接抵押贷款、林权反担保抵押贷款、林农小额循环贷款、合作组织等联保贷款、生态公益林补偿收益权质押贷款等模式。但这些模式在实践中存在各种问题，一方面，信贷风险较大而导致金融机构的积极性不高；另一方面，融资成本过高而导致林业经营者贷款意愿不强，并且金融信贷产品设置与林业生产经营特点不匹配。解决问题的路径包括创新林业金融信贷产品从而完善林业信贷服务体系，培育农村小额信贷组织从而扩大林权抵押贷款渠道，加快林业信用体系建设从而提升借款主体信用水平，建立林业贷款担保机制以确保林业信贷资金安全，探索林业信贷风险补偿机制与项目资本金制度，以及建立林业贷款保险机制以防范化解信贷风险。推进林业贸易信贷融资的主要途径有加大对林业企业信贷支持，加强履约机制建设，积极发展各类林业合作组织。林业合作组织可以成为金融机构与林农的中介，为林农提供担保服务，有利于拓展信贷服务，较大程度地解决信息不对称问题、降低交易成本、提高还款激励、有效利用正规金融机构的资金。

第六章 林业债券

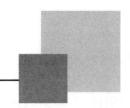

地方政府专项债券是近年来国家大力倡导的地方政府融资方式,在稳投资、扩内需、补短板等方面发挥着积极作用,同时也是规范引导地方政府隐性债务显性化、防范化解地方政府债务风险的重要政策工具。2015年以来,地方政府专项债券新增限额逐年扩大,从2015年的1000亿元上升到2019年的2.15万亿元,2020年的新增限额达到3.75万亿元。在当前经济面临较大下行风险的背景下,加快地方政府专项债券的发行将有利于进一步稳定基建投资,发挥基建托底经济增长的作用,同时缓解地方资金压力,保障重点项目资金需求,从而提升财政政策的实行效率,保障林业和草原重大项目的提质增效。

本章重点介绍地方政府专项债券的基本特点、主要内容、支持的领域和范围、项目遴选标准与要求、运作程序、申报流程、使用规范等,并对3个林业及生态保护领域典型案例进行了分析。

第一节 地方政府专项债券

一、地方政府专项债券的特点与主要内容

(一)基本特点

地方政府专项债券是指省、自治区、直辖市政府(含经省级政府批准自办债券发行的计划单列市政府)为有一定收益的公益性项目发行的、约定一定期限内以公益性项目对应的政府性基金或专项收入来还本付息的政府债券。

前提:所申请项目必须为政府公益类项目;

要求:封闭运营,专款专用;

核心:融资与收益自求平衡;

关键:自下而上的项目遴选;

责任:以项目自身收益偿还债券本息;

趋势:支持领域更加广泛。

(二)主要内容

1. 债券规模

地方政府专项债券的发行规模严格执行法定限额管理,地方政府专项债务余额不得超

过专项债务限额。各地试点分类发行专项债券的规模,应当在国务院批准的本地区专项债务限额内统筹安排,包括当年新增专项债务限额、上年末专项债务余额低于限额的部分。

2. 债券项目

分类发行项目收益专项债券筹集资金建设的项目,应当能够产生持续稳定、反映为政府性基金收入或专项收入的现金流,且现金流应当能够覆盖专项债券进行还本付息。

3. 债券发行

项目收益专项债券应严格对应项目发行,可以对应单一项目发行,也可以对应同一地区多个项目集中发行,具体由省级财政部门确定。债券发行要严格执行专项债券项目合规性审核和风险把控。

地方债券的发行市场包括银行间债券市场与交易所债券市场。其发行方式包括公开发行(包括公开招标和公开承销)和定向承销发行。其中,公开发行类单一期次债券发行额在 5 亿元以上的须通过招标方式发行;定向承销发行类仅在银行间市场进行发行,且暂不可在银行间债券市场和交易所债券市场进行现券交易。

地方政府专项债券的期限为 1 年、2 年、3 年、5 年、7 年、10 年、15 年和 20 年,最长可达 30 年,期限结构比较丰富。

4. 信息披露

地方政府应当及时披露项目收益专项债券及其项目信息,包括专项债券对应的项目概况、项目预期收益和融资平衡方案、专项债券规模和期限、发行计划安排、还本付息等信息,以及项目进度、专项债券资金使用情况等信息。

对于发行期限比较长的项目收益专项债券,后续的项目进度、资金使用情况等信息也需要及时披露;对于分期发行的,还需要有跟踪评级报告。

项目收益专项债券除第三方机构对整个项目建设进行投资概算外,还要求对整个项目的收益进行测算,并且需要在信息披露文件中及时披露。

5. 偿债责任

项目收益专项债券对应的项目取得的政府性基金或专项收入,应当按照该项目对应的专项债券余额统筹安排资金,专门用于偿还到期债券本金,不得通过其他项目对应的项目收益偿还该到期债券本金。如果项目取得的政府性基金收入或专项收入暂时难以实现,不能偿还到期债券本金时,可在专项债务限额内发行相关专项债券进行周转偿还,项目收入实现后予以归还。

6. 支出绩效管理

根据财政部《项目支出绩效评价管理办法》(财预〔2020〕10 号)要求,地方政府专项债券应建立科学、合理的项目支出绩效评价管理体系,提高财政资源的配置效率和使用效益。

二、地方政府专项债券支持的领域和范围

(一)重点支持领域与范围

地方政府专项债券主要支持领域和范围包括:交通基础设施、能源、农林水利、生态

环保、社会事业、城乡冷链等物流基础设施以及市政和产业园区基础设施7大领域。2020年扩大了地方政府专项债券的使用范围,增加了国家重大战略项目、城镇老旧小区改造领域、应急医疗救治、公共卫生、职业教育、城市供热供气等市政设施项目,5G网络、数据中心、人工智能、物联网等新型基础设施建设。

地方政府专项债券对林草行业的重点支持领域包括但不限于：促进"一带一路"建设、京津冀协同发展和长江经济带发展的重大生态保护项目；围绕打好精准脱贫攻坚战的林草生态扶贫项目；围绕国土绿化、天然林资源保护、国家储备林建设、国家公园、森林公园、国有林区和国有林场基础设施、重点防护林体系建设、乡村振兴战略工程、自然灾害防治体系建设工程、农业农村基础设施建设项目、森林旅游与休闲等重点工程；其他已纳入规划的林业重大工程项目。

(二)不可使用领域与范围

(1)偿还债务。

(2)非公益性项目。

(3)非资本性项目。

(4)经常性支出：工资、补贴等。

(5)无收益或收益不足以覆盖债券还本付息的项目。

(6)企业投资的产业项目。

三、地方政府专项债券项目遴选标准与要求

(一)发行条件

(1)优先安排在建项目。新建项目已取得相关主管部门批复,如立项、可研、环评等,基本具备施工条件,且已纳入财政债券项目库中。

(2)项目资本金比例符合国家固定资产投资项目资本金比例要求。

(3)项目融资不存在违规增加地方政府隐性债务的情况。

(二)发行要求

(1)满足项目收益与融资自求平衡原则,确保项目收益能够覆盖债券本息,如果项目已有其他融资,应明确原有融资和新增债券的偿还责任。

(2)由第三方专业机构出具信用评级报告、财务评估报告、法律意见书。

(3)按信息公开有关规定,在网站上及时、准确地披露项目实施方案、建设进度与运营情况、债券资金使用与偿还情况、债券项目收益及对应资产情况等。

四、地方政府专项债券运作程序与申报流程

(一)总体运作程序

1. 申请加入储备项目库

项目单位首先应确定国家宏观政策、部门和行业发展规划中需要债券资金支持且满足专项债券发行条件和要求的具体项目,并向当地财政部门提交项目申报意向书及相关支持材料,包括：项目可研报告、项目可研批复、环评文件、规划文件、土地文件、施工许可

证等。

地方财政部门一般会于每年的9月底前向省级财政部门提交下一年度项目计划及债券需求，省级财政部门会结合中期财政规划、预算安排、债务限额、债务风险、地方财力承受能力等因素对各单位填报的项目开展分年度筛选、审核与排序，及时剔除不符合规定的项目，并根据项目实现融资与收益平衡的时限，提出发行期限建议，在债券资金需求集中申报时按需上报。

2. 申请加入待发行项目库

在储备项目库经过筛选后，可直接用于发行的项目纳入待发行项目库，标志着该项目已进入债券发行准备环节。在此环节，项目单位应及时引入第三方机构开展评估。同时，出具并提交专项债券的项目实施方案、财务评估报告、法律意见书等材料（一案两书），还应相应编制债券还款计划、债券或项目管理办法等。

各级财政部门按照当年政策重点支持方向、债务限额等要求，开展自下而上的筛选，最终入选项目将会纳入当年财政预算及债券资金安排，并经人大审议批准。

3. 专项债发行与成熟项目库

债券前期准备完成后，依据当年新增的专项债限额，确定该项目纳入当年的发行计划，并在发行窗口期，由省财政厅统一安排发行，发行完成后转贷给市县级政府。具体发行程序参见图6.1。

所有使用债券资金的项目将被纳入成熟项目库。目前，财政部已建设了全国统一的中国地方政府债券信息公开平台（www.celma.org.cn），由地方政府定期公开债务限额、余额以及债券发行、存续期管理、经济财政状况等信息，形成地方政府债务统计数据库。

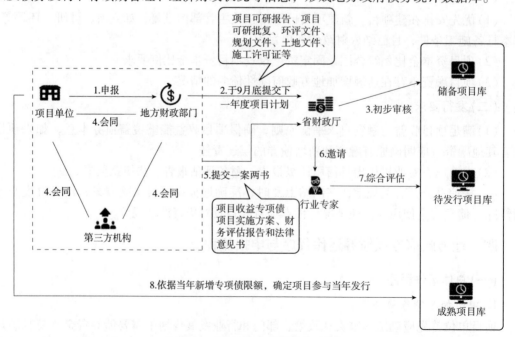

图 6.1　地方政府专项债券发行程序

（资料来源：根据公开资料整理）

4. 专项债项目对外披露材料

地方政府专项债项目正式发行后,需要对外披露的材料包括:项目实施方案、财务评估报告、法律意见书、募投项目情况表、信用评级报告、项目信息披露表、信息披露文件等。

(二)项目单位申报流程

1. 项目发起

项目单位对拟申报项目开展前期调研工作,确认项目符合国家政策及相关行业规定,满足专项债发行条件和要求,并在此基础上开展项目可行性分析、编制《项目可行性报告》。

2. 项目申报

将申报项目意向及计划书提交本级财政主管部门审阅,本级财政主管部门按照相关政策和规范性文件,结合政府实际资金需求,遴选符合要求的项目,其中有立项、可研及批复、土地预审、规划选址、环评报告、"四证一书"(《国有土地使用证》《建设用地规划许可证》《建设工程规划许可证》和《建设工程施工许可证》)等要件的项目优先考虑。

3. 项目准备

地方政府或有关主管部门可作为项目实施机构,负责项目前期准备工作,包括项目管理职能的划分及第三方服务机构的引入等。

(1)精准谋划

按照地方政府专项债重点支持领域,结合当地的实际情况,在立项前应着重考虑资金筹措中地方政府专项债对项目的资金来源及收益要求,尤其是结合预算内投资的地方配套部分,能够产生收益的项目可争取地方政府专项债支持。

(2)咨询机构早参与

引入第三方服务机构提早介入项目,对项目策划、融资方案、风险管理、可持续发展等方面,提供包括决策、准备、实施、运营在内的专业咨询服务。

(3)金融机构早参与

中央明确指出金融机构可以对符合要求的地方政府专项债项目进行配套融资。引导金融机构提前介入地方政府专项债项目策划,灵活运用信贷产品,结合项目特点提供有针对性的金融服务。

4. 方案编制

根据地方政府专项债相关管理规定及债券市场要求,项目单位自行或者聘请第三方专业机构编制地方政府专项债项目实施方案,对债券发行的可行性进行充分论证。项目实施方案涵盖以下基本内容:一是项目背景;二是项目情况介绍(包括项目建设内容及规模、实施期限及实施单位、投资估算和项目推进等情况);三是实施方案编制依据;四是项目建设的必要性和可行性;五是项目投资估算及资金筹措计划;六是项目预期收益分析;七是收益与融资自求平衡分析;八是专项债券发行方案;九是新信息披露计划;十是项目效益分析;十一是潜在风险分析;十二是主管部门责任。

5. 方案评估

方案编制完成后,须将方案提请会计师事务所及律师事务所等合法专业机构对实施方案的合法、合理、合规性开展专业评估,并出具项目实施方案的《财务评估报告》及《法律意见书》。

6. 方案报送

本级财政部门会同项目单位将地方政府专项债项目实施方案、财务评估报告和法律意见书等文件汇总报送同级人民政府，同级人民政府再将审核批准的实施方案及第三方评估意见报送省财政厅。

五、地方政府专项债资金使用规范

（一）资金使用规范

地方政府专项债在使用过程中应保证项目必须具有公益性；严格按照债券发行信息披露文件约定的用途使用；专款专用，不得挪用；保证资金支付进度。具体要求如下：

（1）公益性项目是指为满足社会公共需要，不以营利为目的，面向会使社会、大众受益的政府投资项目，不包括企业投资的市场化产业项目。资本性支出是指可以形成固定资产、递延资产或可以准确计量的无形资产的支出，会计账务处理中该支出受益期限应超过一年或一个营业周期，通过计入资产账户实现支出资本化。

（2）应当严格按照债券发行信息披露文件约定的用途使用。债券发行后调整用途的，要按照规定程序和市场规则，报省级人民政府批准后办理，涉及预算调整的，按程序报省级人大常委会批准。

（3）地方政府专项债的收入、支出、还本、付息、发行费用等纳入政府性基金预算管理，债券资金只能用于公益性资本支出，任何单位和个人不得截留、挤占和挪用。

（4）在依法合规、确保工程质量安全的前提下，要加快债券资金的支出进度，尽早安排使用、形成实物工作量，推动在建项目早见成效。原则上，券债发行后1个月内全部拨付到项目上，允许有条件的项目在债券发行完成前，先行调度库款加快建设进度，债券发行后及时归垫。

（二）债务偿还要求

（1）地方政府专项债以对应的政府性基金或专项收入偿还。

（2）地方政府专项债还本、付息以及费用支出应当根据当年到期专项债的规模、利率、费率、对应专项收入等因素合理预计，妥善安排，列入年度政府性基金预算，统筹安排。

（3）使用债券资金的省级单位应当建立单位还本付息台账，健全偿债保障机制。每年按国库相关规定，足额上缴当年的地方政府专项债利息和实际发生的发行费用，同时在当年部门预算中予以反映。市（县）财政及有关部门应当做好债券还本付息的预算及账务处理工作，并在两级结算中扣除。

第二节 典型案例

一、案例一：青海省林业生态专项债（一期）

（一）项目基本情况

青海省湟水规模化林场占地面积357万亩，计划建设期为8年，完成人工造林238万亩，森林抚育282万亩，退化林分修复38万亩，未来将建成"一带、两屏、二区、多节点"的总体生态安全格局。根据该项目在中国债券信息网发布的信息披露文件可知,青海省湟水规模化林场建设项目(一期)包括营造人工林和苗圃基地建设两大部分。营造人工林地点位于西宁市湟源县和海东市平安区、互助县3个区(县)的湟水规模化宜林地内,人工造林面积5万亩;苗圃基地建设地点位于湟水规模化林场范围内的原国有苗圃,共13个。

该项目总投资12 500万元,包括营造人工林工程投资10 000万元,苗圃基地建设投资2500万元。该资金主要来源于项目资本金和地方政府专项债资金,其中项目资本金2500万元,占总投资的20%,来源为实施单位申请的中央及省级专项资金;申请地方政府专项债融资性资金10 000万元,占总投资的80%。

(二)项目建设的可行性和必要性

(1)可行性

首先,林业生态建设机制体制创新模式有利于项目实施;其次,国家及青海省政府高度重视林业生态建设,保障了项目的实施;最后,专项债融资模式缓解了项目融资困难,保障了项目的顺利实施。

(2)必要性

首先,项目的实施是生态建设的需要;其次,项目的实施是实现绿色发展的需要;再次,项目的实施是全面建成小康社会的需要;最后,项目的实施是生态文明建设的需要。

(三)项目投资估算及资金筹措计划

本项目的投资估算按照国家发改委批准的《投资项目可行性研究指南》和《建设项目经济评价方法与参数》(第三版)的规定编写,是经过多方面的比较,在参照同行业有关投资指标后确定的最佳方案。

青海省林业生态专项债(一期)——2019年青海省政府专项债(四期)发行金额1亿元,期限7年,按年付息,发行利率为地方债基准利率3.44%。该专项债还本付息来源于项目收益,债务风险也锁定在项目内,并按照市场规则及时向投资者披露项目信息。此债将重点用于青海省湟水规模化林场建设。发行后可按规定在全国银行间债券市场和证券交易所债券市场上流通,债券到期后一次性偿还本金,利息按年支付。

(四)项目预期收益分析

根据规划,该项目未来预期收入主要由苗圃基地苗木销售收入和人工造林地苗木抚育收入等内容构成,债券存续期内总收入预计32 978.7万元,经营总成本预计10 531.67万元,因此,该项目偿债存续期间可偿债资金的预期收益约22 447.03万元。

(五)收益与融资自求平衡分析

收益与融资自求平衡方面,该项目依靠苗圃基地苗木销售收入和人工造林地苗木抚育收入等还本付息。经核算,该项目债权本息覆盖率可达1.75,具有较强的偿债能力,收入可覆盖该专项债还本付息的规模。

二、案例二:浙江省生态环保专项债(一期)

(一)项目基本情况

淳安县千岛湖生态环境保护治理项目针对千岛湖进行生态环境保护治理。根据该项目在中国债券信息网发布的信息披露文件可知，浙江省生态环保专项债项目（一期）主要开展土地整治复绿、沿湖生态修复与环境提升工程、农业及农村面源污染防治、河道综合治理工程、矿山治理和生态修复以及水源地保护与建设 6 项工程。

本项目投资估算是根据"淳安县千岛湖生态环境保护治理项目可行性研究报告"的工程内容和设计人员及建设单位提供的有关资料，结合当地实际情况进行编制。项目总投资 13.1156 亿元，其中，项目资本金 3.1156 亿元，来源为财政资金，占总投资的 23.75%；申请专项债融资性资金 10 亿元，占总投资的 76.25%。

（二）项目建设的必要性

首先，项目的实施是落实"十九大"关于生态文明建设重大部署的需要；其次，项目实施是落实习近平总书记有关千岛湖保护重要批示指示精神的需要；再次，项目实施是淳安县推动旅游产业发展的需要；最后，项目实施是淳安县推动品牌农业发展的需要。

（三）整体投融资方案

2019 年浙江省生态环保专项债（一期）——2019 年浙江省政府专项债（四期）发行金额 10 亿元，期限 10 年，每年付息 2 次，到期一次还本，发行利率为固定利率。该专项债还本付息来源于项目专项收入，债务风险也锁定在项目内，并按照市场规则及时向投资者披露项目信息。

（四）项目预期收益分析

根据千岛湖生态环境治理资金补偿协议，淳安县在 2019 年至 2028 年期间可共计获得 18 亿元的项目专项收入。其中，2019 年获得 3000 万元、2020—2022 年每年可获得 1.5 亿元、2023—2025 年每年可获得 2 亿元、2026—2028 年每年可获得 2.4 亿元。本项目在债券存续期内，累计现金流入 311 156 万元，累计现金流出 276 156 万元（其中十年期专项债利率按照 4.5% 测算），项目累计现金净流入 35 000 万元。

（五）收益与融资自求平衡分析

收益与融资自求平衡方面，该项目依靠千岛湖生态环境治理补偿金还本付息。经核算，该项目债权本息覆盖率可达 1.24，能够满足资金筹措充足性的要求，收入可覆盖该专项债还本付息的规模。

三、案例三：天津市政府生态保护专项债

（一）项目基本情况

天津市政府生态保护专项债包含两个项目，分别是天津市宁河区生态保护项目和天津市蓟州区生态保护项目。根据该项目在中国债券信息网发布的信息披露文件可知，天津市宁河区生态保护项目内容为：根据《七里海湿地生态保护修复规划（2017—2025 年）》，七里海湿地生态保护修复十大工程的目标包括增加 45% 的湿地面积，总计增加 1705 公顷；通过建设人工湿地、进行生物链修复等，提升环境质量；完成土地流转、执行移民搬迁等，减少人类活动干扰，改善生态环境。天津市蓟州区生态保护项目对项目区范围内土地

进行征收及流转，集中实施生态修复和保护工程，主要包括生态恢复工程、配套实施的基础设施及配套保护设施工程。

(二) 投资估算

天津市宁河区生态保护项目计划使用生态保护专项债资金 900 000 万元(其中，已使用 2018 年天津市宁河区生态保护专项债(一期)资金 150 000 万元以及 2018 年天津市宁河区生态保护专项债(二期)资金 50 000 万元)，其中，潘庄安置项目存量银行借款 91 459 万元，北淮淀安置项目已使用其他地方政府专项债资金 66 422 万元，并计划继续使用其他地方政府专项债资金 27 000 万元，其余部分由财政统筹安排。

天津市蓟州区生态保护项目建设期内投资筹集资本金 59 647 万元，其中，以前年度资本金投入 26 900 万元，2019 年和 2020 年资本金预计投入分别为 10 627 万元和 22 120 万元。项目债务资金为 280 000 万元，其中，计划通过政府发行专项债筹集资金 80 000 万元，通过银行贷款 200 000 万元。

(三) 整体投融资方案

2019 年第一批天津市政府生态保护专项债发行总额为 14 亿元，品种为记账式固定利率附息债券，全部为新增债券。该生态保护专项债分为两期，分别是 5 年期债券 4 亿元，10 年期债券 10 亿元。5 年期债券按年付息，10 年期债券按半年付息，到期后一次性偿还本金，发行后可按规定在全国银行间债券市场和证券交易所债券市场上市流通。专项债还本付息来源于项目专项收入，债务风险也锁定在项目内，并按照市场规则及时向投资者披露项目信息。

(四) 项目预期收益分析

天津市宁河区生态保护项目主要通过碳排放权的交易产生收益、湿地实验区范围内复耕的土地所产生的建设用地指标转让收益以及移民安置项目中可出让土地产生的土地出让收益，可产生的收益合计为 2 125 637.20 万元。

天津市蓟州区生态保护项目可通过土地出让金产生收益为 603 929 万元，按土地出让政策规定，扣除相应费用和政策性基金后，项目可用于资金平衡的土地相关收益为 529 948 万元。区内经济作物年净收入合计为 1546 万元。该项目的项目期为 2021—2024 年，项目期内可用于资金平衡的收益合计为 6184 万元。

(五) 收益与融资自求平衡分析

天津市宁河区生态保护项目主要依靠碳排放权的交易产生收益、湿地实验区范围内复耕的土地所产生的建设用地指标转让收益以及移民安置项目中可出让土地产生的土地出让收益还本付息。经核算，该项目债权本息覆盖率可达 1.44，资金无法偿还的风险较低，收入可覆盖该专项债还本付息的规模。

天津市蓟州区生态保护项目主要依靠土地出让金、区内油菜花和大豆等经济农作种植、彩虹花田和薰衣草种植收益还本付息。经核算，该项目债权本息覆盖率可达 2.84，资金无法偿还的风险较低，收入可覆盖该专项债还本付息的规模。

本章小结

　　地方政府专项债在稳投资、扩内需、补短板等方面发挥着积极作用,近年来在我国发展迅速,可以有效提升对林业和草原重大项目的金融支持力度,包括重大生态保护项目、林草生态扶贫项目、国土绿化、天然林资源保护、国家储备林建设、国家公园、森林公园、国有林区和国有林场基础设施、重点防护林体系建设、乡村振兴战略工程、自然灾害防治体系建设工程、农业农村基础设施建设项目、森林旅游与休闲等重点工程。地方政府专项债要求收益与融资自求平衡,即现金流应当能够覆盖专项债还本付息,不得通过其他项目对应的项目收益偿还该到期债券本金。地方政府专项债的期限从 1 年到 30 年不等,期限结构丰富。3 个典型案例展示了地方政府专项债在林业产业所起的重大作用及其较强的可操作性,可以预见该融资模式将会对林业产业带来进一步的支持作用。

第七章 林业PPP

近年来，我国在林业生态建设和保护利用领域取得了举世瞩目的成就，然而也面临着资金投入不足、技术支撑不够、效率有待提高、有关各方的参与性亟待加强等一系列挑战。为了有效应对和解决这些挑战，大力推广政府和社会资本合作（PPP）模式，支持并积极引导社会资本参与林业生态建设和保护，最终为社会提供富足的、优质的高效林业生态产品和生态公共服务，已成为林业行业的必然选择。虽然PPP模式发展空前，但是近年来在政府严格控制隐性债务的背景下，我国林业金融体系明显滞后。林业生态PPP项目资金来源渠道单一，融资渠道过度依赖银行信贷，林业金融产品和服务相对缺乏，民间资本进入林业领域的通道尚未完全打通。

本章首先介绍推广林业PPP的政策支持和社会资本基础，然后介绍依据林业项目类型来选择适当的林业PPP模式，接着介绍林业PPP模式中发展较快的两种模式，即国家储备林PPP融资模式和森林公园PPP融资模式，介绍其发展历史和特点，并借助典型案例进行分析。

第一节 林业PPP应用条件与模式选择

一、林业PPP的现实基础

(一) 政策支持层面

从中国共产党第十八次全国代表大会第一次在国家层面明确社会资本可以以特许经营等方式参与我国基础设施建设和运营后，2013年末，我国政府开始全面推广PPP。2014年，国务院和各部委相继出台了十几个政策文件来支持PPP的推广和发展，财政部和国家发展和改革委员会也相继成立了PPP工作领导小组，从国家层面来引导和管理PPP。各省也相继出台了关于推广PPP的地方文件，PPP在我国如火如荼地开展起来。2015年，国家发展和改革委员会公布了多批PPP项目，涉及基础设施建设和公共服务等多个领域，同时，国务院也出台了关于PPP的规范文件，第一次在国家层面给出了PPP的定义，也给出了项目运用PPP的流程和PPP项目的评价标准。与此同时，政府对PPP模式融资工具的范围也进行了拓宽，并不仅仅局限于传统的银行贷款等，提出基金、养老保险等也可以进入PPP领域，充分体现了政府对PPP的支持。由此可见，我国政府已经意识到社会资本的重要性，通过政策性引导与改革，让社会资本在我国公共领域发挥重要作用，为在森林公园项目中应用PPP模式提供了坚实的制度保障。

根据《国务院关于创新重点领域投融资机制鼓励社会投资的指导意见》(国发〔2014〕60号)和《国务院办公厅转发〈财政部 发展改革委 人民银行关于在公共服务领域推广政府和社会资本合作模式的指导意见〉的通知》(国办发〔2015〕42号)有关要求，2016年，国家林业局、财政部联合出台了《关于运用政府和社会资本合作模式推进林业生态建设和保护利用的指导意见》(林规发〔2016〕168号)，明确提出了重点支持6大领域开展林业PPP模式创新。

(1) 支持创新产权模式，引导各方面资金投入植树造林和国土绿化

按照国家有关规定，对尚未确定经营者或其经营者一时无力造林的国有宜林荒山荒地荒沙，鼓励社会资本进行植树造林，所造林木及相关收益根据合同约定合理分配。鼓励社会资本参与混交林、珍贵树种培育以及山体和灾毁林地生态治理和植被恢复。对社会资本利用荒山荒地荒沙进行植树造林、防沙治沙以及荒漠化石漠化等生态脆弱区综合治理的，在保障生态效益、符合相关规定和约定的情况下，积极发展森林旅游、生态产业和新材料、新能源等。鼓励面向社会购买公益林管护服务。

(2) 支持金融创新和产品开发，大力推进国家储备林建设合作

按照"政府引导、市场运作、项目管理、持续经营"的总体思路，充分发挥政府组织优势和开发性、政策性金融优势，加快创新金融产品，支持开展国家储备林贷款建设模式创新，加强木材储备和生态储备，着力培育大径级材和珍贵树种，增强高品质木材等林产品和优质生态产品供给能力，逐步解决困扰林业现代化建设的周期性和结构性、数量型和质量型、整体性和局部性等突出问题。

(3) 支持精准扶贫精准脱贫，大力推进木本油料产业发展合作

贯彻落实《中共中央 国务院关于打赢脱贫攻坚战的决定》(中发〔2015〕34号)、《国家林业局 财政部 国务院扶贫办 国家开发银行关于整合和统筹资金支持贫困地区油茶核桃等木本油料产业发展的指导意见》(林规发〔2015〕150号)精神，支持社会资本和金融资本在贫困地区、革命老区大力发展木本油料产业，加强政策支持与机制创新，鼓励社会资本参与贫困地区产业结构调整，通过建立不同形式的利益联结机制，保障建档立卡贫困户得到利益，吸纳建档立卡贫困人口就业，努力增加贫困人口收入，逐步形成林业扶贫攻坚长效机制。

(4) 支持深化林业改革，加快推进林区经济转型发展

全面推进国有林区和国有林场改革，继续深化集体林权制度改革，配合全面停止天然林商业性采伐，在保持自然生态系统完整性和稳定性的前提下，支持社会资本与国有林区和国有林场合作发展森林旅游、特色养殖种植、花卉苗木等接续替代产业，鼓励社会资本参与兼并重组，充分发挥国有林区和国有林场各类自然资源和人力资源优势，通过规模化经营、市场化运作，切实将林区资源优势转化为经济优势，推进林区经济转型发展。

(5) 支持开展林业旅游休闲康养服务

在保护好自然生态系统的前提下，鼓励社会资本与国有林区、国有林场、森林公园、湿地公园、沙漠公园等合作，充分利用森林、湿地、荒漠及野生动植物等自然景观资源开

展森林旅游和休闲康养,推进森林旅游和休闲康养服务基础设施建设,打造生态体验精品旅游线路和休闲度假、峡谷漂流、探险拓展、房车露营等林业特色旅游品牌,为社会提供更好的生态公共服务。

(6)支持开展野生动植物保护及利用

鼓励社会资本参与野生动植物野外资源保护公益事业,探索引入专业民间组织新建或托管自然保护小区,在政府监管下发展民间自然保护小区(地)。鼓励社会资本参与野生动物园、野生植物园建设、运营和管理,增强生态保护宣传、科普、教育等功能。

同年,国家发展和改革委员会、国家林业局联合出台了《关于运用政府和社会资本合作模式推进林业建设的指导意见》(发改农经〔2016〕2455号),明确提出重点支持以下5大领域开展林业PPP模式创新。

(1)林业重大生态工程

鼓励社会资本参与天然林资源保护、"三北"及长江流域等重点防护林体系建设、京津风沙源治理、岩溶地区石漠化治理等林业重大生态工程建设,以生产绿色生态林产品为导向,通过植树造林、防沙治沙、荒漠化和石漠化综合治理等多种措施,积极培育混交林,发展木本油料、特色经济林和林下经济,加快建成一批规范化生产基地,有效盘活森林资源等多种生态资产。

(2)国家储备林建设

鼓励社会资本根据国家储备林建设的布局重点和目标要求,通过新造林、森林抚育、更新改造、立体复合经营等措施,着力培育大径级材和珍贵树种,营造生态稳定、结构优良、长短结合、高效集约经营的国家木材储备基地,增强高品质木材等林产品和优质生态产品供给能力。

(3)林区基础设施建设

鼓励社会资本参与国有林区和国有林场的交通、教育、医疗卫生、供水供电、垃圾及污水处理等基础设施建设,鼓励社会资本参与兼并重组,充分发挥国有林区和国有林场各类自然资源和人力资源优势,通过规模化经营、市场化运作,推进林区经济转型发展。

(4)林业保护设施建设

在保持生态系统完整性和稳定性的前提下,鼓励社会资本参与森林公园、湿地公园、沙漠公园等园区保护站(点)、宣传教育设施,交通和旅游服务设施建设,采取使用权入股、联营、租赁等多种形式参与保护地的经营活动,提高保护和管理水平,为社会提供更好的生态服务。

(5)野生动植物保护及利用

鼓励社会资本参与林木种质资源保护、野生动植物野外资源保护公益事业,探索引入专业民间组织新建或托管自然保护小区,在政府监管下发展民间自然保护小区(地)。鼓励社会资本参与野生动物园、野生植物园的建设、运营和管理,增强生态保护宣传、科普、教育等功能。

(二)社会资本层面

改革开放以后,我国经济飞速发展,居民的收入大幅度提高,使得我国居民存款总量也快速上升。截至2015年年底,我国金融机构本外币存款余额达到1 397 752亿元,同比增长 12.4%；各金融机构贷款余额达到 993 460 亿元，同比增长 13.4%；城乡居民人民币储蓄存款余额达到 546 078 亿元，同比增长 8.7%，增长率不仅超过了我国同期 GDP 的增长速度，也远远高于我国财政收入的增长速度。表 7.1 显示了 2015 年末各金融机构本外币存款余额及其增速。图 7.1 显示了 2011—2015 年我国城乡居民人民币储蓄存款余额及其增速。这些数据在一定程度上说明了我国社会资本充足且总量在不断上升，随着社会投资观念的转变，这部分社会资本有很大可能会从储蓄变为投资，所以我国社会资本还有巨额的资金供给潜力可以引导到林业项目的建设中来。

表 7.1 2015 年末各金融机构本外币存款余额及其增速

指 标	年末数/亿元	比上年末增长/%
各项存款余额	1 397 752	12.4
其中：住户存款	551 929	8.9
其中：人民币	546 078	8.7
非金融企业存款	455 209	13.7
各项贷款余额	993 460	13.4
其中：境内短期贷款	366 684	7.3
境内中长期贷款	538 924	14.2

资料来源：国家统计局统计年报。

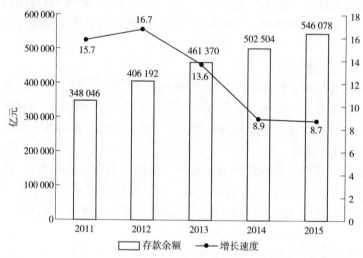

图 7.1 2011—2015 年我国城乡居民人民币储蓄存款余额及其增速
（资料来源：国家统计局年报）

中国传统的理财观念导致了我国现有储蓄存款余额较高。虽然高储蓄对中国经济发展有一定的好处，但是高储蓄仍然有其难以掩饰的弊端。随着银行不断下调存款利率水平和我国通货膨胀率的上涨，我国已经进入"负利率"时代。在"负利率"时代，居民的存款面临着贬值的可能，这必将导致居民想要将储蓄转变为投资，居民寻找稳定的投资渠道的意愿也越来越强烈。同时，高储蓄也将减弱货币政策的效力，使政府不能及时发觉通货膨胀的风险，这将迫使政府为高额储蓄另寻出路。由于林业项目可以产生稳定的投资收益，并且林业工程建设需要资金量巨大，正好符合当前居民所寻找的稳定投资渠道的要求，所以充足的居民储蓄为PPP融资模式在林业项目中的运用提供了可能。

社会资本实力增强，投资林业生态工程建设的积极性增大。随着中国经济快速稳定的发展，投资公司更加规范和国际化，机构投资者更加成熟并不断壮大，投资的类型和品种不断丰富，保险资金、社保资金等长线资金更大程度投资于资本市场，社会资本实力不断增强。近年来我国国家储蓄率一直维持在40%以上，高于发达国家，民间资本闲置数额巨大。如此庞大的民间闲置资本有可能通过PPP模式参与到林业生态工程建设中，社会资本实力的增强将为林业生态工作建设提供多渠道融资，同时可增加社会资本在生态领域的占有率及市场份额，扩大投资范围，增强企业实力。

二、不同类型林业项目分类与特性

（一）林业项目分类

林业基础设施是林业生产和林农、林业职工生活的基础性公共服务设施，涉及的范围很广。依据其功能特性的不同，可以将林业基础设施划分为3大类：一是林业生产性基础设施；二是林区基础设施，主要包括林区道路、电力、沼气、饮水、垃圾处理等基础设施；三是生态环境建设设施，主要包括天然林资源保护、防护林体系、种苗工程建设、自然保护区生态保护和建设、湿地保护和建设、退耕还林等工程的基础设施。不同类型的林业基础设施由于经济特性不同，其可市场化程度有着显著差异，市场化程度直接影响其建设、供给模式的选择。为寻求不同类型的林业基础设施可采取的供给模式，可以从不同类型的林业基础设施的竞争性、排他性、规模经济性及外部效应等方面，分析其可市场化程度。

林业基础设施的竞争性和排他性越强，社会外部效应越弱，规模经济性越强，其可市场化程度会相对越高，对民间资本的吸引力会越强，这类设施可以称为可经营性林业基础设施。其产品或服务的供给可以通过市场化方式运作，政府提供一定的政策和资金支持即可。反之，这类设施可以称为非经营性林业基础设施，其产品或服务的供给主要依靠政府财政资金支持，但随着直接受益群体经济实力的改善，也可以通过政府主导，受益主体参与的方式进行建设和运营维护。对于具有一定竞争性和排他性的林业基础设施，其社会外部效应较强，又具有一定的规模经济性，其可市场化程度达到一定水平，则对民间投资具有一定的吸引力，这类设施可以称为准经营性林业基础设施。此类基础设施既需要政府财政资金的支持，同时也可以通过政策引导民间资本介入，因而公私合作模式则不失为有效的方式。

（二）林业项目特性

林业基础设施的组成较为复杂，不同类型的林业基础设施经济属性差异较大。要改变过去林业项目和林业基础设施建设依靠单一财政资金支持的局面，必须要从体制机制上进行创新，对不同类型的林业基础设施建设进行分类管理，以构建多元化投资的格局。然而，这些都有赖于对林业基础设施的经营权和所有权进行明确界定。特别是在引入PPP模式之前，必须充分考虑林业基础设施的社会公益性和经济营利性，以进行经营权和所有权的合理处置。

在林业基础设施建设方面，公私合作可以发挥各自的优势，公共部门以制度设计为载体，达到提供公共产品和服务的目的，同时可以缓解财政负担和压力；私人部门通过经济运作负责项目融资建设和管理，在分担一定风险的同时，获得合理的回报。但形成合作关系的前提是必须明确各自的权利和义务，最核心的是处理好林业基础设施的经营权和所有权的分配问题。尽管很多林业基础设施具有明确的公共性和公益性要求，其最理想的方式是完全由政府财政资金直接支持建设，但事实上，目前我国财政实力远远无法满足林业生产和林区林农生活对这类林业基础设施和林业项目的现实需求。因而，对具有一定营利能力的林业基础设施，将其所有权和经营权进行分离，国家或地方政府仍保留其所有权，将经营权全部或部分让渡给市场，是一种现实的选择。

三、不同类型林业项目的 PPP 模式选择

基于项目区分理论，并结合林业项目的具体特征，林业项目分为可经营性、准经营性与非经营性项目3类。不同类型的林业项目，其经营权与所有权存在明显差异，在选择 PPP 模式时应采用不同的模式。

（一）可经营性林业项目 PPP 模式分析

可经营性林业项目往往具备收费体制与足够的回报，可以依靠经营管理收回投资并取得合理的收益。可经营性林业项目具有明确的受益主体，这类项目具有很强的竞争性，市场化程度比较高。根据委托代理理论将此类项目的所有权与经营权分离，其经营权可以完全交给市场，通过市场来配置其经营权，充分利用私人部门的先进技术及管理手段来优化资源配置。私人部门通过明确的使用收费机制，或是经营产生的收益，收回投资成本和获取利润。政府部门根据相关法律政策负责监督和管理，以确保项目有序运行。可经营性林业项目具有经济和社会双重效益，鉴于其仍然具有公益性，在项目建设和运营中应考虑公共安全性和环境保护等问题，以提高社会福利为目的。可经营性林业项目，如林业产业扶贫、国家储备林、森林旅游、森林公园、特色养殖种植、花卉苗木等项目，此类项目可以通过分割特许经营、BOT+EPC、资源打包与 BOT 等 PPP 模式进行推进。

（1）分割特许经营模式

该模式主要是针对一些林业项目中复杂且专业性强的建设阶段与运营阶段，故而政府把这类项目的建设阶段与运营阶段分离开来并授权给两个单独的项目公司。在此过程中，政府负责监管和协调双方顺利完成项目。在运营阶段，私人部门通常具有控股权，特许期满后私人部门将项目移交给政府。分割特许经营模式如图 7.2 所示。

（2）BOT+EPC 模式

就是政府与私人部门通过订立特许经营合同文件，允许私人部门在特许经营期内进

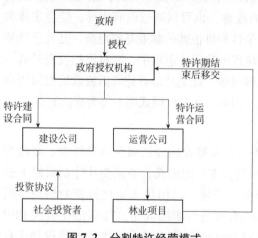

图 7.2　分割特许经营模式

行基础设施项目的建设与运营。与 BOT 项目区别在于，BOT+EPC 模式选用总承包施工模式来建设项目，特许期满后林业项目由私人部门移交给政府。BOT+EPC 模式的优点是政府能够利用私人部门的资金与技术优势来建设项目，其操作模式如图 7.3 所示。

(3) 资源打包模式

就是在项目运营过程中，项目 A 的整体收益能全部弥补项目 B 与其各子项目的建设、运营、维护成本以及投资者的回报，而无需额外的政府补贴，其操作模式如图 7.4 所示。

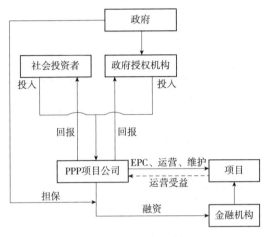

图 7.3　BOT+EPC 模式　　　　　图 7.4　资源打包模式

(二) 准经营性林业项目 PPP 模式分析

准经营性林业项目通常依靠使用者付费，但只能收回部分投资，因此，需要政府的补贴。准经营性林业项目一般具有一定的公益性，且社会效益明显，外部效应突出，政府具有此类项目的所有权，所需资金量大，沉没成本高，投资收益稳定，并具有一定程度的营利性，但经营收入不足以覆盖投资成本，需政府补贴部分资金或提供资源。这类林业项目同生态环境保护及人们的生产生活密切相关，且社会效益明显。

作为提供公共服务职能的政府而言，需要承担起公益性投入的责任，因而其所有权归政府所有。同时，这类项目受益主体较为明确，也都具有一定的营利性，因而可以通过市场化运作吸引社会资本投入，并将特许经营权授予私人部门，使其在一定的经营期限内获得合理的投资回报。尽管这类项目均具有一定的可市场化程度，但各自的社会外部效应差异明显，经济效用分割性迥然不同，因而，在公私合作具体模式上应该有着不同的制度安排。BOT+EPC+政府可行性缺口补助、政府回购和特许经营结构等模式适用于准经营性林业项目，包括使用者付费的湿地公园、生态产业等。

(1) BOT+EPC+政府可行性缺口补助模式

该模式是实践中经常用到的一种 PPP 模式，适用于使用者付费的准经营性基础设施项目。为了保障私人部门的合理收益，政府依据特许经营协议和企业建设该项目的绩效，在特许期内为该项目提供可行的缺口补助，其操作模式如图 7.5 所示。

(2) 政府回购模式

就是政府部门通过公开招标的形式确定项目公司，由项目公司担负项目融资和建设，最后将设施转交给政府，政府以项目总投入加上适当且合理的投资回报向社会投资者付费的一种融资模式。政府回购模式能达到私人部门和政府的双赢，一方面，政府回购模式有效地解决了政府建设资金不足的问题；另一方面，与 BOT 模式不同的是，政府回购模式不存在运营，私人部门不需要负担项目的运营，可进行短期投资，其操作模式如图 7.6 所示。

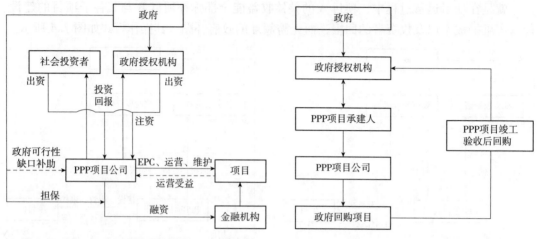

图 7.5　BOT+EPC+政府可行性缺口补助模式

图 7.6　政府回购模式

（三）非经营性林业项目 PPP 模式分析

非经营性林业项目的公益性极强，缺乏使用者付费的基础，难以产生经济效益，但其社会效益突出，故此类项目的投资主体是政府。作为提供公共服务的政府部门，理应成为承担其建设任务的主体，但考虑到政府财力不足和林业发展需求的现实状况，根据不同的项目内容，政府可以提供积极的鼓励和优惠政策，激励私人部门从社会责任角度参与建设，尽可能在社会影响方面为私人部门带来积极作用。

在具体管理模式上，可以采用模块化外包中的管理外包与服务外包的形式；或者委托私人部门进行经营维护，政府部门支付一定费用，充分发挥私人部门的管理优势和竞争活力，以获得令人满意的服务。此类项目可以使用 PPP+EPC+政府付费模式，还可以使用政府回购的方式。

PPP+EPC+政府付费模式同样是实践中的一种 PPP 运行模式，适合于政府付费类的非经营性项目。为了保障私人部门的投资回报，政府部门依据私人部门对项目的建设和运营绩效，在合作期内付费购买服务，其操作模式如图 7.7 所示。

在对现有 PPP 模式进行分析的前提下，依据不同类型林业项目的特征，能够得出不同类型的林业项目适合的 PPP 模式（表 7.2）。

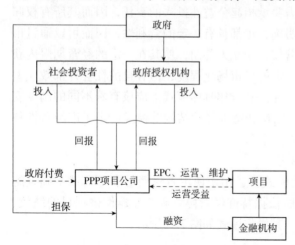

图 7.7　PPP+EPC+政府付费模式

表 7.2　不同类型林业项目的 PPP 模式选择

项目类型	林业项目	主要特点	参考模式	具体描述
可经营性林业项目	木本油料特色种、养殖花卉苗木等产业项目	一般有收费机制与充足的资本回报，市场化程度较高，故民间资本是主要的投资主体；私人部门经过经营管理得到合理回报	BOT/BOT+EPC/资源打包	BOT 项目具有周期长、跨度大和风险种类多等特点；BOT 适合于具有很强盈利性的产业项目
	森林旅游森林公园	此类项目通常由两个专业且独立的公司分别负责项目的建设阶段和运营阶段，私人部门一般在特许期内持有控股权，期满后将项目移交给政府，政府进行监督	分割特许经营（BOT/BOO）	具有很高的盈利性，而且运营与管理操作性很强的项目，可以选用分割特许经营模式
准经营性林业项目	国家储备林林区基础设施沙漠公园野生动植物园	此类项目存在收费体制，但流入的资金不能弥补全部投资；另外，这类项目具有公益性，具有明确的受益群体和很强的整体性；一般来说，政府给予私人部门一定的补贴，由私人部门建设、运营该项目	政府回购/BOT/BOTL/BOOT/BOT+EPC+政府可行性缺口补助	私人部门通过与政府签订特许经营协议，投资建设基础设施，依靠向使用者收费和政府财政补贴收回投资和获利；政府需保证企业的基本收益；该设施在特许期内归企业所用，特许期结束，设施归政府所有（国家储备林项目前期投入较大，建设期主要靠政府可行性缺口补助；经营期主要是运营收入，也可弥补前期投入）
非经营性林业项目	林业重大生态工程："三北"及长江流域等重点防护林建设、京津风沙源治理、石漠化治理	此类项目不存在使用者付费现象，没有收费体制，投资主体是政府	政府回购/PPP+EPC+政府付费	政府回购模式可以解决政府资金不足的问题，而且没有分割特许经营模式中的运营阶段，只负责项目的建设阶段，私人部门可以短期收回投资
	城市园林绿化生态保护设施林业保护设施湿地公园等	项目的社会效益极强，然而这类项目几乎不具有经济效益；私人部门负责建设，在项目建成后，政府部门向私人部门支付资金	服务外包/管理外包/O&M	由政府提供资金，私人部门和政府部门订立特许经营协议，政府委托私人部门运营基础设施或服务，并付给私人部门相应的费用，国家具有此类设施的所有权

总之，林业领域中 PPP 模式的有效应用，在实现项目投资主体多样化、风险分配合理化、有效缓解政府财政压力等方面逐渐凸显出极强的优势。政府应在林业领域中积极应用 PPP 模式，针对具体项目的特点来选择合适的 PPP 模式，并对 PPP 项目实施过程进行监督和管理，保证项目建设的资金投入，进行合理的风险分配，提高林业 PPP 项目建设效率，从而进一步保证林业生态建设的可持续发展。

第二节　国家储备林 PPP 模式

国家储备林是指在自然条件适宜的地区，通过特定政策和科学措施营造的、用于生态和木材储备的优质、高效、多功能森林，集生态建设、产业发展为一体，融生态产品、林产品供给于一身。国家储备林是加快优质高效人工林建设、缓解木材供应紧张局面的重要举措，符合我国木材安全和生态安全的现实需要。国家储备林建设是推进生态文明建设、全面保护天然林资源、深化林业改革的一项重要举措，是创新林业投融资体制的重要载体，对维护国家生态安全和木材安全具有重要的现实意义。但目前国家储备林建设正面临着资金供给和需求的巨大矛盾，而 PPP 模式作为政府与社会资本为提供公共产品通过契约关系建立起来的风险分担、利益共享的长期合作伙伴关系，对拓宽社会资本投资渠道、创新林业投融资机制具有重要的推动作用。利用 PPP 模式吸引社会资本投资，成为破解国家储备林融资难问题的重要选择。

2016 年国家发展和改革委员会联合国家林业局发布了《关于运用政府和社会资本合作模式推进林业建设的指导意见》，提出在国家储备林建设、林业重大生态工程等林业重点领域实施 PPP 模式。同年，《国家储备林制度方案》中再次提出要积极探索 PPP 模式，按照国家推广公共财政和社会资本合作模式的有关要求，加强对运用 PPP 模式推进国家储备林建设的指导，开展建设模式示范试点。目前，运用 PPP 模式推进国家储备林建设，仍处于政策研究和稳妥推进阶段，尽快探索出国家储备林项目 PPP 模式的实施框架和推进路径就显得尤为重要。

一、国家储备林建设的背景与现状

国家储备林项目的建设是推进林业供给侧结构性改革的重大工程，对我国的经济发展、社会稳定及生态维持具有重要意义：一方面，建设国家储备林基地可以短时间内大幅增加自然条件适宜地区的森林资源，推进造林绿化进程，精准提升森林质量，保障国土生态安全；另一方面，国家储备林基地旨在培育和营造最紧缺、最有价值的工业原料林、珍稀树种和大径级用材林，可以有效缓解大径材和珍稀木材短缺的问题，实现藏木于林、藏富于林。

（一）国家储备林建设现状

2012 年国家林业局开始在广西等 7 省（自治区）试点国家储备林建设，经过试点探索、创新实践、总结推广，国家储备林建设呈现快速发展态势，取得了重要突破和重大进展。至 2015 年，我国已有 23 个省（自治区、直辖市）、森工集团制定了相关工作计划、管理办法、划定实施细则和建设规划。截至 2015 年 12 月底，试点地区扩大到湖南、福建等 15 个省区，建设国家储备林近千万亩，财政补助资金达 18 亿元。2015 年国家林业局与财政部联合发布《关于做好国家储备林建设工作的通知》（办规字〔2015〕117 号），同年底国家林业局发布《国家储备林制度方案》，标志着我国国家储备林建设工作从试点走向全面建设阶段。截至 2016 年年底，广西、河北、天津等 8 个试点地区共签订贷款协议 1050 亿元，签订贷款合同 755 亿元，落实贷款 152 亿元。首次实现利用社会贷款规模超过当年中央预算内投资规模。

从试点项目情况看，目前，国家储备林建设主要采取 4 种形式，即"统贷统还、融资担保、契约管理、按期还款"的广西模式；"分贷分还、借用管还、政府回购、委托代建"

的天津模式;"市级统筹、市县分担、平台运作、合同管理"的张家口模式;"域外转型、产业升级、促进改革、保障民生"的吉林森工模式。这4种模式实质上都是发挥开发性、政策性金融的作用,通过贷款实施,形成了各具特色、可复制、可推广的建设模式。

虽然在国家林业和草原局的全力推动下,国家储备林建设工作已在全国范围内展开,但仍面临诸多问题,其中融资难是全面推进国家储备林建设所要面临的首要问题。首先,国家储备林面临巨大的投融资需求。《国家储备林建设规划(2018—2035年)》提出,到2035年,规划建设国家储备林200万公顷,其中集约人工林栽培667万公顷,现有林改培641万公顷,中幼林抚育692万公顷,建成后实现一般用材基本自给。如此大规模的植树造林、养林、育林,需要巨额的建设资金。其次,政府缺少足够的资金独自支撑如此大规模的人工林建设。

(二)国家储备林资金来源

2015年,国家林业局与财政部联合下发了《关于做好国家储备林建设工作的通知》(办规字〔2015〕117号),明确要求发挥财政资金引领作用,充分利用开发性和政策性金融资金,合力支持国家储备林建设,并探索运用政府和社会资本合作(PPP)模式。《通知》明确指出应将在林业生产领域推广运用政府和社会资本合作(PPP)模式作为创新林业供给机制、推动林业投融资机制改革的重要抓手;要注重培育政府和社会资本的长期平等合作关系,优先选择具备稳定现金流和一定财力保障的项目开展PPP模式试点,通过政府付费或补贴等方式保障社会资本获得合理收益,运用PPP模式吸引社会资本、转变政府职能、激发市场活力、提升国家储备林建设的质量和效率。目前国家储备林建设的资金来源主要包括以下几方面:

1. 中央财政专项资金补助

中央财政统筹专项资金,用于国家储备林造林、改培和抚育等支出。根据现有投资政策,建设国家储备林补助政策分3类:一是现有林改培。改培一般树种大径材,中央基建补助300元/亩;改培珍稀树种,中央基建补助500元/亩。二是集约人工林栽培新造。新造一般树种大径材,中央基建补助300元/亩;新造珍稀树种,中央基建补助500元/亩。三是中幼林抚育及造林。实行中央财政补贴建设国家储备林基地,森林抚育补贴100元/亩,造林补贴200元/亩(表7.3)。

表7.3 中央财政专项资金补助标准

类别	项目	补助标准/(元/亩)
现有林改培	一般树种大径材	300
	珍稀树种	500
集约人工林栽培新造	一般树种大径材	300
	珍稀树种	500
中幼林抚育及造林	森林抚育	100
	造林	200

资料来源:国家林业和草原局官网,《国家储备林建设:改革固供给,工和"补短板"》,2016年。

2. 财政贴息

目前,国家储备林项目执行的中央林业贴息政策为中央财政贴息3%,贴息年限为3~5年,要求地方相应配套贴息。

3. 国家开发银行和中国农业发展银行提供的专项贷款

这两家银行为国家储备林建设提供了长周期、低利率优惠及最低资本金比例的新型林业金融产品。例如，广西国家储备林基地建设项目(一期)贷款100亿元，贷款期限27年，宽限期8年；天津武清区国家储备林基地建设贷款24亿元，贷款期限24年等。

4. 外资

除上述融资渠道外，各省(自治区、直辖市)还积极争取世界银行、欧洲投资银行、亚洲开发银行等外资投资。目前，已争取到欧洲投资银行4.58亿欧元贷款，重点支持国家储备林建设；获得全球环境基金800万美元赠款，用于国家储备林信息系统建设和软课题研究。

《2016年农业综合开发林业项目申报指南》要求，国家储备林建设项目人工造林投入标准不低于2000元/亩，现有林改培投入标准不低于1000元/亩。而按照国家林业局提供的数据，至2015年年底，在广西等15个省(自治区)建设的近千万亩国家储备林，已落实财政补助资金18亿元，平均每亩仅不到200元。由此可见，财政补助资金只能作为启动、补贴性质的资金，难以独自支撑国家储备林建设。此外，在新《中华人民共和国预算法》的约束下，地方政府举债困难，融资平台面临转型，进一步加剧了财政补贴的压力。最后，项目建设主体筹资难。根据目前的政策，国家储备林的项目建设主体是国有林场，而多数国有林场不具有足够的自有资金。国家储备林项目营林周期长的特点导致其投资回报期长，收益见效最快的中短轮伐期的工业原料林也需要七八年以后才能逐渐获取收益，且期间面临着自然、社会、市场等各方面的不确定风险，项目产品到期能否获取收益难以确定，投资压力和投资风险很大，很难从商业银行获取足额贷款。所以，目前国家储备林项目建设资金主要还是依靠政策性金融支持，融资方式单一，且仍难以满足国家储备林建设巨大的资金需求。

(三)国家储备林融资困境

由于我国林业建设长期以公共财政投入为主，受制于财政收入与国债发行规模等多重因素，使该林业领域的投资严重不足。同时雨露均沾式的营造林补贴，也不能满足高标准造林的国家储备林项目资金需求。由于储备林项目具有超前性、社会性、公益性等公共产品属性，以及投入量大、建设周期长、资金占用额大、沉淀成本高、需求弹性小等特点，加上市场化程度低、信用结构不完善、地方政府财力薄弱，这些特征与商业性金融追求短期盈利的要求并不相符，导致商业性金融和社会资本不愿也难以介入国家储备林项目，导致国家储备林建设面临严重的融资困境。

1. 政府财政资金支持力度不足

在以往国家储备林项目的建设过程中，一般都采用政府购买或者搭建政府融资平台的方式进行融资。政府购买，即地方政府与社会资本方约定，每年按照一定的价格支付一定面积的林木种、养殖成本，作为项目的经营现金流。同时，社会资本方可以将政府购买方式下形成的应收账款作为抵押担保向金融机构申请贷款，满足项目融资的需要。政府融资平台则以政府信用作为担保，在项目运营方无法偿还金融机构的贷款本息时，政府将承担这部分费用的偿还。由此可见，两种方式都增加了政府的隐性债务。

我国林业领域建设资金长期以公共财政投入为主，地方政府在维持大规模的国家储备林建设过程中势必要投入大量资金。在严控地方政府债务风险的背景下，2017年5月28

日国家出台了《关于坚决制止地方以政府购买服务名义违法违规融资的通知》(财预〔2017〕87号),对政府购买及利用政府信用搭建融资平台的方式予以限制,政府财政资金支持力度受到了严重的削减。地方政府面临经济下行的压力,资金难以确保充足,本身也已无法为国家储备林项目的建设提供强有力的资金保障。

为了顺利推进林业供给侧结构性改革的重大工程,政府给予一些优惠政策,以及林业补贴与利息补贴,具体包括:良种繁育补贴、林木良种苗木培育补贴、造林补贴、森林抚育补贴以及3%的林业贷款专项贴息。但是这些营造林补贴并不能满足高标准造林的资金需求。此外,保障项目盈利能力的短周期树种不能享受造林补贴,而补助资金"专款专用"的特点也并未解决项目还款的来源问题。这些因素都导致了国家储备林项目的建设因地方政府财政资金支持力度不足而难以开展。

2. 商业银行难以提供贷款帮助

客观说来,商业性信贷资金存在短期化倾向,而国家储备林项目所需的资金必须是长期稳定的投资资金,因此利用商业性信贷资金建设国家储备林项目将面临期限错配问题,导致融资成本过高,项目承担较大还款压力。主观方面,一是因为国家储备林项目属于公共产品,并具有资金投入量大且占用时间长、建设周期长、沉淀成本高、需求弹性小等特点,加上市场化程度低、信用结构不完善、地方政府财力薄弱,这些特征与商业性金融追求短期盈利的要求并不相符,因此商业性金融不愿介入国家储备林项目;二是由于国家储备林建设内容的复杂性、投资额的规模性、项目建设的长期性、项目收益的不确定性等特质,商业银行对介入该领域后可能引发的政策风险、建设风险、收益风险以及流动性问题都存在较大的担忧,因此,当前商业性金融机构往往出于理性选择而采取观望立场,决策参与过度审慎。

3. 社会资本方参与项目意愿低下

社会资本方参与项目意愿低下的原因之一在于缺乏对国家储备林项目的了解。目前,由于国家储备林项目刚刚起步,运行管理机制初具雏形,现已成功完成融资并顺利实施的国家储备林项目有限,社会资本方对国家储备林项目的运行管理、审批流程、融资模式、运营方式、风险与盈利状况尚不明确。此外,现阶段了解国家储备林项目的专业人才与专业咨询机构匮乏,使得社会资本方难以通过专业渠道客观掌握国家储备林项目的相关情况。这些因素都导致了投资者对国家储备林项目的认知度较低,对国家储备林项目持观望态度。

社会资本方参与项目意愿低下的原因之二则是国家储备林项目的高风险降低了社会资本方参与的热情。国家储备林建设内容的复杂性、投资的规模性、项目建设的长期性、项目收益的不确定性增加了社会资本方对参与项目的担忧。同时,受制于储备林培育水平以及自然条件的影响,且森林保险、担保机制、风险补贴和税收优惠等一系列配套政策组合尚未建立,多方面因素导致了国家储备林项目的投入成本远高于其他领域的项目成本,但前期收益回报水平却远低于其他行业。虽然国家储备林项目有着极强的正外部性,但由于主要经营最有价值的工业原料林、珍稀树种和大径级材,林木生长周期长,项目前期盈利较低。因此,这种风险与收益的不匹配,导致投资者更倾向于发展相对成熟的、收益比较稳定的行业,而对于进入国家储备林市场则缺乏内在驱动力。

综上所述,国家储备林项目由于政府财政资金支持力度不足,自身又缺乏对外部资金的吸引,使得国家储备林项目建设需要的长期投入资金严重短缺;而当前融资手段大多存在短期化趋势，与国家储备林项目建设的长期性投资需求形成了尖锐的矛盾，因此，需要依靠政府的强力推动，拓展融资模式，引入能适应国家储备林项目建设周期的融资资金。PPP模式作为政府与社会资本为提供公共产品通过契约关系建立起来的风险分担、利益共享的长期合作伙伴关系，将其应用于国家储备林建设，有效吸引社会资本投资，不仅可以创新林业投融资机制，促进投资主体多元化，破解国家储备林建设面临的融资难问题，更有利于转变政府职能，提高林业项目建设管理水平，加快林业供给侧结构性改革，从而深化国有林区、国有林场改革，完善集体林权制度，加快林区经济转型发展。

二、国家储备林PPP模式面临的制约因素

目前，PPP模式在林业建设领域中已得到广泛应用，但林业PPP模式仍处于政策研究和稳妥推进阶段。这一领域，社会资本参与较少，可研究范本不多。此外，国家储备林是一个新工程、新概念，美国、加拿大、巴西等森林资源丰富的国家完全可以实现木材自给，不需要建立国家储备林，所以国外也没有国家储备林项目PPP模式的投融资经验可供借鉴。因此，在摸索中推进国家储备林项目PPP模式仍面临诸多挑战。

（一）市场准入门槛模糊

国家储备林建设项目已对社会资本打开大门，但是这一领域目前仍然是社会资本进入最少的领域，具体的制约因素是多方面的，其中一个重要的原因就是国家储备林项目PPP模式缺少科学合理的准入政策体系。从一个PPP项目完整的生命周期看，政府与社会资本的合作一般长达十几年。而国家储备林PPP项目不仅仅是盈利性项目，更是公益性项目。鉴于此，国家储备林建设项目的社会资本的选择关乎生态可持续发展与国家木材安全，较一般PPP项目的市场准入要求应更为严格。虽然在国家储备林建设领域推行PPP模式已成政策共识，但到目前为止，政府并未制定出适合国家储备林项目PPP模式的实施管理办法。此外，各部门对社会资本的界定各有不同，而林业部门尚未对适合国家储备林项目PPP模式的社会资本进行界定，也未对社会资本的资质、信誉、技术、经验和财务等做出具体要求，这些都在一定程度上阻碍了国家储备林项目PPP模式的推进。因此，完善国家储备林项目PPP模式的市场准入政策体系成为一种迫切的需求。

（二）项目建设风险较大

PPP项目是全寿命周期合作，从林业木材生产特点看，国家储备林项目采用PPP模式不仅仅是一个生长周期内的合作。例如，中短轮伐期工业原料林，一个生长采伐周期为10~15年，这意味着国家储备林PPP项目的合作期将长达十几年甚至几十年。在如此长的合作期中，社会资本也将面临巨大的风险，主要包括以下几方面：

1. 政府信用风险

PPP项目的全过程都是通过合约对项目进行约束，因此，PPP项目的顺利完成需要在整个建设周期注重契约精神。但政府部门一直处于主导和权威地位，在以往的PPP项目中，我国政府存在招商引资时积极承诺、项目运营过程中不履行合同约定的情况，尤其是面临政府换届、重大政策调整时，政府部门之间推诿责任现象时有发生。政府部门曾经薄弱的契约意识以及较严重的官本位思想是影响社会资本进入国家储备林建设领域的一大制约因素。

2. 融资风险

PPP 项目的一个特点就是在招标阶段选定中标者之后,政府与中标者先草签特许权协议,中标者要凭草签的特许权协议在规定的融资期限内完成融资,特许权协议才可正式生效。如果在给定的融资期限内社会资本未能完成融资,中标者将会被取消资格并没收投标保证金。国家储备林项目资金需求量大,尤其是大径级用材林和珍稀树种的种植前期投入巨大,各参与主体需要大量融资,却面临较大瓶颈。一方面,在当前经济增速放缓、土地财政下滑、地方政府债务压力巨大的情况下,地方财政难以提供有力支持;另一方面,社会融资成本较高,融资渠道单一,除了政策性银行提供的金融产品,一般金融产品的融资周期都较短,难以适应国家储备林项目的长周期,易出现偿还期限错配等问题,增加社会资本的投资风险。

3. 资金回收风险

国家储备林 PPP 项目的投资方从整地种植开始投入资金,期间一直要进行养护、维护,直到成材,然后采伐销售后获得回报。由于木材是完全市场化的产品,销售价格和销售收入受市场影响巨大,未来十几年后的收益难以预测。除此之外,在木材生长过程中,投资方还要面临非人为火灾、旱灾等不可抗力风险。因此,国家储备林 PPP 项目能否收回投资资金(包括资金的时间价值)难以预料。如果在一个生长周期内,在面临高风险的情况下,没有可预期的、与其他行业投资相比具有竞争力的利润,将很难吸引社会资本进入林业的。

(三)收益难以得到保障

在国家储备林项目建设中,政府的目标是保护天然林、建设人工林,提高木材自我供应能力,确保国家木材安全和生态安全。而社会资本参与国家储备林建设的目的很直接,就是获利。社会资本投入国家储备林 PPP 项目的资本越大,其期望获得的报酬必然也就越大。然而在国家储备林 PPP 项目长达十几年的合作期中,社会资本一方面要面临林木生长过程中的火灾、旱灾、病虫害等不可抗力风险;另一方面,由于木材价格受市场波动影响,十几年后的收益难以确定。在这样的项目中,收益如何得到保障是社会资本最关心的问题。

此外,定价机制是利益分配环节的核心,定价机制的确立不仅包括产品的定价,也包括转让资产的定价。合理的定价机制既要对社会资本产生激励,使其合理降低成本、提高工作效率,从而获得约定的盈利,同时又要限制其获取暴利。而目前国家储备林 PPP 项目尚未建立明确的定价机制,社会资本参与国家储备林 PPP 项目,要么涉及国有林场资产、股权、林地转让,要么涉及村民承包权、经营权的转让,转让价格如何确定,是吸引社会资本投资国家储备林 PPP 项目要解决的重要问题。另外,政府发起国家储备林 PPP 项目主要为获取生态收益,那么政府是否能够不参与直接利润分配而只获得生态收益,也是社会资本投资国家储备林 PPP 项目所要考虑的问题。以上问题目前尚未得到明确规定,所以社会资本仍持观望态度,阻碍了国家储备林 PPP 项目的推进。

(四)配套政策不够完善

国家储备林建设是一项系统工程,其投资是一个长期过程,需要一系列的配套政策。2016 年国家发展和改革委员会联合国家林业局发布了《关于运用政府和社会资本合作模式推进林业建设的指导意见》(发改农经〔2016〕2455 号)(以下简称《指导意见》),提出在林业重大生态工程、国家储备林建设、林区基础设施建设、林业保护设施建设、野生动植物保护及利用5大重点领域实施PPP模式。但目前,运用PPP模式推进国家储备林建设,仍处于政策研究和稳妥推进阶段,缺乏相关经验,配套政策也不完善。

1. 缺少国家储备林项目投资PPP模式的相关经验

国家储备林是一个新工程、新概念,美国、加拿大、巴西等国家森林资源丰富,木材完全可以自给,不需要建立国家储备林,因此国外没有国家储备林PPP项目的投融资经验可供借鉴。而国内PPP融资模式主要应用于基础设施建设等公共服务领域,林业PPP项目较少,缺乏可借鉴的范本。

2. 缺乏国家储备林PPP项目的政策指引

2014年财政部、发改委发布的《政府和社会资本合作通用合同指南》《政府和社会资本合作模式操作指南(试行)》(财金〔2014〕113号)都是依据公共基础设施的特点制定的,并不完全适合国家储备林PPP项目,难以规范国家储备林PPP项目的操作流程。

3. 缺乏配套监管体系

社会资本逐利是其本性,如果没有监管,社会资本进入林业领域后,很可能因其要尽快收回投资成本,而对现有林木进行大量砍伐,破坏现有林业资源,造成水土流失等严重问题。目前为止,政府部门尚未出台明确的监管制度,《指导意见》中仅笼统提出了发展改革和林业部门对社会资本有监管责任,并未明确监管细则。

以上问题都会制约运用PPP模式推进国家储备林建设的有效投资。

三、国家储备林PPP模式的实施框架

面对上述推进国家储备林项目PPP模式的制约因素,政府及林业部门只有根据国家储备林的建设特点,借鉴其他项目PPP模式的成功经验,尽快制定出国家储备林项目PPP模式的实施框架,加快推动PPP模式应用于国家储备林建设,实现林业投融资模式的创新。因此,明确国家储备林PPP模式的目标原则与实施过程等就显得尤为重要。

(一)国家储备林PPP模式的目标原则

引导鼓励社会资本积极参与国家储备林建设的目的是为了充分发挥市场在资源配置中的决定性作用和更好的发挥政府作用,创新林业产权模式和投融资机制,为广大人民群众提供优质高效的林业生态产品和服务,不断提升林业现代化水平。国家储备林项目的基本功能是保障林业生产、维护木材安全、发展现代林业,决定了国家储备林项目PPP模式也必须以保障林业生产,提供优质林业生态产品和服务,提升林业现代化水平为关键目标。PPP模式是拓展国家储备林项目融资渠道、创新林业投融资机制、解决国家储备林项目资金供需矛盾的重要选择,决定了国家储备林项目PPP模式要以创新林业投融资机制为基本目标。在"关键目标—基本目标"的指引下,国家储备林项目PPP模式应坚持以下原则:

1. "政府组织,诚信守约"原则

在国家储备林项目PPP模式下,政府部门应由过去在林业建设中的主导角色,转变为与社会资本合作进行林业建设过程中的监督、指导以及合作者的角色,对管理制度进行创新,集中力量做好政策制定、项目审核、指导服务和监督管理等工作,有效发挥监督、

指导作用。同时，要根据国家有关规定，公开、择优选择社会资本，开展项目建设和管理，并在平等协商、依法合规的基础上订立项目合同，保证合作双方的合法权益。在这一过程中，政府需遵循诚信守约原则，项目合同一经签署须严格执行，无故违约须承担相应责任。

2."因地制宜，创新模式"原则

在保护好自然生态系统的前提下，地方林业部门应根据本地区林业发展实际，遴选前期工作成熟、具有长远盈利预期、规模较大的储备林项目，与社会资本进行合作。通过创新投融资机制，采取授予特许经营权、给予投资补助、政府购买服务等方式，稳定社会资本的收益预期，开展社会资本参与林业建设合作试点。并在总结试点经验的基础上，形成可复制、可推广的经验模式，并向全国推广、提供借鉴。

3."公开透明，规范运行"原则

在国家储备林项目PPP模式的实施过程中，应按照国家相关规定，组织项目论证、选择合作伙伴，制定和履行各类项目合同，组织绩效评价，完善相关制度设计，营造良好的政策环境，接受各方监督，确保项目实施决策科学、程序规范、过程公开、责任明确、稳妥推进。

(二)国家储备林PPP模式的实施过程与合作形式

1. 实施过程

在实施国家储备林项目PPP模式过程中一般需要经历"发起—招标—建设—运营—移交"的项目周期。区别于传统的融资模式，政府部门和社会资本的合作从融资项目的发起阶段就已经开始，并始终贯穿项目建设的整个周期。政府作为主要实施主体与社会资本开展合作，它们均需通过直接或间接调研国家储备林建设需求，来研判国家储备林项目投资的具体方向，均可以通过社会融资平台获得资金。其中，政府作为公共部门，往往通过前期论证发起项目；而后组织管理架构的构建、编制和审定实施方案；再进行项目招标，在法律上建立同社会资本的合作关系，并监督项目运营；最后接收项目成果。社会资本通过投标与政府进行合作，在中标以后运营项目，接受政府投资与监督，最后向政府移交项目成果。此外，社会资本可以主动争取参与项目发起，同实施主体共同论证项目的可行性，评估项目风险，设计风险分配方案，规避因信息不对称、市场不确定性高等因素而导致的投资风险。

2. 合作形式

政府与社会资本的合作形式多种多样，主要包括以下3个方面：购买服务、特许经营和私有化。只有明确各种合作方式的特点，才能选取适当的形式，提升国家储备林建设、经营的效率。在实施购买服务类PPP模式时，一般是由政府投资，私人部门负责整个项目中的一项或几项职能，例如，只负责国家储备林建设，或者负责管理、维护等业务，然后通过政府付费实现收益。项目期通常较短，一般不超过5年。

在BOT(建造—运营—移交)模式下，社会资本投资建设国家储备林并负责项目维护、运营，待林木成材后采伐销售获取收益，在合同期结束时按约定将项目移交政府。这种模式受木材生产周期长的影响，投资回收期长而且不确定因素较多，风险比较大。因此，宜采取包含几个林木生长周期中较长期的合同期限来吸引社会资本投资，合同必须要明确政府与社会资本直接的风险分担责任以及项目移交时的状况。

TOT(移交—运营—移交)模式项目与BOT模式项目相比,省去了建设环节,社会资本没有参与前期建设,对土壤、水资源以及苗木状况不够了解,对预期收益评价会产生偏差。所以,这种模式不太适合前期需要很大资金投入的国家储备林项目。

PFI(民间主动融资)模式对社会资本吸引力比较大,采用这种模式建设项目,通常政府要每年投入一定的资金来补贴社会资本,社会资本通过常年收取政府补贴获取收益,收回投资并得到利润,到项目期结束,把项目移交政府,同时转移了项目市场风险。

在实施私有化PPP模式时(部分私有化模式也就是股权投资模式),政府出售一部分项目股权给社会资本,政府处于控股地位并履行监督、约束职能。主要的国家储备林PPP模式的对比参见表7.4。

表7.4 国家储备林PPP模式的合作形式及相关利益主体的主要责任

	形式	适用项目	政府	社会资本
购买服务	委托运营(运营—维护)(Operate-Maintain, O&M)	存量项目	投资、过程监管	建设、运营、维护
	管理合同(Managing Contractor, MC)	存量项目	投资、过程监管	建设、运营、维护
特许经营	建造—运营—移交(Build-Operate-Transfer, BOT)	增量项目	过程监管	投资、改建、运营、维护
	移交—运营—移交(Transfer-Operate-Transfer, TOT)	存量项目	过程监管	投资、运营、维护
	民间主动融资(Private-Finance-Initiative, PFI)	增量项目	过程监管	投资、建设、运营、维护
私有化	建造—拥有—运营(Build-Owning-Operate, BOO)	增量项目	过程监管	投资、建设、运营、维护

(三)国家储备林PPP模式的适用分析

国家储备林项目PPP模式,指政府与社会资本通过多种方式进行合作,共同进行国家储备林建设。在项目运行过程中,政府和社会资本利益共享,风险共担。政府通过引入社会资本增加项目融资,社会资本在政府政策保障下获取稳定的收益。但政府与社会资本的合作形式多种多样,PPP模式的实现方式也各有特点,只有选取适当的模式,才能提升国家储备林项目的经营效率。目前我国学者对PPP模式应用于国家储备林项目的研究非常少,落地并顺利推进的以PPP模式建设国家储备林的项目更是寥寥无几,因此,探讨可应用于国家储备林项目的PPP模式,对后续在全国范围内推动国家储备林建设具有重要的参考价值。结合不同国家储备林项目的建设特点,适合国家储备林项目的PPP模式主要有以下几类:

1. BT模式

BT(建设—转让)模式指在政府和社会资本的合作中,社会资本只负责国家储备林项目的投融资和建设,在建设完成之后,项目的运营和维护则需要交由政府部门,而在建设完成之后的收益也归政府所有(图7.8)。在这一模式下,政府需要给予企业一定的回报,而这一回报主要是由政府按照合同向企业付费,或者是为企业提供某一个领域的特许经营权，也可以是为企业提供的地块，这样企业就能通过其他项目获得一定的收益。但是，在应用这一模式对国家储备林进行建设的过程中，林业部门对于付费之外的补偿形式并没有相应的话语权。

BT模式的整个过程简单，责任清晰，本质上相当于政府购买服务，适用于公益性极强、社会效益突出但无市场化收益的生态林、公益林等非经营性国家储备林项目。

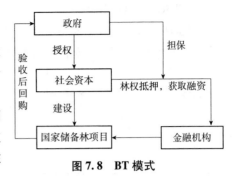

图 7.8　BT 模式

2. BOT 模式

BOT（建设—运营—转让）模式指政府和社会资本合作，通过合同约定社会资本参与全部或部分投资成立项目公司（SPV），以项目建设所在地的林木所有权或者项目公司资产作为抵押物，向贷款方取得贷款，获取融资，由项目公司负责建设、运营和管理项目，并获取收益，协议期满后，项目公司将其所经营的国家储备林项目下的所有资产转交给政府部门（图 7.9）。

BOT 模式是一种特许经营模式，适用于市场化程度高，可以依靠经营管理收回投资并取得合理收益的可经营性国家储备林项目。在应用这一种模式的过程中，会受到木材生产周期较长以及其他不确定因素的影响，有着较大的风险。因此，政府部门要对合同期进行合理的设计，可以在一定程度上针对林木生长周期来设定合同期，这样就能更好地吸引社会资本。

3."BOT+政府可行性缺口补助"模式

"BOT+政府可行性缺口补助"模式是 BOT 模式的一种演化模式，当国家储备林项目的收益不足以满足社会资本成本回收或合理回报时，政府依据特许经营协议和项目公司建设该项目的绩效，在特许期内为该项目提供可行的缺口补助，其结构参如图 7.10 所示。该模式适用于市场化程度较高，但收益不足以满足社会资本成本回收或合理回报的可经营性储备林项目以及存在盈利空间的准经营性国家储备林项目。例如，建设任务中既包含公益林与生态林营造、又包含大径级材与珍惜树种营造的国家储备林项目。

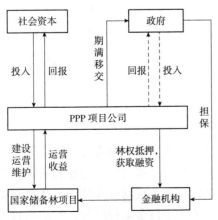

图 7.9　BOT 模式

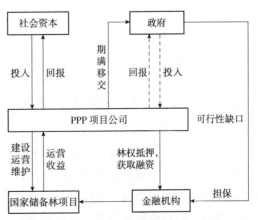

图 7.10　"BOT+政府可行性缺口补助"模式

4. "BOT+ABS"模式

"BOT+ABS"模式也是BOT模式的一种演化模式,其中ABS指资产证券化。该模式以国家储备林项目所属的林地、林木等资产为支撑,以项目资产的未来收益为保证,通过在资本市场发行债券来募集资金。通过信用担保,项目公司委托证券承销商组织债券发行,将募集的资金用于项目建设,并以项目的未来收益清偿债券本息(图7.11)。由于"BOT+ABS"模式以国家储备林项目的未来收益获取融资,所以,这种模式仅适用于市场化程度高的可经营性国家储备林项目。

但是这种融资模式对债券市场发展的成熟度依赖较大。我国森林资源资产证券化的探索起步于20世纪90年代,虽然随着林业市场化改革的不断深入,森林资源资产证券化已经具备了实施的条件,但大规模推行森林资源资产证券化还面临着市场、技术、体制与法规等诸多方面的制约,因此,这种融资模式目前在我国仅存在理论上的可行性。随着我国林业改革的不断深入,林业投融资体制改革的不断发展以及资本市场的不断完善,"BOT+ABS"模式会成为国家储备林项目重要的融资模式。

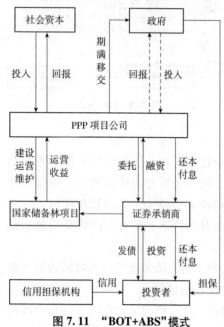

图7.11 "BOT+ABS"模式

5. 四种模式适用情况对比

通过上述分析,对BT模式、BOT模式、"BOT+可行性缺口补助"模式、"BOT+ABS"模式的类型以及各自适用的国家储备林项目进行总结,见表7.5所列。

表7.5 四种模式适用情况对比

模式	类型	适用项目
BT	政府购买	非经营性国家储备林项目
BOT	特许经营	可经营性国家储备林项目
BOT+可行性缺口补助	特许经营	可经营性国家储备林项目、准经营性国家储备林项目
BOT+ABS	特许经营	证券市场成熟情况下的可经营性国家储备林项目

(四)国家储备林PPP模式的主要条件

1. 专业化的社会资本方

任何项目都有其专业性,林业项目也不例外。经营林业项目需要充分了解土壤、水资源以及苗木状况,而国家储备林项目主要经营珍稀树种和大径级材,这些珍稀树种的生长条件较普通树种要求更高。因此,社会资本方应该掌握林业领域的专业知识,还要具备资本供应能力、项目运营能力和一定的建设管理能力,关注项目全流程风险,组织项目参与主体各司其职,通过合理的风险分担机制来管理项目。只有引入符合条件的社会资本,

PPP 项目才能满足对参与主体的要求，发挥社会资本方在融资、施工建设、运营管理方面相比较于政府方的优势，进而推动国家储备林 PPP 项目的建设。

2. 清晰合理的回报机制

PPP 项目为了落实"盈利而非暴利"的收益原则，所带来的利润较薄，但比较稳定。考虑到社会资本投资于国家储备林 PPP 项目是为了获得稳定的报酬，政府将项目的回报率可大概定为 7%~8%。一方面，必须确保 PPP 项目具有一个相当于社会平均利润率的最低收益水平，让投资者有钱可赚、有利可图。对于无法实现约定回报率的，则需要通过政府贴息、建立补偿基金、税收减免等方式使社会资本获得合理投资回报，以对社会资本产生足够的吸引力；另一方面，也要避免政府完全承担市场风险、社会资本获得无风险高额回报的现象，不能一味追求吸引资金而给予社会资本过多的承诺。只有保证社会资本的合理回报，才会正确引导社会资本投资到基础设施和公共服务中来，才能真正缓解当前政府融资难的问题，推动国家储备林项目的成功落地。

3. 能达到项目要求的财政承受能力

一般来说，准经营性 PPP 项目都是具有财政支出责任的项目，国家储备林项目也不例外。这种支出责任包括两方面：一是直接的财政补贴或者付费；二是或有风险发生带来的支出。为此，财政部发布的《财政承受能力论证指引》规定地方政府每年全部 PPP 项目的支出责任，不应超过一般公共预算支出的 10%。但这一比例对许多财力薄弱的地方政府来说压力仍然较大。因此，国家储备林 PPP 项目的运作要考虑到财政中长期的可持续性。只有政府的财力有确切的保证，才可以推行国家储备林项目的建设，否则因财力问题而导致项目失败会降低社会资本进入国家储备林项目的积极性，进而形成一个恶性循环，降低了公共服务的质量。

4. 灵活创新的融资机制

国家储备林项目与 PPP 融资模式相结合，引入合格的社会资本，能够有效减轻政府的融资压力，但是 PPP 需要融资工具的支持才能发挥其功能。在推进国家储备林建设过程中，建立灵活创新的融资机制，引入具有特色的金融工具，丰富融资渠道，提供多元化的金融服务，将成为推进国家储备林项目融资的关键。只有社会资本方有能力融到充足的资金，国家储备林项目才可以顺利开展，才能发挥其战略意义。

5. 权责清晰的合同与绩效考核体系

在 PPP 项目中，项目参与方通过一系列合同来确立和调整彼此之间的权利、义务关系，构成 PPP 项目的合同体系。在 PPP 合同体系中，各个合同之间并非完全独立、互不影响，而是紧密衔接、相互贯通的。绩效考核作为合同体系的重要组成部分，是衡量社会资本对于项目运行管理质量的关键指标。缺乏合理的绩效考核标准易导致社会资本不重视运营与维护水平的提高，甚至会为了提高经济效益而节省项目支出、降低运行效果，从而严重影响公共服务质量。因而一份权责清晰的合同体系，可以更好地保障项目的运行效果，在项目发生问题时避免许多无谓的争端，使得各参与方按照合同的约定承担相应的责任，共同寻求解决办法，促进项目的良性运转。

在国家储备林基地的建设过程中，PPP 模式作为一种利益共享、风险共担的长期合作伙伴关系，为项目的建设吸引了优质的社会资本方，不仅缓解了项目融资困境，也引入了专业的合作团队,提高了项目的运行效率与服务质量,利用PPP模式进行国家储备林基地的建设也已成为政策共识。

四、案例:福建省南平市国家储备林项目融资

(一)项目信息

1. 项目概况

本项目立足福建省是全国首个生态文明试验区的优势,通过集约人工林栽培、商品林赎买、现有林改培和发展林下经济,达到提高森林质量、提升森林生态功能的目的,充分发挥林业政策贷款项目的带动作用,提高森林质量,推进国土绿化,保障木材安全,吸纳贫困人口参与工程建设以增加其财产性收入和工资性收入,进一步提升农民再就业能力,带动贫困人口脱贫增收。

(1)项目建设内容

①集约人工林栽培。集约人工林栽培面积143.77万亩,按树种组成分,10杉林分面积75.21万亩,6杉4珍阔林分面积39.88万亩,6杉4一般阔林分面积28.68万亩。具体建设内容包括林地清理、耙带、整地、挖穴、施基肥、回表土、抚育和有害生物防治等措施。

②商品林赎买。商品林赎买面积80.71万亩,按龄组分,幼龄林18.7万亩,中龄林18.98万亩,近成过熟林43.03万亩;按区位分,重点生态区位内69.37万亩,重点生态区位外11.34万亩。

③现有林改培。现有林改培面积325.20万亩,包括重点生态区位内赎买的商品林和少量的重点生态区位外赎买的商品林。按龄组分,幼龄林186.65万亩,中龄林50.72万亩,近成过熟林87.83万亩。按区位分,重点生态区位内现有林改培(均为赎买的商品林)69.37万亩,其中,择伐套种42.80万亩,更替改造15.51万亩,综合改培11.06万亩;重点生态区位外现有林改培(包括赎买的商品林11.34万亩)255.83万亩,其中,择伐套种45.03万亩,更替改造35.21万亩,综合改培175.59万亩。

项目针对重点生态区位内和重点生态区位外分别进行择伐套种、更替改造和综合改培。按树种组成分,分别为杉木林262.01万亩、马尾松林62.60万亩和其他阔叶树林0.59万亩。具体建设内容包括择伐、间伐、林地清理、耙带、整地、挖穴、施基肥、回表土、抚育和有害生物防治等措施。把现有林分改造为针阔混交、复层异林的复合型林分。

④林下种植。林下种植中药材面积30万亩,包括金线莲等名贵中药材的培育。具体建设内容包括科学选地、科学栽植、田间管理及采收等。

(2)项目建设目标

本项目建设目标是降低纯林占比,提升针、阔叶树用材占比;提升大中径材的比例和珍贵或乡土阔叶树用材占比;林分生长指标有较大幅度提高,林分蓄积量可增加30%以上,成熟林每公顷理论蓄积量可达160立方米以上;计算期内,可生产木材9171.31万立方米,年均可供商品材229.28万立方米;推广应用栽培技术和森林高效经营措施;项目建设为林农提供再就业和创业的机会,加快贫困人口脱贫进程。

(3)项目建设规模

本项目总建设规模468.97万亩,其中,集约人工林栽培143.77万亩,占30.66%;现有

林改培244.49万亩,占52.13%;现有林"赎买+改培"80.71万亩,占17.21%。其中,重点生态区位内69.37万亩,重点生态区位外11.34万亩,现有林中林下种植中药材30万亩。

(4)项目建设布局

南平市的延平区、建阳区、邵武市、武夷山市、建瓯市和南平市国有林场等10个县(市、区)和包括南平峡阳国有林场在内的18个南平市省属国有林场,基地建设总面积468.97万亩。10个县(市、区)包括:5个县,分别为顺昌县、浦城县、光泽县、松溪县、政和县;3个市,分别为武夷山市、建瓯市、邵武市;2个区,分别为延平区、建阳区。

(5)项目投资规模

项目总投资由建设投资、建设期利息及铺底流动资金构成。项目总投资合计为2 153 318.86万元,其中,建设投资1 829 827.86万元,建设期利息312 277.00万元,铺底流动资金11 214.00万元。建设投资分为工程建设费用、工程建设其他费用和基本预备费3部分。

①工程建设费用。本项目工程建设费用总额为1 636 331.63万元,其中,集约人工林栽培投资386 293.62万元,重点生态区位外现有林改培投资415 367.14万元,重点生态区位内现有林改培投资193 755.87万元,重点生态区位外商品林赎买投资79 380.00万元,重点生态区位内商品林赎买投资381 535.00万元,林下种植投资180 000.00万元。

②工程建设其他费用。本项目工程建设其他费用主要包括建设单位管理费、实施方案编制与设计费、科技推广培训费、工程验收与建档费、工程建设监理费。工程建设其他费用依照国家及行业有关规定,总额为106 361.57万元。

③基本预备费。本项目基本预备费为87 134.66万元。

本项目纳入PPP投资范围的投资金额约为1 829 827.86万元(此金额不含建设期利息和铺底流动资金)。要求中标社会资本共同提供不少于投资总额20%的自有资金,项目自有资金以外的其他资金由项目公司通过银行贷款、社会资本股东借款或其他方式解决,必要时由社会资本提供相应担保,若除自有资金以外的其他资金未按时到位则由社会资本负责补齐。

2. 运作方式

鉴于本项目合作范围包括投融资、建设(包括集约人工林栽培、商品林赎买、现有林改培及林下种植)、运营和维护(包括森林抚育、管护等),社会投资人通过"使用者付费+可行性缺口补助"收回建设成本和获得投资回报。因此,本项目采用投资—建设—运营、维护—移交(即BOT模式),由社会资本独资成立项目公司,由项目公司对本项目进行投融资、建设、运营和维护,以此提供公共产品及配套公共服务。本项目年度投资回报率按7%计取,合作期38年,其中,整体建设期8年,运营期30年。具体详见项目交易结构图(图7.12)。

南平市人民政府授权南平市林业局作为项目实施机构,负责本项目的前期工作准备、采购、合同谈判等工作。南平市林业局通过招标方式确定中标社会投资人,中标社会投资人为南平绿发集团有限公司(市属林业投融资主体)牵头、各县国有全资林业公司参与的联合体,社会资本方共同出资成立南平国家储备林建设发展有限公司。南平市林业局与项目公司签署《PPP项目合同》,10个县(市、区)林业局与项目公司分别签署《PPP项目子合同》。项目公司负责本项目的投融资、建设、运营和维护。

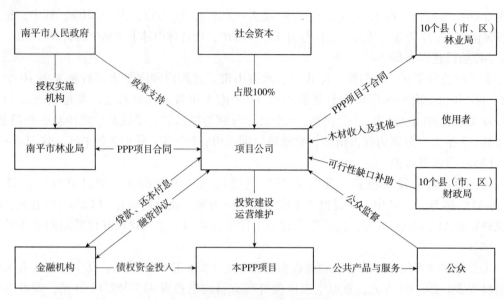

图 7.12 项目交易结构图

中标社会资本独资成立项目公司，项目公司注册资本为 4 亿元、注册所在地为南平市延平区、组织形式为有限责任公司。项目公司负责本项目的投资、融资、新造、改培（含赎买）、林下种植，同步建设基础设施；其后陆续安排森林抚育、管护，科学合理采伐利用等。本项目经南平市人民政府同意，社会投资人可以转让其在项目公司中的全部或部分股权，但受让方应满足履行《PPP 项目合同》要求的融资能力、财务信用、技术能力、运营经验等基本条件，并以书面形式明示，在其成为项目公司股东后，要督促并确保项目公司继续承担《PPP 项目合同》项下的义务。

项目资金通过股权融资和债务融资获得。

①股权融资。根据国务院《关于调整和完善固定资产投资项目资本金制度的通知》（国发〔2015〕51 号）中"其他项目的最低资本金比例为 20%"的规定，结合目前与金融机构的对接中，金融机构对自有资本金的要求基本在 20% 以上，故本项目的项目资本金为 36.6 亿元（由中标社会资本负责筹措），自有资本金按建设进度逐步到位。

②债务融资。项目自有资本金以外的资金由项目公司负责筹措。项目自有资本金以外的建设资金的解决方式：一是可通过项目公司申请银行贷款或其他融资方式解决，但所获资金仅限用于本项目建设使用；二是该项资金筹措过程中所需融资担保，由社会投资人自行负责并承担办理融资担保所需的一切费用；三是项目公司不得将本项目的固定资产以任何形式为其他项目的融资提供担保；四是该项资金应按照项目资金需求计划的要求及时到位，若资本金外的建设资金未及时到位，则由社会投资人负责补齐。

项目合作期结束后，社会资本将本项目林木所有权移交给 10 个县（市、区）人民政府或其指定的机构。项目公司应移交的项目资产以及经营权包括但不限于：项目的经营权；运营和维护林木所要求的所有技术和技术诀窍、知识产权等无形资产（包括以许可方式取得的）；在用的各类管理章程和运营手册，包括专有技术、生产档案、技术档案、文秘档案、图书资料、文件和其他资料等。

3. 回报机制

本项目为准经营性林业项目，回报机制为"使用者付费+可行性缺口补助"。

①使用者付费。项目公司通过主伐和间伐杉木、马尾松、珍贵阔叶树、一般阔叶树，销售木材获得收入；项目公司通过森林抚育、林分改造提升林木生长量，形成碳汇收入；政府方授权的其他经营所产生的收入等。

②可行性缺口补助。建设成本、运营成本和合理回报与使用者付费之间的缺口部分，由 10 个县(市、区)政府通过补贴方式给予项目公司。可行性缺口补助调整根据中标条件，在保证建设补贴 80% 的支付总额不变的情况下，未来，政府方和项目公司可根据实际情况调整每年补贴金额，届时双方协商确定。

项目公司满足指标并通过竣工验收的，县(市、区)财政局根据约定支付可行性缺口补助；项目公司未能达到指标的，项目实施机构有权提取中标社会资本提交的建设期履约保函项下的相应金额，敦促其整改并通过考核。指标的考核由项目实施机构牵头，结合项目竣工验收情况进行评定，有一项未通过则视为不满足指标。

4. 合同体系

南平市人民政府授权南平市林业局作为项目的实施机构，南平市林业局通过公开招标方式选择社会资本；招标完成后，由中标社会资本独资成立项目公司，项目公司与南平市林业局签订《PPP 项目合同》，项目公司与 10 个县(市、区)林业局分别签订《PPP 项目子合同》，与金融机构签订《融资合同》，与运营维护单位签订《运营维护合同》，与供货单位签订《供货合同》。具体的项目合同结构如图 7.13 所示。

5. 风险分担机制

PPP 项目建设和经营周期长，参与方多且相互之间关系复杂，不确定因素多，存在较大的风险，因此风险分担在 PPP 项目中扮演着重要的角色，直接关系到整个项目的成败。

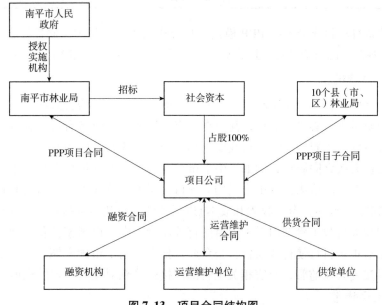

图 7.13　项目合同结构图

表 7.6 风险因素划分及风险分配情况表

层次	风险类别	风险因素	风险分配
宏观层面（国家层次）	政府	政府干预	政府
		征用/公有化	政府
		政府信用	政府
	法律	法律及监管体系完善	政府
		法律变更	共担
		税收调整	社会资本
中观层面（市场层次）	市场	招标竞争不充分	政府
		利率风险	社会资本
	融资	融资风险	社会资本
微观层面（项目层次）	设计	政府方要求的设计变更	政府
		项目公司要求的设计变更	社会资本
		技术风险	社会资本
		气候/地质条件	共担
		环保风险	共担
	运营	运营成本超支	社会资本
		费用支付风险	政府
		政府/公众反对	政府
	关系	第三方延误	共担
		项目财务监管不足	共担
	不可抗力	战争、暴动、骚乱等社会异常现象	政府
		自然不可抗力（火灾、旱灾、病虫害等）	共担

南平市国家储备林项目充分发挥 PPP 模式公私合作的优势，将国家储备林建设过程中的宏观、中观、微观层次的风险进行合理分配，建立了"风险共担"的风险分担机制（表 7.6）。

(二) 项目监管机制

南平市国家储备林项目属于政府负有向公众提供服务义务的公共项目，政府需要对项目执行情况和质量进行必要的监控，甚至在特定的情形下，政府有可能临时接管项目。在监管方式上，主要分为履约监管、行政监管和公众监管 3 种。履约监管主要是从合同的角度确保社会投资人按合同履约，例如，南平市林业局作为实施机构有权对项目公司的银行账户进行监管，有权聘请第三方中介机构对项目公司的经营成本进行监管和核算，并对项目公司的经营状况（包括投资、收入和成本）进行评估；行政监管指政府对项目公司的履约监管并不影响相关行政主管部门对本项目的行政监管，南平市国家储备林项目的相关行政主管部门依法对本项目行使行政监督；公众监管指由于南平市国家储备林项目属于公共项目，所以项目接受公众监管，政府相关主管部门接受公众对项目公司的投拆。

1. 项目主要特色

南平市国家储备林项目通过引入 PPP 融资模式，利用政府与社会资本合作成立项目公司,搭建融资平台,并创建"市带县"PPP统贷合同体系,解决了项目建设主体多且分散、难以承接融资资金的问题(图7.14)。

(1)创建"市带县"统贷合同体系,解决信贷资金难对接问题

由于南平市国家储备林项目的建设主体分布在10个县(市、区)的18个南平市省属国有林场,建设主体多且分散,用款人实力弱。为了对接国家开发银行贷款,南平市创建了"市带县"PPP统贷合同体系。项目公司依照PPP项目合同的约定作为融资平台,统一承接国家开发银行贷款,再通过签订PPP项目子合同,把贷款落实到各县(市、区)。南平市国家储备林项目"市带县"PPP统贷合同体系,在传统信贷平台难以搭建的情况下,利用PPP县(市、区)模式的特点,重新搭建项目融资平台,解决了信贷资金难对接的问题。

(2)利用可行性缺口补助,解决项目现金流不足问题

由于南平市国家储备林项目是准经营性项目,加之项目主要树种比较单一,杉木主伐年龄26年,马尾松主伐年龄31年,一般阔叶树、珍贵落叶树主伐年龄41年,短期内难以形成稳定的还款现金流。为此,南平市国家储备林项目通过采取可行性缺口补助的方式,解决项目还款现金流不足的问题:一方面,满足了国家开发银行的贷款条件;另一方面,以稳定的收益吸引社会资本进入国家储备林项目。

(3)采用PPP权益质押,解决信用结构难搭建问题

从PPP政策层面上看,《基础设施和公共事业特许经营管理办法》明确提出要"探索利用特许经营项目预期收益质押贷款,支持利用相关收益作为还款来源"。我国最高人民法院指导案例53号[①]的判决结果表示特许经营权的收益权可作为应收账款予以质押,这表明PPP项目中特许经营权的收益权质押担保的可行性。由于我国大力控制地方政府债务风险,采用政府购买等方式搭建信用结构受到越来越多的限制。在此情况下,南平市国家储备林项目通过PPP权益质押的方式,解决了项目信用结构难搭建的问题,为承接国家开发银行贷款创造了条件。

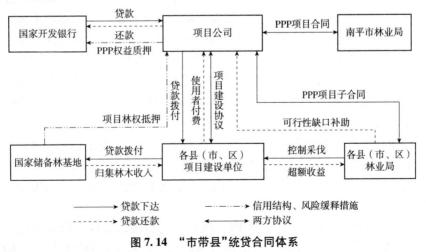

图7.14 "市带县"统贷合同体系

---

① 我国最高人民法院指导案例53号:福建海峡银行股份有限公司福州五一支行诉 长乐亚新污水处理有限公司、福州市政工程有限公司金融借款合同纠纷案,2015年。

2. 项目适用条件

南平市"市带县"PPP融资模式本质上是"BOT+可行性缺口补助"模式，不仅是国家储备林项目融资模式的又一次创新，更是PPP模式在我国国家储备林项目中的首次应用。该模式需要具备以下条件：

(1) 清晰合理的回报机制

清晰合理的回报机制是国家储备林PPP项目合作的基本前提。事实上，盈利能力是社会资本参与国家储备林项目最关注的指标，只有保证社会资本的合理回报，才能引导社会资本投资到国家储备林项目建设中来，缓解国家储备林项目融资困境。南平市国家储备林项目作为准经营性项目，通过木材销售、碳汇以及林下经济创造的收益难以满足社会资本的收益期望。为了创造合理的投资回报，吸引社会投资者进入国家储备林项目，南平市国家储备林项目采取"使用者付费+可行性缺口补助"的收益机制，一方面，让投资者有钱可赚、有利可图；另一方面，通过可行性缺口补助的弹性，调节社会资本方在项目中的收益。这种收益机制将利润区间控制在合理的范围内，落实了"盈利而非暴利"的收益原则，既能吸引社会资本的投资，又避免了社会资本方利用可行性缺口补助而获取暴利。

(2) 专业化的社会资本方

专业化的社会资本方是国家储备林PPP项目合作的核心基础。国家储备林项目的社会资本方作为项目的运营方，负责项目融资、建设以及长期运营和管理，基本上全过程参与国家储备林项目，因而社会资本方的选择直接关系到项目的成败。国家储备林项目主要经营珍稀树种和大径级材，这些珍稀树种的生长条件较普通树种要求更高，需要更专业的机构和技术来建设国家储备林。因此，在国家储备林项目社会资本方的选择方面，既要求其具备较大的经济体量和较强的抗风险能力，又应具备专业的营林能力与较强的市场销售能力。

由于国家储备林项目建设正处于起步阶段，社会资本和商业资本对国家储备林项目的认知度较低，南平市国家储备林PPP项目在筹备过程中，并没有找到既具备经济实力又有专业化运营经验的社会资本参与投标。于是，由国有独资企业南平绿发集团有限公司牵头，联合南平市下属区县政府的国有全资公司与国有林场组成中标联合体，作为项目社会资本参与国家储备林项目。但是，根据《政府和社会资本合作模式操作指南（试行）》（财金〔2014〕113号），社会资本是指已建立现代企业制度的境内外企业法人，但不包括本级政府所属融资平台公司及其他控股国有企业。《PPP项目合同指南（试行）》（财金〔2014〕156号）第一章指出：本级人民政府下属的政府融资平台公司及其控股的其他国有企业（上市公司除外）不得作为社会资本方参与本级政府辖区内的PPP项目。因此，南平市国有独资公司作为该PPP项目的社会资本方，实际上是违反财政部规定的，其他项目在借鉴南平市国家储备林项目PPP融资模式时，应积极培育或吸引合规的、专业化的社会资本投资国家储备林项目。

(3) 切实可行的融资渠道

切实可行的融资渠道是国家储备林PPP项目成功的关键条件。国家储备林项目建设周期长，资金循环周期长，因而项目所需的资金必须是长期稳定的投资资金。但目前商业性信贷资金存在短期化倾向，利用商业性信贷资金建设国家储备林项目将面临期限错配问题，导致融资成本过高，项目承储主体难以承担。因此，需要依靠政府的强力推动，利用财政长期投入，引入开发性、政策性金融的长周期、低利率贷款投资国家储备林项目。

2017年，国家发展和改革委员会、国家林业局、国家开发银行、中国农业发展银行联合下发《关于进一步利用开发性和政策性金融推进林业生态建设的通知》(发改农经〔2017〕140号)，明确提出将国家储备林基地建设作为林业利用开发性和政策性金融贷款的主要支持范围，加大金融支持力度，根据各地实际情况和需求，提供长周期、低成本的资金支持，贷款期限最长30年，宽限期最长8年，实行基准利率和最低资本金比例。南平市国家储备林PPP项目中，建设单位自筹资金仅占总投资比重的7.41%，其余九成多的投资均来自于财政投入与开发性信贷投资，其中，国家开发银行贷款占总投资比重高达78.95%。因此可以说，财政投入与开发性、政策性贷款为国家储备林PPP项目融资提供了关键条件。

(4) 地方政府财政实力较强

地方政府的财政实力是准经营性国家储备林PPP项目成功的重要支撑。一般来说，像南平市国家储备林项目这样的准经营性PPP项目都是具有财政支出责任的项目，具体包括财政补贴、政府购买与风险准备金的筹集等，这对许多财力薄弱的地方政府来说压力较大。因此，国家储备林PPP项目的运作要考虑到财政中长期的可持续性。只有政府的财力有确切的保证，才可以推行国家储备林项目的建设，否则因财力问题而导致项目的失败会降低社会资本进入国家储备林项目的积极性，进而形成一个恶性循环，制约国家储备林项目的融资。

(5) 完善的绩效考核与监督体系

完善的绩效考核与监督体系是国家储备林PPP项目成功的必要保障。绩效考核是依效付费机制的重要组成部分，也是衡量社会资本对于项目运行管理质量的关键指标。缺乏合理的绩效考核标准就意味着无论项目运营的好与坏，社会资本都可以获得约定的收益，易导致社会资本不重视运营与维护水平的提高，甚至会为了提高经济效益而节省项目支出、降低运行效果，从而严重影响公共服务质量。此外，有效的监督体系也是对绩效考核的一个补充。监督主体的多样性和时间的灵活性可能会比绩效考核更易发现潜在的问题，也更能保证国家储备林项目的有效运营。南平市国家储备林PPP项目就设置了完整的运营考核与监督方案，政府可行性缺口补助直接与考核结果挂钩，利用绩效考核结果对社会资本的利润区间进行控制，规范社会资本的运营。

3. 项目风险评估

南平市林业局及福建省招标采购集团有限公司撰写了《福建省南平市国家储备林基地项目可行性研究报告》，并根据各造林树种林分生长情况及最近3年木材市场价格变动趋势对南平市国家储备林PPP项目进行了收入预测与成本预测。该数据经过当地政府与实施单位的科学调查及严密讨论，具有一定的可信性和参考价值。在进行折现率的选择时，拟确定为7%。之所以选取该数值作为折现率，是因为国家储备林PPP项目的财务基准收益率大约在7%~8%，具体数值在投标人进行投标时予以确认。该项目在最终中标结果公布时，确定了7%的财务基准收益率，也就是项目适用的折现率。

(1) 依据《福建省南平市国家储备林基地项目可行性研究报告》中的数据，为项目编制了收入预测表与现金流量表

由南平市国家储备林PPP项目的现金流量表可知：该项目的累计净现金流量为3 473 804万元，按照7%折现率进行计算，项目的财务净现值为1 702 880.39万元；项目的累计净现金流量在第19年时由负转正，其静态回收期为18.37年，小于项目周期38年；以财务净现值

为零进行财务内部收益率的计算,其结果为8.76%,大于7%的财务基准收益率。从以上数据可知,南平市国家储备林项目PPP模式的净现值大于零,静态回收期小于项目的经营年限,财务内部收益率大于财务基准收益率,此项目在财务上是可行的,因此,南平国家储备林PPP项目在应对收入不足风险与成本超支风险时实力较强,风险发生的可能性较小。

(2)单因素敏感性分析

考虑到项目存在建设成本增加、价格变化、市场需求变化、利率水平提高、通货膨胀等风险,且该类风险都会影响到项目的运行效果,因此,依次选取建设成本、经营成本、销售价格、产品需求4项衡量因素,分别进行单因素敏感性分析,分析结果见表7.7所列。

表7.7 单因素敏感性分析表

项目因素	变化幅度/%	财务内部收益率/%	财务净现值/万元	静态投资回收期(含建设期)	敏感系数
基本方案		8.76	1 702 880	18.37	
建设成本	10	8.24	1 511 129	19.15	-0.59
	-10	9.35	1 894 622	17.59	0.67
经营成本	10	8.60	1 608 499	18.57	-0.17
	-10	8.91	1 797 253	18.17	0.17
销售价格	10	9.39	2 134 128	17.69	0.72
	-10	8.07	1 271 624	19.44	-0.79
产品需求	10	8.86	1 768 749	18.17	0.12
	-10	8.65	1 637 003	18.57	-0.12

从单因素敏感性系数分析:①销售价格下降10%的敏感系数最大,因此价格变动是影响该项目净现值的最敏感因素。但根据国内木材市场的变化预测,价格波动幅度变化不大,而且木材产品预测价格是上升的,因此所面临的价格变化风险不大。②建设成本是影响项目效益的第二敏感因素。南平市国家储备林PPP项目对建设成本进行估算时采取了较为现实的价格原则,且已经考虑了5%的预备费用,因此预计项目实施过程中建设成本大幅度上升的可能性不大。③经营成本的增加对项目效益影响较小,本项目的森林可持续经营技术在南平市有一定的基础,经营成本估算指标是依据南平市目前同类项目的实际生产情况进行估算,虽然可能会面临利率的变化与通货膨胀,但估计项目实施中经营成本增加的可能性较小,且可以妥善应对。④产品需求对项目效益指标的变化也有一定的敏感性,但是影响因素较小,因此不需重点考虑。

(3)南平市国家储备林PPP项目中,国家开发银行面临的信用风险主要来自项目公司是否能够按时还本付息

这里从预测的利润表与还本付息表入手,计算其利息保障倍数、利息备付率、偿债备付率,不仅可以评价项目公司的付息能力,还便于衡量项目公司的融资成本是否控制在合理的范围内。

经计算,项目公司每年的利息保障倍数(息税前利润/利息费用)、利息备付率(息税前利润/应付利息)、偿债备付率(还本付息的资金/还本付息额)都大于1,说明项目公司

具备一定的付息能力。此外,南平市国家储备林 PPP 项目通过 PPP 权益质押的方式,解决了项目信用结构难搭建的问题,为承接国家开发银行贷款创造了条件,因此金融机构面临的信用风险发生的概率较低。

(4)根据项目的实际情况与风险识别采用的方法,采用矩阵分析法对南平市国家储备林项目整体风险进行评估

依据风险评估框架将风险发生的可能性划分为 5 个等级(很小、较小、中等、较大、很大),等级值则相应由小至大取值 0.2、0.4、0.6、0.8、1.0,取值越大表示项目受该风险因素的影响越大。由于政府发布的法律及政策较为稳定且进行了相应的统一,项目的政治制度、政策变动风险及法律法规变动风险发生的可能性不大,但毕竟没有正式出台针对国家储备林 PPP 项目的法律,因此取值均为 0.4。在融资风险方面,项目公司向国家开发银行申请的贷款金额达 170 亿,金额巨大且周期长,可能具有较高的融资难度,但国家鼓励开发性和政策性金融参与国家储备林 PPP 项目建设,这大大降低了项目的融资难度,取值为 0.4。考虑到项目的融资来源比较单一,接近 80% 的贷款都依靠金融机构的贷款,融资结构不合理带来的风险发生的可能性为中等,取值为 0.6。但同时,正是因为大部分资金都来源于政策性金融机构,因此该项目的融资成本较为固定且变动的可能性很小,因此该两项风险因素均取值 0.2。从上述对项目公司运营能力的分析,不难看出,项目公司的能力与实力较强,但仍然有很多外界因素影响其长周期的运营效果,因此收入不足与成本超支两项风险因素发生的可能性取值为 0.4。由于项目十分注重绩效考核环节,并在合同中约定了运营考核方案,将政府的付费与考核结果挂钩,故认为发生绩效考核不达标的可能性为 0.2。在项目的可行性研究阶段,地方政府与南平绿发集团有限公司对林农和村民小组进行了调查走访,并无反对声音,因此该项风险因素取值为 0.2。但是,鉴于国家储备林 PPP 项目的收入主要来源于主伐、间伐、林下经济及森林康养等方面,而树种易受病虫害、火灾、冻灾、风灾等自然灾害的影响,因此该风险发生的可能性取值为 0.6。在市场风险方面,该项目具有唯一性,且项目建设单位做好了详细的预算,严格按照预算支出,再加之根据《福建省南平市国家储备林基地项目可行性研究报告》中对价格及需求的预测及分析,因此市场风险中每个风险因素发生的可能性均很小,都取值为 0.2。由于金融机构面临的信用风险与项目公司的运营风险紧密相连,取值 0.4 较为合适。继而,根据专家经验对风险发生的影响程度进行评估,取值范围为[0,1]。调查问卷被发放给参与项目的各领域的专家。专家认为,风险一旦发生对项目整体影响较大的有政治制度及政策变动、法律法规变动、自然灾害、市场需求变化以及金融机构面临的信用风险。政策上的变动会使项目面临退库的可能性,而病虫害、火灾、冻灾、风灾等自然灾害的发生或者是需求的降低也会给项目的经营收入带来不可预料的损失;对项目整体有一定影响的是融资难度大、结构不合理、融资成本高、项目公司运营能力不足、成本超支、公众反对及价格变化,这些因素的发生会减少项目的运营收入或者增加成本;对项目整体影响较小的因素包括利率变动、绩效考核不达标、同业竞争、建设成本增加,之所以如此归类是因为项目公司可以利用一些措施减少其造成的影响,比如,与金融机构签订利率固定合同,或者预留建设成本准备金等。

最后,将每类风险因素发生的可能性与影响程度值相乘,得出该风险因素的得分,再将其加总即得到综合风险的分值(表 7.8)。

表 7.8 南平市国家储备林 PPP 项目风险综合评定表

风险	风险因素	风险权重	风险发生的可能性					风险分值
			很小	较小	中等	较大	很大	
政策风险	政治制度及政策变动	0.1		0.4				0.04
	法律法规变动	0.1		0.4				0.04
融资风险	融资难度大	0.08		0.4				0.032
	结构不合理	0.05			0.6			0.03
	融资成本高	0.05	0.2					0.01
	利率变动	0.02	0.2					0.004
运营风险	项目公司运营能力不足	0.05	0.2					0.01
	收入不足	0.05		0.4				0.02
	成本超支	0.05		0.4				0.02
	绩效考核不达标	0.02	0.2					0.008
	公众反对	0.05	0.2					0.01
	自然灾害	0.1			0.6			0.06
市场风险	同业竞争	0.02	0.2					0.004
	建设成本增加	0.03	0.2					0.006
	价格变化	0.05	0.2					0.01
	市场需求变化	0.1	0.2					0.02
信用风险	金融机构面临的信用风险	0.1		0.4				0.02
	项目风险	1.0						0.344

资料来源：根据专家评分与作者计算所得。

将上述构造的风险评估框架应用于南平市国家储备林 PPP 项目，将政策、融资、运营、市场和信用风险 5 大类风险因素作用于项目的日常运营中，利用以货币时间价值为基础的财务净现值（FNPV）、内含报酬率（IRR），以及静态回收期（Pt）、利息备付率（ICR）、偿债备付率（DSCR）等静态指标，衡量风险对项目营运能力、偿债能力的影响，得出南平市国家储备林 PPP 项目的风险分值为 0.344（在 0.2~0.4），表明项目为低风险。

总体来看，南平市国家储备林 PPP 项目风险较低且可控，可以依据参与各方的风险管理策略予以防范应对。具体来说：

从项目运营角度而言，南平市国家储备林 PPP 项目自身具有较好的收益前景。福建省南平市水热条件较好、森林资源丰富，长中短周期树种以及以短养长的造林设计搭配得当，使项目具有较为完善的收益回报机制和财政资金支持。同时，该项目开展林下种植、林下养殖、森林旅游、森林康养等林下经济多种经营，增强了短期盈利水平，提高了自身经营能力，为贷款偿还提供了现金流保障。

从项目还款角度而言，南平市国家储备林 PPP 项目信贷资金主要来源于国家开发银行的长周期、低成本的林业政策性贷款，债务期限结构比较合理，债务到期时间相对比较分散，还款来源和现金流较为充足，贷款企业的债务压力相对较小，地方政府债务风险也较小。国家开发银行为南平市国家储备林 PPP 项目提供资金有 3 大特点：一是债务期限长，贷款期限长达 25 年左右，并且在宽限期 8 年内仅支付利息而无需偿还本金；二是以保本微利作为基本的经营原则，在支持国家储备林建设时所要求的回报相对较低，形成的债务成本也就较低；三是以大额、批发的模式进行融资，资金专用性高，在使用上受地方政府监督管理，也进一步保障了资金的合规性。此外，在向金融机构进行贷款时，该项目将 PPP 合同权益作为质押物，并购买了森林保险，防止因自然灾害因素而造成质押物的毁损灭失，进一步保障了项目的还款能力。

从政策支持角度而言，南平市国家储备林 PPP 项目的融资和建设具有优惠政策，有助于提高整体收益水平，降低债务压力。一是国家开发银行积极落实与国家林业和草原局签订的战略合作框架协议，加快推进项目贷款并给予低利率政策优惠；二是按照现行财政管理办法规定，国家储备林项目建设期享受财政贴息补助支持和造林补贴，进一步降低了财务费用支出，降低了还息压力和金融风险。

由此可见，南平市国家储备林 PPP 项目的风险较低且可控，然而在项目长周期的整体运营过程中，还是会存在许多风险因素。为实现项目风险的进一步降低，保障其顺利运营，仍然应当从融资渠道、经营机制、配套政策、风险管理机制方面进行优化与完善，提升该项目的经营实力以及抵御风险的能力。

4. 项目推广应用

虽然福建南平市成功将 PPP 模式引入国家储备林建设中，解决了项目融资困境，但国家储备林项目 PPP 模式仍处于探索尝试阶段，在后续推进过程中仍存在一些问题有待改进。

(1) 明晰项目盈利模式，完善收益回报机制

合理的收益回报机制是国家储备林项目吸引社会资本、获取项目融资的基本前提。由于目前许多国家储备林项目收益渠道单一，整体的盈利能力和投资回报率水平较低，对社会资本的吸引力不高，导致 PPP 融资模式在推广过程中受到限制，再加上政府可行性缺口补助以及政府回购等方式在财政负担较重的地区难以实施，因此，在国家减少政府债务的背景下，需要从根本上解决项目自身盈利的问题。①通过集约化、专业化经营提高林地生产效率，以经营周期内采伐收入形成项目现金流，建立项目自身的造血功能和项目现金流的正常循环，并适当减少可行性缺口补助和政府购买服务形式。②推广人工林可持续经营技术模式，以长周期大径级用材培育储备，以及林地价值的上升，保障承储主体实现长期收益。③通过发展林下经济、森林旅游、森林养生等项目，产生直接经济效益，形成现金流，增强项目收益能力。

(2) 健全市场准入机制，吸引社会资本投资

引入 PPP 模式的一个重要目的就是将债务转移给社会资本方，控制政府债务风险，然而南平市国家储备林 PPP 项目关于社会资本方的选择实际上相当于政府变相负债，背离了政府推广 PPP 模式的初衷。因此，在后续国家 PPP 项目推广过程中，应建立国家储备林 PPP 项目市场准入规制，扩大开放与合作，鼓励多元主体平等竞争，建立资质监审制度，构建社会资本进入资质标准体系，并培育和吸引合规的专业化的社会资本投资国家储备林项目。

①鼓励多元主体平等竞争，参与国家储备林项目 PPP 模式。要在市场准入环节有效地模拟市场竞争机制，建立公开、公正、公平的市场环境和招投标程序，实现特许经营权招标的充分竞争。

②结合国家储备林项目PPP模式的投资特点，构建社会资本进入资质标准体系，建立资质监审制度。在监审内容上，一方面，要从从业经历、经营业绩、技术实力、运营方案等方面综合评估社会资本的专业资质、技术能力和管理经验；另一方面，要从实有资本、财务状况、银行资信等方面综合评估其财务实力；同时，逐步完善经营资格预审和资格后审制度，确保所选社会资本诚实守信、安全可靠。

③充分挖掘林业行业龙头企业的优势和潜力，逐步吸引其进入国家储备林项目。林业行业龙头企业具有较强的经济实力、抗风险能力和良好的资信情况，其专业化的建设、运营经验更是其他社会资本无法比拟的，逐步吸引其进入国家储备林项目一方面可以满足项目对社会资本方专业化的要求，另一方面可以利用其专业的管理经验提高项目的建设效率与管理水平。

(3) 拓展多元融资渠道，创新利用金融工具

尽管南平市国家储备林项目采取PPP模式获取融资，但从融资结构上来看，依然是以债务融资为主(国家开发银行为项目提供了79%的资金)，融资方式和渠道较为单一。而在推进国家储备林建设过程中，单一的贷款融资显然不能满足建设主体各种金融服务的需求，因此，加快金融产品研发和创新、丰富融资渠道、提供多元化的金融服务，将成为推进国家储备林PPP项目融资的关键。

①进一步建立和完善国家储备林金融服务市场，拓展多元化融资渠道。积极创新国家储备林项目融资机制，通过财政资金和政策性、开发性金融机构的投资撬动社会资本，逐步吸引社保基金、养老基金、商业银行、证券公司、保险公司等各类机构投资者参与国家储备林项目，鼓励银行、保险公司等机构以银团贷款、委托贷款等方式参与国家储备林项目，逐渐形成多元化的市场融资结构，共同推进国家储备林项目的可持续发展。

②引入多样化融资工具。除了发挥政策性金融产品长期融资的优势及引领、导向作用，支持政策性金融为国家储备林项目提供投资、贷款、租赁等综合金融服务之外，可以引入绿色金融债券、企业债券、产业投资基金、资产证券化等新型融资工具，探索通过基金、信托、证券发行等多种方式筹措国家储备林建设资金，形成资本流通与项目建设的良性循环。例如，根据国家储备林建设长周期性的特点，借鉴发达国家的经验，组建国家储备林收储基金；国家层面发行绿色专项债券，用于扩大国家储备林项目融资规模等。

(4) 完善风险防范体系，健全风险管理机制

项目风险是影响投资者投资意愿的关键因素，只有构建完善的风险防范体系、健全的风险管理机制，才能有效控制项目风险，保证项目运营的持续性和稳定性，推动社会资本参与国家储备林项目。南平市国家储备林PPP项目虽然建立风险共担的风险分配机制，但风险管理机制仍不健全，需要在后续推广过程中加以完善。

①完善风险准备金制度，建立风险补偿机制。目前已顺利实施的广西、吉安等国家储备林项目均建立了风险准备金制度，综合运用财政资金设立风险准备金为项目增信，但南平市国家储备林PPP项目主要通过PPP权益质押为项目增信，并未设立风险准备金。风险准备金作为风险补偿的重要手段，对控制项目风险具有重要作用。因此，国家储备林PPP项目后续推广过程中应完善风险准备金制度，为防范项目风险、保证资金回收提供信用保障。

②完善森林保险体系，建立风险转移机制。森林保险是分散、抵御抵押物灭失风险的重要手段，目前南平市国家储备林PPP项目通过参加森林保险的方式，实现项目风险转

移。但现有森林保险产品保额较低，保障水平较差，难以真正起到风险转移的作用，而投保商业保险又会面临较高的融资成本，导致项目建设主体难以承受。因此，下一步应积极探索、完善国家储备林 PPP 项目的保险体系，在建设主体能够承受的基础上，实现风险转移。

③完善林权流转系统，建立项目退出机制。南平市国家储备林 PPP 项目通过组建项目公司的方式搭建融资平台，为资金提供"入口"，但是目前由于我国林权流转制度尚不完善，导致国家储备林 PPP 项目缺乏退出机制，限制了投资者对项目的投资。因此，需要建立国家储备林项目林权交易市场和股权转让系统，一方面，规范集体山林的评估、产权变更、登记等程序，使得林地的流转做到公平、公正、公开、制度化、规范化；另一方面，在满足一定年限之后，允许项目公司转让股份或由地方政府进行股权回购，为其提供便利的产权和股权流转服务，使其能通过股份转让实现投资回收，以求合理退出。需要注意的是，转让股份以后仍需持有一定比例的股份，以鼓励其重视项目寿命，避免短期投机行为。

④加快信息系统建设，完善项目监管机制。完备的现代化信息系统能够将森林资源信息管理监测与地理信息技术（GIS）相结合，实现项目林权的可视化和电子化管理。通过信息系统平台，政府和投资方均可以对储备林项目的建设面积、蓄积量、林木生长情况进行实时监测，降低由信息不对称性造成的项目风险。因此，各地国家储备林项目应加快现代化信息系统的建设，完善监管机制，降低项目投资风险。

第三节 森林公园 PPP 融资模式

近年来，随着我国对生态保护的重视和森林旅游在全球范围内的快速发展，我国森林公园也得到了快速发展，森林公园数量急速上升。目前我国森林公园 PPP 项目的建设资金主要来源于公共财政投入，但仅仅依靠财政支持难以独自支撑森林公园的建设任务。此外，森林公园项目具有社会性、公益性等公共产品属性，以及具有建设规模大、周期长、资金占用额大、沉淀成本高等特点，这些特征一方面与商业性信贷追求短期盈利的要求不相符合；另一方面，会导致项目的收益和风险不匹配，致使商业性金融供给乏力，社会资本不愿介入，进一步导致了森林公园 PPP 项目面临严重的融资困境。因此，如何创新森林公园 PPP 项目融资机制是全面推动森林公园建设的关键。

一、森林公园应用 PPP 融资模式选择

森林公园需要政府投入大量的资金，但是我国财政收入增速逐年降低，政府本身负债巨大且负债数额快速增长，单纯依靠政府投入来满足不断上涨的森林公园资金需求显然已不太可能，因此必须寻找另外的融资渠道。2014 年，国务院发布了《关于创新重点领域投融资机制鼓励社会投资的指导意见》（国发〔2014〕60 号），探讨了政府和社会资本合作模式即 PPP 模式，希望把 PPP 融资模式引入到基础设施和环保等领域，以提高这些领域公共物品和服务的供给效率和供给质量。从这之后，我国政府接连发布了一系列文件来引导和支持 PPP 模式，为在森林公园领域应用 PPP 模式提供了政策保障。由于森林公园项目特点适用于 PPP 融资模式，且政府在森林公园建设资金的供给上存在不足，因此有必要引入社会资本参与森林公园建设。

（一）森林公园PPP模式的可行性

森林公园项目不仅符合上述PPP模式的适用条件与标准，而且从森林公园项目融资特征来说，森林公园建设引入PPP模式进行融资也是可行的。

1. 森林公园项目具有准公共物品属性

首先，森林公园具有生态保护的功能，具有一定的公益性，需要政府的扶持和指导。其次，森林公园通过销售门票、提供其他服务和商品来取得收入，具有私人物品的属性。所以，森林公园项目具有公共物品和私人物品的双重属性。

由于森林公园项目具有公共物品和私人物品的双重属性，因此，可以将森林公园归为准公共物品。对准公共物品进行研究的相关学者认为：准公共物品如果由社会资本提供，则会导致其定价过高，影响了整个社会的福利；但是准公共物品如果由政府供给，则会导致其过度使用，也会影响整个社会的福利。所以相关学者认为应该由政府和社会资本合作来提供准公共物品。

PPP模式恰好是一种政府和社会资本合作、共同提供准公共物品的方式，它能够充分发挥政府和社会资本各自的优势，能够更加有效率的提供准公共物品且可以降低成本。所以，森林公园项目可以采用PPP模式。

2. 稳定的现金流可以吸引社会资本

森林公园项目的现金流入主要依靠门票的销售和提供服务等来实现，现金流稳定且能够长时间保持。虽然高风险可以带来高收益，但是社会资本在进行投资时更倾向于趋利避害，更青睐于投资现金流稳定的项目，因此，森林公园现金流稳定且能够长时间保持的特点对社会资本具有很强的吸引力。

（二）森林公园项目可选PPP模式

根据PPP模式的特征和森林公园的特点，适合森林公园项目的PPP模式有3种，分别为BT模式、BOT模式和BOTL模式。

1. BT模式

BT模式（建造—转移）只是在森林公园的建设阶段采用的PPP模式，其流程为：政府部门和社会资本双方签订项目协议，由社会资本承担森林公园的投资建设，社会资本需要按照协议的规定准时完成投资建设任务且质量也需要达到协议的规定，项目建成后直接转移给政府部门，政府部门分期支付给社会资本相应的费用（一般为森林公园的建设成本加上合理的收益）。

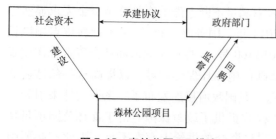

图7.15　森林公园BT模式

BT模式可以有效缓解政府部门面临的资金短缺的现状，因为BT模式中，社会资本先行垫付投资，在建成后由政府部门分期归还垫付的资金，这样可以避免政府部门一次性投入大量资金，把现在需要支付的资金变为未来支付。对社会资本来说，BT模式前期资金投入量大，但风险水平较低。BT模式如图7.15所示。

2. BOT 模式

BOT 模式（建造—运营—转移）是以 BT 模式为基础，在特许经营期内，将森林公园项目的运营权也转移给社会资本，进而对森林公园项目的建设、运营都应用 PPP 模式。其流程为：社会资本和政府部门双方签订特许经营权协议，在特许经营期内，由社会资本负责森林公园项目的建设和运营。BOT 模式的建设过程和 BT 模式的建设过程是一样的，运营主要是负责森林公园的日常经营维护，社会资本依靠运营收益来弥补建设成本并获得相应的投资回报。特许经营期满后将森林公园整体转交给政府部门。

BOT 模式的社会资本风险水平较高，政府部门不保证社会资本的收益率，社会资本前期建设成本的投入完全依靠在特许经营期内运营森林公园获得的收益来弥补。在 BOT 模式中，政府将森林公园项目移交给社会资本，由社会资本负责森林公园的建设、运营，政府部门只负责监督工作，不需要或者只需要投入少量建设资金，就可以在特许经营期满时获得森林公园相关资产和服务的所有权。因此，政府部门通过 BOT 模式可以有效缓解其面对的资金短缺的现状。BOT 模式如图 7.16 所示。

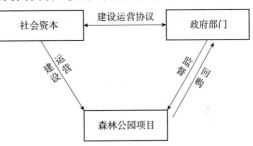

图 7.16　森林公园 BOT 模式

3. BOTL 模式

BOTL 模式（建设—运营—转移—租赁）是在 BOT 模式的基础上政府部门收回森林公园后再将森林公园的运营权交给社会资本，对森林公园项目整个生命周期都采用 PPP 模式。其流程为：社会资本和政府部门签订租赁协议，负责森林公园的运营和维护工作。BOTL 模式前期与 BOT 的建设、运营和移交过程一致，租赁则是政府收回森林公园后再将森林公园租赁给社会资本，由社会资本负责森林公园后续的运营和维护。

BOT 模式中，政府部门在收回森林公园的所有权和经营权后，需要继续运营森林公园，但是项目运营不是政府部门所擅长的，而且森林公园的维护需要政府部门每年投入大量资金。在 BOTL 模式中，政府部门和社会资本签订租赁协议，将森林公园的运营风险和维护费用再次转移给社会资本，充分发挥了 PPP 模式的"风险由最适宜的一方来承担"的理念。政府部门每年还会收到社会资本方支付的租金，可以有效缓解政府面临的资金压力。BOTL 模式后续阶段框架图如图 7.17 所示。

图 7.17　森林公园 BOTL 模式后续阶段框架图

（三）PPP 模式适用性分析

以上 3 种模式中，BT 模式和 BOT 模式在我国基础设施建设中都有过应用，BOTL 模式是结合我国目前的经济形势和森林公园的特点在 BOT 模型的基础上设计出的模型。这 3 种 PPP 模式都有其适用的森林公园项目。

1. BT 模式适用性

政府部门购买服务的森林公园项目是指该森林公园建成后对公众免费开放，相关费用由政府部门全额承担。该森林公园的建设、维护费用，采用 BT 模式是最合适的。一方面，在建设过程中社会资本可以发挥其在项目建设方面的优势，可以有效降低森林公园的建设成本；另一方面，森林公园建成后即将所有权和运营权交付政府部门，有利于政府部门发挥其增加社会福利的职能。

2. BOT 模式适用性

对于政府部门希望收回建设成本后再对社会公众免费开放的森林公园项目，采用 BOT 模式是最合适的。首先，BOT 模式在我国的项目建设中被大量采用，属于比较成熟的模式，有大量的经验可以借鉴。其次，采用 BOT 模式可减少政府投入，有利于政府部门和社会资本发挥各自的优势，降低建设、维护成本。最后，森林公园收回成本后，其所有权和运营权交付政府部门，有利于政府部门发挥其增加社会福利的职能。

3. BOTL 模式适用性

对于除以上类型外的森林公园项目来说，采用 BOTL 模式是最合适的。其原因如下：

①有利于政府部门和社会资本各自优势的发挥。对于政府部门来说，公共管理是其强项，项目建设、运营是其不擅长的方面；而对于社会资本来说，项目建设、运营恰好是其强项。BOTL 模式正好可以让双方发挥各自的优势，政府部门发挥其公共管理的优势，监督森林公园的建设、运营；社会资本发挥其项目建设、运营的优势来负责森林公园的建设、维护、运营。从而使双方分工明确，各自从事自己擅长的工作，增加社会福利。

②有利于实现政府和社会资本目标的统一。在其他模式中，运营期满，社会资本向政府部门移交森林公园的所有权和经营权，因此在运营期内，社会资本会千方百计地压榨森林公园的价值，甚至危害森林公园的未来，对环境产生不利的影响，和政府部门设立森林公园的初衷背道而驰。而对于 BOTL 模式，运营期满，社会资本还可以继续保留森林公园的运营权，为了未来的收益，社会资本也会尽力保护森林公园，使得社会资本和政府部门的目标相一致。

通过对不同 PPP 模式的适用性分析，对于我国大部分森林公园来说，采用 BOTL 模式，既可以发挥政府部门和社会资本双方各自的优势，又可以激励社会资本和政府部门目标一致，从而推动我国森林公园更好的发展。所以，BOTL 模式是最适合我国森林公园项目的 PPP 模式。

二、森林公园 BOTL 模式设计

（一）森林公园 BOTL 模式的参与主体

1. 政府部门

国家林业和草原局是我国森林公园 BOTL 项目的主要领导机构，国家林业和草原局领导下的各级林业部门是与社会资本进行合作的政府部门。政府部门的主要职能是监督项目的建设、运营工作，保证森林公园的正常运行。

2. 社会资本

BOTL 模式中的社会资本主要是包括国有企业在内的各类企业，中选的社会资本与相关林业部门签订两项项目协议：一是《森林公园项目特许经营协议》；二是《森林公园项目租赁协议》。

3. SPV 主体

SPV 是政府部门和社会资本合资成立的项目公司，负责森林公园的建设、运营等工作，政府部门在 SPV 中的持股比例比较低，一般低于 30%，不控制 SPV。成立 SPV 的原因有：一是 SPV 是股份有限公司，具有自主经营、自负盈亏的特点，可以作为法人独立承担项目风险；二是中选的社会资本既可能是一家企业，也可能是由多家企业共同构成，SPV 可以便于统一管理项目。

4. 金融机构

金融机构可以提供大量资金，是 SPV 进行融资的主要对象，主要包括商业银行、证券公司、基金公司、保险公司等。森林公园 BOTL 模式各参与主体的关系如图 7.18 所示。

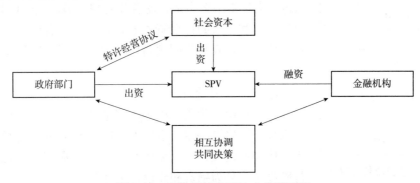

图 7.18　森林公园 BOTL 主体关系图

（二）森林公园 BOTL 模式的流程设计

目前，森林公园 BOTL 模式在我国还没有在实践中有过应用，所以这里参考了其他行业，例如基础设施建设、环保等行业应用 PPP 融资的经验，设计了社会资本参与森林公园建设的流程。按照森林公园 BOTL 模式运作的时间顺序，可将森林公园 BOTL 项目分为项目决策、项目运行、项目运营、项目退出和项目移交 5 个阶段，具体的森林公园 BOTL 模式流程如图 7.19 所示。

1. 项目决策阶段

项目决策阶段是政府部门和社会资本双方确定是否参与森林公园建设的阶段。政府部门要对项目进行可行性研究，举行

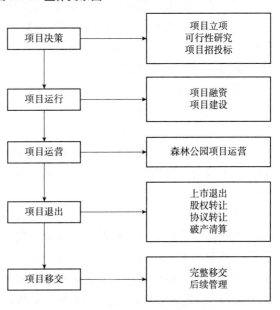

图 7.19　森林公园 BOTL 模式流程设计图

招投标等,参加招投标的企业也需要对项目进行评估,确定项目的价值。

①项目立项。各级林业部门依据中央和国家林业和草原局出台的关于森林公园的各项政策文件,认真调研所属地区的经济发展情况、公众的需求以及已有森林公园的状况,确定是否建设新的森林公园。如果确定建设,要计划新的森林公园建设内容和森林公园BOTL模式的融资方案。

②可行性研究。在可行性研究阶段,社会资本和政府都是采用"物有所值(Value for Money,VFM)"评价方法对项目进行可行性研究。

③项目招投标。项目招投标可以使政府部门和社会资本相互了解,提高项目成功的可能性。项目招投标可以分为3个步骤:首先是招标阶段。政府公开招标文件并确定相关的流程,有参与意愿的社会资本在了解相关信息后按照要求向政府部门递交招标书。其次是开标阶段。开标阶段,政府部门依据制定的标准对参与投标的社会资本进行公平公正的评判,从参选的社会资本中选出最佳的合作对象。最后是合同订立阶段。政府部门和中选的社会资本签订特许经营合同,双方出资成立SPV,负责森林公园项目的建设、运营。项目决策流程图如图7.20所示。

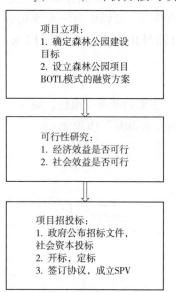

图7.20 项目决策流程图

2. 项目运行阶段

在项目运行阶段,由SPV负责森林公园的建设。但是由于森林公园建设所需资金巨大,单纯依靠SPV自身的资金很难完成项目建设,所以需要SPV进行再融资。因此,项目运行阶段又可分为融资和建设两个部分。

资金需求量大是森林公园建设的一大特征。虽然组建SPV时,政府部门和社会资本都会在SPV中投入相应比例的资金,但是这些资金和森林公园建设所需的资金相比是远远不够的,所以SPV成立后还需要再融资。SPV可以采用的融资模式包括:银行贷款、债券、资产证券化以及私募股权基金。

①银行贷款。对于商业银行来说,政府部门和社会资本双方签订的森林公园特许经营协议以及政府在SPV中占有一定的比例,这为SPV向其贷款提供了信用保证,所以商业银行向SPV发放贷款的可能性较高,贷款的利率相对于一般的银行贷款也会有所降低。另外,由于森林公园项目具有准公共物品的性质,SPV可以通过政府部门争取政策性银行的贷款,如国家开发银行、中国农业发展银行等政策性银行的贷款,这种贷款的利率相对商业银行的贷款利率会低不少。

②债券。根据目前发行债券的相关规定,PPP项目公司在符合各类条件的情况下可以依靠发行债券筹集资金,包括发行商业票据、短期融资债券等。另外,也可以选择在交易商协会注册后发行项目收益票据,或者经国家发展和改革委员会核准发行企业债券和项目收益债券。SPV可以根据自身需要来决定所发行债券的期限和种类,债券的利率较低,发行规模较大,起购额度较低,可以为SPV吸收大量资金。债券发行基本交易结构如图7.21所示。

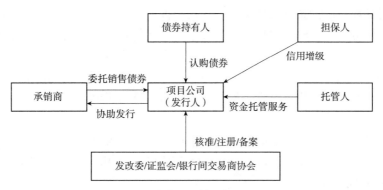

图 7.21　债券发行基本交易结构图

③资产证券化。近年来我国逐渐放宽企业或工程对发行资产证券化筹集资金的政策限制，森林公园项目可以凭借在运作过程中产生的现金流为依据，依靠资产证券化的方式筹集资金。一般来说，在基础设施和公共服务领域开展 PPP 项目资产证券化，对于盘活存量 PPP 项目资产、吸引更多社会资本参与提供公共服务、提升项目稳定运营能力具有较强的现实意义。

PPP 项目资产证券化主要包括收益权资产证券化、债权资产证券化和股权资产证券化 3 种类型，从资产证券化在世界各国 PPP 实践中的应用来看，PPP 项目资产证券化最主要的类型是收益权资产证券化。在我国资产证券化的实际应用中，收益权资产证券化也是应用最多的、比较成熟的一种类型。因此，对森林公园项目来说，SPV 可以以森林公园的收益权为基础开展资产证券化，为项目募集资金。

④私募股权基金。SPV 可以成立私募股权基金来为森林公园项目建设募集资金，可以采用有限合伙制成立私募股权基金，SPV 作为普通合伙人，其他投资者作为有限合伙人，共同管理私募股权基金。SPV 成立私募股权基金能吸引大量资金雄厚的个人和机构投资者，相对于债券，私募股权基金融资成本低、期限长，能成为项目中长期资金需求的来源。

森林公园项目建设由 SPV 具体执行。SPV 在森林公园项目施工前按照政府对森林公园的要求进行设计，并经政府批准后正式施工。第一，SPV 需要安排森林公园项目的进度和现金流量计划，在成本控制的前提下确保施工质量；第二，SPV 需要根据协议来确定森林公园的施工标准；第三，SPV 施工必须得到相关部门的许可。

3. 项目运营阶段

森林公园建成后，SPV 可以在特许经营期间负责森林公园的日常运营，以此获得收益来弥补建设成本并取得合理的投资回报。

①收入来源。项目收入来源主要包括森林公园的门票收入，以及向游客提供相关商业性服务获得的收入等。

②收益分配。SPV 在运营阶段获得的运营收入扣除相应的支出和费用后为项目收益。在运营阶段获得的收益先分配给投资者，然后将剩余的收益按照协议或者政府和社会资本的在 SPV 中所占的股权进行分配。

③SPV 盈利保障。由于森林公园项目持续时间长，森林公园在设计 BOTL 模式方案

时,可能要设计相对应的条款来保证收益的稳定性,项目通常采取的措施有:

第一,融资分散化。SPV可以依据风险水平的高低将融资分为优先级偿还融资和普通级偿还融资。在分配收益时,先支付优先级偿还融资的收益,剩下的收益再支付普通级偿还融资的收益。第二,森林公园项目运营过程中,要严格按照市场化的运营模式,政府使用项目也要支付相应的费用,降低政府行为对项目运营的影响。

4. 项目退出阶段

特许经营期内,BOTL模式可能因为各种内外部环境的变化而不得不停止,或者社会资本因为自身的原因而选择退出项目,这时就需要设计出相应的退出机制来方便社会资本退出项目。常见的退出方式有:

①上市退出。上市退出是指社会资本通过SPV进行IPO来退出森林公园项目的行为。社会资本在SPV上市后以减持SPV股份来实现退出并获得相应的收益。这种退出方式可以通过分散风险来降低社会资本的风险水平。

②股权转让。股权转让是指社会资本将其在SPV中的股份转让给他人的行为。股权转让限制较少,程序简单,成本低廉,便于社会资本将股权迅速变现,在变现的同时社会资本实现了资金回报。

③协议转让。协议转让是指政府部门和社会资本达成协议,双方都统一终止森林公园项目,并按照协议的规定将森林公园项目转让给政府部门。通过对国内外PPP实践的研究发现,协议转让是大多数PPP项目首选的退出方式,主要是因为整体移交的风险水平低、退出过程简单、有相应的协议安排退出的流程等。

④破产清算。任何项目都存在着风险,应用BOTL模式的森林公园项目也不例外。在SPV发生财务风险后,如果SPV不能从外部获得新的融资,也无法通过上述3种方式退出时,就要实施破产清算的退出方式,以避免产生更大的投资损失。对于已产生的投资损失,通常按照协议约定或者政府部门和社会资本在SPV中所占的比例共同承担。

5. 项目移交阶段

①完整移交。特许经营期期满后,SPV应根据特许经营协议将项目完整移交给政府。完整移交指的是项目在移交后可以正常运转。为保障移交后项目的完整性,项目公司应签署附加协议,在一定周期内,比如一年,项目运作和服务提供基本不受移交带来的负面影响。

②后续管理。政府作为森林公园项目的接收方,在特许经营期期满后,通常有3种后续管理思路。一是与原社会资本签署租赁协议,原社会资本继续运营森林公园项目并每年向政府支付相应的租赁费用。二是由政府主管部门接管,提供公共服务。三是对该项目重新举办招投标,聘请更加优秀的经营管理团队。

三、案例分析:浙江省丽水植物园项目

(一)项目概况

丽水植物园(华东药用植物园)项目由丽水市林业建设发展有限公司、绿地地铁投资发展有限公司、上海绿地建设(集团)有限公司合作,项目总投资83 909万元,合作期限为15年。

丽水植物园项目位于丽水市老城区西北部，省级森林公园白云森林公园的南山麓。项目主要由植物展示游览区、森林运动游憩区、森林康养体验区、引种繁育区、中医药养生体验谷及苗圃储备基地（植物园红外线）组成，红线内总用地面积3336亩（BOT核心区域用地2911亩，代征区域用地425亩），红线外苗圃储备基地749亩。BOT核心区域，投资估算7.93亿元，建设内容主要以园林景观等基础设施及建筑为主，各类配套建筑43 645平方米。代征区域——中医药养生体验谷，建设内容主要以配套商业开发为主。

（二）运作模式

本项目具有融资属性，需要投资人在项目合作期内负责本项目的设计优化、投融资、建设、运营维护及满期移交工作。因此，本项目采用的PPP运作模式为BOT模式。

丽水市林业建设发展有限公司作为政府方出资2400万元，持有项目公司10%的股份；绿地地铁投资发展有限公司与上海绿地建设（集团）有限公司作为社会资本方分别出资21 360万元和240万元，持有项目公司89%和1%的股份。本项目合作期限共15年，其中，建设期3年，运营期12年。

由丽水市政府授权丽水市林业局担任本项目的实施机构，负责本项目的采购、协议签署与后续监管；由中选社会资本与政府方出资代表合资成立项目公司——丽水绿地华东药用植物园有限公司，负责本项目的设计、投资、建设及运营维护；由丽水市财政局将本项目的政府付费义务纳入中长期财政预算，并按照PPP项目协议中的约定根据绩效考核结果付费给项目公司（图7.22）。

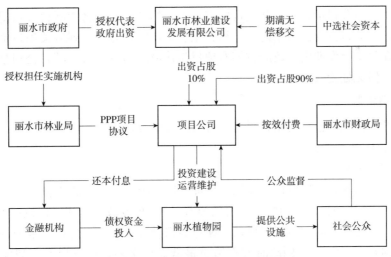

图7.22　丽水植物园项目PPP运作模式

（三）交易结构

1. 投融资安排

本项目投融资工作由项目公司承担，由社会资本方具体引入金融机构为项目融资提供便利。在融资安排方面，本项目根据投资总额的70%计算融资额，约5.5亿元。

（1）担保方式

项目公司可采用股东借款、金融机构贷款等方式，以解决投资总额和注册资本之间的差额。采用股东担保融资的,由社会资本方对项目公司的债务融资提供担保;采用有限追索项目融资的,在项目建设期,由社会资本方对项目公司的债务融资提供担保,项目建设完工后,转为无追索项目融资,社会资本方撤销在建设期内提供的担保;采用无追索项目融资的,项目公司以自身拥有的资产或权益作为融资担保,项目公司各股东方仅以资本金为限承担相应的责任或风险。项目公司可以为本项目融资的目的,将其在 PPP 项目协议项下的各项权益,如 PPP 项目协议项下的预期收益权、保险收益权等,抵押、质押给银行。

在本项目中,需要在项目实施过程中与金融机构保持沟通。如果项目公司不能顺利完成项目融资的,则由社会资本方通过股东贷款、补充提供担保等方式解决,以确保项目公司的融资足额到位。

(2) 融资预留接口

项目公司承担本项目的投资、融资、建设、运营维护等职责。当本项目投资建设需追加资金时,可按照股权比例追加投资,融资融券也按照同比例原则,并向事先约定的金融机构进行贷款,实现项目的投融资。

(3) 直接介入权

为保障项目债券人的利益,当项目出现重大经营或财务风险,威胁或侵害债权人利益时,债权人可依据项目协议中的直接介入条款代位行使项目公司股东权利和经营管理权利,要求项目公司改善管理、增加投入,或指定实施机构认可的合格机构接管项目。

2. 资产形成与转移

本项目由项目公司承担投资和建设职责,引入的社会资本将为项目公司提供包括项目公司设计优化、原材料及设备采购、工程施工、资产维护等一系列有关项目资产形成和维护的服务。在整个合作期内,政府方拥有项目新建设施的所有权;项目公司享有占有、使用、收益权,但无处置权。

(四) 回报机制

本项目的回报机制包括使用者付费与可行性缺口补贴。

1. 使用者付费

(1) 最低使用量保证

项目前 3 年由政府方提供最低使用量保证,即向项目公司购买不低于一定总金额的植物园门票(购买价格按暂定外地游客票价的 80%计)对外发放,具体保证机制如下:

①若项目公司取得的实际客流量低于绿地地铁投资发展有限公司在本项目投标文件中报出客流量的 60%(不含),则政府方不给予最低需求保障,即不启动门票购买机制;若项目公司取得的实际客流量高于绿地地铁投资发展有限公司在本项目投标文件中报出的客流量的 60%(含),但低于 80%(不含),则政府方对项目公司按实际客流量与投标文件所报客流量的 80%之间的门票收入差额向项目公司购买植物园门票。

②若项目公司取得的实际客流量高于绿地地铁投资发展有限公司在本项目投标文件中报出的客流量的 80%(含),但低于 100%(不含),则政府方按照实际客流量与投标文件中所报客流量之间的门票收入差额向项目公司购买植物园门票。

③实际客流量以政府方和项目公司共同认定的为准。

④绿地地铁投资发展有限公司在本项目投标文件中报出的预计客流量及门票收入见表7.9所列。

表7.9 预计客流量及门票收入

运营年度	预计客流量/(万人/年)	门票收入/(万元/年)	运营年度	预计客流量/(万人/年)	门票收入/(万元/年)
第1年	25	1025	第7年	46.3	1898
第2年	27.5	1128	第8年	50.93	2088
第3年	30.25	1240	第9年	53.48	2193
第4年	34.79	1426	第10年	56.15	2302
第5年	38.27	1569	第11年	58.96	2417
第6年	42.09	1726	第12年	65	2665

资料来源：绿地地铁投资发展有限公司投标文件。

(2)门票价格

本项目暂定外地游客门票票价50元/人，本地游客门票票价5元/人，最终以市政府批复的票价为准。如果届时市政府批复的票价与暂定票价存在差异，则依据两者之间的差额按实际客流量调整可用性服务费。

(3)超额收益分享

若在运营维护期内，项目公司是激活的植物园门票收入及实施拓展经营的净收益超出绿地地铁投资发展有限公司在本项目投标文件中预估收益的150%（以政府方认可的项目公司年度审计报告为准），则超出部分将由政府方与项目公司以4∶6的比例分享，政府方有权按分得的超额收益直接抵扣下期应支付的可用性服务费。此处的净收益是指植物园门票收入及实施拓展经营收入扣减植物园经营成本(不含折旧摊销)、拓展业务的经营成本(含拓展业务投资摊销)及所得税费用后的净利润。绿地地铁投资发展有限公司在本项目投标文件中报出的拓展经营预估收益见表7.10所列。

表7.10 拓展经营预估收益

运营年度	预估收益/(万元/年)	运营年度	预估收益/(万元/年)
第1年	258	第7年	413
第2年	313	第8年	439
第3年	329	第9年	468
第4年	347	第10年	500
第5年	367	第11年	535
第6年	389	第12年	573

资料来源：作者计算。

绿地地铁投资发展有限公司在本项目投标文件中报出的植物园预计经营成本见表7.11所列(不含折旧摊销)。

表 7.11 预计经营成本

运营年度	经营成本/(万元/年)	运营年度	经营成本/(万元/年)
第 1 年	1594	第 7 年	1594
第 2 年	1594	第 8 年	1594
第 3 年	1594	第 9 年	1594
第 4 年	1594	第 10 年	1594
第 5 年	1594	第 11 年	1594
第 6 年	1594	第 12 年	1594

资料来源：作者计算。

2. 可行性缺口补贴

本项目可行性缺口补贴包括拓展经营收益和财政补贴两部分。

(1)拓展经营收益

合作期内，绿地地铁投资发展有限公司在不违背药用植物园使用主旨的前提下，拥有合作区域内配套商业部分的开发经营权，允许项目公司拓展经营并取得相应收入。如有亏损，由项目公司自行承担；如有超额收益，双方按超额收益分享的约定进行分享。

项目公司需确保拓展经营产生的成本与收入单独核算，与其他经营业务的净收益有清晰划分，具体形式需经政府方书面同意。

拓展经营实施区域限于本项目用地范围内，如果拓展经营须构建永久性建筑或改变用地性质，须重新经有关部门批准，所需缴纳的土地出让等费用由项目公司自行承担，不计入本项目总投资。

拓展经营内容，由绿地地铁投资发展有限公司书面报政府方同意后实施。如果绿地地铁投资发展有限公司在本项目投标文件中报出的拓展经营实施方案未得到政府方同意，则项目公司须更换拓展实施方案，经政府方同意后方可实施，并承担相应的经营风险。

(2)财政补贴

财政补贴包括可用性服务费和运维绩效服务费。

①可用性服务费。可用性服务费自运营维护期开始起每个运营年支付一次，共计支付12 次。绿地地铁投资发展有限公司于每个运营年届满两个月内，向政府方书面申请支付当年(运营年)可用性服务费，政府方应于收到绿地地铁投资发展有限公司书面支付申请后两个月内向绿地地铁投资发展有限公司一次性支付。

若首次可用性服务费支付日之前，市政府或市政府指定主体尚未完成竣工决算价的审核，则市政府或市政府指定主体应按绿地地铁投资发展有限公司在投标文件中的报价 7050万元先行支付可用性服务费，直至竣工决算价通过上述审核。待竣工决算价通过审核后，若先行支付的可用性服务费大于最终确定的可用性服务费，则累计差额部分可抵扣政府方下一期应支付的可用性服务费；反之，则由政府方在下一期支付可用性服务费时补足该累计差额。

②运维绩效服务费。运维绩效服务费自运营维护期开始起每个运营年支付一次，共计支付 12 次。绿地地铁投资发展有限公司于每个运营年届满后 20 天后，向政府方书面申请

支付当年(运营年)运维绩效服务费,政府方应于收到绿地地铁投资发展有限公司书面支付申请后 15 个工作日内向绿地地铁投资发展有限公司一次性支付当年根据运维绩效考核结果调整后的运维绩效服务费。

初始基准运维绩效服务费为绿地地铁投资发展有限公司在本项目投标文件中的运维绩效服务费报价,即人民币 1950 万元。最终的年支付额根据运维绩效考核结果进行调整。

(3)可行性缺口补贴金额涉税的处理方法

如果工程投资产生的增值税进项税额属于税法规定的不可抵扣情形,则按照相关规定计入工程决算总投资,调整可用性付费。如果运营成本产生的增值税进项税额属于税法规定的不可抵扣情形,则由项目公司自行承担。如果本项目提前终止或解散、清算,经审计,项目公司账面上仍有未抵扣的可抵扣增值税进项税额,则政府方按该金额予以结算。

(五)项目风险

本项目建设周期长,投资量大,从建设到运营的整个周期中存在各种风险因素。主要包括以下 3 个主要方面:

1. 政治风险

本项目的政治风险主要包括政府信用风险和法律政策变更风险。由于近两年我国政府鼓励以 PPP 模式对基础设施等领域进行投资建设,相关法律政策也在逐渐完善、健全,因此,本项目的政府信用风险较小,但可能会因政策变更导致机会成本增加。

2. 运营风险

本项目由项目公司自主经营旅游观光等服务,虽然有政府提供最低使用量保证,但由于消费者的消费倾向存在不确定性,难以确定收益,可能存在市场收益不足的情况,而此时若政府资金不足,难以维系最低使用量的购买金额,则该项目存在收益风险。

3. 不可抗力风险

不可抗力风险指合同双方无法控制,在签订合同前无法合理防范,情况发生时又无法回避或克服的事件或情况,如自然灾害或事故、战争、罢工等。任何项目都存在不可抗力风险,本项目也不例外。

(六)借鉴价值

1. 完善的履约保障

本项目在合同体系中,明确规定了履约保障条款。主要包括按法律法规购买各项必须的工程建设保险,建设强制保险方案,以及建设履约保函、运营维护保函和移交维修保函等履约保函体系。要求以规定的一定比例转账资金进行足额担保。完善的履约保障体系,很大程度上避免了违约情况的发生,保障了项目的顺利推进,保证了双方在项目每一环节都充分履行各自的义务,降低对项目的履约风险。同时,项目公司需要同时承担本项目的建设及运营维护等,政府方通过设置运营维护期绩效考核指标,并根据运营维护服务的优劣决定政府付费的多寡,由此将有效激励社会资本认真履行项目的运营维护职责。由于建设期内项目建设质量的优劣将直接影响社会资本在运营维护期的成本高低,因而,会有效激励社会资本从项目全生命周期成本统筹考虑本项目的建设及运营维护等。

2. 充分的信息披露

该项目通过官方网站及报刊媒体等形式，每年定期披露本地区 PPP 项目目录、项目信息及财政支出责任情况。项目实施后，各级财政部门或 PPP 中心将跟踪了解项目运营情况，包括项目使用量、成本费用、考核指标等信息，定期对外发布。

3. 合规的公开招标

本项目通过公开竞争的方式选择社会资本，一是将政府付费责任控制在一个合理区间内；二是鼓励社会资本通过改善管理、提升效率等以增加其自身收益的内在实力，有利于对项目全生命周期成本的控制。公开招标可以有效地筛选具有真正能力的公司进行项目建设，从而一定程度上防范了经营风险。由于无需进行工程的二次招标，使得社会资本方不仅可以获得作为投资人的股东分红，还可以获得施工利润，增加了本项目对社会资本的吸引力。

4. 充分的市场竞争

随着社会经济的发展，园林绿化、环保节能行业近年来已经成为整个市政公用和基础设施中越来越重要的领域范围。经过多年的市场发展，已经涌现出一大批诸如棕榈园林股份有限公司、亿利生态科技有限公司等运作模式较为成熟、运作经验比较丰富的园林环保类企业。因此，从项目的市场环境看，能够引入充分的市场竞争机制。

5. 健全的回报机制

本项目采用"可用性服务费付费+运维绩效服务费付费"模式进行，这种模式的优点在于使得社会资本方能够充分发挥主观能动性，为政府方以及社会公众提供有利的结果。由于社会资本方需要自行负责项目的运营和维护，且政府方设置了详细的考核标准和考核指标，而考核结果的好坏又直接决定了运维绩效服务费的金额，故会激励社会资本方在运营、维护过程中尽职尽责，保质保量。同时，运营维护的成本与建设期的建设质量有着密不可分的关系，所以这也将激励社会资本方从建设期开始时便认真规划整个项目周期的资本金安排和运营维护的细节。

6. 完备的风险分配

按照风险分配的基本原则，本项目的核心风险分配框架完备。融资、设计、建设、运营、维护等风险主要由项目公司承担；政策、法律变更和最低需求风险等主要由政府承担；不可抗力风险等由政府和项目公司合理共担。本项目从建设风险、运营风险、财务风险、宏观经济风险、不可抗力风险、政策法律变更风险、政治风险、移交风险等方面进行了风险分配，并设计了解决方案，保证项目最大程度上顺利进行。

7. 有效的监管体系

本项目中，由项目公司负责项目的运营。在项目运营中引进市场竞争机制并建立相对完善的公司治理结构，以提高项目的运营效率。在项目公司的运营过程中合作双方发挥各自的优势，社会资本作为控股方负责公司的经营运作，政府方承担相应的协调、监管责任。这一系列做法能更有利于项目的运作和监管，有效降低建设成本及运营成本，提高服务质量和运营效率。该项目作为丽水市 2016 年重点建设项目形象进度工程，政府极为重视，政府的严格监管督促社会资本保质保量、高效的完成了该项目的建设及维护运营工作，避免了因监管不力造成的损失。

本章小结

政府和社会资本合作(PPP)模式在林业的应用有效地引导了社会资本积极参与林业生态建设和保护。它与林业的有机结合及其快速发展是基于强大的政策层面和社会资本层面的支持。其中，政策层面的支持包括支持创新产权模式，引导各方面资金投入植树造林和国土绿化；支持金融创新和产品开发，大力推进国家储备林建设合作；支持精准扶贫精准脱贫，大力推进木本油料产业发展合作；支持深化林业改革，加快推进林区经济转型发展；支持开展林业旅游休闲康养服务；支持开展野生动植物保护及利用等。针对不同类型的林业项目，需要选择合适的PPP模式。比如分割特许经营、BOT+EPC、BOT、资源打包等PPP模式适用于可经营性林业项目，BOT+EPC+政府可行性缺口补助、特许经营结构和政府回购等模式适用于准经营性林业项目，而PPP+EPC+政府付费、政府回购、服务外包、管理外包等模式则适用于非经营性林业项目。近年来PPP模式在国家储备林和国家公园的建设中起到了重要作用，已经有很多成功的案例。

第八章 林业信托

信托融资可以通过直接贷款、股权投资、资产证券化等方式，为林业提供融资服务。林业信托融资是以林木资产的未来收益权作为基础，根据拟发展的林业项目资金需要状况，设立信托计划，向社会公开发行、募集信托资金。通过信托融资产品创新，探索信托借款、林产收益权信托融资等适宜模式，以更规范的方式吸引更多社会资金投向林业，有效拓展林业融资渠道。我国集体林权制度改革和林业要素市场的发展，为林业信托融资创新发展提供了有利条件。信托融资将成为我国林业的新兴融资热点，并成为与银行并驾齐驱的主流模式。在这样的背景下，通过林业信托计划的发行，加大我国信托产品创新，可以实现资本市场和林业市场的有机结合。

本章通过分析信托融资的功能、优势和林业信托融资的特点、优势，探讨林业信托融资的可行性和主要实现方式，并针对我国林业信托融资项目的典型案例，分析我国林业信托运行过程中面临的关键问题，提出林业信托融资业务的创新方向和发展路径。

第一节 林业信托融资机制与运作模式

信托融资具备多种平台优化组合优势，以信托高级形态（"财产运作完全独立，权能设置三权分离"）为核心，通过信托的串接，将多种金融工具进行优化整合，实现一揽子组合融资解决方案。我国集体林权制度改革和林业要素市场的发展，为林业信托融资创新发展提供了有利条件。

一、信托融资制度内涵、功能与优势

根据《中华人民共和国信托法》规定，信托是指委托人基于对受托人的信任，将其财产权委托给受托人，由受托人按委托人意愿以自己的名义，为受益人的利益或者特定目的，进行管理或者处分的行为，受托人采取信托机构形式从事信托活动。信托是建立在信任基础上的一种财产管理制度，它是社会经济发展到一定阶段的产物，信托作为一种投融资工具，有其独特的功能与优势：一是具有财产隔离的功能。二是具有组合投资和优化整合资源的功能，并可提供全程金融服务。投资公司作为能够综合利用货币市场、资本市场、产业市场的金融百货机构，可以连通产业项目与金融市场。三是可灵活发放，可根据情况适时调整利率(收益率)。

在货币市场，信托投资公司可以与金融机构之间可以进行金融往来、同业拆借；在资

本市场，可以发起设立基金管理公司、证券公司，可以做投资银行业务；除了能够进行金融运作，信托投资公司还可以直接投资于产业市场，如果信托公司看好某个林业项目，可以用自有资金进行投资。信托投资公司正是因为这些优势，有利于资源整合，能发挥其他金融机构所不能发挥的重要作用。改革开放以来，信托投资公司适应市场需要，在引进外资，支持能源、交通等基础设施建设，促进企业技术改造和产业升级方面发挥了巨大的作用，积累了丰富的经验，成为金融体系的重要组成部分。

随着信托产品流动性问题的逐步解决以及资产证券化的发展，为多类型、多层次投资者提供多元化的林业信托产品将成为现实。这些都可以由信托投资公司进行制度安排、创新设计并实施。林业信托产品能够比较灵活、充分地适应和处理林业的多种经济和法律关系，解决其他渠道难以解决的问题。与其他融资途径相比，林业信托融资有其自身的特点和优势。

①与银行贷款相比，由于林业生产周期长、风险大，银行贷款对于林业融资限制过多。虽然随着林权证抵押贷款的拓展，林业贷款短缺困境得到部分缓解，但总体上讲，银行贷款还是不能满足林业信贷需求。而且，相对银行贷款而言，林业信托融资不但可以降低林业整体运营成本、节约财务费用，还有利于林业资金的持续运用和公司的发展。另外，信托资金供给比较灵活，集合信托资金计划可以针对林业开发项目本身的特点和对资金的需求进行个性化设计。

②与债券融资相比，由于对债券发行主体的要求严格，因此，规模相对较小、信用等级相对较低的林业企业往往难以符合要求。同时，我国企业债券市场的总体规模相对较小，发行和持有的风险较大。长期债券同时面临较大的利率风险，而且企业债券的利率也较银行贷款利率高。

③与股权融资相比，由于对股票发行企业资质的要求较为严格，上市过程长，手续复杂，成本较高，因此，大多数林业企业无法直接进入资本市场进行融资。通过基于林产未来收益权的集合资金信托计划进行组合融资，是一种有益的林业金融创新探索；而且可以通过"资金信托+银行贷款"组合工具进一步深化林业金融产品创新，即先利用资金信托完成项目前期建设，使项目符合银行贷款条件，然后再利用银行贷款方式进行融资。

以"信托+金融"组合工具构建林业融资模式，融资数额需由以信托为核心的金融组合工具完成，实现信托前端融资，银行后端资金支持。信托在串接多种金融工具方面独具优势，一是可以引入海外基金；二是可以充当国内的产业投资信托基金；三是可以固定回报的股权投资方式进入项目公司；四是可以在适当的时候将项目公司包装上市；五是可以完成项目前期建设，使项目符合银行贷款条件。巧妙利用信托串接各种林业融资工具成为组合融资一揽子解决方案的关键。

二、林业信托融资的可行性

林业项目具有初期资金投入量大、周期长等特征，适合采用信托、投资基金、债券等为主的长周期的融资方式。但我国目前林业金融工具十分欠缺，企业债券等受到严格限制，产业投资基金无法可依更无可能。唯独信托独具制度优势，创新空间宽广，并具有巨大的灵活性。信托可以针对林业企业本身的运营需求和具体项目设计个性化的资金信托产品，通过直接贷款、股权投资、资产证券化等，在不同层次、不同形式上为林业项目融资服务。

随着集体林权制度改革的深化，林权和林产品流通市场的发育和完善，森林保险和农村小额保险的发展，林业产业集群的发展和林业企业的成长，林业信托计划发行将越来越具有吸引力，林业信托融资将成为林业金融极具潜力的创新点。林业资金集合信托计划，通过信托公司这种专业性机构的介入和有效的管理，可以降低林业直接投资的信息不对称性，通过多种形式、多个层次的投融资创新，控制林业经营、市场风险。

(1) 随着市场经济的发展，资金和信息将成为企业经济管理和经营决策的关键因素，因而产业的发展都特别需要信托公司之类的金融服务机构，作为其经济活动的中介和联系纽带。信托公司由于渠道广阔、经营灵活，以及自身的经营特点，能够满足企业经营及发展的各种特殊需要。在某些领域，如在投资与招商的组织和产权股份投资等方面，信托公司的中介能力是得天独厚的。信托的特点是"受人之托，代人理财"，正好可以解决现实中的两个难题：一是，社会上有来自各方面的闲散资金，汇聚起来会形成很大的资金规模；二是，很多人不了解林业产业这个行业，不敢把资金投向林业产业。信托正好为这两个难题的解决找到了契合点。对于我国来说，开辟林业信托融资渠道绝不是可有可无的，它必将成为推动林业经济迅速发展的关键一环。

(2) 从我国林业系统的现状看，国家对林业的投资多采取计划的形式，资金的使用和管理都比较粗放，造成了许多矛盾与困境：国家投资资金的不足与资金不能融通形成了对立性矛盾；计划式投资使企业过分依赖国家，责任心弱化，不利于彻底转换企业经营机制；计划式投资难以适应市场经济的变化，反应不够灵敏，容易出现滞后或按习惯办事的现象；计划式投资缺乏检验投资效果的有效机制，存在着不计经济效益和不按市场经济规律办事的倾向，与市场经济原则相悖。通过集合资金信托计划，将以经济效益为目标，从事全方位的金融服务，成为适应市场经济发展的一种有效组织形式，它将起到推动林业改革和经济发展的重要作用。

(3) 市场经济体制建设的一个重要任务，就是要培育全国性的、多层次的统一大市场体系，不受条块约束，使资源与要素在全国市场范围内自由流动。但要形成这种市场和实现这样的流动，必须首先建立发达的、全国性的金融和产业服务系统，由这些系统提供必要的资金、信息和技术等各方面的服务，以利于引进资本、设备和技术，开拓国内、国际市场，扩大开放、交流与合作，从而更好地深化经济体制改革和促进经济增长。信托是企业走向市场经济、金融经济的一个新桥梁，信托投资公司是金融信托系统的一个必要组成部分。信托投资公司是目前唯一一个全面涉及货币市场、资本市场、产业市场的金融机构，商品林借助于信托融资可以获得更大范围的资金来源，得到专业化的支持。

(4) 就林业产业本身来看，林业产业有很多具有稳定收益和广阔发展前景的项目，如速生丰产林工业、造纸工业、人造板等，都可以带来稳定、可观的收益。为缓解国内木材市场的供需矛盾，国家提出了建设速生丰产林工程，这是我国历史上规模最大、范围最广、时间最长的一项林业建设工程。速生丰产林项目的市场前景广阔，经济效益十分可观。

通过以上分析，发展规范的林业信托计划，既可以有效地引导社会资本进入林业、拓展林业融资渠道、创新林业融资模式，又可以解决近年来直接的合作托管造林[①]所引发的风险问题。合作托管造林公司在集资和招商行为中，往往片面夸大投资造林的收益率，回避限额采伐制度的限制。同时，林木生产周期长，投资造林收益受树木生长量、市场行情、社会环境、自然灾害等因素影响，合作托管造林存在着自然风险、市场风险等多重风险，如果没有森林保险的发展、市场风险规避手段的发展，直接投资林业必然面临较大风险。

三、林业信托融资主要实现方式

2004年10月，重庆国际信托投资有限公司推出了信托周期为两年、资金规模为3亿元的"菲菲森旺经济用材林资金信托计划"，这是信托资金首次进入林业市场推出的产品。与此同时，上海世华科技投资有限责任公司也与中泰信托投资有限责任公司联合推出了速生杨林木财产信托投资计划。通过设立集合资金信托计划，可进行林产收益权信托融资。2007年3月1日起实施的《信托公司集合资金信托计划管理办法》中指出，所谓集合资金信托计划（以下简称"信托计划"），是由信托公司担任受托人，按照委托人意愿，为受益人的利益，将两个以上（含两个）委托人交付的资金进行集中管理、运用或处分的资金信托业务活动。对于信托计划的运营与风险管理，《信托公司集合资金信托计划管理办法》中指出，信托公司运用信托资金，应当与信托计划文件约定的投资方向和投资策略相一致。《信托公司管理办法》规定：信托公司管理运用或处分信托财产时，可以依照信托文件的约定，采取投资、出售、存放同业、买入返售、租赁、贷款等方式进行。

以林木资产的未来收益权作为基础，根据拟发展的林业项目资金需要状况，设立信托计划，向社会公开发行、募集信托资金。信托资金通过适当的债权、股权、物权等方式投向林业项目，解决林业项目融资问题。《信托公司集合资金信托计划管理办法》和《信托公司管理办法》关于信托财产管理运用的相关规定中指出，林业信托融资可以采取的方式如下：

（1）贷款信托

信托公司以发行债权型收益权证的方式，接受投资者信托，汇集受托资金，分账管理、集合运用；通过项目融资贷款的方式，对林业项目提供融资支持；以收取利息的方式，实现信托收益。在项目融资中，项目主办人需专门为项目融资和经营成立一家项目公司。项目公司作为独立的法人单位，以项目公司的名义向外申请贷款。在具体运作中，项目公司可以项目的经营权质押和机器设备等实物抵押。在项目融资贷款信托中，信托公司以信托人的身份，着眼于该项目的收益，向项目公司贷款，项目公司依赖项目投产后所取得的收益及项目资产作为还款来源。对于项目的主办人来说，大额项目融资贷款不增加投资人的负债，不在其资产负债表中反映。对于贷款机构来讲，项目融资贷款担保合同的设计需要较高的技巧，而我国利率市场化的趋势也给贷款机构以较大的激励。原本由项目主办人承担的部分还债义务在贷款银行、政府和项目主办人之间进行了分摊，各主体间的相互约束和制衡，提高了项目的融资效率。

---

① 合作托管造林是指投资林业的法人或自然人，依法按照森林、林地和林木使用权合理流转形式购买一定单位的林木，享有该林木的产权，再以合同方式委托专业公司进行管护，并就双方责权利签订正式的《林地林木委托管护合同》，公司对服务结果做出明确承诺的林业经营模式。合作托管造林中，合作托管造林公司向公众集资，社会投资者直接投资于林业，异地造林，由于"两头不见面"，面临严重的信息不对称问题，因而具有较大的风险。

(2)股权融资

信托公司可以发起林业产业信托投资基金,为林业项目或林业企业提供股权融资支持,并从事资本经营与监督,通过股权交易获得较高的投资收益。按照国家有关产业投资基金法律、法规和国际通行的公司型封闭式基金的经营管理惯例,结合我国现行的投融资体制,通过制定一整套管理制度和一系列协议、合同、章程等法律文件的形式,建立一个职责分明、相互监督、安全有效的基金运作机制,实行基金公司、基金管理人与基金托管人三权分离、相互制衡的基金管理制度,以保证基金股东投资的安全与回报。

(3)融资租赁

林业项目投资中,机器设备的购置可以大量运用融资租赁手段。《信托投资公司管理办法》规定,信托投资公司所有者权益项下依照规定可以运用的自有资金,可以存放于银行或者用于同业拆放、融资租赁和投资。信托投资公司可以用自有资金开展此类业务,而不需要像租赁公司一样向银行贷款。中间环节的减少使得无论是减少融资贷款的成本,还是降低租赁贷款的风险方面都具有明显优势。

四、林业信托融资操作模式与策略

林业信托融资操作模式如图 8.1 所示:首先,信托公司(受托人)制订林业投资信托计划,并面向公众投资者(委托人)发售,投资者与信托公司签订信托合同并交付信托资金(汇集的信托资金为信托财产,投资者为信托财产的受益人),信托计划的发行规模、期限、收益率等,一般由信托公司与林业项目融资人共同研究商定。其次,信托公司作为受托人,按照信托文件的约定,将信托资金投入到信托计划描述的林业项目中,信托财产从现金形态转化为股权(如采取合作造林方式的股权投资)或债权(如向林业项目发放贷款)形态。第三,信托公司按照信托文件的约定,进行项目后期跟踪管理、相应信息披露,并按时收取投资收益,投资收益来源于林产出售、林权租金或林业企业的分红、支付的利息。最后,信托公司按照信托文件的约定,扣除必要的管理费用和其他税费后,向投资者支付投资收益并分配信托财产。如果信托期满,信托公司支付信托收益、分配信托财产后,信托计划结束。

根据对林业信托融资实现方式和操作模式的分析,在林业项目采取信托融资方式过程中需要特别重视以下问题:

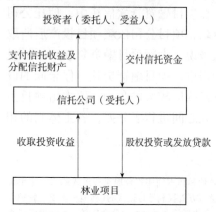

图 8.1 林业信托融资操作模式

(1)林业项目投资方向选择

信托投资公司投资管理信托资金,对选择投资领域应比较慎重。一般在林业项目投资中,商品林投资的流动性小,收效慢,所以在这方面的投资比例不宜太大,应注重对林产品加工、高技术、高附加值的项目的开发。主要的投资方向为:对技术含量高的林业产业和项目投资;对快速发展、管理科学的优秀现代林业企业投资。

(2)权益保障问题

一方面,可以委托具有履约担保资格的、实力雄厚的信用担保公司提供履约担保,使委托人的权益得到最大限度的保障。另一方面,可以与保险公司合作,为林业提供火灾保险、自然灾害保险、偷盗砍伐等第三者责任险,以降低受益人的投资风险。

(3)信托政策问题

由于林业生产周期长、见效慢,在市场竞争中明显处于弱势,就经济和社会的可持续发展而言,林业应受到政府的特殊关注和扶持,并对林业信托给予优惠政策。应适当放开对信托合约规模和林业建设项目担保的限制,允许信托公司对林业信托计划做非特指性的广告和宣传,并针对林业信托产品给予相应的税收优惠。

(4)权益退出问题

林业产业信托投资基金的退出或者信托产品的退出可以采取以下几种方式:①股权转让;②继续持股参与股份分红;③相同行业或相关行业的上市公司转让所持基金或信托份额;④通过"买壳"将投资项目作为优质资产注入上市公司,达到上市目的,实现资本增值;⑤在投资前与所投资的项目或企业达成回购协议等。

第二节 林业信托融资项目典型案例

一、上海中泰信托:工业森林财产优先信托权益投资计划

2004年2月,上海世华科技投资有限责任公司(以下简称"世华科技")与上海中泰信托有限责任公司(以下简称"上海中泰")合作发行的速生杨林木财产信托优先信托权益投资计划是我国林业首次通过信托方式进行融资尝试。

信托计划中,专业投资林木的世华科技作为委托人,将其合法拥有的评估现值为4.25亿元的速生杨林木财产信托给上海中泰,信托中优先信托权益价值为人民币1.7亿元,占信托林木资产全额的40%,信托期限为3年。上海中泰按照信托合同约定对外转让并在市场上向特定投资者出售投资者在信托期间享有该资产的优先收益权。由在新加坡上市的上海光兆植物速生技术有限公司对优先信托权益的信托利益进行担保,确保优先信托权益达到预期水平。世华科技向投资者承诺在信托计划到期后回购这笔资产,并且信托计划优先信托权益的受益人可在每个信托年度结束前3个月要求世华科技回购其权益(表8.1)。

表8.1 速生杨林木财产信托优先信托权益投资计划说明书

产品名称	速生杨林木财产信托优先信托权益投资计划			推出时间	2004年2月
发行机构	上海中泰信托有限责任公司			成立时间	2004年2月
发行规模	17 000万元	成立规模	17 000万元	信托期限	3年
预期年收益率	5%	实际收益率		结束日期	2007年1月
信托方式	贷款	投资领域	农林牧渔	发行地	上海
资金运用方式	世华科技的工业森林财产信托优先信托权益				
相关信息	华闻传媒投资集团股份有限公司控股上海中泰后,后者2004年年初连续推出了3个财产信托收益权转让类的信托产品,融资规模巨大,所用资源也仅是一般的流动性较差的资产、租赁权、股权等,值得我们借鉴和学习,其运作也抢在了监管层紧缩政策之前				

本信托中优先信托权益的信托利益以现金方式100%向受益人进行分配，每年分配一次，年回报率5%。第一年和第二年可预期分配的优先信托权益的信托利益为优先信托权益价值的5%。本信托计划优先信托权益的受益人可在每个信托年度结束前3个月要求世华科技回购其权益。在本信托3年期满结束时，该期支付第三年优先信托权益项下的信托利益为优先信托权益价值的105%。

在风险控制方面，各合作方从以下几个方面进行控制：

(1) 信托中的林木由世华科技管理，具体管理事项由林木所在地政府实施。地方政府已承诺对管理不当造成的损失进行赔偿。林木的销售和保险理赔等收入均为本信托的收益。在优先信托权益未满足时，作为委托人的世华科技无法获得在本信托计划中的2.55亿元剩余信托权益。

(2) 该信托专项投资的工业森林是生物组培技术生产的快速生长新树种，信托中的林木已与多家造纸公司签订了保底销售协议，其中与我国著名上市公司晨鸣纸业签订的包销收购协议保底价达到人民币2亿元，且该包销协议已经公证机关公证。信托中的林木资产已由世华科技投保了火灾险及相关附加险，最高赔付金额为人民币3亿元。本项目由在新加坡上市的上海光兆植物速生技术有限公司对优先信托权益的信托利益进行担保，确保优先信托权益达到预期水平。

(3) 该信托中林权证已过户至上海中泰。同时，委托人将其在本计划中所得价款除去各种费用后，信托给上海中泰，由上海中泰以自己名义按委托要求进行投资，并以此资金信托的收益权质押给上海中泰，以进一步控制项目风险。

上海中泰与世华科技合作推出的集合资金信托计划是信托融资方式在林业项目的初次尝试，并取得了不错的销售业绩，而且提前收回了投入资金，盘活了世华科技的固定资产，提高了资产流动性，分散了经营风险，由此证明这种新型金融工具是可以在林业产业中运用的。

但该信托计划也存在一些不足：一是发行人承诺最终回购资产，使发行人承担了过多的风险；二是发行人承诺随时回购受益凭证，使发行人面临资金流动性风险；三是在内部信用增级中仅把受益权划分为优先受益权和剩余受益权，使风险较集中在发行人处；四是缺乏对投资者利益的保护，受托银行仅仅负责对投资者受益凭证进行偿还和利息支付，没有向投资者公布资产的运行和管理情况，信托机构缺乏有效的外部监督机制；五是信托受益权不能像证券一样在二级市场自由流通转让。

二、湖南信托：科农林业项目集合资金信托计划

2006年11月29日，湖南省信托投资有限责任公司推出了湖南信托——林业类项目信托产品系列之"科农林业项目集合资金信托计划"，该融资计划于2006年12月4日正式成立。该信托计划融资规模为人民币2000万元（不超过2000万元）。该信托计划项下设有两个期限，分别为2年期和3年期，自信托成立之日起计算。其中，2年期1000万元整，签订信托合同67份；3年期1000万元整，签订信托合同65份。如果借款人提前偿还全部贷款本息，则信托计划提前终止，湖南信托按该计划实际持续天数分配信托收益。2年期预期年收益率5.2%，3年期预期年收益率5.5%。信托资金运用方式为向湖南省科农林业科

表 8.2 科农林业项目集合资金信托计划说明书

产品名称	科农林业项目集合资金信托计划		推出时间	2006 年 11 月
发行机构	湖南省信托投资有限责任公司		成立时间	2006 年 12 月
发行规模	2000 万元	成立规模	2000 万元	信托期限	2 年/3 年
预期年收益率	5.2%/5.5%	实际收益率		结束日期	
信托方式	贷款	投资领域	农林牧渔	发行地	长沙
资金运用方式	向湖南省科农林业科技开发有限公司提供贷款，用于科农大酒店装修、配套设施、水产养殖及芦苇项目				
相关信息	本次项目共募集资金 2000 万元整，其中：2 年期 1000 万元整，签订信托合同 67 份；3 年期 1000 万元整，签订信托合同 65 份				

技开发有限公司提供贷款，用于科农大酒店装修、配套设施、水产养殖及芦苇项目。信托推介期限为 2006 年 11 月 29 日至 2006 年 12 月 29 日（表 8.2）。

湖南信托 2007 年 12 月发布《科农林业项目兑付信托收益公告》，告知投资者 2007 年 12 月 12 日开始兑付科农林业集合资金项目第一年的信托收益。该信托计划的有以下两点创新：首先，该信托计划设置了两个不同的信托到期时间，为不同期限风险偏好的投资者提供了不同的选择，并设计了不同的预期年收益率。其次，对于信托贷款的资金运用方向上，信托计划说明书中明确了用于委托人（湖南省科农林业科技开发有限公司）的科农大酒店装修、水产养殖及芦苇项目等，从而让投资者可以对于资金用途进行监督。

但是，该信托计划仍存在明显的缺陷：首先，该信托计划只说明了资金的用处，但是对于信托资产却只字未提，导致投资者收益来源不明。对于信托计划而言，其最大的特点是信托资产的独立性，但是在本信托计划中，并没有关于信托资产的任何说明，让投资者承担了较高风险。其次，预期收益率的设计不合理。该信托计划 2 年期的预期收益率为 5.2%，其年化复合收益率为 2.5%；3 年期的预期收益率为 5.5%，其年化复合收益率仅为 1.8%，如果仅从投资收益的角度选择，投资会优先选择前者。

三、湖南信托：华林林业项目集合资金信托计划

湖南省信托投资有限责任公司于 2007 年 11 月 12 日推出了"华林林业项目集合资金信托计划"，该计划的信托期限分别为 26 个月和 38 个月。信托规模为人民币 2000 万元（不超过 2000 万元），其中，26 个月期限的信托规模不超过 1000 万元，38 个月期限的信托规模不超过 1000 万元。该信托预期年收益率分别为 2 年期同期定期存款利率加 3%（预计总收益率可高达 16.25%）、3 年期同期定期存款利率加 4%（预计总收益率可高达 29.2%），益阳市华林实业发展有限公司以其林业资产作抵押。信托推介期限为 2007 年 11 月 12 日至 2007 年 12 月 12 日。

华林林业项目集合资金信托计划于 2007 年 11 月 28 日成立，共募集信托资金 2000 万元，其中，26 个月期限的信托资金 1000 万元，签订信托合同 6 份；38 个月期限的信托资金 1000 万元，签订信托合同 22 份。26 个月期限的信托资金已于 2009 年 11 月 28 日进行了投资收益分配，信托资产共获得收益 581 000 元，年收益率为 5.81%。38 个月期限的信托资金于 2011 年 1 月 28 日期满，并进行了清算；该部分信托资产共获得收益 133 666.63

元,年收益率为8.02%。从本信托的到期收益率看,两期都超过了在发行前的预期收益率,给投资者带来了超额的收益(表8.3)。

表8.3 华林林业项目集合资金信托计划说明书

产品名称	华林林业项目集合资金信托计划		推出时间	2007年11月
发行机构	湖南省信托投资有限责任公司		成立时间	2007年11月
发行规模	2000万元	成立规模	2000万元	信托期限	2.17/3.17年
预期年收益率	7.0%/8.0%	实际收益率		结束日期	2011年01月28日
信托方式	贷款	投资领域	农林牧渔	发行地	长沙市
资金运用方式	信托资金用于向优质企业提供贷款				
相关信息	该信托计划的信托规模为人民币2000万元(不超过2000万元),其中26个月期限的信托规模不超过1000万元,38个月期限的信托规模不超过1000万元。信托预期年收益率分别为2年期同期定期存款利率加3%(预计总收益率可高达16.25%)、3年期同期定期存款利率加4%(预计总收益率可高达29.2%),益阳市华林实业发展有限公司以其林业资产作抵押				

该信托是湖南省信托投资有限责任公司推出的第二个关于林业项目的信托计划。相对于第一个计划,该信托计划有了许多的完善。首先,对信托计划的收益有了资产担保,即以益阳市华林实业发展有限公司的林业资产作抵押。其次,从收益率的设置上更加灵活,信托计划中,26个月期限的预期收益率为2年期同期定期存款利率加3%,38个月期限的预期收益率为3年期同期定期存款利率加4%。但是湖南信托在该信托计划中仍没有对信托资产进行任何说明,对投资者来说,风险较大。

四、陕西信托:泰宁南方林业信托贷款集合资金信托计划

2012年6月25日,陕西国际信托股份有限公司和福建泰宁南方林业发展有限公司(以下简称"南方林业")共同推出了"陕国投·福建泰宁南方林业信托贷款集合资金信托计划"(表8.4)。信托计划于2012年6月29日成立,存续期为2年,募集资金2亿元,投资门槛300万元以上。

在还款来源上,信托计划的参与者明确了以下4种还款来源:一是南方林业林地经营收入。在规模不变的情况,其林地经营年预期净利润约为8700万元。二是南方林业林权挂牌转让。如将泰宁县境内的林木资产整体转让,预测约为6700万元。三是南方林业的控股股东中国林业拟引入新一轮私募股权投资基金。公司已经于2011年引入建银城投股权投资基金,计划2012年引进新的战略投资者,募集资金2亿元。四是中国林业在港交所上市。中国林业集团有限公司的上市资质条件已经满足。预计最早2012年下半年,最迟2013年上半年,根据市场情况择机上市,拟融资5~8亿港币。

抵押物包括以下内容:一是位于建宁县的枫源国有林业采育场。该采育场共116 580亩,估值52 980万元,合4545万/亩,抵押率37.75%。二是三家公司。江西泰联林业发展有限公司收购价格5005万元,其产权所属26 996亩森林资源资产,现值4273万元;弋阳县顺弋实业有限公司收购价格3770万元,其产权所属16 325亩竹林资源资产,现值2779万元;重庆鹏辉林业投资有限公司100%股权收购价格13 000万元,其产权所属47 507亩森林

表 8.4 陕国投·福建泰宁南方林业信托贷款集合资金信托计划

产品名称	陕国投·福建泰宁南方林业信托贷款集合资金信托计划		
发行机构	陕西国际信托股份有限公司		
信托方式	贷款		
起点金额	300 万元	信托规模	20 000 万元
推出时间	2012 年 6 月		
成立时间	2012 年 6 月	结束日期	2014 年 6 月
预期年收益率	300 万元以下，10.5%；300~1000 万元，11.5%；1000 万元以上，12%		
资金运用方式	信托资金用于向福建泰宁南方林业发展有限公司贷款，其中，1 亿元用于并购江西泰联林业发展有限公司、弋阳县顺弋实业有限公司、重庆鹏辉林业投资有限公司 3 家公司的股权，1 亿元用于补充企业流动资金		
收益分配	1000 万元以下每年分配 1 次，1000 万元以上每半年分配 1 次		

注：福建泰宁南方林业发展有限公司：注册资本 20 458 万元，由新加坡华瑞林业投资（香港）有限公司与中国泰宁县四方林场有限公司共同设立，实际控制人为港资中国林业控股有限公司；2012 年 3 月净资产 4.79 亿元，资产负债率 37.22%。

资源资产，现值 17 105 万元。

风险控制从以下几方面进行：一是华阳林业（三明）开发有限公司以 6 个林产——116 580 亩山场林木资产及林地 66 年使用权提供抵押担保；二是福建泰宁南方林业发展有限公司董事长兼总经理周道芳及其配偶提供连带责任担保。

本信托计划相对于已有的林业信托融资计划，在以下几个方面有了重大的突破和创新。

①融资金额有所突破。本次林业信托计划共募集资金 2 亿元，在已有的林业信托计划募集金额中达到新高。

②投资方向比较明确。在 2 亿元融资的投资方向上，该林业信托计划中，1 亿元用于并购 3 家企业的公司股权，另外 1 亿元用于补充企业的流动资金。这相对于以前的林业信托计划中的投资方向更为明确，而且是用于企业本身的主营业务的扩展和运营中。

③该林业信托计划的预期年收益率达到新高，首次达到 10% 以上。从其公布的数据可以看到，该信托计划按投资额的不同而设置了不同的预期年收益率：300 万元以下，10.5%；300 万~1000 万元，11.5%；1000 万元以上，12%。

从林业信托计划的参与方可以看到，已有的林业信托计划主要是本身的信托公司与本身的林业企业合作，而本信托计划参与方之一是陕西国际信托股份有限公司，另一方是福建泰宁南方林业发展有限公司，突破了省份的限制，这对我国林业信托市场机制的建立是一个积极的信号。

④在风险控制方面，已有的林业信托计划主要是运用融资企业的林业资产作抵押，而该林业信托计划运用第三方——华阳林业（三明）开发有限公司的 116 580 亩山场林木资产及林地 66 年使用权提供抵押担保，以及融资公司董事长兼总经理周道芳及其配偶提供连带责任担保，其中，周道芳及其配偶拥有华瑞林业投资（香港）有限公司、香港华阳投资发展有限公司等多家公司的股权。这种方式的风险控制有利于融资方——林业企业更好地运营资产，同时将企业主要管理者的利益与该信托计划的信用挂钩，可以起到激励管理者更好的运用信托资金提升公司业绩的作用。

五、四川信托：升达林业股票收益权投资单一指定用途信托计划

四川升达林产工业集团有限公司（以下简称"升达集团"）成立至今，经历了都江木业开发公司（以下简称"都江木业"）、都江木业有限责任公司（以下简称"都江有限"）和升达集团3个阶段。都江木业是于1992年11月7日设立，企业性质为集体所有制。2003年1月27日，都江木业经批准改制为都江有限，取得了企业法人营业执照，法定代表人为江昌政，注册资本为4500万元，企业类型为有限责任公司，经营范围为生产、销售木工机械、竹木地板、竹木制品等。根据2003年5月至9月签署的一系列股权转让协议、出资协议、委托协议、股东会决议及工会决议，都江有限决定增资2500万元（公积转增资本700万元，现金增资1800万元），进行相关股权转让，都江有限变更为升达集团，注册资本变更为7000万元。2003年10月20日，升达集团取得了换发的企业法人营业执照。

目前，升达集团的企业类型为有限责任公司，经营范围为：生产、销售竹制人造板；集成材、木材竹质装饰板、线；木竹制构件、家具、橱柜、门窗；软木制品、木塑制品、木橡制品；化工产品（不含化学品）、建辅建材、五金交电；竹木机械技术服务。截至2010年12月31日，升达集团总资产19.76亿元。2010年实现营业收入6.9亿元，净利润0.32亿元。

升达林业是从事林业产业一体化经营的企业，主营业务为强化地板、实木地板、实木复合地板等木地板的研发、生产与销售以及林木种植业务，产量、销量和品质均排名国内同行业前茅，主导产品为"升达"牌地板。升达林业于2008年7月16日在深交所公开发行上市。控股股东为升达集团，持有上市公司41.88%的股份。自上市以来，升达林业股价一直处于不高的水平上，但是走势基本保持稳定，只在2008年股市低迷期降到了1.19元/股。股价最高时达到6.08元/股。

升达集团转让股票收益权所获价款将用于收购和扩大林业基地。升达集团以其整体经营收入作为支付投资收益的主要来源，并按照合同约定向信托公司支付回购价款。为确保升达集团按约履行支付升达林业股票收益权回购价款的义务，升达集团以其持有升达林业的13 034万流通股股票提供质押担保。

在升达林业股票收益权投资单一指定用途信托计划中（表8.5），为了降低信托计划的风险，保障投资人的权益，该信托计划采取了以下风险防范措施：

表8.5 升达林业股票收益权投资单一指定用途信托计划

项 目	内 容
信托计划名称	升达林业股票收益权投资单一指定用途信托
信托计划规模	不超过2亿元
信托计划期限	24个月
信托资金运用	用于收购和扩大林业基地
收益主要来源	升达集团整体经营收入
信托预期收益	9.5%
信托利益分配	信托计划成立每满1年分配1次，信托终止清算分配

资料来源：根据公开资料整理。

①升达集团以其持有的上市公司升达林业13 034万股股票提供质押。截至2012年4月24日,升达林业前20个交易日均价为3.41元/股,对应本次融资20 000万元,本金质押率为45%。

②对标的股票在中国证券登记结算有限责任公司办理质押登记手续。同时,对相关合同办理强制执行公证,如果融资人出现违约情形,可依据公证,迅速完成变现,确保信托资产不受损失。

③在《资金信托合同》里明确"信托期限届满时,信托财产为非现金形式的,信托期限自动延长,直至信托财产变现后方予以清算"这一条款。

④融资人升达集团在《股票收益权转让及回购合同》等法律文件中承诺溢价回购本结构化融资产品项下的永生控股股票收益权,如发生违约,有权要求升达集团或通过司法程序变现升达林业股票,用于保证信托受益人的本金和收益。

⑤在信托存续期间,按照质押股票全部市值设置平仓线与预警线。在信托存续期间,如果质押股票当日收盘价下跌至预警线2.46元/股(预警线设置为股票转让价格的160%,即为1.5345元/股×160%),升达集团应做出追加保证金的充分准备;如果质押股票任一日收盘价下跌至平仓线2.15元/股(平仓线设置为股票转让价格的140%,即为1.5345元/股×140%),升达集团应追加保证金,使质押股票市值和追加的保证金之和大于或等于2.8亿元(为贷款金额的140%)。如不追加,有权无条件连续变现质押物,变现方式包括但不限于二级市场抛售、大宗交易转让或法院直接强制拍卖等。

升达林业股票收益权投资单一指定用途信托计划虽然采取了以上5点风险防范措施,但其所有风险防范措施都是基于升达林业股价基础之上,缺乏其他担保措施分散风险,因此不能完全保证投资人的权益。另外,由于股价的波动性较大且不可预测,该计划设置的追加保证金及强制变现条款,使得该信托计划的发行人升达林业面临资金流动性风险。

六、西藏信托:景谷林业信托贷款集合资金信托计划

2012年3月西藏信托有限公司(以下简称"西藏信托")和云南景谷林业股份有限公司(以下简称"景谷林业")共同推出了景谷林业信托贷款集合资金信托计划。该信托融资1.5亿元,期限为12个月,预期年收益率为11.5%,用于补充流动资金(表8.6)。信托放款前,景谷林业提供价值3.087亿元的林地使用权作为抵押,抵押率不超过50%;信托放款后,10个工作日内云南景谷林业股份有限公司另外追加价值不低于6000万元的林地使用权作为抵押,抵押率降低至40%;上市公司景谷林业的董事长兼法定代表人杨松宇先生为借款方在《贷款合同》项下债务提供连带责任保证担保。

表8.6 景谷林业信托贷款集合资金信托计划说明书

产品名称	景谷林业信托贷款集合资金信托计划			推出时间	2012年3月
发行机构	西藏信托			成立时间	2012年2月
发行规模	15 000万元			信托期限	12个月
预期年收益率	11.5%			结束日期	2013年2月
信托方式	贷款	投资领域	农林牧渔	发行地	北京
资金运用方式	信托资金用于补充景谷林业的流动资金				

在该林业信托计划中，值得关注的是以下3点：

①对于信托计划公示的"信托资金用于补充云南景谷林业股份有限公司的流动资金"要特别关注。流动资金是一个较为笼统的概念，表明景谷林业还未清楚这笔信托资金的用途，违反了筹资原则，因为只有在企业出现资金短缺时才进行筹资。

②这笔信托资金的还款来源不明。在信托计划中没有对景谷林业如何还款做任何文字表述。另外，景谷林业的主业已经亏损很多年，短期内扭亏的希望也很渺茫，但是15%的融资成本已成定局，经营收益不可能覆盖融资成本。在该信托计划期内，即2012—2013年，景谷林业还有2亿多元的银行贷款需要偿还，还款几乎成为不可能事件。

③虽然在风险控制方面，该信托计划设计了运用融资方资产进行抵押担保和董事长的连带责任，但是从抵押标的物看，信托贷款的抵押物已经是景谷林业最后可供抵押的资产了。其他资产已经于之前抵押给了中国农业银行和中国建设银行，对企业资产正常运营产生重要的影响，从而影响企业盈利能力。

该信托计划的推出无论是从融资方需求的必要性角度，还是从正常的公司资产运营角度，都存在较大的漏洞和疑问。对于信托计划的投资者而言，融资方的巨大信用风险会让他们望而却步。公报发布当天景谷林业股价下跌3.68%。

七、浙江信托：万向信托公益林收益权信托计划

2014年7月22日，龙泉市住龙镇人民政府代表所辖水塔村与万向信托有限公司（以下简称"万向信托"）签下公益林收益权信托计划合同——"万向信托——绿色摇篮1号"，标志着全国首单以公益林地为标的的信托项目正式运营。素有"浙南林海"之称的龙泉，为浙江省最大林区县（市），森林蓄积量达1745万立方米，生态公益林面积占162万亩。由于限制开发经营，生态公益林林农每年只能获取21元的生态补偿金。林业信托通过归集林地的未来现金流，为林农提供融资的便利性和可操作性，实现了收益多样化。

万向信托公益林收益权信托计划涉及的林地规模为3.8万亩生态公益林，龙泉市水塔村112户村民参与了这次信托项目。由当地政府作为委托人，以当地公益林收益权作为信托财产，以当地村民作为受益人，在不改变公益林的所有权、承包权、使用权及管护权的前提下设立信托计划。万向信托相当于担保人，与其他金融机构协作，向村民发放信托受益权凭证，排他性地收取补偿基金的支付收入。在财政向信托计划支付补偿基金后，万向信托将扣除1‰管理费后的补偿基金作为信托收益在5个工作日内分配给村民（表8.7）。

万向信托公益林收益权信托计划对当地林农以及林业产业发展的帮助主要体现在以下几个方面：

表8.7 万向信托公益林收益权信托计划说明书

产品名称	万向信托-绿色摇篮1号			推出时间	2014年7月
发行机构	万向信托				
涉林面积	3.8万亩	管理费	0.1%	发行地	龙泉市
信托方式	公益林收益权信托	担保方	万向信托	委托方	住龙镇人民政府

1. 盘活了林地资产

林农之前每年领取的固定金额的公益林补偿金变成了受益权凭证，合作社做担保，凭证可以作为抵押物，极大地增强了生态公益林补偿金的流动性。林农以生态公益林受益权凭证做抵押，能够更容易地申请到银行贷款，并且有了担保之后林农能够获得更低利率的贷款，利用贷款从事林业产业，有利于林业资金的融通以及当地林业产业的发展。并且该公益林受益权证可以通过林业产权交易平台进行转让和流通，林农可以较方便地转让手中的收益权凭证换取资金，这也极大地盘活了林地资产，增强了林业资金的流动性。

2. 增加了林农收益

根据测算，农民凭借受益权凭证每年每亩直接增加收益2元，如果加上激活林地资产后的其他金融价值，信托期内，每5年平均每户可新增2.96万元的信托凭证资产。林农可以以其获得的信托凭证对应的信托财产价值按照一定折扣率进行抵押。若按80%的抵押率，则信托期内每5年平均每户可获得2.37万元的贷款。

3. 创新了林业信托形式

万向信托公益林收益权信托计划是我国首次以公益林为标的的信托计划。由于公益林有不同于商品林的特殊属性，难以吸引商业资金进入该领域，然而本次信托计划破解了公益林不能抵押、流转等难题，是深化林权制度改革的一项制度创新，使公益林活树变活钱，也是金融支持林改惠农的又一次尝试，并进一步丰富了浙江省丽水市农村金融改革试点的内容。

本章小结

信托融资具备多种平台优化组合优势，能够将多种金融工具进行优化整合，实现一揽子组合融资解决方案，将成为我国林业的新兴融资热点。信托最大的3个功能与优势是具有财产隔离的功能、具有组合投资和优化整合资源的功能、可灵活发放。通过信托公司的介入和有效的管理，可以降低林业直接投资的信息不对称性，通过多种形式、多个层次的投融资创新，控制林业经营风险和市场风险。具体来说，林业信托融资可以降低林业运营成本、节约财务费用，有利于林业资金的持续运用，且产品设计灵活等。引入海外基金，充当国内的产业投资信托基金，甚至可以在适当的时候将项目公司包装上市等。贷款信托、股权融资和融资租赁是林业信托融资的3种主要实现方式，但在操作过程中需要注意林业项目投资方向的选择、权益保障、信托政策、权益退出等问题。众多成功案例表明信托融资在林业产业的可行性及其重要性，但同时也发现潜在的问题需要注意和解决。

第九章 林业产业投资基金

林业产业投资基金是一种对未上市企业进行股权投资和提供管理服务的利益共享、风险共担的集合投资制度,是针对国内经济政策、经济发展状况和林业产业发展趋势提出的一种可行的投融资方式,是打破林业产业发展现状的关键一环。作为一种金融创新制度,林业产业投资基金使林业产业投资和资本市场融资有机地结合在一起,有利于引导社会资本投资林业,优化资本结构,可为我国林业产业化发展提供巨大的资金支持,对于推进我国林业投融资体制改革,促进林业产业结构调整和升级,提高林业企业经营管理水平具有重要意义。

本章通过梳理国内外产业投资基金的融资特征和发展模式,在分析、借鉴美国林业产业投资基金的成功经验基础上,探讨我国设立林业产业投资基金的必要性和可行性,提出我国林业产业投资基金的设立模式和运行机制,以及解决设立林业产业投资基金过程中面临的问题和制约因素的优化途径。

第一节 产业投资基金概况

产业投资基金是将金融与产业发展相结合,将实体经济与虚拟经济相融合的现代金融投资方式,是推动产业结构调整、优化的重要工具。产业投资基金起源于英国、成熟于美国。在欧美等发达国家,产业投资基金已经发展成为影响广泛、规模庞大的金融工具,对经济发展和产业提升的作用至关重要。

一、产业投资基金融资特征

产业投资基金是一种对未上市企业进行股权投资和提供管理服务的利益共享、风险共担的集合投资制度,在国外通常被称为私人股权投资基金(private equity fund)。具体来说,产业投资基金是通过向多数投资者发行基金份额(基金单位)募集资金设立基金公司,由基金公司自认基金管理人或另行委托基金管理人管理基金资产,委托基金托管人托管基金资产,从事创业投资、企业并购重组和基础设施投资等实业投资。产业投资基金按照资产组合原理直接投资于特定产业或项目,并通过资本经营和专业管理对所投资企业加以培育以实现资产保值、增值,从而获得投资收益。

产业投资基金通过与有经验的投资机构或团队的合作,利用市场化的运作模式,更有利于发现促进产业发展、推进产业科技创新的关键环节,将原有简单的直接扶持转变为有效的间接扶持,改变财政资金、银行信贷对产业发展单一的投资渠道,促成政府和市场合力,利用杠杆放大作用进一步提升扶持效率,实现政府资金"四两拨千斤"的效果。产业投资基金作为一项全新的金融工具,具有资金来源广泛、不增加债务和投资稳定性强等优点,与银行贷款、企业债券和股票等传统的融资方式相比,具有显著特征(表9.1)。

表9.1 产业投资基金与其他融资方式比较

比较内容	银行贷款	企业债券	股票	产业投资基金
适用对象	成熟的、现金流稳定的企业	成熟的、现金流稳定的企业	有巨大增长潜力的企业	新兴的、有增长潜力的企业
资金稳定性	低	较低	高	较高
融资成本	较低	低	高	高
对资本结构的影响	负债率提高	负债率提高	负债率降低	负债率降低
对公司控制权的要求	影响公司融资决策以及限制现金流使用	影响公司融资决策以及限制现金流使用	接受股东大会全面监督	参与公司重大决策,提供管理服务
运作时间	3~6个月	5~12个月	18~24个月	3~6个月
融资规模	融资规模受负债率约束	融资规模受净资产约束	融资规模大	融资规模受回报率和股权比例影响
后续融资可能性	后续融资受负债率限制	后续融资受负债率限制	可后续增发和配股、可转债	后续融资不受限制

通过对产业投资基金融资特征的分析发现,产业投资基金其实质是一种股权投资,是资本市场的重要组成部分。与债权投资相比,产业投资基金投资着眼点并不在于投资对象当前的盈亏,而在于产业的发展前景和投资环境,以便于能够通过经营获得投资收益,通过上市或出售企业股份获得合理的资本收益回报,因此,投资者也将更加注重企业的经营管理,为企业提供更多的增值管理服务。

二、产业投资基金发展历程

我国产业投资基金的发展可分为3个阶段:第一阶段为中外合作创办阶段;第二阶段为国家审批阶段;第三阶段为备案设立阶段。

我国产业投资基金的发展是从与外资合作创办开始的。通过这种方式,我国共创立了3只产业投资基金,分别是1998年创立的中瑞合作基金(以下简称"中瑞基金")、2002年创立的中国——东盟中小企业投资基金(以下简称"中东基金")以及2004年创立的中国——比利时直接股权投资基金(以下简称"中比基金")。通过与外资合作创办基金的方式,我国产业投资取得了初步发展。

从2006年起,我国产业投资基金的发展步入了第二个阶段,即国家审批阶段。在此阶段,国家发展和改革委员会分3次共审批通过了10只产业投资基金作为试点。它们分别是2006年第一次审批通过的渤海产业投资基金;2007年第二次审批通过的山西能源产业基金、广东核电及新能源产业投资基金、上海金融发展投资基金、中新高科技产业投资基金和绵阳科技城产业投资基金;以及2008年7月第三次审批通过的华禹水务产业投资

表 9.2　我国前三批产业投资基金概况

基金名称	主要发起人	基金规模/亿元	存续期/年
渤海产业投资基金	全国社会保障基金理事会、国家开发银行、中国邮政储蓄银行、天津市津能投资公司、中银集团投资有限公司、中国人寿保险(集团)公司、中国人寿保险股份有限公司、天津城市基础设施建设投资集团有限公司、渤海产业投资基金管理有限公司	200	15
山西能源产业基金	山西濒鼎能源投资有限公司、中科招商创业投资管理公司	100	15
广东核电及新能源产业投资基金	中国广东核电集团、平安信托有限责任公司、中国信达资产管理公司	100	—
上海金融发展投资基金	上海国际集团有限公司、中国国际金融有限公司	200	8
中新高科技产业投资基金	苏州创投集团旗下的苏州工业园区银杏投资管理有限公司、厚朴投资管理公司	100	15
绵阳科技城产业投资基金	中信证券股份有限公司、中科成环保集团有限公司、中国高新投资集团公司	90	12
华禹水务产业投资基金	中国邮政储蓄银行、全国社会保障基金理事会、国家开发银行、中国人寿资产管理有限责任公司	300	20
东北装备工业产业投资基金	国家发改委振兴东北办、国家开发银行、辽宁省政府	200	—
天津船舶产业投资基金	中通远洋物流集团	200	永久
城市基础设施产业投资基金	中华全国工商联城市基础设施商会组织	100	—

资料来源：根据公开资料整理。

基金、东北装备工业产业投资基金、天津船舶产业投资基金、城市基础设施产业投资基金（表9.2）。

2008年8月以后，我国进入了产业投资基金发展的第三个阶段。之前一直推行产业基金审批制的国家发展和改革委员会提出，50亿元以下（含50亿元）规模的产业投资基金在国家发展和改革委员会备案即可，无需获得国务院审批。此外，产业投资基金的申报人改为发起人和管理人，而不是各级政府机构。这意味着原本带有浓厚官办色彩的产业基金开始走向市场化运作。自此开始，大量产业投资基金纷纷设立，涉及的行业涵盖了农业、环保、文化、房地产、体育等诸多领域，为促进产业发展、有效拉动内需、完善金融市场发挥了重要作用。

总体来看，我国前3批设立的产业投资基金或多或少都带有一定的"官办"性质，在一定程度上成为政府对特定行业进行投融资的平台。宏观层面，国家可以根据区域发展战略和产业政策的需要，引导产业基金的投向，从而优化经济结构，促进资本市场的健康发展；微观层面，产业投资基金为企业发展提供多样化的资金来源和经营管理服务，优化了机构投资者的资产配置。

三、产业投资基金发展模式

经过近10年的实践探索，国内产业投资基金发展具有了成熟的模式和成功的经验，已出现一批成熟的专业管理机构和职业投资人队伍，为产业投资基金蓬勃发展奠定了管理基础和人才基础。

（一）发起设立模式

从前3批发起设立的产业投资基金来看，既有当地政府相关部门发起设立的，如中新高科技产业投资基金、绵阳科技城产业投资基金；也有大型国企发起的，如广东核电、上海金融等产业基金；还有金融机构发起设立的，如渤海产业投资基金、东北装备工业产业投资基金等。但总体来看，不管是哪种类型的发起人，各地方政府均起着关键作用。政府的干预在一定程度上制约了基金的市场化运作，但在基金发展初期的现实条件下，政府的引导和约束也控制了基金风险以保证其平稳运营。产业投资基金在具体运作过程中，政府要起到应有的作用，不能只从主观因素出发考虑问题，使产业投资基金与政府关系模糊不清。产业投资基金作为政策性金融向市场性金融转化的最恰当的过渡工具，政府在设计产业投资基金时应该设定政策与市场各自分工的边界。因此，应该考虑利用政府的地位与影响促进产业投资基金的发行与上市，在发起时让地方政府多参与，并为基金提供一些收益稳定、回报率高的好项目，可给予其一定的优先投资权，既解决了项目选择问题，又可有效地规避风险。

（二）资金募集模式

产业投资基金的募集方式有公募和私募两种。公募型基金是指以公开形式（通常由管理机关规定招募说明书的内容、格式和披露方式）向法人和自然人发行基金证券募集基金，发起人只认购一部分资金，其余部分向社会公众公开发行基金单位筹集资金；私募型基金是指以非公开形式向特定投资者发出要约以募集基金，而不得向社会公众或非特定人士发布信息的一种资金募集方式，即基金收益凭证只能由特定投资者认购。私募方式的产业投资基金是建立在投资者和基金经理间的相互了解和信任关系之上，基金运作环境较为宽松，较少受制于国家主管机关监管。

从国际经验来看，国外产业投资基金基本以私募方式为主，对投资人的资格和数量都有相应的限制。如美国产业投资基金的发展中，最初的资金来源以富有个人为主，一度占到投资结构的60%左右，有限合伙制出现以后，机构资金开始进入，资金来源中个人的投资比重不断减少。欧洲和日本产业投资基金的资金来源与美国相比有明显的差别，银行是其资金的主要来源。在日本，大约在2013年，金融机构、企业集团分别占了产业投资基金资金来源的46%和37%，而个人仅占7%。商业银行的投资条件比较苛刻，且资金投资的长期稳定性不如退休金，加上银行投资实际上是风险贷款，其作用远不及权益性投资。

从国内的筹资来源显示，产业投资基金的发起机构基本都参与资金投入并联合其他投资者共同出资。例如，渤海产业投资基金分两期募集，首期基金规模为60.8亿元人民币,由全国社会保障基金理事会、国家开发银行、中国邮政储蓄银行、天津市津能投资公司分别投资认购基金 10 亿元,各占 16.45%;中国人寿保险(集团)公司、中国人寿保险股份有限公司分别认购 5 亿元,各占 8.22%;渤海产业投资基金管理有限公司首期认购 0.8 亿元,占 1.3%;中银集团投资有限公司作为境外发起人以港币首期认购相当人民币 10 亿元的基金,占 16.45%。再如,东北装备工业产业投资基金一期募资目标,规模为 40 亿~50 亿元,其中,国家开发银行全资子公司国开金融出资 30 亿元,中信集团、沈阳达锐投资管理有限公司承诺共同出资其余部分。其余几个基金的资金来源从公开资料显示来看,出资人一般都资金充裕,如中金集团、社保基金、中国邮政储蓄银行、上海国际集团等都是实力雄厚的大型机构。此外,投资管理公司直接出资较多。山西能源产业基金的筹资来源体现了地域性,省内占 30%,省外占 70%。

(三)组织管理模式

根据我国《产业投资基金试点管理办法》的规定,产业投资基金的组织形式可以分为公司型、契约型和有限合伙企业型(表 9.3)。

公司型基金是指将具有共同投资目标的投资者,依据公司法组成以营利为目的、投资于特定对象的投资基金。公司型基金在组织形式上与股份有限公司类似,具有法人资格,有股东会、董事会和监事会。公司型基金的法人主体明确,基金公司资产为投资者(股东)所有,由股东选举董事会,由董事会选聘基金管理公司,基金管理公司负责管理基金业务。例如,广东核电及新能源产业投资基金管理公司由中国广东核电集团、平安信托和中国信达资产管理公司组建。

契约型基金是指依据信托契约,通过发行受益凭证而组建的投资基金。这类基金通常由基金管理人、基金托管人和基金投资人三方共同订立一个信托投资契约。基金管理人是基金的发起人,通过发行受益凭证将资金筹集起来组成信托财产,并根据信托契约进行投资;基金托管人依据信托契约负责保管信托财产;基金投资人即受益凭证的持有人,根据信托契约分享投资成果。三方之间依托的主要为"信托—受托"关系。渤海产业投资基金为契约型基金,基金首期资产委托渤海产业投资基金管理有限公司管理,委托交通银行托管。按照契约型基金的有关法律规定,渤海产业投资基金不设董事会,基金持有人大会是最高权力机构。作为资金管理方的渤海产业投资基金管理有限公司的注册资本金为 2 亿元,中银国际控股公司占 48%的股份,天津泰达投资控股有限公司持股 22%,6 家基金持有人(人寿集团和人寿股份合并计算)各占 5%的股份。

有限合伙型基金通常由两类合伙人组成:普通合伙人和有限合伙人。普通合伙人通常是资深的基金管理人,负责管理合伙企业的投资,对合伙企业的债务承担无限责任,从而把基金管理者的责任与基金的投资效益紧密联系起来;有限合伙人主要是机构投资者,是投资资金的主要提供者,不参与合伙企业的日常管理,故以投入的资金为限对基金的亏损和债务承担有限责任,从而为投资者所承担的风险设置了一个上限。基金各方参与者通过合伙协议可以规定基金的经营年限、投资承诺的分阶段履行以及实行强制分配政策等。在美国,1980年,有限合伙企业形式的产业投资基金已占整个产业投资基金市场的 40%,到 1994 年,有限合伙企业进一步增加到了 81.4%,逐步成为美国产业投资基金最主要的组织形式。上海金融发展投资基金、绵阳科技城产业投资基金及天津船舶产业投资基金采用有限合伙型。

表 9.3　公司型、契约型和有限合伙型基金的优缺点对比

类型	基金条例	优点	缺点
公司型	按照公司法，通过设立投资公司来协调各出资人之间的关系	设立方便；有完整的公司治理结构，管理体系成熟，各方面运作比较正规，各种配套法规相对健全	在公司层面和投资人层面存在双重征税；对于原有股东的再次出资，需要通过公司增资的方式；若公司成立后再次新增投资人，需要采取增加新股东的方式而比较烦琐，且会出现新旧股东利益不同的情况
契约型	通过契约形式来协调各投资人之间的关系	组织结构比较简单，可以避免双重征税	投资人与管理人之间是全面委托关系，投资人不介入管理
有限合伙型	通过投资者与管理者共同出资，形成合伙性质的组织来运作。美国私募股权基金组织形式多以有限合伙制为主	组织形式灵活；可采取最有效的激励约束机制；不存在双重征税问题；设立方便	基金管理人（GP）在管理期限中如需要调整，非常不便；合伙企业法配套法规相对不完善；被投资企业在国内首次公开上市（IPO）时，对有限合伙型基金所参与项目的上市审批尚存不确定因素

(四) 投资管理模式

从投资方式看，美国的产业投资基金以股权投资（尤其是可转换优先股和可转换债券）为主，投资的目的并不在于获取近期的财务利润，而是待企业进入成长期或成熟期股本增值后，通过股权转让一次性获取中长期高额回报，并且在进行股权投资的同时还投入经营管理、市场信息等社会资源，诸如参与董事会和监事会，提供技术、经营策略、市场信息、人才引进与培训等方面的支持。而日本、欧洲等国主要沿袭银行风险贷款的做法，对目标企业提供资金支持，但并不积极介入或支持目标企业的经营管理。由这种风险贷款派生出的投资方式主要有两种：一种是直接投资形式；另一种是银行不直接向企业投资，而是由一家私人投资公司向银行申请贷款的形式，该投资方式类似于美国小企业管理局的运作方式。

从激励与约束机制看，在欧美基金中，基金管理人一般会出资1%左右。基金管理人出资份额越高，往往投资者信心越高。基金管理人除了获得管理费之外，还会获得分红。在这种激励机制之下，基金管理人有很强的动力去追求最大利润。另外，基金存续期间一般在15年以下，基金管理人有可能在原有基金尚未到期之前就必须重新融资成立新的基金。在融资过程中，基金管理人的声誉和历史业绩非常重要。这种约束机制也是产业投资基金在没有严格监管的情况下，仍然健康成长的重要原因。

从基金的投资项目策略上看，国内各只基金实际投资项目与投资领域比较相近，如中新高科技产业投资基金第一期募集的30亿元主要投资于长江三角洲高科技企业，其中，重点是中国新加坡苏州工业园区；广东核电首期募集金额70亿元，主要投资于国务院已核准开工建设的岭澳核电站二期、辽宁红沿河核电站、福建宁德核电站和阳江核电站。但是基金投资项目并非局限于既定投资领域，如渤海产业投资基金最初3个投资项目入股了天津钢管集团、成都商业银行、泰阳证券，其中后两个项目并非原定投资领域，所以，基金在投资项目的选择上，即重点领域，也有一定的自主性。

从基金的投资组合策略上看，国内各支基金主要是股权投资并有一定的限制。渤海产

业投资基金,其股权投资组合选择性较强,包括普通股、优先股、可转换优先股份、可转换债券等,非股权投资可以购买政府债券、金融债券和其他固定收益债券等,并且规定对民营企业的投资和担保金额不超过基金资产总值的10%,对单个企业的占股比例控制在10%~49%。绵阳科技城产业投资基金,投向成长期、扩张期和成熟期未上市阶段的企业,对于已上市企业进行股权长期战略投资,并且限定上述几类投资的单笔金额在1亿~10亿元。上海金融发展投资基金积极参与我国金融业和其他优势产业的投资、重组、改制及上市,限定金融业的投资比重不低于50%。此外,天津船舶产业投资基金主要是股权投资和租赁,东北装备工业产业投资基金采取直接股权投资策略,广东核电及新能源产业投资基金追求稳定收益、加高增长的投资战略。

(五)基金退出模式

产业投资基金一般在出现以下两种情况时会选择退出:一是所投资的企业在基金所预期的时间内达到了它的预期投资目标,产业投资基金为了最终实现这种预期目标而选择退出;二是所投资的企业在预期的时间内没有达到预期投资目标或者企业陷入困境,产业投资基金为了减少损失、控制风险,也会选择退出。产业投资基金退出的方式主要包括公开上市(IPO)、并购、管理层收购(MBO)①和破产清算4种(图9.1)。

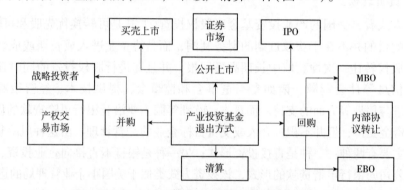

图9.1 产业投资基金可供选择的退出通道

一般而言,我国产业投资基金的理想退出方式是IPO,但在中国公开上市相对较难,因此也经常选择其他退出方式。例如,渤海产业投资基金的投资项目选择了盈利性较好的企业,并属于Pre-IPO②项目,这样可以通过企业上市进行资本退出。不同项目可以根据自身投资特点选择不同的退出方式,高新技术产业投资基金可以在企业发展到一定规模后通过产权市场或次级市场向其他投资者转让股权;对于传统产业中资产状况较好、具有上市前景的企业,可以选择IPO方式退出;能源类和基础设施投向的产业基金,可以选择长期投资,获取红利报酬,得到稳定的投资收益。

四、美国林业产业投资基金发展模式

在21世纪10年代初,全球林业产业投资基金持有林地规模约1.5亿公顷,金额规模

---

① 管理层收购:公司管理层利用高负债融资买断本公司的股权,使公司为私人所有,进而达到控制、重组公司的目的,并获得超常收益。

② Pre-IPO:指投资于企业上市之前,或预期企业可近期上市。

600亿~900亿美元。林业产业投资基金在美国、加拿大和澳大利亚、新西兰都非常活跃。美国、加拿大40%的林地由基金持有，新西兰和澳大利亚的35%林地由基金持有。全球主要的林业产业投资基金都集中在美国，投资的标的也大部分在美国。一方面是因为美国可供商业化种植的林地面积大，另一方面是美国的机构投资者投资需求大。另外，美国林业产业投资基金起步较早，经过几十年发展，管理的林地面积达8000多万公顷，占美国可交易林地面积的40%左右。林业产业投资基金持有林地的经济价值约达900亿美元，年均增长超过20%。美国林业产业投资基金在美国林业产业投融资体系中至关重要。

（一）美国林业产业投资基金的发展历程

美国林业产业投资基金起步于1980年，经过30多年的发展，管理的林地面积已达8000多万公顷，占美国可交易林地面积的40%左右。林业产业投资基金持有林地的经济价值约达900亿美元，年均增长超过20%。美国林业产业投资基金主要吸引养老金、保险公司、捐赠基金等机构投资者投资，以收购林地、经营管理林地、采伐木材为主要盈利模式，期限一般在10~20年。

林业产业投资基金的年均收益率在7%左右。由于林地具有自然生长特性，与宏观经济的相关性不高，成为了机构投资者重要的风险对冲工具。从林业产业投资基金收益率数据可查的1987年算起，美国林业产业投资基金的年均收益率达到7.6%，超过股票、债券等大部分的投资产品。由于主要针对机构投资者，美国林业产业投资基金投向较为专一，以避免过于复杂的风险暴露。另外，如果单个投资者出资规模大，则会采取林业产业投资基金管理公司直接托管投资者名下林业资产的模式。而从机构投资者的角度来看，林业产业投资基金由于其收益的稳定性以及风险相对较低而成为一个很好的风险对冲工具，期限一般都在10年以上，使其能够满足机构投资者的长期资金风险对冲需求。

美国的林业产业投资基金主要采取低价买林—森林抚育—高价卖林的投资模式，基金交由专业的林业产业投资基金管理公司进行管理。大多数基金公司会设立投资决策委员会，在买林及卖林时起到战略决定的作用。而基金监督委员会则在监督投资决策委员会的决定以及在森林抚育等中间环节中发挥作用。而森林抚育等中间环节则大多外包给其他专业的森林抚育机构，以获得最大的投资效果。总的来说，美国林业产业投资基金管理公司主要在金融资金运作及管理方面发挥了其专业性的水平，契合林业产业投资基金的金融属性。

（二）美国林业产业投资基金对林业发展的作用

林业产业投资基金在为投资者获得可观回报的同时，更促进了美国林业的发展，具体表现为以下4个方面：

1. **盘活林业存量资产，注入林业发展资金**

美国的林地原来大量掌握在垂直一体化的木材加工企业手中。由于20世纪80年代木材加工企业资金短缺，导致下游加工环节的设备投资不足。林业产业投资基金通过收购这些企业手中的林地，在不影响木材供应的前提下，解决了木材加工企业的融资问题。

2. **通过集约专业经营，提高林地生产效率**

美国林业产业投资基金持有林地规模较大，如汉考克基金公司持有的林地面积达260

万公顷，具有较强的规模效应。林业产业投资基金专注于森林的经营管理，以期从森林经营中获利。许多林业产业投资基金发展出独特的森林经营管理经验和模式，如汉考克基金的森林抚育技术、RMS 的林业信息化平台等。这些基金公司通过集约化、专业化的经营管理，提高了林地的生产效率。

3. 突出持续经营理念，推动森林资源保护

美国林业产业投资基金的收益不但来自于采伐木材，更来自于林地价值的上升。森林的自然生长占林业基金收益的 60% 以上。因此，美国林业产业投资基金非常重视林地的可持续经营，美国主要的林业基金大都通过了 FSC 和 SFI 认证，在获得经济效益的同时，也保护了森林资源，实现了可持续发展。

4. 带动林权资产交易，活跃林地流转市场

美国林业产业投资基金虽然采取长期持有的经营策略，但在基金设立和基金到期时，仍需进行林权的买卖，从而带动了林权交易市场的活跃。目前，美国林业产业投资基金参与了美国 80% 以上的林权交易，美国林业基金的发展史也是美国林业资本市场的成长史。

（三）美国林业产业投资基金的主要成功因素

1. 资金来源的成本较低

美国林业产业投资基金的资金来源中有接近八成是养老金、捐赠基金及公司年金等对收益率要求较低的资金，一方面是因为美国林业产业投资基金设立之时恰逢美国养老金计划推出，大量的廉价资金供给出现在市场上，另一方面也是由于其在设立之时便有意识地寻找长期且稳定而非短期激进的基金作为其资金来源。因此，从基金的长远发展考虑，结合林业产业相对其他高新产业的收益率较低但更稳定的特点来看，我国林业产业投资基金的首期募集资金来源应从社保机构、养老机构等有长期资金供给的机构中选择。

2. 投资管理专业化水平较高

全球 10 大林业产业投资基金管理公司有 9 个集中在美国，这也是美国林业产业投资基金能够取得巨大成功的原因之一。专业化的投资管理能力使美国林业产业投资基金能够取得相对低廉的林地并经过抚育高价卖出，如 20 世纪 80 年代林业产业投资基金成立之初，低价收购美国当地林业加工企业手中的林地，而现在由于美国林地市场成熟，基金转向南美等地寻求低价林地。我国的基金管理市场尚未成熟，因此，我国林业产业投资基金如何寻找一个合适的基金管理公司是相当重要的问题。

3. 全球木材市场发展趋势良好

美国林业产业投资基金是在 20 世纪 80 年代左右设立的，而不可忽视的是，美国木材价格指数自 20 世纪 60 年代至 2000 年前后上涨了 8 倍，年均增长 5% 左右，这大大降低了林业产业投资基金的投资风险，提高了林业产业投资基金的收益回报率，提升了投资者的信心，进一步促进林业产业投资基金吸引更多的资金供给。美国林业产业投资基金因顺应了木材价格的发展趋势而获得了巨大的成功，这对我国设立林业产业投资基金的时间点选择有很大的借鉴意义。虽然目前全球木材价格快速攀升、林业企业库存增加，但是木材产业依然正处于超级循环周期的开始，因此，我国应抓住时代机遇，顺应市场发展趋势，尽快组织设立我国林业产业投资基金。

第二节 林业产业投资基金设立的必要性与可行性

一、设立林业产业投资基金的作用与意义

林业产业投资基金,作为一种资金投入,能够从资金的数量上改善林业产业投资不足的问题。同时,林业产业投资基金作为产业资本和金融资本的结合,将有助于向社会募集闲散资金,有利于更好地吸引和利用外资,有益于实现林业投资主体向多元化发展,有利于增加林业的融资渠道。从林业产业发展的角度看,林业产业投资基金有助于促进林业企业建立起现代企业制度,完善产权的约束机制;有助于林业产业结构的调整,推进林业产业实现科技化的进程及实现林业产业发展的两个转变。从促进林业产业升级和改善林业投融资环境的现实需求看,目前我国发展林业产业投资基金有其客观的必要性和可行性。

(一)有利于引导社会存量资本投资林业

目前我国社会资金十分充裕,但由于缺乏专业化融资工具以及投资门槛的限制,大量的潜在投资者根本无法直接投资于林业企业和项目。设立林业产业投资基金,可以聚集企业、机构等闲散资金,集中投资于林业产业项目,实现社会效益和经济效益的最佳结合。林业产业投资基金通过与政府林业产业扶持政策的配合,可以将民间资本通过公开、合法的渠道有序地引入林业重点发展的战略性新兴产业,实现专业化和规范化的投资运作。在汇聚民间资本的同时,林业产业投资基金通过设立科学的激励机制吸引和培养优秀的创业、创新人才和团队,利用专业化投资机构所拥有的信息、技术、人脉资源和较为成熟的风险分担机制及管理机制,形成林业产业发展所必需的要素集聚区,从而加快推进林业产业的发展与成熟。总之,通过设立林业产业投资基金,鼓励引导社会投资主体以股权投资等形式缓解林业企业在初创期和发展期的资金压力,并通过对企业技术研发和产业化应用等高风险关键环节的重点扶持,加快林业产业关键技术和共性技术的研发突破,为林业产业发展提供要素保障。

(二)有利于拓宽林业企业直接融资渠道

目前,在我国林业产业项目建设中,银行贷款仍为其主要的资金来源,间接融资比重过高,这种单一和集中的融资结构,使得林业企业财务负担和风险过大。在传统的信贷融资渠道方面,由于林业企业规模普遍较小,信用度不高,抵押担保的财产少,林业企业很难从银行得到贷款,林业企业融资渠道的单一性使融资成本较为固定且难以下降。在利用证券市场方面,虽然我国证券市场已形成一定的规模,但我国林业企业绝大多数为非上市企业,部分大型林业企业虽然多次发行企业债券,但由于受到政策等多方面条件的限制,发行规模较小,与林业项目建设庞大的资金需求不成比例。由于债券要按期还本付息,而股票发行门槛又较高,中小型林业企业一般很难直接进入。因此,想要增加企业资本投入,不能单纯依靠发行上市这一条途径。通过设立林业产业投资基金可以为林业企业开辟新的直接融资渠道,为非上市林业企业提供股权资本支持。林业产业投资基金以股本的形式分散投资到优选的林业企业中,可以有效地解决林业企业资本金筹措补充问题,有利于

逐步改善融资结构，降低资产负债结构，减轻企业债务负担，促进直接融资和间接融资的合理均衡发展，实现融资格局多元化。

（三）有利于促进林业产业结构调整升级

林业产业的金融属性适合采用产业投资基金融资模式。林业产业经营的长周期、高风险及分散式小规模经营，需要依托产业投资基金来实现投资收益与风险匹配。产业投资基金可以为具有增长潜力而又缺乏资金的林业企业提供金融支持，还可以引导商业银行、信托机构等其他金融资本不断涌入林业，形成对我国林业产业发展的投资乘数效应。

当前，我国正处于林业产业结构调整和升级的关键时期，林业产业整体规模相对较小、产业技术含量不高、产品附加值较低、产业组织发展模式滞后、产业链条不完整、现代林业建设缺乏坚实的产业支撑等因素，成为制约我国林业产业发展的瓶颈。林业产业化要想摆脱一家一户的作坊式生产方式，转化为以科技为指导的工业化的集约型经营方式，需要从生产、加工到贸易各环节都有资金的投入。产业投资基金以林业产业化龙头企业为投资对象，有助于实现以股份为纽带的利益关联机制和风险共担的协调发展机制，使林业产业化龙头企业实现低成本扩张，建立大规模、上档次的生产基地，进而形成跨地区、跨部门、跨所有制的大型林业企业集团，进一步增强辐射力，扩大企业的市场占有率，促进林业产业集聚和转型升级。对于未上市的林业企业的投资，可以通过产权的流动和重组来盘活资本存量，形成投资主体多元化，待时机成熟后再上市，不仅可以使投资基金大幅增值，还可以盘活企业的大量资产。因此，建立林业产业投资基金，以股权投资的方式汇集大量资金投资于林业产业，为引导林业产业化龙头企业加快调整产品结构，推进产业聚集，加强科技创新，发展精深加工，延长产业链条，实现林产品生产、加工、流通各环节协调发展，促进林业产业化升级，提高林业发展的质量和效益提供基本保障。

（四）有利于提高林业企业经营管理水平

产业投资基金作为新型集合投资制度，不仅向投资企业投入股本资金，而且提供专家管理的服务支持，在一定程度上参与所投资企业的重大经营决策，从而能够有效地在投资者和企业之间建立一种与市场经济相适应的连接机制。产业投资基金以资本金的形式参与投资项目，为了维护自身利益，一般都会委派专业人士作为股东代表进入被投资企业的董事会或监事会，行使监督管理权。而被投资企业则必须按照现代企业制度建立，改组为有限责任公司或股份有限公司，由此形成的专业化管理及较强的产权约束机制将大大提高企业的管理水平。因此，设立林业产业投资基金不但可以缓解林业企业的资金问题，还能够利用基金管理公司专业化的管理团队，以及基金公司自身投资经验、管理经验、市场关系网的优势，为林业企业提供信息咨询、管理、理财等多种服务，促进林业企业完善经营管理。同时，林业产业投资基金运用资本经营优势，对未上市的林业企业进行资产重组，改善企业的产权结构，帮助其进行股份制改造，建立现代企业制度，形成合理有效的内部治理机制，提高企业素质，推动林业企业成为上市公司。这些都是其他纯资本性投资无法达到的效果。

（五）有利于降低林业产业投资管理风险

林产品可持续的强劲需求，使林业产业投资基金呈现出较高的投资价值。从中长期来看，随经济发展不断提升的购买力等因素均会促使对林产品需求的增加。林业的产业化、现代化将是解决林产品供需矛盾的重要渠道。在这一过程中，蕴涵着大量的投资机会。目前，金融机构在林业领域提供的金融产品服务种类有限，盈利模式单一。通过组建林业产业投资基金，投资于未上市的优质林业企业客户，有助于金融机构充分发掘盈利空间，改善盈利模式，提高资金安全回收系数。金融机构不仅可以监督、指导林业企业运营，有效控制贷款风险，还可以分享企业利润，实现资本增值，从而在伴随客户成长过程中，享受债权、股权双重收益。

综上所述，设立林业产业投资基金将有利于打造森林资源市场化的投融资平台，改善林业投融资环境，实现森林资源向资本的转化，推动林业产业的资本运营，有利于培植、整合林业中小企业向林业产业化龙头企业推进，孵化一批林业上市公司，打造一批林业产业"航母"，从而推动我国整个林业产业升级。

二、设立林业产业投资基金的基础与条件

（一）政策支持

从国家宏观经济战略看，国家政策鼓励组建林业产业投资基金旨在推动产融结合。在林业资本积累有限的条件下，林业产业投资基金就是资金供给方与资金需求方紧密衔接的黏合剂，通过一对一的个性化谈判、灵活的投资门槛、相对简单的操作规则达到吸引境内、外资本进入林业产业领域的目的。2016年11月，国家林业局、国家发展和改革委员会联合颁布的《关于运用政府和社会资本合作模式推进林业建设的指导意见》（发改农经〔2016〕2455号）以及国家林业局颁布的《关于运用政府与社会合作模式推进林业生态建设和保护利用的指导意见》（林规发〔2016〕168号）中明确指出，鼓励社会资本出资设立林业产业投资基金。这些文件为我国设立林业产业投资基金提供了坚实的政策支持，设立林业产业投资基金的时机已日趋成熟。

（二）市场基础

森林资源行业投入大，建设周期长，发展建设资金缺口较大，因此，林业产业投资基金具有广泛的市场需求。随着全球气候变暖，环境保护意识逐步增强，林产品价格将不断上涨，林业行业投资价值凸现，各种社会资本特别是金融资本进入林业产业意愿强烈。如仅依靠国家财政投入根本无法满足巨大的融资需求，需要构建包括财政与金融互动发展、协调促进的融资体系作为支撑。设立林业产业投资基金，可以激发这些巨量资金的潜在供给。

从需求方面看，目前，我国林业产业化快速发展，具有增长潜力的林业产业化龙头企业金融需求越来越大。而我国林业金融服务体系尚不完善，林业企业融资的内在弱质性也对信贷投入产生影响，林业产业化金融支持出现缺位。与此同时，林业企业寻求资本投资的意识也日益增强，林业产业投资基金和林业企业均有共同的诉求，合作基础将更加牢固。这就给林业产业投资基金的发展提供了绝好的机遇，通过抢占我国林业产业制高点，率先进行大规模产业化开发，林业产业投资基金必将获得丰厚回报。

（三）资金基础

稳定的资金来源对于设立林业产业投资基金至关重要。资金来源的结构及投资者的结构会影响产业投资基金的治理结构、激励方式，进而影响产业投资基金是否能真正起到推

动产业发展的作用。从国际上看,产业投资基金的来源渠道包括两方面:一是私人民间资本,如退休基金、养老基金、大公司和银行控股公司、保险基金、捐赠基金、个人和家庭投资等;二是政府直接或间接提供的资金,如财政拨款、财政优惠贷款、政府直接研发基金等。我国当前社会经济发展水平与发达国家有很大的差异,市场制度也没有完全建立,所以我国林业产业投资基金的资金来源也会与发达国家有所不同。林业产业投资基金的资金来源渠道主要有以下两种:

第一种资金来源是企业投资。目前国内已经具有相当数量的战略投资人以及相关的金融投资机构、公司,包括国有大型企业、上市公司以及非国有经济的企业集团。很多大型公司或者大型企业集团,有向林业产业这一行业渗透的强烈愿望,但因缺乏专业的管理人员,或者林业当地有一定的进入壁垒等诸多原因,这些企业想跨行业经营林业的难度很大。而林业产业投资基金由于有各类专家管理,有政府的政策支持,资金集中,投资项目分散等优点,可以减少产业进入的壁垒,分散投资风险,从而间接地帮助这些企业成功的实现跨行业经营,迅速扩大企业的规模。第二种资金来源是金融资本。随着储蓄的增加和自有资金的增加,商业银行的投资渠道如果不进行拓展,银行自身就会面临生存危机。从国际经验看,随着分业经营向混业经营转换趋势的凸显,尽管产业投资基金所投资的单个项目风险很高,但在总体受益中会较市场的平均收益高,商业银行少量参与产业投资基金并不会增加过多的金融风险,同一般的信贷相比还有减少坏账的可能性。商业银行在林业产业投资基金发展过程中扮演着重要角色。

(四) 项目基础

林业产业是一个涉及国民经济第一、第二和第三产业多个门类,涵盖范围广、产业链条长、产品种类多的复合产业群体。从世界林业产业发展经验来看,林业产业发达的国家林产品附加值很高,如纸制品的生产加工业。随着我国林业投资政策改革和林业产业的发展,许多林产品也展露出广阔的发展前景。我国的林业产业在项目发展上,有着充分的选择余地。林产工业企业,特别是具有创新生产能力的企业,进行结构调整,向集团化、专业化、基地化方向发展,完全有可能打出自己的品牌,而且林业产业完全有能力发展兼具竞争性和高收益性的产品,在收益上有着广阔的前景。林业产业投资基金在项目选择上有着可行的、广泛性的发展空间。林业产业投资基金在投资初期可以选择一些投资效益明显、收效快的项目进行投资,作为林业产业投资基金的起步。

"十三五"期间,我国林业总产值不断增长,到 2020 年末已达到 7.55 万亿元,林业产业结构进一步优化,第三产业占林业总产业比例进一步提高。未来几年中国木材及相关林产品需求必将保持一定甚至较快的增长速度,给林业产业投资基金带来巨大的发展空间。由于许多传统林业企业的管理和生产技术的落后,产品技术含量低,加上国外林产品的冲击,使我国林业行业处于一种艰难的境地,林业产业发展较慢,许多人认为林业产业的投资回收期长、风险大、收益率低,但这同时也说明我国的林业产业还有巨大的发展潜力,是设立林业产业投资基金的一个极好的历史机遇。

此外,近几年资本市场的快速发展为林业产业投资基金提供了广阔的生存空间。林业产业投资基金的生存和发展,其自身的保值和增值都需要在资本市场里得以实现。对于获得产业基金投资的林业企业来说,除了在主板和中小企业板直接上市以外,还可以通过境外上市、场外交易、买壳上市，或被大企业收购的方式融资，从而实现产业投资基金的退出和持续发展。

(五) 经验支撑

2009年中央一号文件首次指出，"有条件的地方可成立政策性农业投资公司和农业产业发展基金"；2010年中央一号文件也明确提出要"建立农业产业发展基金"。在这一背景下，我国农业产业投资基金得到了快速发展，真正成为我国现代农村金融体系的"新鲜血液"和重要组成部分。2009年9月，北京农业产业投资基金成立，此后，河南、黑龙江、江西等地先后成立农业产业投资基金，希望借力农业产业基金有效组织和引导社会投资，推动农业产业化龙头企业和高新技术产业发展，实现我国农业投资机制根本性的转变。2012年12月底，为创新财政支持金融支农的方式，积极发挥财政资金的引导作用，财政部根据中央一号文件精神和国务院批复的方案，联合中国农业发展银行、中国信达资产管理股份有限公司和中信集团股份有限公司等股东单位，发起设立中国农业产业投资基金，并于2013年开展实质运营。

第三节 林业产业投资基金设立运作模式

设立林业产业投资基金要以国家林业产业政策为指引，将林业产业投资基金作为资源整合平台，充分调动各方积极性，利用国际和国内两个市场，以提高林业产业综合生产能力和主要林产品加工有效供给为目标，以技术及体制创新为动力，以市场为导向，以林产品加工和以林产原料为本源的制造业、其他涉林产业和林产品生产基地建设项目为支撑，以推动林业、以林产品为原料的加工及制造业以及其他涉林产业的优质高效发展为宗旨，强力推动和促进我国林产品加工和以林产品为原料的制造业和新兴林业服务业，建设一批配套完善、产品竞争力强、成长性好的新兴涉林产业聚集区，打造具有全球竞争力、以大规模林业生产为本源的新兴产业集群，并以此带动所在地区林业的全面发展和林产品生产基地的不断建设，有效提升林业产业及其产品的结构层级。

一、林业产业投资基金的架构

产业投资基金主要有母子基金和单独基金两种架构模式，目前国内各行业基金多采取单独基金的架构模式，而考虑到林业行业分类经营及弱质化等特点，林业产业投资基金应选择母子基金(图9.2)而非单独基金的架构模式。主要有以下5个原因：

①适应林业产业分区分块的现状。林业产业各地方、各方向呈现出一个条块分割的局面，各个地方的经济发展水平、林业产业分布都及其不均衡，如果采用单独基金的形式，会导致基金投资重点不明晰的问题。

②便于投资管理。林业产业各个方向的投资收益率、成本与风险都大不相同，如果采取单独基金的架构模式，则大大提高了金融机构的投资及管理难度；相反，如果采取母子基金的架构模式，可以针对基金的重点投资领域进行更专业的投资管理，获得更好的投资效益。

③便于资金的募集。林业产业各个方向的投资收益率、投资回收期及风险都有很大的区别，设置母子基金的架构可以给社会投资者提供多样化的投资选择，如对资金安全性要

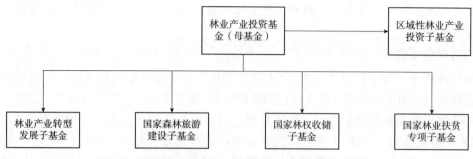

图 9.2　林业产业投资基金的母子架构

求较高的，可以投资于国家重点投资的林业领域（如国家储备林）的子基金。

④降低投资风险。产业投资基金因其投资分散性而降低了风险，母子基金的架构中，母基金不直接投资于项目而是分散地投资子基金，相当于在子基金分散风险的基础上进一步分散了风险。

⑤提高财政资金使用效率。财政资金要体现其公益性、引导性则必须明确其投资方向与投资重点，而投资于单独的林业产业投资基金不能满足原本就不足的财政资金用在刀刃上的需求，从这个角度考虑，选择母子基金的架构模式是非常必要的。

具体到子基金的选择问题：①目前我国林业产业正处在由粗放式发展向节约式现代化发展转型的关键阶段，大量林业企业有转型发展的需求，因此，可以设立林业产业转型发展子基金。该基金重点投资于处于转型发展或成立初期的林业企业，后期可培育部分企业上市而获得高额的投资回报率。②对于林业产业中投资量巨大、投资回报期特别长的领域需要特别对待，如建设国家公园等森林旅游项目时，可设立国家森林旅游建设专项子基金。③我国林业产业投资基金必须配合国家战略安排，如针对国家储备林战略、国家林业扶贫战略可分别设立国家林权收储专项子基金与国家林业扶贫专项子基金，也正是因为这两个领域对我国森林安全等方面极其重要，但是相较于其他领域，在投资成本、投资收益等金融属性上有明确的差异而导致社会资本不愿进入，因此国家必须做特殊的战略安排，林业产业投资基金必须设立相对应的子基金。④针对林业区域性差异，林业产业投资母基金可与一些地方政府及金融机构设置区域性的子基金以促进区域林业产业的发展。

二、林业产业投资基金设立时的关键问题

（一）基金发起人的选择

由于发起人在产业投资基金的发起和设立中起着关键的作用，为了保证林业产业投资基金的健康发展，必须对林业产业投资基金的发起人实行严格的资格认定，即只有具备了一定的条件，才能作为基金发起人，才能申请设立和组建林业产业投资基金。按照我国《产业投资基金管理暂行办法》的规定，发起设立产业投资基金需要满足 3 个条件：一是基金投资方向符合国家产业政策；二是发起人必须具备 3 年以上产业投资或相关业务经验，并在提出申请前 3 年内保持良好财务状况，且未受到过主管机关或司法部门的重大处罚；三是法人作为发起人，除产业投资基金管理公司和产业投资基金管理合伙公司外，每个发起人的实收资本不少于 2 亿元。

由于林业产业投资基金对投资的专业性有着非常高的要求，要求主要发起人应是森林资源开采和经营方面的专业机构，这样可以增强林业产业投资基金的社会公信力，有利于资金的募集和运作。因此，基于林业投资项目及产业投资基金的特性，由大型林业企业集团作为林业产业投资基金的主要发起人，具备独有的优势。

(1)林业企业集团有承担主要发起人的主观需求。通过上下游一体化进行产业价值链管理是企业集团扩张的主要途径，这种扩张模式大都通过猎捕并购对象来收购整合，达到构建完整产业链、提高抗风险能力并形成产业集群的目的。林业企业集团通过林业产业投资基金的管理，可以结合企业产业价值链的构建，利用林业产业投资基金的资金募集功能着力投资培育潜在并购整合对象，为潜在收购减少整合难度。

(2)林业企业集团有产业价值链管理与资源整合的优势与动力。产业投资基金的项目很多都集中在产业链的一个点，上下游的价值衔接往往是项目成长的一个重要因素。林业企业集团主导或影响林业产业投资基金运营管理，可以利用自身的产业发展优势在品牌、技术及营销网络等方面输出资源。这种资源输出方式对林业企业集团至少产生3种利益影响：一是利用社会资源为自身培育潜在并购对象，完善产业链条，推动自身做大做强；二是投资项目有了更多、更易的退出渠道，企业集团铸造良好的资本运营品牌更有利于促进产业资本与金融资本的融合发展；三是通过产业投资基金管理公司的投资收益分成获得丰厚的管理回报。

(3)对林业产业投资基金所投资项目进行价值培育或提升管理是投资基金管理人获得利益回报的必然途径。由林业企业集团主导或大力参与林业产业投资基金管理，不仅在于发现具有潜在价值的投资项目，还在于利用自身的品牌、技术、营销网络等优势向所投资项目输出资源，提升企业价值，给基金投资人创造价值和财富。

此外，从林业产业投资基金的性质来说，要选择大型金融机构、具有实业投资经验的投资公司或擅长资本市场运作的证券公司作为共同发起人。为保证林业产业投资基金的筹资规模，对于投资者认购的最低限额应有相应的规定。发起人所认购实收资本应在35%以上，以利于建立起以发起人为核心的风险责任自我约束和内控机制，保证全体基金持有人的利益。目前，国家林业和草原局已经先后与国家开发银行、中国农业银行等大型金融机构签订战略合作协议，因此，林业产业投资基金主要发起人可以从中国农业银行、中国农业发展银行、国家开发银行等金融机构中选择。

如图9.3所示，最初可以由一个或几个大型的林业企业集团、战略投资人或非银行金融机构作为发起人，共同发起设立林业产业投资基金。同时，其他机构投资者，如证券公司、保险公司，可直接通过参与基金发起进行投资，也可在基金发起成立后通过购买基金券参与投资。林业产业投资基金发起人确立后，可以以政府财政资金作为林业产业投资基金的引导资金，支持以大型金融机构和国有大型林业企业为主导，发起成立林业产业投资基金，并广泛吸收金融机构、民间资本和国际资本等社会闲置资金。林业产业投资基金具体设立形式可以参照中国农业产业发展基金的组建模式，由财政部联合国家开发银行(中国农业发展银行)、大型证券公司以及大型林业企业集团共同发起设立林业产业投资基金。

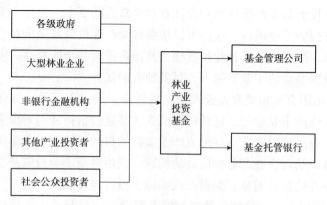

图 9.3 我国林业产业投资基金组织形式

(二)基金的募集方式

资金筹集是产业投资基金运作的第一步。根据《产业投资基金试点管理办法》,产业投资基金的资金来源主要为特定机构投资者,该特定机构投资者包括国有企业、国家控股的商业银行、保险公司、信托投资公司、证券公司等金融机构以及全国社会保障基金理事会等机构投资者。

从整体来看,林业产业投资基金投资期限较长,难以实现短期收益最大化。这种较长的期限要求通常要通过锁定期来实现。因此,中小投资者很难成为林业产业投资基金的主要资金来源,而实力雄厚的机构投资者以闲散资金投入林业产业投资基金,能够有效保证其资金来源的长期稳定性。目前,商业银行、保险公司、养老金等机构投资者在投资私募股权基金方面仍然受到一定的限制;再加上林业产业投资基金的风险较大,不适合社保资金、保险资金的进入,而富有家庭和个人投资群也未形成,所以,我国林业产业投资基金的投资主体是金融机构和林业企业集团。但是,由于林业基础性投资基金需求量极大,建设周期长,因此必须加大政府投资力度。例如,中央和地方各级政府、大型国有控股金融机构出资参与林业产业投资基金的设立,或政府在税收和贴息政策上给予优惠,以鼓励和扶植林业产业投资基金的发展。林业产业投资基金的资金来源应以社会资金为主导,政府资金为引导。在起步阶段,以国有林业企业集团、上市公司和非银行金融机构及政府资金为主,作为主要发起人,向社会公开募集资金。

但从国外产业投资基金的成功经验来看,产业投资基金的资金来源应该多样化,这是产业投资基金的发展趋势。吸收国际资本的参与,发展国际合作产业投资基金,是促进产业化发展的重要条件,在吸引外资的同时也可以学习国外先进技术和管理经验。因此,林业产业投资基金的资金来源不应仅限于特定机构投资者,还应包括国外资本。

林业产业投资基金的资金募集究竟采用哪种形式,实际上是由它自身的特点决定的。具体来看:一是林业产业投资基金的投资具有高风险性。由于公募发行的投资者主要是社会公众,他们的风险鉴别和承担能力一般较弱,而私募发行是面向特定的投资者,其风险鉴别和风险承担能力相对较高,从这一点来看,私募更有利于林业产业投资基金资金的筹集。二是作为一种长期股权投资,林业产业投资基金的投资期限一般都较长,要求资金具有长期性和稳定性。由于私募发行的流动性较差,使得私募发行的资金更具有长期性和稳定性，从而迎合了林业产业投资基金对资金的需求。三是从法律角度来看，按照我国最新修订的《中华人民共和国证券法》，累计向超过200人的特定对象发行证券属于公募行为，必须向中国证监会或者国务院授权的部门申请发行核准。因此，采用公募方式来募集资金势必会增加基金发行的时间和费用。

为了加快基金设立步伐和出于稳妥考虑，林业产业投资基金的募集以私募方式为宜，募集对象主要为具有丰富投资管理和资本运用经验的林业企业集团和金融机构，当基金运作一定时期和实现良好业绩之后，基金后续资金的募集可以探索个人投资者参与认购的公募方式，以适应我国投融资体制改革的需要，引导民间资本投向林业产业所急需的基础设施建设和没有上市的林业企业发展领域。同时，林业产业投资基金的首期资金募集可以实行承诺制，即投资者在基金募集阶段签署基金份额承诺书，在基金项目投资实施阶段，投资者再根据承诺书认购基金份额的比例落实承诺、分批到位，但首期出资额不得低于承诺总额的一定比例，否则林业产业投资基金不能成立。投资者承诺资金到位后，须尽快向法定的验资机构申请验资，向工商管理机构申请注册并报主管机关备案。

(三)基金的规模与类型

对于产业投资基金来说，需要至少10个以上的投资项目才可能分散风险。以单个项目需要的资金为5000万元计算，产业投资基金规模至少5亿元以上。作为投向基础产业的林业项目投资，由于固定资产部分投资会比较大，单个项目需要的投资资金相对要大，因此总体规模要相对更大一些。作为对林业项目投资的基金，发起的基金总盘可参考中国农业产业发展基金的规模，应不小于40亿元人民币，否则基金规模过小，不能将产业发展和企业的改革开放推向产业化发展的轨道，不能形成具有国际竞争力的产业优势。另外，基金规模过小，在与外资的接轨过程中，难以募集大规模资金，不能真正控股，不能主导林业产业的发展。我国林业产业投资基金就是要通过其规模性的投资行为，提高现有林业企业的规模经济，获得林业企业的规模经济效益，从宏观角度将失衡的产业结构重组、整合，获得宏观经济收益，促进林业的整体发展。

(四)基金的设立方式

从基金设立方式来看，产业投资基金可分为封闭式基金和开放式基金。它们各有利弊，但开放式基金是现今世界基金业发展的主流。目前，在我国产业投资基金还处于起步发展阶段，林业产业投资基金所依托的证券市场不成熟，市场波动大，投机气氛浓厚，加上投资者不够成熟，其投资行为具有很大的盲目性。在这种背景下发展开放式基金，证券市场的波动、社会形势的变化，都会导致投资者冲动性撤资行为，从而影响林业产业投资基金的正常运作。林业产业投资基金的投资对象是林业产业，林业生产经营周期较长，需要稳定的资金来源，因此，设立开放式投资基金，会造成资金的不稳定。根据林业长周期的投资特点，可以采用封闭式方式设立林业产业投资基金，封闭期限为10~15年。但长期来看，开放式林业产业投资基金比封闭式林业产业投资基金具有更多的优势。从投资基金的发展趋势看，由于开放式林业产业投资基金对投资者较为有利，且发展规模不受限制，因此，林业产业投资基金向开放式发展也是大势所趋。

(五)基金的组织形式

根据我国的实际情况,林业产业投资基金宜按公司型设立。其主要原因有:一是公司型基金形式是现代企业制度发展至今的一种极为完善的组织形式,其在管理人、保管人和投资人之间形成一种制衡机制,这种制衡机制有利于基金的3个组成要素之间的相互监督。二是有利于保护投资者的利益。如果按契约型基金设立,则投资者的权益得不到应有的保障。三是《中华人民共和国公司法》要求发起人认购基金份额不低于35%,这有利于基金的运作,可避免过去我国基金发行中存在的一些问题,即发起人不占任何基金份额,如果基金亏损对发起人影响不大。四是实业投资的可分析性小于证券投资,因此,投资于实业的产业投资基金者更难以监督管理人的行为,从而产业投资基金的管理人的道德风险比证券基金大,因而从组织形式上更宜采用公司制。五是公司型基金不能随意终止,比较稳定,符合能源项目投资回收期长、对资金稳定性要求比较高的特点。

(六)基金的管理形式

林业产业投资基金经营管理的关键取决于基金管理公司。林业产业投资基金在成立之后必然需要一个管理机构对其资产进行管理。产业投资基金的管理模式主要有自我管理和委托管理两种。自我管理模式是为设立新型基金而成立一家基金管理公司,委托管理模式是在基金设立后委托给现有的基金管理公司进行管理。我国已经设立的林业产业投资基金和国外早期的林业产业投资基金由于缺乏相应的基金管理公司大多采取第一种方式。但随着林业产业基金业的发展,会涌现出一批优秀的林业产业投资基金管理公司,委托给经验丰富的专业基金管理公司管理将成为林业产业投资基金管理模式的主流。

目前,我国已经具备林业部门和金融部门携手共同合作的可能,具备了利用金融机构在资金调度和运用等方面的优势,并利用林业企业在行业内产业投资专家作用,具有共同管理林业产业投资基金的极大优势。因此,林业产业投资基金应实行委托管理,通过建立林业产业投资基金管理公司和专业管理团队,把基金的全部资产委托给基金管理公司进行投资管理。应依托大型金融机构和中国林产工业协会,联合国内在林业产业有丰富投资经验和影响力的投资者,共同组建林业产业投资基金管理公司,聘请具备金融、财务和林业综合从业背景的人才作为基金管理人。结合我国林业产业发展的实际情况,鉴于中国农业发展银行和中国农业银行与林业的联系最为密切,可考虑选择其中一家银行作为基金托管人。

三、林业产业投资基金的运作管理模式

(一)基金投资流程

产业投资基金的运作过程即基本程序包括3个阶段:筹资、投资和退出(图9.4)。其中,投资过程包括项目筛选、评估、接洽谈判和交易设计、投资后管理4个阶段:

1. 寻找和筛选投资项目

获取好的投资机会是产业投资的起点,林业产业投资基金应根据自身的投资取向通过多种渠道以经济的方式筛选、确定项目名单,具体可通过采取与林业政府部门、林权交易所、相关金融机构合作的方式获取优质项目信息。并根据项目相关财务信息、产品信息、市场信息、管理团队等信息进行初步筛选。

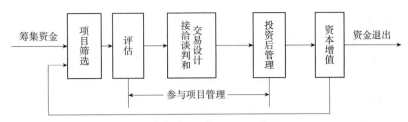

图 9.4 产业投资基金运作过程

2. 投资项目评估与选择

在经过项目初步筛选之后，就进入投资评估阶段。林业产业投资基金的管理人应该从可能的投资收益和投资风险方面对项目进行可行性评估。

3. 接洽谈判和交易设计

在项目评估完成后，基金管理人便应与被投资方进行谈判，以确定交易结构、控制条件等，并就相关问题达成具体协议。

4. 投资的运营与监管

由于信息不对称现象的存在，产业投资基金在投资过程中会面临道德风险和逆向选择问题，为了防范可能的风险，一套严格的项目监控机制十分必要。因此，林业产业投资基金在投资之后，要对被投资企业和项目的具体运营情况进行密切关注，同时，利用自身优势和资源，为被投资方提供管理、市场等方面的帮助，以帮助被投资方改善经营状况，同时提高自身的投资收益。

(二) 基金投资方向

产业投资基金的投向标准是为投资者减少和分散投资风险，确保基金资产的安全，并谋求长期稳定的投资收益。根据《产业投资基金暂行办法》的规定，投资于基金名称所体现的投资领域的比例不低于基金资产总值的60%。即林业产业投资基金设立之后，投资于林业产业领域的资金比例不低于基金资产总值的60%。因此，在确定的林业投资大范围内，要根据收益性、风险性与流动性相结合的原则选择和组合投资项目，处理好短期收益和长期收益间的关系。

林业产业投资基金投资的项目领域或产业的选择与确定，应遵循"前导、前瞻与前景性，关联效应与产业集群性、经济效率与效益性、战略性与政策性"的基本原则及方法进行。在林业产业投资中，营林项目投资的流动性小、收效慢、周期长，所以在这方面的初始投资比例不宜太大，而应抓紧对林产品精深加工、高技术、高附加值的项目的开发和扩展。林业产业投资基金以投资林权和林业产业链项目为主，兼顾境内林业领域高新技术孵化以及高成长、创新型、科技型企业。林业产业投资基金具体投资领域包括以下几方面：

第一，林业产业投资基金应优先对林业产业内新技术、新科技的林业企业进行参股投资扶持。第二，直接投资林业企业的优质林业项目，包括速生丰产林项目、林产品深加工与制造业项目；生物制药和优势林产品繁育及生产基地建设项目；林业生物质能源、生物质原材料种植与加工、制造项目；生物药物种植与加工、制造项目；新兴林业生产资料制造和林业服务业产业项目等。第三，在生态旅游等方面，可以考虑通过投资林业产业工业园、生态园的方式，进入这类领域。对一些规模较大、可分批投资的项目宜采用滚动操作方式增加利润和降低风险。通过带动林业产业局部的发展，提高林业产业整体收益水平，再逐步向更深层次的林业进行投资。第四，投资于林业基地项目，林地收储投资。为了更好的规避和分散风险，林业产业投资基金也可以在通过具体的考察和策划后，将一部分的资金投资于其他有投资前景和项目的产业以获得相应的收益。

由于林业项目具有投资周期长、投资强度高、一次性投资资金需求量巨大、资金回收期长等特征，为了保证基金投资者的利益和投资积极性，需要解决林业产业投资基金的效益性与流动性的矛盾，借鉴美国林业产业投资基金的作法，根据我国林业产业发展的实际情况，我国林业产业投资基金的投向可重点考虑一些准上市公司的股权。

（三）基金盈利模式

林业产业投资基金设立后，以40%的基金资金投资拟上市的林业企业，占有其一定的股权后，给林业企业提供量身定做的增值服务，迅速把企业做强做大，在企业上市前获取红利收益，在企业上市后获取资本利得；以30%的基金资金投资全国重点林业企业、林业产业工业园、生态园和林业产业基地项目，依据重点林业企业在行业中的龙头地位，获取较高红利，在重点林业企业资本运作完成后，获取资本利得；以20%的基金资金投资林地资源和对大宗林产品进行收储，利用林业产权交易所平台进行交易获取收益；以10%的基金资金投资高科技林业企业，获取高科技林业企业高科技产品带来的较高收益，在高科技林业企业资本运作完成后，再获取资本运作收益。林业产业投资基金这样的盈利模式，决定了它比一般林业企业盈利能力要强得多。

（四）基金监管机制

林业产业投资基金经营与运作管理过程中面临的一个难点问题，是如何规避、消除、化解和降低其经营过程中可能出现的各种风险问题，包括项目风险、事务风险、利率风险、流动性风险、其他风险。最为重要的措施是建立规范、高效的基金经营与运作管理机制，包括项目管理与资金整合机制、投资顾问机制、管理组织体系及其运作机制、基金经营运作的监控机制等。建立健全林业产业投资基金管理的激励与约束机制，一是借鉴证券投资基金和有限合伙产业投资基金报酬机制的设计办法，设计林业产业投资基金的报酬；二是建立对林业产业投资基金管理公司的约束机制；三是建立对被投资企业的约束机制。

（五）基金退出方式

1. 产业投资基金的一般退出方式

产业投资基金对企业进行投资的目的并不是长期持有企业股份，而是借助于企业的发展实现所持股份的增值，进而通过出让企业股份获取投资收益，因此，退出是产业投资基金一项投资活动的最后一个环节。退出方式的选择在某种程度上决定着投资收益的大小。目前，产业投资基金的退出方式主要有公开上市发行、收购兼并、股权赎回、破产清算等。详见图9.1。

2. 林业产业投资基金的特有退出方式

产业特性的不同导致了产业投资基金在实际运作过程中应做出适应性调整。在林业产业投资基金退出方式选择时，除了可以考虑采取上述提及的几种常规的退出方式，还可以根据林业自身特点选择林地林木流转、林木采伐、森林资产证券化等方式进行退出，取得投资回报。

(1) 林地和林木流转

林地流转是指在不改变林地所有权和林地用途的前提下，按一定程序，通过招标、拍卖、协议等方式，有偿或无偿的由一方转让给另一方的行为。林木流转是指林木所有权利主体将林木所有权、使用权、收益权、处置权转移给自然人或法人单位，并获取相应收益。林木流转包括活立木流转和原木流转。

林地林木资源是一种具备资本属性的自然资源，因此，通过市场机制的引入，对其进行优化配置，能够提升其开发价值。目前，我国林地林木流转发展迅速，流转市场体系日益完善，既可以通过场内流转的方式进行流转，如中国林业产权交易所、南方林业产权交易所、江南林业产权交易所、华东林业产权交易所等林权交易市场的建立为林地林木流转提供了规范化的平台，又可以通过私下流转的方式进行。林地林木流转的方式众多，主要包括拍卖、招标、协议转让等。

林业产业投资基金主要投资于营林相关的林业企业或林业项目，因此可以选择林地林木流转的方式退出投资项目。在具体方式的选择上，由于林权交易所具有相对规范的交易流程和充分竞价的交易方式，并且能够提供专业的中介服务，因此有助于交易的公平公正、提升林权交易价格并减少可能的交易风险，虽然与其他交易方式相比，林权交易所的交易程序相对复杂，成本费用较高，但由于林业产业投资基金投资规模较大且精力有限，所以选择林权交易所进行林地林木流转是适合的。

通过林权交易所进行林地林木流转主要包括如下步骤：首先，林业产业投资基金向林权交易所提出转让申请并提供相关资料，林权交易所进行初审通过后将转让信息发布在相关平台；然后，意向受让方参与竞价拍卖，并确定最终的受让方；最后，林业产业投资基金与受让方签订合同，办理相关手续。

(2) 林木采伐

林业产业投资基金主要投资方向是营林相关的林业企业或林业项目，因此，林木采伐收入是林业产业投资基金获取投资收益的基本来源。目前我国林木的市场需求较大，林木采伐的销售利润空间较大，从而为林业产业投资基金的投资收益提供了条件。

以巨尾桉工业原料林为例，见表9.4所列，虽然在初始3年，营林成本较高，大大超过营林收入，投资收益为负；但是随着林木的生长，营林收入也随之增加，与此同时，营林成本在经过较大的初始投入之后大幅下降并逐步稳定，投资收益增加，内部收益率(IRR)保持在一个较高的区间。

林业产业投资基金通过林木采伐进行退出，需要根据林业资源本身特点和市场供求状况，在现有的采伐管理制度框架下制订科学的采伐计划，以实现林木经济效益的最大化。

(3) 森林资产证券化

资产证券化是把当前流动性较差，但质量好、收益稳定的资产进行包装和组合，再辅以风险隔离和信用增级等手段之后，转换成流动性较强的证券的过程。作为一种新型金融工具，资产证券化在林业领域的应用主要体现为森林资源的资产证券化。作为林业产业投资基金的一种可能退出方式，森林资源资产证券化与林业产业投资基金的结合能够大大缩短林业产业投资基金的投资周期，同时降低资产证券化的门槛，有利于林业资源的整合。

表 9.4 投资巨尾桉工业原料林的 NPV 和 IRR

项目	林龄/a						
	1	2	3	4	5	6	7
蓄积量/m^3		11.30	41.20	82.90	136.80	175.10	191.30
规格材/m^3		0	0	0	0	15.76	25.83
综合材/m^3		4.52	21.69	52.56	93.98	106.81	133.50
主伐收入/元		1590.86	7634.88	18 501.12	33 080.78	43 831.26	51 264.58
主伐成本/元		826.53	3966.67	9612.17	17 186.97	22 415.51	25 453.33
营林成本/(元/hm^2)	5037.75	2743.50	240.00	240.00	240.00	240.00	240.00
税费/(元/hm^2)		124.27	596.42	1445.26	2584.18	3557.31	4133.57
净现金流量/(元/hm^2)	(5037.75)	(2103.43)	2931.80	7203.69	13 069.63	17 618.44	21 437.68
年平均利润/(元/hm^2)	(5037.75)	(3570.59)	(1436.73)	204.39	961.68	1519.53	1813.76
净现值 NPV/(元/hm^2)		(6564.25)	(4798.61)	(1777.82)	1915.87	4218.50	5718.87
内部收益率 IRR/%			(4.06)	13.78	17.65	18.09	16.04

注：括号内为负值。
资料来源：黄和亮等. 桉树工业原料林的投资经济效益与最佳经济轮伐期. 林业科学, 2007, 43(6)：128-133.

林业产业投资基金通过森林资产证券化实现退出的基本流程是：首先，林业产业投资基金通过与森林资源所有者(多为林农)签署长期合约，获得森林资源的使用权和处置权；然后，林业产业投资基金将森林资源交由专业的森林资源管理公司进行管理，并与森林资源买方签署长期供应合同；最后，以供应合同的未来现金流为基础资产进行证券化操作，收回部分投资资金，从而实现林业产业投资基金在此项目的部分退出。整个流程如图 9.5 所示。

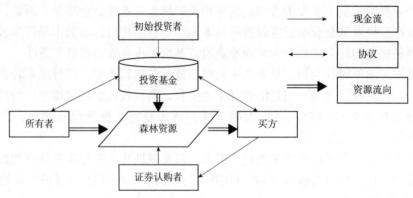

图 9.5 林业产业投资基金证券化运作流程

3. 林业产业投资基金退出方式的选择

林业产业投资基金要想通过退出获得良好的投资收益，需要平衡好自身、被投资企业(项目)以及股权受让人三方之间的利益关系。此外，林业产业投资基金还需要根据对市场状况的综合判断，灵活地选择退出时机与退出方式，力争实现投资收益的最大化。

林业产业投资基金应当根据项目运作情况选择适当方式退出。一是在投资决策上尽可能选择具有上市前景的林业项目或林业企业进行投资，并通过专家管理的方式，扶植和辅导所投资林业企业尽快上市，以便能通过证券交易市场进行退出，获得良好的投资收益；二是充分利用已有的市场条件和资源，发展林业产权交易市场，将所投资林业项目或林业企业的股份转让给其他战略投资者持有；三是在投资前与被投资林业企业或林业项目签订相关回购协议，约定在被投资企业或项目在满足一定收益条件下可以回购林业产业投资基金持有的股份，从而保证林业产业投资基金顺利退出，又满足了林业企业自主经营的需要；四是不断加强与其他金融工具的合作，开发新的退出渠道。总之，林业产业投资基金进行项目投资的方式是多样的，退出途径也不是单一的，但是具体进入和退出方式的确定，还应根据投资项目的实际情况来决定。

第四节 设立我国林业产业投资基金的关键问题及推进策略

一、设立我国林业产业投资基金的关键问题

尽管组建林业产业基金的运营框架明晰，外部环境已呈现前述的政策、产业、战略机遇等有利因素，但具体实施还存在一些来自制度、产业特性和投资主体等各方面的障碍和不确定性。主要表现在以下几个方面：

（一）如何确定基金主发起人

主发起人在基金的设立过程中起着非常重要的作用，承担着基金的主体责任。目前有以下几种主导发起模式：企业主导发起模式，主要指由大型林业企业牵头设立林业产业投资基金，这有利于林业企业发挥其在林业产业领域的专业及资源优势，但由于林业企业自身实力等各方面原因，由林业企业牵头设立林业产业基金可能难以吸引社会资本参与到林业产业投资基金的设立中来；政府主导发起模式，主要指由政府组织设立林业产业投资基金，政府在基金的设立及后续运作过程中起相当大的作用，这能有效保障林业产业投资基金的成功设立，但是政府的过度干预可能影响基金的正常市场化投资，破坏林业产业投资基金的金融属性；金融机构主导发起模式，由有实力的金融机构主导发起林业产业投资基金可以降低投资人的风险感知，直接拓宽林业产业投资基金的投资渠道，且能保证基金的后续专业化、市场化运作，不足之处在于金融机构在林业产业领域的专业度较低，可能导致林业产业投资基金的设立不能有效契合林业产业的特点，如设计的存续期较短等，制约林业产业投资基金的发展。当务之急是尽快确定主发起人，尽快推进林业产业投资基金的设立。

（二）如何选择基金管理公司

尽管目前我国其他行业已经设立了行业内的产业投资基金，产生部分优秀的基金管理公司。但由于林业产业的产业特性、金融特性都与其他产业有着明显的不同，且目前我国的基金管理公司在林业产业领域的资源与投资经验都相当不足，因此，管理林业产业投资基金对基金公司的专业性有较大的要求，特别是在林业资本市场相对不完善的情况下，如

何使林业产业投资基金健康稳定地发展是基金管理公司必须考虑的。因此，我国林业产业投资基金如何找到一个合适的基金管理公司成为一个关键问题。

（三）如何确定项目投资标准

大部分林业项目收益偏低、期限偏长、退出较为困难。虽然如此，林业产业投资基金成立后作为市场参与者，在项目选择上，也应该尽量寻找相对高收益、低风险的林业项目而不是所有的项目都进行投资。除了高收益、低风险外，在选择目标企业时应综合考虑项目的投资价值，例如，目标企业是否有良好的过往业绩和信誉。对人的判断：合作伙伴的商业经营能力，可信赖程度的判断；是否有经过检验的商业模式。对事的判断：业务模式的可持续的判断；是否有较高的资本市场投资价值。对商业价值的判断：盈利机会和盈利空间的判断；是否有畅通的退出渠道。对未来规划的判断：上市计划或大股东回购等帮助林业产业投资基金顺利退出的渠道判断。然而，对于当前如何筛选合适的项目并没有一个规范的投资标准，这容易引发投资决策混乱，导致效果不佳的结果。

（四）如何构建专业管理团队

根据林业产业投资基金发起、运作的现实需要，林业产业投资基金的发展需要大量既有林业专业知识，又懂金融知识和相关法律知识的复合型人才。就目前来看，我国证券投资基金和企业行业产业投资基金的发展培育了一批熟悉基金运作管理的优秀人才，但是这些管理人员大多缺乏林业专业的相关知识，对林业产业特性缺乏了解。而一些高等院校培养的林业或相关专业的毕业生又往往缺乏必要的金融知识。一些海外留学人员回国从事林业产业投资基金的运作和管理，他们能带回国外先进的理念，但由于国内外金融市场环境的差异，他们往往面临着水土不服的问题。此外，林业产业投资基金的发展离不开各类中介机构和相关机构的广泛参与，如律师事务所、会计师事务所、资产评估事务所、林业产权交易所等。这些机构同样面临着人才短缺的问题，从而导致这些机构的发展质量参差不齐，从长远来看这将制约林业产业投资基金的发展。人才方面的障碍，是影响我国林业产业投资基金发展的瓶颈。没有足够多的相关人才作保障，林业产业投资基金的发展将会停滞不前。

二、我国林业产业投资基金的推进策略

（一）发挥政府的统筹协调作用

主发起人的确定不仅涉及各方的利益诉求，还存在着信息方面的不对称。为了确定林业产业投资基金最合适的主发起人，政府要充分发挥引导与带动作用。特别是在林业产业投资基金准备设立的前期，要通过政府的宣传提高机构特别是商业性金融机构对林业产业投资基金的认知度，扩大潜在发起人选择范围；要建立潜在发起人的沟通制度，各方要在公开的场合下平等地表达自己的利益诉求与自身存在的困难，达到总体效用的最大化。最后由政府尽快确定主发起人，并在林业产业投资基金的发起设立过程中给予合理的帮助，使林业产业投资基金能够顺利设立。

（二）多渠道确定基金管理公司

既然目前难以找到合适的林业产业投资基金管理公司来管理林业产业投资基金，那么

在可选最佳的基金管理公司条件下,可以做到以下几点来提高林业产业投资基金管理公司的专业性:首先,作为林业产业投资基金部分发起人的林业企业可以与林业产业投资基金管理公司建立及时的沟通制度,或林业企业可向林业产业投资基金的管理团队派驻专业性的林业产业人才以提高基金在林业产业领域的专业性;其次,有必要建立投资专家委员会,投资专家委员会不参与投资决策委员会的决策管理,但可以作为投资决策顾问,提高林业产业投资基金在林业产业领域的专业程度;再次,在林业产业投资基金成立之后要注重引进和培养人才,把基金管理人才也看做林业产业投资基金不可或缺的资源之一,在发展的过程中不断提高林业产业投资基金的管理水平;最后,建立并完善林业产业投资基金管理人考核和淘汰制度,除了正向激励以外,还可从逆向推动林业产业投资基金管理水平的提高。总之,可以通过多种渠道提高林业产业投资基金管理公司的专业性。

(三)建立并规范基金投资标准

林业产业投资基金在运作时,不能因外部环境的变化而频繁改变基金的投资标准。特别是目前林业项目如雨后春笋般迅猛发展起来时,不应该对所有的林业项目都进行投资,而应该设计一套林业产业投资基金本身的投资标准。只有符合本基金投资标准的林业项目才进行投资,并且在投资过程中以及投资后,都应该制定规范的风险防控体制。林业产业投资基金作为林业项目市场的重要投资方,在制定标准的投资规范后,之后的林业项目也必然会向林业产业投资基金要求的投资规范进行靠拢,形成一个良性循环。另外,在运行过程中积累了大量的经验之后,林业产业投资基金也应提高自身的治理能力,使投资项目的可选范围不断扩大。这样才能更好地发挥林业产业投资基金引导林业项目建设的作用,促进林业产业发展。

(四)加强林业领域基金人才培养

专家理财是产业投资基金的主要特征,管理团队的素质是产业投资基金运作成功的关键所在。因此,发展林业产业投资基金,需要尽快培养一批既熟悉林业产业特征,又具备金融知识的复合型基金管理人才。具体可通过以下几种途径:可通过引进人才的方式吸引国外优秀基金管理人参与到林业产业投资基金的运行管理;可选拔国内优秀的基金管理人员和林业专业人员进行培训,使他们尽快熟悉林业产业特性,掌握相关的金融知识;高等院校应加强对复合型人才的培养力度,通过校企合作使学生获得实践机会,从而培养应用型林业产业投资基金管理人才。

第五节 案例分析:中国农业产业发展基金

一、设立背景

为创新财政支持金融支农方式、积极发挥财政资金的引导作用,财政部根据2012年中央一号文件精神和国务院批复的方案,联合中国农业发展银行(简称"农发行")、中国信达资产管理股份有限公司(简称"中国信达")和中国中信集团有限公司(简称"中信集团"),在2012年12月底发起设立中国农业产业发展基金(表9.5)。

表 9.5 中国农业产业发展基金概况

基金名称	中国农业产业发展基金
设立时间	2012 年 12 月
设立依据	根据《中华人民共和国合伙企业法》及其他相关的法律、法规的有关规定发起设立并经营
基金发起人及主要出资方	财政部、中国农业发展银行、中国信达资产管理股份有限公司、中国中信集团有限公司
基金类型	封闭式、有限合伙
基金注册地	北京
基金管理人	信达资本管理有限公司
基金托管人	中国农业银行
基金规模	40 亿元人民币

二、基金规模

中国农业产业发展基金经国务院批准由财政部联合中国农业发展银行、中国信达资产管理股份有限公司、中国中信集团有限公司 3 家国有金融机构共同发起设立。

中国农业产业发展基金首期规模为 40 亿元。4 家发起人各出资 10 亿元,基金存续期为 15 年,后续将根据基金经营运作情况和农业产业发展的实际需要研究扩募和延期问题。中国农业产业发展基金为公司制,发起人股东约定在基金存续期内不对投资本金进行分配,基金管理人在基金运营初期重点筛选一批能够尽快出成果的项目,以扩大市场影响力,为下期中国农业产业发展基金募集打下基础。通过一期的发展,后期基金规模可达到 200 亿~500 亿元。

三、管理架构

2012 年 12 月 28 日,中国农业产业发展基金签署《基金资产委托管理协议》,聘任信达资本管理有限公司担任基金管理人,负责基金资产的管理和运作。2013 年 1 月 10 日,中国农业产业发展基金签署《基金资产委托托管协议》,聘任中国农业银行担任基金的托管人。该基金的管理架构如图 9.6 所示。

四、投资策略及目标选择

(一)基金目标定位与经营原则

中国农业产业发展基金设立的基本目标是实现政策导向与市场经营有机结合,通过市场化经营,重点投资于成长型农业产业化企业和农村发展项目,带动和引导社会资金投向"三农"。

中国农业产业发展基金的定位,强调以服务"三农"为前提,以市场化方式进行决策和经营,获得稳定的市场平均回报。这既不同于追求利润最大化的纯商业投资,也不同于传

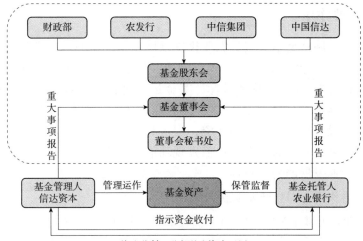

图 9.6　中国农业产业发展基金管理架构

统的财政无偿投入。具体体现在以下 3 个层次：一是基金将按照现代企业制度规范，独立经营，自负盈亏。二是注重对行业成长性的挖掘和企业基本面的把握，通过向被投资企业提供资金、经营管理咨询、资本市场融资等一条龙业务，深入挖掘农业产业投资的价值，获取稳定投资回报实现自身商业可持续的同时，培育农业产业化龙头企业，通过投资推动农业产业化。三是深入挖掘农业产业投资的价值，拓宽农业产业融资渠道，改善农村金融环境，加快传统农业向现代农业转变。

与以上目标和定位相一致，中国农业产业发展基金的经营原则包括：一是独立经营，自负盈亏；二是注重经营效益，在风险可控的前提下追求稳定的市场平均回报，具有商业可持续的发展模式；三是通过直接投资、间接投资等多种方式支持农业产业化运作，服务于"三农"，体现国家产业政策发展方向；四是采取市场化运作方式，与被投资企业建立"收益共享、风险共担"的运作机制，提高资金使用效率；五是积极推动农村金融创新，带动社会资本联合投资，开拓农村投融资新渠道。

(二) 投资策略及目标选择

为体现国家对农业领域的政策扶持，中国农业产业发展基金坚持"安全、稳健"的投资理念。以价值型投资为主，追求长期增值，主要采取多轮次的组合投资方法。以股权投资的形式投资于农业产业化龙头企业，农业流通等重点农村服务业企业、农业和农村配套服务与建设项目，以及农业保险公司、涉农担保公司等，采取二级市场退出的方式实现短期收益。此外，还可进行少量非股权投资。

因此，基金目标企业应具备以下基本条件：农业产业化龙头企业、重点农村建设项目；具备相对成熟的商业模式，并在细分领域具有领先优势；具有清晰的发展思路和发展规划，现实的业务计划以及具有说服力的为实现该计划的路径；具备持续的现金流和利润增长的机会；具备长期的战略投资价值；具有技术或人才优势，具备接受和应有农业新技术的能力；具备尽责、稳定、专注、对农业行业有热情且富有经验的管理层；财务基础规范，并愿意接受现代企业制度；具备后续的 IPO 或交易出售的强大潜力。

五、基金主要作用

中国农业产业发展基金本身就是农业投资领域公私合作的一次全新探索。公共财政以"引子"资金、"种子"资金的方式,以点带面,促进和引导社会各方面力量对农业领域的投入,实现服务"三农"的政策目标。基金运行过程中,对农业重点领域的投资彰显了国家对这一发展方向的支持,带动了国有商业银行、股份制银行增加对企业的信任,以及国际知名投资机构对企业的注资,促进林农增收的同时进一步促进了该农业领域的产业升级。总之,基金通过发挥价值发现功能,以少量的财政资金,与社会资源协同完成支持农业产业发展的公共目标。

(一)发挥引导作用,树立产业发展方向

中国农业产业发展基金为"三农"事业而设立,与其他基金比较,具有投资期限长、投资回报要求较低、风险承受能力强的天然优势,与农业投入周期较长、收益有限、风险较高的特性更加匹配,因此,可以发掘和培育具备较好成长性、引领作用强的现代农业企业。基金立足于股权投资的特点,发挥在农业投资领域的专业优势,从入户调研的1000多家涉农企业中,通过项目搜集、尽职调查、项目估值等环节的遴选,决策并投资了其中的17家企业。社会资本以实际行动对基金百里挑一选出的企业投出了"赞成票",如摩根士丹利跟投2.5亿元入股中国农业产业发展基金投资的内蒙古科尔沁牛业股份有限公司、中国农业产业发展基金联合6家市场化投资基金集合30多亿元投资四川福华通达农药科技有限公司等。

(二)开展国际合作,发展现代农业科技

中国农业产业发展基金支持投资的企业通过开展国际技术合作,提升我国农业科技现代化水平。中国农业产业发展基金投资的天津雷沃重工集团公司是国内领先的农业装备制造企业,该企业通过在意大利、日本等地设立全球研发中心,以及实施具有战略意义的跨境并购,缩小与国外竞争者在技术和产品上的差距。中国农业产业发展基金通过投资重点支持雷沃重工进行基础研发,逐渐形成真正意义上具有全球竞争力的技术能力,从而带动了我国农机装备产业整体水平的提高。此外,中国农业产业发展基金通过支持山东金正大集团与"丝绸之路经济带"沿线国家以色列展开全方位合作,积极推动我国水肥一体化进程,开拓新型节水农业市场,使广大农民受惠,使万顷良田得益,对于治理农业面源污染、维护我国粮食安全具有积极意义。

(三)立足产业支点,促进农民增收致富

在农业领域,为提高公共资源使用效率,最有效的方法之一是以产业作为公共投资和私人投资的结合点。中国农业产业发展基金通过对农业产业化龙头企业的投资,直接提升了被投资企业的资金实力,向企业传送了现代管理理念,通过企业股权价值的提升为企业及基金本身均创造了经济效益,同时间接支持了企业所连接的农民,带动农民增收致富。中国农业产业发展基金投资的吉林省金塔实业(集团)股份有限公司是东北地区最大的辣椒龙头企业,长期签约椒农达4.25万户、15万余人,种苗辐射种植面积30万亩,涵盖内蒙古、吉林、辽宁、黑龙江等多地区。据吉林洮南市统计数据,通过辣椒种植,全市椒农累

计增收 2.13 亿元，人均增收 1416 元。中国农业产业发展基金所投资的安徽龙华竹业有限公司地处安徽省霍山县，是大别山区最大的竹制品加工企业，公司的发展带动了霍山县当地及周边整个毛竹产业的发展，毛竹从无人问津到供不应求，霍山县每年 1000 万根 10 寸以上毛竹净增农民收入 1.65 亿元，带动全县 10 万竹农致富。中国农业产业发展基金通过农业产业化龙头企业为支点撬动一个产业、一个行业的发展，带动一个区域、一个领域的农业经济的繁荣，真正让农民得到了实惠。

本章小结

产业投资基金在经历了中外合作创办、国家审批、备案设立 3 个阶段以后，得到了长足发展和完善，与林业产业融合以后为林业提供了一种重要的融资模式。林业产业投资基金有利于引导社会存量资本投资林业、拓宽林业企业直接融资渠道、促进林业产业结构调整升级、提高林业企业经营管理水平、降低林业产业投资管理风险。林业产业投资基金的设立需要政策的支持、市场基础支撑、稳定的资金来源、具有发展潜力的林业项目以及丰富的基金经验。其发展运行模式主要包括发起设立、资金募集、组织管理、投资管理以及基金退出。在资金募集阶段，目前我国商业银行、保险公司、养老金等机构投资者在投资私募股权基金方面仍然受到一定的限制，而林业产业投资基金的资金来源应以社会资金为主导，政府资金为引导，将来还可以适当地引入外资。组织形式宜按公司型设立，不宜按契约型设立。管理形式主要有自我管理和委托管理，其中委托管理更专业有效，目前我国已经具备相关条件。林业产业投资基金的一般退出方式主要有公开上市发行、收购兼并、股权赎回、破产清算等，而林业产业投资基金的特有退出方式则有林地林木流转、林木采伐、森林资产证券化等方式。为推进我国林业产业投资基金的进一步发展，需要发挥政府的统筹协调作用、多渠道确定基金管理公司、建立并规范基金投资标准、加强林业领域基金人才培养。

第十章　森林资源资产证券化

资产证券化最早起源于 20 世纪 60 年代末 70 年代初美国的住房抵押贷款的证券化，20 世纪 80 年代以后开始在国际资本市场上流行，其应用范围从最初的住房抵押贷款，扩大到企业的应收账款、信用卡应收款、汽车贷款等领域，成为国际资本市场上最重要、最具活力的金融工具之一。这种信用体制逐渐在全球范围内全面铺开，正在改变全球的金融结构和信用配置格局。森林资源资产证券化在为林业建设融资、盘活流动性差的林业资产等问题上具有重要的作用，对我国林业产业的发展意义重大，有着良好的发展前景。资产证券化在其他领域的实施和推广，尤其是在基础设施领域的推广，将为森林资源资产证券化积累更成熟的经验。随着林业改革的不断深入，林业投融资体制改革的不断发展，森林资源资产证券化将成为我国林业产业重要的投融资渠道，为国民经济的发展起到重要的作用。

本章首先对森林资源资产证券化的必要性和可行性进行分析，接着介绍国内外森林资源资产证券化的发展历史和运作模式，然后介绍我国森林资源资产证券化的操作模式，最后总结我国森林资源资产证券化发展的 6 个关键要素。

第一节　森林资源资产证券化融资机理

随着我国林业产权改革的深化，金融领域的不断创新，证券市场的日益完善，各项法律、监管体系的进一步加强，我国森林资源资产证券化已经具备了实施的条件。虽然大规模推行森林资源资产证券化还面临市场与技术、体制与法规等诸多方面的制约，但有选择性地开展森林资源资产证券化是可行的。

一、森林资源资产证券化的必要性

林业产业的显著特征之一就是生产周期长，从林木的种植到成材需要几年、十几年甚至几十年。由于林业生产周期长，对自然条件的依赖较大、资金需求量大、见效慢，造成了林业投资的风险较高，决定了林业企业资产的信用级别不高，使其在资本市场上融资效果不佳，难以吸引社会资金的投入，传统的间接融资由于受制于林业的投资回收期较长和流动性不足而难以介入。

（一）森林资源金融特征角度

就森林资源的金融特征看，在林木生长周期中，需要不断的投入，包括造林的投入、林木管护的投入、采伐运输的投入。对于造林的企业和个人来说，现金流入包括两部分，一是由于林业的外部正效应产生的社会补偿收入（我国目前还没有实行用材林的外部补偿制度，且对用材林的补偿方式多种多样，但无论采取什么方式，在存在外部正效应的情境下，补偿是必须的，否则私人投资达不到社会对林业投资的最佳水平）；二是林木成材后的采伐收入。林业产业前期的不断投入并形成林木资产且难以流动，到林木成材后通过采伐获得一次性收入构成了我国林业的典型金融特征。正是由于林业产业的特征决定了这种林业的金融特征，形成了社会资源难以流入林业的巨大障碍，主要表现为：①短期资金难以流入到林业。这是由林业生产的主要经营对象——森林的生物学特性所决定的。培育森林包括选林、育林，是一个需要较长时期投资的土地生产事业；造林、营林投入的资金，在生产领域运行数十年后，才能实现资金形态的转化，从而获得森林资源再生产所需资金。林业生产的长周期性，也造成了生产资金占用多、资金周转时间长、投资收效慢的结果。为此，要保证林业建设有充足的生产资金，必须拓宽融资渠道，广泛吸纳各方面的资金，同时，政府有必要制定林业投资政策倾斜措施，加强政策鼓励与扶持力度，强化林业产业的竞争能力。②森林资源资产的难以分割性，使小的投资者望而却步。③由于森林资源资产生产周期长，极易引发生产者的流动性问题，使投资难以为继。对自然条件的依赖决定了林业生产面临的自然风险较大，长生产周期决定了林业生产面临的市场风险较大，行业外投资者不敢贸然进入。④由于森林资源资产生产周期长，林业生产的社会性很大，使投资者在短时间内难以实现其预期的收益，从而降低了投资者的积极性。

(二) 林业发展资金需求角度

就林业发展资金需求角度看，我国林业建设项目多，有大量的资金需求，而资产证券化为优质的投资项目提供了广泛的应用空间。我国属于经济高速增长的国家，而投资作为拉动经济发展的三驾马车之一对我国经济的发展起着重要的作用。从林业自身的发展条件看，森林是一个巨大的绿色宝库，蕴藏的资源种类最多、储量最大，很多资源可以挖掘出大产业，如沙棘、银杏、红豆杉、竹制品等；我国通过木材高效加工，利用研究孕育出许多新产品、新工艺，目前，人造板、家具、松香类产品产量已上升到世界第一位。在速生材加工技术、速生材新材料制造技术、非木质植物材料利用技术等方面取得了显著进展。然而，随着林业的迅速发展，林业建设的投资需求越来越明显，现有金融机构的贷款及利用外资进行合资、合作、建设等融资渠道已很难满足实现我家林业远景目标规划的资金需求量，国家对林业的投入虽有较大幅度的增加，但与客观实际需要相比，仍有较大缺口。另外，由于我国林业企业大多在BBB级以下的信用等级，无法进入市场容量极高的国际高档证券市场进行融资。而森林资源资产证券化的融资方式却能利用SPV（特殊目的实体）使信用等级增加，从而使我国林业企业、林业项目进入国际高档证券市场成为可能。伴随经济的快速增长，林业以其优良的特性、收入相对稳定和回报率高的特征逐步进入这个市场的视野。

二、森林资源资产证券化的可行性

林业欲获得持续增长的社会资源投入，需要清除社会资源流入林业产业的巨大障碍，而森林资源资产证券化正是清除这个巨大障碍的有效工具。森林资源资产证券化，可以使流入林业的短期社会资源变成长期投资，吸引更多的投资者参与其中，从而解决森林资源资产的流动性问题。推行森林资源资产证券化的融资方式，将打通林业发展中的资金瓶颈。用证券化方式取得的资金能有效盘活林业企业资产，促进森林资源资产的合理流动，把社会资金吸引到林业建设中，促进林业发展走向良性循环。从供求两方面来看，在我国实施森林资源资产证券化对增加林业建设资金的投入具有内在逻辑性和经济合理性。

（一）需求角度

森林资源资产证券化中的各类参与主体（发起人、特设信托机构及投资者）都能从证券化中受益。从发起人方面看，由于大型林业项目周期长、占用资金规模巨大，出于资金流动性的考虑，无论是社会资金、财政资金还是银行资金都会急于寻求退出渠道，而通过森林资源资产证券化回收部分资金能满足这个需求。森林资源资产证券化能较好地建立一种比较稳定的资金供应机制，降低财务风险，分散由于供应渠道单一而造成的流动性风险，同时，由林木资产作担保为项目建设提供了大量低成本的资金。从 SPV 方面看，大型林业项目具有可预测的、稳定的现金流，经济效益较好，与一般债券之间会有一个较大的利差，给 SPV 足够的可操作空间。另外，由于森林资源资产证券化在收支上的特殊性，SPV 还可以通过对积累资金经营增值获得部分额外收益，因此，会得到 SPV 的青睐。从投资者方面看，由于林业建设在国民经济发展中的重要地位，在森林资源资产证券化中会有政府定价及政府担保成分，因此，较之普通债券更为可靠。实行森林资源资产证券化为中小投资者提供，大规模资产活动的可能，分享低风险、高收益的投资项目带来的丰厚回报。投资者所拥有的抵押证券的流动，既可以分散风险、加速变现能力，又可以吸引更多投资者，形成林业建设资金良性循环模式。

森林资源资产证券化还可以在很多方面弥补其他融资方式的不足。比如，森林资源资产证券化可避免直接发债融资时对原始权益人资产的限制，可以通过自身信用增级或第三方担保等方式实现债券的信用提高等。因此，我国森林资源资产证券化会有一个较好的市场前景，森林资源资产证券化应成为我国目前林业投资建设的有效可行的融资工具。

森林资源是外部经济性很强的资产。长期以来，我国强调林业的公共物品特性，决定了我国林业项目形成的庞大投资几乎全部是政府财政资金，同时伴随政府行政计划式投资经营管理林业项目的模式，出现了严重的工程低质量、投资低收益、管理低效率、寻租高频率、投资高沉淀等消耗政府财政资金存量的问题。如今，在市场经济改革的创新环境中，林业项目也可以根据其收益性质、外部经济性内部化程度来设计出绝大多数林业项目的盈利机制，从而实现政府与微观经营实体相分离、林业项目经营管理市场化、企业化、资本化的运作路径，还可以提高经营效率、完善政府职能，更能够创新投融资模式。林业项目证券化能够实现林业项目供给、经营、管理的多赢目标。目前，在我国使用 ABS（资产证券化）方式进行林业项目融资具有显著的优势。

1. 改善企业财务状况

森林资源资产证券化的表外融资功能，有利于增强林业企业的信用等级和运作实力。采用森林资源资产证券化方式，融入资金通过实现资产形式和结构上的改变而独立于林业企业的资产负债表之外，增强了该类企业的财务质量。另外，ABS 证券的发行依据不是企业全部的法定财产,而是以被证券化的资产为限,资产证券的购买者与持有人在证券到期时获得本金和利息的偿付,资产证券偿付资金来源于担保资产所创造的现金流量。如果担保资产违约拒付,资产证券的清偿也仅限于被证券化的资产本身,资产的发起人或购买人无超过该资产限额的清偿义务,从而降低了林业企业的运营风险。

2. 筹资前景广阔

森林资源资产证券化的直接融资机制有利于吸收民间、外资等社会资本的参与,有助于化解政府财政投资压力。森林资源资产证券化的直接融资机制以SPV为操作中心,以资本市场为中介平台,信用级别较高,有助于吸收民间、外资及有投资政策限制的机构投资者如社会养老基金、保险基金、互助基金等的参与,满足林业项目对巨额投资规模的需求,特别是我国目前林业投资严重不足情况下对环境项目建设资金的迫切需求,同时,促进项目管理运作的制度化和资本化经营。

3. 降低融资成本

ABS方式的运作只涉及原始投资人、SPV、投资者、证券承销商等几个主体,无需政府的许可、授权及外汇担保,是一种按市场经济规则运作的融资方式。林业项目融资中运用ABS,可以最大限度地减少酬金、差价等中间费用,降低融资成本。另外,ABS证券采用"真实出售""破产隔离""信用增加"等一系列技术,提高了资产的资信等级,使一些资产流动性差的林业项目有机会进入证券市场以较低成本进行融资。

4. 强大的政府信用担保机制

基于林业项目的公益性特征,政府会通过合适、优惠的税务结构以及政府信用等政府支持机制,使得以此为基础的、有适度收益的林业项目证券化产品受到社会机构与个人投资者的青睐。日本与韩国的经验表明,有政府信用支持的资产证券化产品备受投资人欢迎。

(二)供给角度

森林资源本身为资产证券化提供了前提条件。森林资源之所以能够作为证券化的资产,主要是因为森林资源具备了资产证券化融资的基本条件:一是森林资源资产价值巨大,未来收入比较稳定。森林资源包括森林、林木、林地以及依托于森林、林木、林地生存的野生动物、植物和微生物。森林资源是国民经济和社会发展的物质基础,不仅是重要的生态环境资源,也是重要的经济资源。森林资源资产因其自然增长一般每年都会有一定的增加值。固定资产一般情况下会不断折旧,不会自然增值(重新评估除外),而森林资源资产每年会自然生长,每年都有一定的增加值,与固定资产相比森林资源资产的价值更有保证。二是有政府支持,因而森林资源资产经过一定的整合能达到相应的信用等级,同时森林资源资产变现损失小或基本上无损失,具有补偿率高的特点,还款期限与条件有一定的保障。森林资源资产的主要产品是木材,木材用来交换或出售非常容易,林业企业会计账面的林木资产价值往往低于现行市场价,且处置期间木材生长会自然增值,因此变现损失小或没有损失,资产清算价值高。三是森林资源资产具有外部溢出价值。由于林业具有外部的正效应,因此,为了使林业的供给达到社会所需要的水平,应将外部效应内部化,社会应该为森林资源提高一定的补偿。

因此，森林资源是一种适合证券化的资产。林木资产具有不可移动性，流动性差，价值量大，未来具有稳定的、易于把握的现金流，林地资源的绝对稀缺性等特征，为森林资源资产证券化提供了条件。我国林业建设中很多待建的资源开发项目和基础设施的突出特点就是规模大、周期长、收效慢但有长远稳定的经济效益，这些项目均可以采用森林资源资产证券化方式进行融资。

(三) 现实基础

1. 宏观上，我国已经初步具备森林资源资产证券化的条件

我国于20世纪90年代开始了资产证券化的尝试。1992年，三亚丹州小区以土地为发行标的物，以地产销售和存款利息为收入来源，发行2亿元的地产投资券，这是我国资产证券化的雏形。1996年，珠海高速公路有限公司发行了2亿美元证券。2000年9月，中国建设银行和中国工商银行获准开展住房抵押贷款的证券化试点。2002年1月，中国工商银行和中国远洋总公司启动6亿美元的资产证券化融资项目，由中国工商银行为中远集团安排外汇融资，用于置换其美国商业票据和北美地区资产证券化项目，在此基础上发行资产担保证券。2003年6月，中国华融资产管理公司与中信信托投资有限责任公司，将132.5亿元债权资产组成一个资产包，作为信托资产，中信信托公司作为受托人，设立财产信托，信托期限3年，中国华融资产管理公司取得全部信托受益权，其中，优先级受益权可转让给投资者。

我国已成功实施了多项资产证券化操作，虽然基础资产、应用行业各有不同，但以上资产证券化案例的成功实施说明了我国已具备实施森林资源资产证券化的宏观环境。

2. 微观上，林业领域资产证券化已有成功的尝试

从微观上看，随着林业市场化改革的不断深入，林业企业也逐步建立起了现代企业制度，逐步成为独立自主、自负盈亏的经济实体，林业企业也逐步提高了对风险、融资以及市场竞争的认识，为资产证券化的推行打下了良好的微观基础。

林业领域资产证券化已有成功的尝试。2004年1月，上海世华科技投资有限责任公司（以下简称"世华科技"）与上海中泰信托投资有限责任公司（以下简称"上海中泰"）合作发行了以速生杨林木财产为标的的优先信托权益投资计划，这是林业通过信托方式进行融资的首次尝试。世华科技为该计划的委托人，将公司合法拥有的评估现值为4.25亿元的速生杨林木财产作为基础资产来设计信托计划，上海中泰为项目的受托人，并向特定投资者出售。投资者在信托期间享有该资产的优先受益权。上海光兆植物速生技术有限公司（以下简称"上海光兆"）对优先信托权益的收益进行担保，使优先信托利益达到预期水平。委托人向投资者承诺在信托计划到期后回购其资产，且受益人可以在每个信托年度结束的前一季度要求世华科技回购他们的权益。

此次世华科技与信托机构虽非真正意义上的资产证券化，而是集合资产信托计划，但引入了信托机构和相关机制，实现了资产的"破产隔离"，同时也使用了收益权分级的方式，并将优先信托收益权转让给投资者，实现了内部信用增级。上海光兆对优先信托权益部分进行的利益担保，实现了外部增级。因此，该投资计划算是林业项目在资产证券化融资方面的初次尝试，并取得了良好的销售业绩，证明了资产证券化这种新型金融工具在林业产业的适用性。

第二节 国外森林资源资产证券化应用模式

一、国外森林资源资产证券化发展状况

自 20 世纪 90 年代末期林业 REITs[①] 在美国逐步兴起至今,不仅美国的森林资源资产证券化取得了成功,而且以芬兰、瑞士为代表的欧洲发达国家和以智利、巴西为代表的发展中国家的森林资源资产证券化也得到了初步发展。这段时期森林资源资产证券化的典型案例见表 10.1 所列。

表 10.1 1990—2010 年森林资源资产证券化典型案例

发行人	资产类型	国家	时间	证券化类型
Weyerhaeuser	林业业务收益	美国	2010 年	全业务
Timber Star	林业业务收益	美国	2006 年	全业务
Lignum fund	森林资源资产	智利	2006 年 6 月	未来现金流
Arcel Finance Limited	木浆出口收益	巴西	2004 年 5 月	未来现金流
Tornator Finance Plc	林业业务收益	芬兰	2003 年 4 月	全业务
FARMS Securitisation Limited	农业/林业贷款	瑞士	2001 年 11 月	CLO
SIF Sociedad Inversora Foresta	林业业务收益	智利	1999 年 2 月	未来现金流
UBS Brinson Forestal	林业业务收益	阿根廷	1992 年 2 月	全业务
Scotia Pacific Co.	林业业务收益	美国	1998 年 10 月	全业务

资料来源:根据公开资料整理。

(一)美国

1. 背景

20 世纪 80 年代,森林资源资产投资在美国逐步兴起。当时许多美国投资者出于投资多样化的目的,开始将森林资源资产列入投资范围;同时恰逢美国林业加工企业纷纷通过森林资源资产出售来为企业扩张融资,掀起了森林资源资产剥离的浪潮。由此,森林资源资产交易的买方力量和卖方力量逐步形成。但现实中森林资源资产估值困难,同时市场信息的传递效率低下,这些问题给森林资源资产交易带来了障碍。因此,市场期待一种新的资源交易模式出现。

2. 评价

美国森林资源资产证券化的探索经历了过渡、发展和创新 3 个阶段。从 20 世纪 80 年代中期探索阶段的林业业主有限合伙制(MLPs)[②]和私募股票发展到 20 世纪 90 年代的林业

---

① REITs:房地产投资信托基金(Real Estate Investment Trust),是一种以发行收益凭证的方式汇集特定多数投资者的资金,由专门投资机构进行房地产投资经营管理,并将投资综合收益按比例分配给投资者的一种信托基金。

② MLPs:业主有限合伙制(Master Limited Partnership),指在有一个以上的合伙人承担无限责任的基础上,允许更多的投资人承担有限责任的经营组织形式。

REITs 再到进入 21 世纪之后创造性的提出了美国社区林业债券（CFB），美国森林资源资产证券化取得了长足的发展。林业 MLPs 和私募股票这两种证券化模式自身都存在着设计缺陷，只能作为过渡交易模式存在。林业 REITs 是一种成功的证券化模式，直到 2010 年，仍有一家林业企业 Weyerhaeuser 经过一系列买卖交易，由公司制企业改组成为一家林业 REITs。2009 年美国通过了《社区森林保护法案》，授权通过发行 CFB 来保护各地的商品林。CFB 采取"政府+企业+社区"的合作模式，将有效缓解林业投资各方的利益冲突。

（二）芬兰

1. 背景

芬兰的林业产业具有悠久的历史，是芬兰的支柱产业之一。发达的林业产业造就了发达的林业企业。2003 年，为了解决企业的融资困难，Stora Enso Oyi 成功进行了芬兰首次森林资源资产证券化操作，采取了全业务证券化的形式。此次证券化操作并非完全在芬兰国内完成，而是一项国际化运作，交易中的 SPV 与证券认购者均来自国外，因此，该交易可被界定为境外证券化交易。

2. 评价

芬兰采取的森林资源资产全业务证券化与传统的证券化操作不同，全业务证券化操作并非以某一单项资产的未来现金流为基础进行，而是将整个公司业务的未来现金流作为证券还本付息的保证。该模式有以下两点优势：一是可以让发起人保有继续经营的权力；二是为发起人保留了品牌、知识产权等附属在资产上的无形资产的价值。

（三）智利

1. 背景

智利森林资源丰富，也是世界上吸引国际林业投资较早的国家之一。相比其他发展中国家，智利拥有良好的林业投资环境。2003 年智利成立了拉丁美洲第一家林业基金——Lignum 基金。Lignum 基金在全球范围内首次进行了林业基金的证券化操作。

2. 评价

智利国内推行的林业基金资产证券化主要是通过基金持有一部分林权并与林业企业签订管理、购销合同，基金并不直接经营林地，而是由专门的林业企业对林地进行管理、经营和销售。基金以这些销售协议的未来现金流为基础资产，进行证券化发行。通过证券化操作，基金投资者就可以收回本金与红利，部分投资者也可以继续持有证券。

（四）菲律宾

1. 背景

在发展中国家当中，菲律宾是研究森林资源资产证券化较早的国家。早在 1998 年，菲律宾环境与自然资源部（DENR）就发布了发展森林资源资产证券化战略的部门命令。但时至今日，菲律宾并未进行过森林资源资产证券化的实际操作。唯一的案例是，德国林业公司 Roseburg 的菲律宾分公司于 2011 年所进行的一次林业资源资产证券化。总体而言，菲律宾所推行的森林资源资产证券化战略并不成功。

2. 评价

通过对菲律宾 DENR 的森林资源资产证券化发展战略进行分析可以发现，该战略最大的不足在于没能发掘本国推行森林资源资产证券化所存在的障碍，因而也就没能针对障碍建立切实可行的证券化模式，阻碍了证券化战略执行力。就菲律宾而言，森林资源资产证券化的主要障碍在于国内金融市场的不发达、本国资本市场的规模较小、国内林业企业的森林经营水平不高。如果无法解决这些问题，就无法真正通过森林资源资产证券化构建起国内资本市场与林业部门的联系。菲律宾的发展困境为我国未来森林资源资产证券化的发展留下了很好的经验教训。

二、国外森林资源资产证券化运作模式

（一）森林资源资产贸易收益证券化

1. 模式简介

森林资源资产贸易收益证券化是贸易收益证券化和森林资源资产的简单结合，凡是能产生稳定现金流的森林资源资产贸易合同都能作为森林资源资产贸易收益证券化的基础资产。

2. 典型案例：Aracruz 木浆出口收益证券化

（1）背景

Aracruz 是巴西主要的木浆和纸张制造商，也是世界领先的漂白桉木浆供应商，总部坐落于圣保罗。Aracruz 拥有两家木浆工厂，一家位于圣埃斯皮里图州的 Aracruz 市，另一家位于南里奥格兰德州的 Guaiba 市。同时，Aracruz 在巴西的四个州拥有森林资源资产。Aracruz 先后在圣保罗、纽约和马里兰 3 地的证券交易所上市，Aracruz 的主要股东包括 Vorotantim 公司、BNDEs 公司和巴西国家经济和社会发展银行等。

在 20 世纪 90 年代初，Aracruz 依靠公司信誉很容易在国际资本市场上融得资金，Aracruz 也是第一家在美国发行预存债券的巴西公司。但在 1994 年 12 月，墨西哥比索危机暴发，拉丁美洲公司的传统手段融资受到了很大的限制，Aracruz 同样遭到了波及，于是 Aracruz 开始考虑通过资产证券化方式融资。

（2）运作流程

2004 年 5 月，Aracruz 公司通过资产证券化的方式筹集 8.25 亿美元的资金，该资产证券化交易主体以及交易结构分别见表 10.2 和图 10.1 所示。

表 10.2　Aracruz 木浆出口收益证券化交易主体

交易主体	机构名称	主要职责
发起人	Aracruz	通过设立特殊目的实体（SPV）来转让林业资产；协助发行人发行债券
SPV	Arcel Finance Limited	负责资产管理与证券发行
投资者	美国机构投资者	提供资金并持有证券
承销人	摩根士丹利	负责本期债券承销
信用评级机构	惠誉和标准普尔	负责对债券进行持续评级
法律顾问		

资料来源：根据公开资料整理。

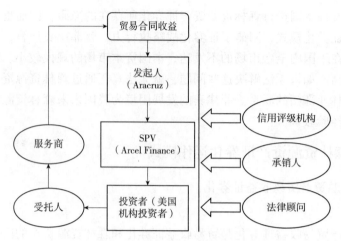

图 10.1　Aracruz 木浆出口收益证券化交易结构

Aracruz 木浆出口收益证券化整个交易流程有以下几个关键步骤：

①资产池选择。Aracruz 以公司现有的出口收益和未来的出口收益所产生的现金流为基础资产。

②SPV 组建。Aracruz 选择在开曼群岛成立免税公司 Arcel Finance Limited 作为证券化的独立 SPV。

③信用增级。Aracruz 选择外部增级和内部增级相结合的信用增级方式。外部增级方面，保险公司 XL insurer 为证券提供了信用保证，使得 Aracruz 所发行证券的信用等级由 BBB 上升为 AAA；内部增级方面，Aracruz 采用资产限制、负债限制和现金流限制的方式进行，比如要求 Aracruz 的资产总额必须超过 15 亿美元，负债率不得超过 60%，贸易收益必须超过证券偿付额的 2.5 倍。

(3) 评价与启示

"Aracruz 木浆出口收益证券化"不仅成功实施，而且成功到期，为 Aracruz 的发展提供了廉价资金保障。通过该森林资源资产证券化的成功实施，我们可以从中得到以下两点启示：一是 Aracruz 的公司信用评级为 BBB，高于巴西的国家信用评级，同时在市场处于强势地位，这些条件是"Aracruz 木浆出口收益证券化"成功实施的关键因素，表明森林资源资产贸易收益证券化同样对发起人的规模、信用等级和市场地位有较高要求。二是 Aracruz 的产品主要针对美国和欧洲市场，市场环境稳定，Aracruz 长期与美国、欧洲的几家大型造纸公司保持合作关系，贸易合同有保障，这些条件是"Aracruz 木浆出口收益证券化"成功实施的又一关键因素，表明森林资源资产贸易收益证券化同样对市场条件与贸易合同的稳定性有较高要求。

(二) 森林资源资产全业务证券化

1. 模式简介

森林资源资产全业务证券化是全业务资产证券化在森林资源资产领域的应用。相比于传统资产证券化，全业务资产证券化并非以某一单项资产的未来现金流为基础进行，而是将整个公司业务的未来现金流作为证券还本付息的保证。这种模式有两大优势：一是全业务资产证券化可以让发起人保有继续经营的权力；二是全业务证券化为发起人保留了品牌、知识产权等附属在资产上的无形资产的价值。

森林资源资产全业务证券化对于作为发起人的林业企业来说意义重大。由于森林资源资产需要专业的经营与管理来实现资产价值的最大化，而不像信贷资产那样简单地完成收本讨息即可，所以，森林资源资产证券化需要发起人继续保有对森林资源资产管理经营的权力，森林资源资产全业务证券化刚好满足了这项需求。

2. 典型案例

案例一：林业 REITs

（1）背景

20 世纪 90 年代初期房地产投资信托（REITs）在资本市场上的巨大成功引起了林业企业的关注，经过一段时间的论证，20 世纪 90 年代末，美国林业企业开始寻求通过林业 REITs 方式对森林资源资产进行证券化。1999 年，美国林业企业 Plum Creek 由有限合伙制企业改组成为林业 REITs，成为了第一家获得成功的林业 REITs，随后又有多家林业 REITs 在美国成立。

（2）运作流程

美国的林业 REITs 是森林资源资产全业务证券化的一种形式。林业 REITs 是房地产投资信托基金（REITs）的衍生品种，采用了 REITs 的一般构建与交易模式，但林业 REITs 所管理资产仅包括森林资源。按照 REITs 的定义，林业 REITs 是一种特殊的信托或基金，在运作过程中，林业 REITs 向投资者发放收益凭证，将所募集到的资金投资于森林资源的开发与管理，并最终把经营森林资源所产生的现金流向投资者还本付息。林业 REITs 与传统资产证券化中的 SPV 相比，最大的不同在于林业 REITs 对森林资源保有主动经营管理的权力，而传统证券化中的 SPV 对森林资源只有隔离保管的权力。

林业 REITs 的成立必须满足一定的组织要件、收益分配要求、收入测试、资产测试。其中，林业 REITs 成立的组织要件见表 10.3 所列。

（3）评价与启示

林业 REITs 能够给投资者带来一系列优势。首先，与一般林业公司相比，林业 REITs 为投资者带来了更大的流动性，从而规避了进入和退出战略对投资者的限制；其次，林业

表 10.3　林业 REITs 成立组织要件表

REITs 成立组织要件
1. 由一个或多个受托人管理
2. 全额股份均可交易
3. 为非公司型组织
4. 非金融机构或保险公司
5. 至少具有 100 位股东
6. 每个缴税年的下半年分，不得由低于 5 人的个人投资者控制超过 50% 的股份

资料来源：Internal Revenue Code。

REITs通过标准化的发售给中小投资者带来了平等投资机会,这一点在林业投资市场中是前所未有的;最后,与一般REITs相比,林业REITs为投资者减轻了税收压力,林业REITs的收益可以作为资本利得,而一般REITs所获得的房租等收入的税率明显要高于资本利得。

案例二:Stora Enso Oyi 全业务森林资源资产证券化

(1)背景

Stora Enso Oyi 成立于1998年,由瑞典矿产与林业加工企业Stora和芬兰林业加工企业Enso-Gutzeit Oy 合资建立,总部位于芬兰赫尔辛基。Stora和Enso-Gutzeit Oy两家企业都拥有悠久的历史,起源可以追溯到19世纪末期。目前Stora Enso Oyi 拥有约3万名员工,在35个国家设有公司或办事处,公司的最大股东是芬兰国家基金Solidium Oy。Stora Enso Oyi 的主营业务是造纸、生物质能源、木材加工和包装。2002年Stora Enso Oyi 的营业额在全球造纸业中排名第五,2005年产能在全球造纸业中排名第一。

2002年,Stora Enso Oyi 开始推行资产重组计划,该资产重组计划的核心是进行森林资源的剥离。Stora Enso Oyi 在芬兰共拥有超过600万公顷的森林。森林资源的剥离后带给Stora Enso Oyi 的益处体现在两个方面:一方面,让公司聚焦于更加核心的加工业务,而把森林资源的维护与管理交由更加专业的公司去做;另一方面,通过森林资源剥离来释放资本,为公司的进一步扩张做资金准备。

Stora Enso Oyi 选择了森林资源资产证券化作为森林资源剥离的主要形式,完整的剥离过程较为复杂,但大体上可以分为两步:首先,Stora Enso Oyi 将森林资源资产转移给新建立的子公司Tornator Oy,并以该子公司为核心成立新的集团Tornator;然后,以Tornator集团为发起人进行森林资源资产全业务证券化操作。

(2)运作流程

2002年12月13日,Stora Enso Oyi 在爱尔兰证券交易所发行总值为3.7亿欧元的资产证券化产品,"Stora Enso Oyi 全业务森林资源资产证券化"的主要交易主体及其职责以及主要交易结构分别见表10.4及图10.2所示。

表10.4 Stora Enso Oyi 全业务森林资源资产证券化交易主体

交易主体	机构名称	主要职责
发起人	Tornator	通过设立特殊目的载体来转让林业资产;协助发行人发行债券
SPV	Tornator Finace Plc	负责资产管理与证券发行
投资者	45家欧洲机构投资者	提供资金并持有证券
承销人	摩根士丹利	负责本期债券承销
信用评级机构	穆迪和标准普尔	负责对债券进行持续评级
法律顾问	White & Case LLP	就交易结构出具法律意见

资料来源:根据公开资料整理。

在此需要特别指出的是"Stora Enso Oyi 全业务森林资源资产证券化"中的发起人与服务商均为Tornator集团。Stora Enso Oyi 全业务森林资源资产证券化整个交易流程有以下几个关键步骤:

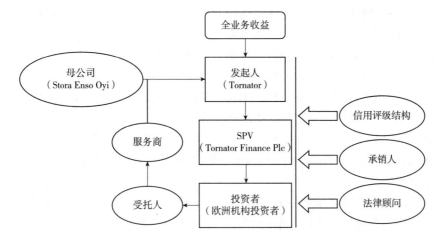

图 10.2　Stora Enso Oyi 全业务森林资源资产证券化交易流程

①资产池选择。Stora Enso Oyi 将公司森林资源转移给了下辖的 Tornator 集团，并且将 Tornator 集团作为了资产证券化的发起人，Tornator 集团的全部业务收入组成本次资产证券化的资产池。按照业务类型分类，Tornator 集团的业务收入由 3 部分组成：一是林木及林木采伐权的销售收入；二是森林管理服务收入；三是林地销售收入。

②SPV 组建。Stora Enso Oyi 在爱尔兰注册了一家新的财务公司 Tornator Finace Plc 作为证券化操作的 SPV，Tornator Finace Plc 是一家公司形式的 SPV，所以也可被简称作 SPE（特殊目的公司）。之所以将公司注册在爱尔兰是因为爱尔兰有关破产隔离的法律法规更为宽松，适合全业务资产证券化操作。Tornator Finace Plc 隶属于新集团 Tornator。

Stora Enso Oyi 首先将 60 万公顷森林转移给新集团 Tornator，Tornator 再将这些森林资源转移给 Tornator Finace Plc(SPE)，Tornator Finace Plc 获取森林资源后与母公司 Tornator 签署管理协议，由 Tornator 对这些森林资源进行管理。Tornator Finace Plc 以这些森林资源所产生的收益现金流为基础资产进行证券化操作，并将证券发行所获得的资金以贷款形式提供给母公司 Tornator，最终以母公司 Tornator 的业务收入为基础向投资者偿付证券的本息。

③信用增级。"Stora Enso Oyi 全业务森林资源资产证券化"的信用增级主要采用内部增级方式。

首先，Stora Enso Oyi 所采取的分级发售方式降低了高级证券的违约率。"Stora Enso Oyi 全业务森林资源资产证券化"发行 A 级、B1 级和 B2 级共三级证券。三级证券的成熟期从 2022 年到 2033 年不等。各级证券的特征见表 10.5 所列。

表 10.5　Stora Enso Oyi 全业务森林资源资产证券化各级证券特征

证券类型	发行量	发行利率	发行方式	评级结果
A 级资产支持证券	0.83 亿欧元	浮动利率	公开发行	A3/A-
B1 级资产支持证券	1.87 亿欧元	浮动利率	公开发行	Baa2/BBB-
B2 级资产支持证券	1 亿欧元	固定利率(6.34%)	公开发行	Baa2/BBB-

资料来源：根据公开资料整理。

A 级证券与 B1 级证券采用基于 6 月期 EURIBOR（欧洲银行同业拆借利率）的浮动利率，浮动边界分别为 0.9% 和 2.4%。但 2010 年后，A 级证券和 B1 级债券的浮动边界增倍。B2 级证券发行时采用 6.34% 的固定利率，但 2008 年后，B2 级证券采用了和 B1 级证券相同的浮动利率。Tornator Finace Plc（SPV）保有对这三级证券的回购权力。

其次，证券的偿付安全以 Stora Enso Oyi 与 Tortator 集团之间的木材采购合同为基础保障，采购合同期限为 10 年。依照合同，Stora Enso Oyi 会在合同期的前 3 年中每年向 Tortator 集团采购 150 万立方米的林木，而在余下的合同期每年向 Tortator 集团采购 180 万立方米的林木。并且 Stora Enso Oyi 和 Tortator 集团都会以部分公司股份作为质押，为证券偿付提供安全保障。

最后，通过一些合同安排来保障证券偿付的安全。例如，合同规定证券未偿还总额不得超过林地管理与森林经营费用总额的 75%，该比率一旦被超越，就需要在 6 个月内弥补过失，否则属于违约行为。

（3）评价与启示

"Stora Enso Oyi 全业务森林资源资产证券化"是除英国外的整个欧洲地区的首例全业务资产证券化，更是全球首例森林资源资产全业务证券化。该交易被授予"欧洲年度资产证券化交易奖"，更成为了芬兰资产证券化的标杆。综合而言，"Stora Enso Oyi 全业务森林资源资产证券化"带来的影响十分深远，可以作为各国开展森林资源资产证券化的一个重要样板。

通过"Stora Enso Oyi 全业务森林资源资产证券化"的成功推行，我们可以得到以下几点启示：

①森林资源具有进行证券化融资的潜力，不仅森林资源所产生的单项收益的现金流可以构建资产池，甚至森林资源所产生的多项收益的现金流也可以被打包用来构建资产池；"Stora Enso Oyi 全业务森林资源资产证券化"中所涉及的森林资源资产是 60 万公顷芬兰森林，而资产池由森林所产生的 3 项业务收入（林木及林木采伐权的销售收入、森林管理服务收入、林地销售收入）组成。这 60 万公顷的森林生长年限较长，管理规范，经营及销售的历史数据齐备，具有较高的可控价值，这些特征保证了森林资源资产证券化资产池的安全性。我国目前森林质量相对较差，且一般缺乏完整的经营与销售数据，因此，我国在发展类似证券化时，在构建资产池方面应首选质量较高的森林资源，且需要经历一定的数据准备期。

②作为发行主体，Stora Enso Oyi 本身在该案例中体现出 3 点特征：第一，Stora Enso Oyi 是一家大型林业综合企业，在很多方面处于行业领导地位；第二，Stora Enso Oyi 缺乏资金来扩大投资；第三，Stora Enso Oyi 拥有大量的森林资源资产。这 3 个特征是"Stora Enso Oyi 全业务森林资源资产证券化"成功实施的必要条件。首先，证券化需要规模化操作，需要大量的资产投入，还需要应对复杂的交易结构，因此，一般只有大型企业才能应对证券化操作；其次，资金需求是企业进行证券化操作的内在动因；最后，森林资源资产证券化操作需要企业以大量的森林资源资产为基础。

我国若想发展类似的证券化操作，应选择具有以上 3 点特征的林业企业作为发行主体。符合条件的林业企业可能包括两类：一是拥有森林资源资产的大型林木加工企业；二是大型林木种植企业。

③"Stora Enso Oyi 全业务森林资源资产证券化"中所采取的信用增级方式主要是内部增级，即采取合同保障增级与质押增级相结合的方式，但完全的内部增级要以较高基础的资产质量为基础。Stora Enso Oyi 的森林资源资产相对质量较高，决定了 Stora Enso Oyi 在证券化过程中可以主要采用内部增级的信用增级模式。由于森林资源资产证券化产品本身具有较好的投资吸引力，且在森林资源资产证券化过程中会采取相应的信用增级措施，从而降低了机构投资者面临的投资风险，使得越来越多的机构投资者将森林资源纳入投资组合，以减少投资组合与金融市场的关联度，从而为森林资源资产证券化市场的进一步发展提供了空间。

我国目前森林质量相对较差，在选择信用增级方式时应该选择内部增级与外部增级相结合的方式。内部增级方面可采取与 Stora Enso Oyi 相近的方式，外部增级方面可采用政府授信或高信誉企业授信的方式。

④Stora Enso Oyi 所进行的是一项全业务证券化，全业务证券化操作并非以某一单项资产的未来现金流为基础进行，而是将整个公司业务的未来现金流作为证券还本付息的保证，从中可以发掘出全业务证券化相对于传统资产证券化的优势。全业务证券化有两点最大的优势：一是全业务证券化可以让发起人保有继续经营的权力；二是全业务证券化为发起人保留了品牌、知识产权等附属在资产上的无形资产的价值。我国在森林资源资产证券化实施的过程中应充分考虑到全业务证券化的两点优势，结合项目实际情况选择合适的资产证券化操作模式。

⑤Stora Enso Oyi 在证券发行时采取了海外发行与海外 SPV 注册的方式，主要动因在于海外的法律环境更适合于本例的证券化操作。因此，我国在现有证券化法规不完善的情况下，也可适当采用海外发行的方式。

(三) 森林资源基金资产证券化

1. 模式简介

森林资源基金资产证券化是基金模式与证券化模式的结合体，将基金模式作为资金的募集方式，将证券化模式作为基金的退出机制。基金模式与证券化模式的结合消除了二者单独在森林投资市场中的部分劣势。一方面，证券化模式缩短了林业基金的存续期，使得森林资源基金不必在森林资源真实销售后再收回投资，这一点在很大程度上增加了森林资源基金对投资者的吸引力，促进了森林资源基金的推广；另一方面，基金模式降低了森林资源资产证券化的准入门槛，许多小规模的森林资源可以通过基金形式积聚起来，并通过基金在资金管理和资产管理方面的专业性增强投资者的信心，为森林资源资产证券化的成功运作奠定基础。森林资源基金资产证券化的交易结构如图 10.3 所示：

森林资源基金资产证券化的基本流程是：首先，成立基金，通过私募或公募形式向养老基金、保险公司等机构投资者与个人投资者融资；然后，基金与森林资源所有者（多为林农）签署长期合约，从而获得森林资源的处置权；随后，基金将森林资源交由专业的森林管理公司进行管理，并与森林资源买方签署长期供应合同；最后，以供应合同的未来现金流为基础资产进行证券化操作，套现后基金到期。整个流程如图 10.4 所示。

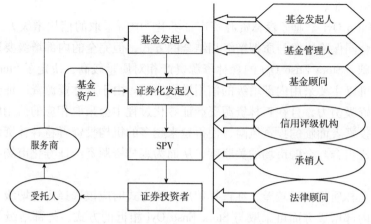

图 10.3 森林资源基金资产证券化交易结构

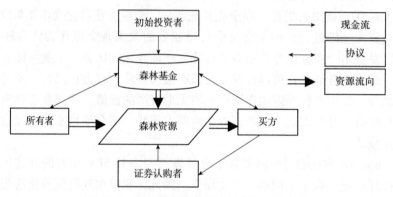

图 10.4 森林资源基金资产证券化运作流程

2. 典型案例：Lignum 林业基金证券化

(1) 背景

2003 年，Lignum 林业基金由智利非盈利机构 Fundación Chile 发起，由 Asset 和 Independencia 这两家智利资产管理公司联合建立的新公司 Foresta AFI 负责管理，是整个拉丁美洲的首家林业投资基金。2006 年，Lignum 林业基金共募集到 3900 万美元的资本金，基金的初始投资者包括国际投资公司（IFC）、全球投资管理公司（GMO）、智利的养老基金和保险公司及部分个人投资者。

Fundación Chile 是 Lignum 林业基金的发起人。Fundación Chile 成立于 1976 年，是一家私有的非盈利机构，由智利政府和 ITT 公司联合建立，目标是促进智利的市场创新与技术转移，尤其关注新能源领域。目前，Fundación Chile 参与的领域包括农业、林业、水产、畜牧业等。其中，Fundación Chile 涉足了智利林业的诸多方面，例如，速生丰产林的发展、林业技术的研发与认证，以及对智利木材加工企业竞争力的提升等。随着时间的推移，Fundación Chile 已经与智利的大型林业企业建立起了长期的合作关系。

受 Fundación Chile 的委托，Asset 和 Independencia 负责 Lignum 林业基金的日常管理，并为基金客户提供融资服务。Asset 是一家智利投资银行，成立于 1984 年，主要为企业提供融资咨询服务，咨询领域包括企业并购、企业上市（IPO）、企业退出机制以及一般融资。Independencia 是一家智利私营基金公司，主要的投资领域是房地产。

Lignum 林业基金的投资计划大体分为 3 个阶段：第一阶段，对智利偏远农村地区的森林资源资产进行投资；第二阶段，以森林资源的销售合同所带来的现金流为基础资产进行证券化操作；第三阶段，利用证券化所融得的资金进一步进行森林资源投资。在整个投资计划中，森林资源资产证券化处于核心地位。

为了整个投资计划能够顺利实施，Lignum 于 2000 年开展了投资试点项目。试点项目期间，Lignum 共投资 410 万美元用于向当地农民购买林地的使用权。Lignum 共获得了 4600 公顷的有林地和 3100 公顷的无林地。2002 年 11 月，基于这些森林资源资产所产生的现金流，Lignum 共公开发售了 1300 万美元的林业债券，试点项目取得了圆满成功。

（2）运作流程

2006 年 1 月，Lignum 在智利发行了总值为 3900 万美元的基金资产证券化产品，"Lignum 林业基金证券化"的主要交易主体及其职责见表 10.6 所列。

表 10.6 Lignum 林业基金证券化交易主体和主要职责

交易主体	机构名称	主要职责
基金发起人	Fundación Chile	制定法律文件并向智利证券委员会提出设立基金申请，筹建基金；确定发行方案，选择基金销售机构
基金管理人	Foresta AFI	负责基金的日常管理
基金投资者	IFC、GMO 及智利机构投资者	提供资金并持有基金份额
基金顾问公司	SFI	负责林业资源的评估与购买
证券化发起人	Lignum 林业基金	通过设立特殊目的实体来转让林业资产；协助发行人发行债券

Lignum 的基金投资者包括国际投资公司（IFC）、全球投资管理公司（GMO）、2~6 家智利机构投资者以及少量个人投资者。

"Lignum 林业基金证券化"的主要交易结构如图 10.3。

Lignum 林业基金证券化整个交易流程有以下几个关键环节：

①基金建立。Lignum 林业基金大体是按照智利公共基金的一般模式建立起来的：非盈利机构 Fundación Chile 作为基金发起人，资产管理公司 Asset 和 Independencia 作为基金管理人，基金在圣地亚哥证券交易所上市，基金受到智利基金管委会的监管。基金的建立目标是对智利偏远地区的森林资源进行投资并实现森林资源资产的证券化。Lignum 林业基金的特色体现在两方面：一是基金建立了一个全资的咨询公司 SIF，SIF 在基金正式成立前进行了试点操作，并在基金成立后为基金对森林资源的投资提供咨询服务；二是基金纳入了两家大型林业企业 CMPC 和 Arauco，对森林资源进行专业管理。

②基金投资。在 8 年期内，Lignum 计划投资 20 000 公顷的有林地和 30 000 公顷的无林地，并在无林地上种植松树等树种。上述林地由 Lignum 采取租赁形式从中小林地所有者那里协议获取，林地的估值也由 Lignum 完成。根据协议，有林地的所有者可以获得林

地租赁收益和部分林木销售收益，无林地的所有者可以获得林地租赁收益。按照 Lignum 的投资计划，基金通过森林资源资产证券化可收回投资，收回投资后开展下一轮的森林资源投资，预期共可完成 13 万公顷的林地投资。

③资源管理。Lignum 投资获取的森林资源交由智利两大林业企业 CMPC 和 Arauco 进行管理。在林木的生长周期内，CMPC 和 Arauco 负责无林地的种植及林区的基础设施建设，并对林木进行施肥、除草、杀虫、防火、检测等日常的管理，在林木成材后还负责林木的采伐及运输。CMPC 和 Arauco 所制订的森林管理计划必须交由智利森林管理委员会核准。

④证券化实施。"Lignum 林业基金证券化"以 Lignum 与林业企业 CMPC 和 Arauco 所签订的林木销售协议为基础，资产池由销售协议带来的单项现金流组成。以单项现金流为基础资产的证券化相对简单，属于传统的资产证券化操作。"Lignum 林业基金证券化"的证券在智利国内发售，SPV 的成立、信用增级、证券发行等环节将按照智利国内相关法律进行。

(3) 评价与启示

"Lignum 林业基金证券化"是全球首个林业基金证券化操作，具有操作模式的独创性，开发了适合发展中国家的森林资源资产证券化道路。联合国粮农组织也将"Lignum 林业基金证券化"列为林业融资创新的典型案例。

(四) 森林资源贷款资产证券化

1. 模式简介

林业贷款是森林资源资产所运用的主要的传统融资工具，而森林资源贷款资产证券化是以林业贷款为基础资产的证券化操作，发起人通常是提供林业贷款的商业银行，发起人将各种类型的林业贷款打包构建资产池，并以林业贷款的本息现金流为基础发行债券。世界银行《林业债券研究报告》将林业贷款证券化列为森林资源资产证券化当中一种重要的潜在模式。林业贷款资产证券化的基本交易结构如图 10.5 所示。

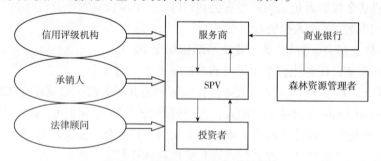

图 10.5 林业贷款证券化交易结构

尽管森林资源贷款资产证券化和一般的银行贷款证券化十分相似，但由于林业的特殊的行业属性，在设计森林资源贷款资产证券化时需要采用专门的信用增级方式，需要完善林业保险体系为证券化担保，实现信用增级。另外，由于林业贷款的历史较短，应对林业贷款的资产表现进行专门评估，如对借款人的信用水平、银行林业贷款的历史违约记录等信息进行评估。

2. 评价与启示

森林资源贷款资产证券化实现了银行林业贷款的表外化,这一点对发放林业贷款的商业银行非常重要。一方面,林业贷款一般期限较长,缺乏流动性,森林资源贷款资产证券化使得银行可以筹集更多资金来发放林业贷款;另一方面,林业贷款通常以森林资源资产为抵押,不仅资产评估困难,而且一旦出现贷款违约,抵押物变现起来也比较困难,出于风险考虑,商业银行通常都不愿发放林业贷款,但森林资源贷款资产证券化实现了贷款违约风险的分散化,可以促进林业贷款的发放。

(五) 森林资源债券资产证券化

1. 模式简介

森林资源债券资产证券化是绿色债券的延伸概念,是一种逐渐兴起的新型林业融资工具。森林资源债券资产证券化与其他部门债券(如能源债券、交通债券、医疗债券)有很多相似之处,其基本思想是依托政府发行传统债券来为森林可持续经营和保护提供廉价融资。理论上,森林资源债券资产证券化不仅涉及森林的生态功能,也与森林的经济功能紧密相连。森林资源债券资产证券化通常引入"政府+企业"的合作模式来平衡森林保护与经营中的收益与风险,未来是"REDD+"①模式的重要补充。林业债券的基本交易结构如图10.6所示。

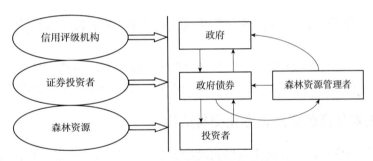

图 10.6 社区林业债券交易结构

2. 典型案例:美国的社区林业债券(CFB)

(1) 背景

美国的社区林业债券(CFB)在解决区域性林业问题方面颇具前景。CFB概念是在美国森林面积不断萎缩的大背景下推出的,目的在于通过债券工具为逐步萎缩的商品林提供廉价融资。据美国林务局预计,至2050年,美国将有2300万公顷的林地消失,会给当地的就业与生态造成巨大压力。因此,2009年,美国通过了《社区森林保护法案》,授权通过发行CFB来保护各地的商品林。CFB使得有意保护和经营商品林的投资者能够以低成本的免税债券的形式融得资金。

(2) 运作流程

社区林业债券(CFB)提案一经提出,就在美国国内获得了巨大支持。支持CFB发行的企业包括美林银行、坎贝尔集团、DA戴维森等,非政府机构包括美国森林协会、西北保

---

① REDD+:指发展中国家通过减少毁林与森林退化减排,以及森林保护、可持续管理、增加森林碳库。

护协会、美国自然保护协会等，政府机构包括国家林产工业协会、劳动管理委员会、美国林业协会等。

CFB 的具体运作流程如下：第一步，满足一定条件的商品林投资者与现有林地所有者签署买卖协议，随后政府与投资者签署林地经营与保护的附属协议；第二步，政府代表投资者发售免税的林业债券用于支付林地购买费用；第三步，将森林经营收益用于偿付债券本息；第四步，债券到期后，投资者继续保有林地所有权，并有权自行决定林地用途。

（3）评价与启示

CFB 的应用有望使交易的各方实现共赢。首先，林地所有者对林地的出售是在自愿的前提下进行的，不仅林地所有者的所有权得到了充分的尊重和保护，而且通过林地交易，林地所有者也会得到了合理的补偿和收益；其次，有意购买和经营商品林的投资者获得了 CFB 低成本的融资支持，使他们有充足资金去购买林地，这些投资者大多是林木加工企业，通过林地经营，他们的生产原料问题也得到了解决；再次，林业加工企业有可能将加工厂转移到林地所在地，进而促进了当地的就业与财政收入；最后，通过政府与投资者签署的林地经营与保护附属协议，政府可以对林地的经营进行规范，保证商品林的生态效益和公共效益。

第三节　我国森林资源资产证券化操作模式

在借鉴国外森林资源资产证券化经验的基础上，结合我国国情，从森林资源资产证券化交易结构和运作程序两个层面探究适合我国森林资源资产证券化的操作模式。

一、我国森林资源资产证券化交易结构

我国森林资源资产证券化的交易结构设计如图 10.7 所示。关键环节有以下 7 点：

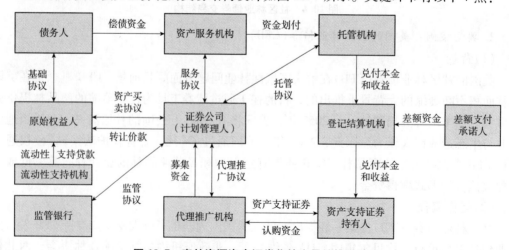

图 10.7　森林资源资产证券化的交易结构设计图

(1) 认购资产支持证券

根据《认购协议》的约定,计划管理人可以由证券公司获得认购资金,认购人取得资产支持证券。林业企业将"所拥有林权证的速丰商品林的未来收益权凭证"作为基础资产进行证券化操作,认购人即投资者可以通过证券公司来进行认购该计划产品而获得资产支持证券。

(2) 基础资产的买卖

根据《资产买卖协议》的约定,计划管理人将专项计划资金用于向原始权益人购买基础资产,从而原始权益人实现融资。通过认购专项资产管理计划产品后融入的认购资金就可以向林业企业购买基础资产,这样进行融资的林业企业实现了资金的融入。在基础资产买卖环节,应注意以下几点:①基础资产的登记与通知的情况。②附属担保权益的转让,是否转让担保权益、抵押权、质押权等相关从属权益;如何实现相关从属权益。③发起人将证券化基础资产权属完全、真实地转让给 SPV 的情况。④募集的资金作为购买发起人证券化基础资产的对价情况。

(3) 基础资产管理

根据《服务协议》的约定,资产服务机构负责基础资产对应的应收租金的回收和催收,以及违约资产处置等基础资产管理工作。

(4) 资金监管与托

根据《监管协议》的约定,监管银行在回收款转付日依照资产服务机构的指令将基础资产产生的现金划入专项计划账户,由托管银行根据《托管协议》对专项计划资产进行托管。计划管理人购买基础资产,原始权益人实现融资。

(5) 流动性支持

根据《流动性支持贷款协议》的约定,流动性支持机构在发生流动性支持启动事件后,在承诺额度内向原始权益人提供流动性支持贷款。流动性支持贷款本息由原始权益人负责向流动性支持机构偿付。

(6) 差额支付

根据《差额支付承诺函》的约定,当发生任一差额支付启动事件时,差额支付承诺人将差额资金划入专项计划账户。

(7) 收益分配

托管银行根据计划管理人发出的分配指令,将相应资金划拨至登记托管机构的指定账户用于支付资产支持证券本金和预期收益,并可以根据优先级顺序获得收益。林业企业的劣后级随后也获得相应的收益分配。

二、我国森林资源资产证券化运作程序

森林资源资产证券化的基本运作流程为:由林业项目发起人充当原始权益人,以已有林业项目的未来现金流收入作为还本付息的保证,由特殊目的实体(SPV)直接在国内资本市场上发行债券为新的林业项目融资。针对我国经济发展的现状和趋势,我国在林业项目领域推行资产证券化融资的运作应遵循如下程序:

(一)确定资产证券化目标,组成资产池

林业项目资产原始权益人或其负债经营者根据自身的资产证券化融资需求确定资产证券化的目标,再将目标资产进行估算和信用考核,确定用于证券化的资产数量,并把这些资产汇集组合形成一个资产池。通常适合证券化的资产应该具有下列特征:①能在未来产生可预测的稳定现金流;②原始权益人持有该资产已有一段时间,且信用记录良好;③资产抵押变现价值较高;④资产的相关信息数据容易获得,信息公开通畅;⑤资产能够实施标准化合约,即资产具有很高的同质性;⑥资产池价值必须达到一定规模,以实现证券化交易的规模经济。

表 10.7 试点阶段比较适合证券化的资产及企业类型

基础资产类型	基础资产	典型企业
应收账款/债权	BT 合同的回购款	工程建设企业,城建及城投公司
	贷款合同项下的债权	商业银行,小额贷款公司
	租赁合同的租金收益	汽车金融公司,租赁公司
	其他类型的应收款	商贸公司
未来收益权	供水收入,污水处理收入	水务公司
	发电站的电费收入	发电企业
	过路、过桥费收入	高速公路,路桥公司
	航空、铁路、地铁的客货运费收入	地铁、高铁运营企业
	港口、机场的泊位收入	航空公司、轨道交通、港口、机场等企业
	物业的租金收入	地产公司,工业园区
	景区门票收入	旅游景点企业

资料来源:根据公开资料整理。

由表 10.7 可以看出,试点阶段,适合证券化的资产类型主要包括应收账款、债券和未来收益权等;适合证券化的行业主要是在工程、水务、高速、铁路等公共事业类企业,即有稳定现金流预期的行业。目前尚未明确规定林业企业的情况,但就林业企业所拥有的商品林,尤其是速生丰产商品林而言,生产周期相对较短且其下游产业的木板、纸业等企业的需求稳定,能够保障实现未来预期的稳定现金流,使得商品林作为森林资源资产证券化的基础资产成为可能。森林资源资产证券化选取基础资产要注意以下几个关键环节:

1. 基础资产的界定

对于森林资源资产证券化而言,重点环节之一在于基础资产质量的选取,这一环节决定了森林资源资产证券化的价值。林业企业拥有林地,而林地有林权证,这确保了基础资产权属明确、可合法转让,且林业企业的商品林销售产生的资金属于独立、稳定、可评估预测的现金流,可以根据林业企业近几年的主营业务收入和现金流量表等进行分析、评估,并根据实际情况选择表内、表外融资结构。基础资产应管理规范,信息齐备、可追溯,具有简单、规范、透明的交易结构,以提高信息透明度,且减少利益冲突和道德风险。

由于林业企业的债券类资产相对较少,因此,主要选取收益类的资产来做基础资产,

主要是林业企业未来经营性现金流资产。选取以商品林销售为主营业务收入的林业企业，作为目标资产证券化的原始权益人。在这部分林业企业中再选择商品林未来几年的收益权凭证，包括下游企业与林业企业的购销合同等收益权凭证以及有林权证的林地，作为基础资产。

2. 基础资产状况的审查

资产权属状况与法律支持要件包括：原始权益人需合法拥有基础资产；基础资产不能附带抵押、质押等担保负担或其他权利限制；现金流历史记录、波动性现金流预测及依据。对于被遴选出来的作为原始权益人的林业企业所拥有的商品林项目的林权证、抵押情况以及现金流的历史情况，须通过年度财务报表等文件进行审查。

(二) 组建 SPV，实现真实出售

《证券公司资产证券化业务管理规定》明确规定了专项计划资产的独立性和风险隔离，相关内容如下：

1. 回避专项计划资产法律性质的争论，直接规定其独立性与风险隔离

专项计划资产独立于原始权益人、管理人、托管人及其他业务参与人的固有财产。专项计划资产不属于原始权益人、管理人、托管人及其他业务参与机构的清算财产。林业企业作为原始权益人、证券公司作为计划管理人、银行作为计划的托管人，以及评级机构和服务机构等，它们的清算财产不包括本次的专项计划资产。

2. 计划资产与资产支持证券持有人的风险隔离

对单个投资者资产的强制执行，可能会给整个专项计划资产带来风险。资产支持证券持有人（投资者）与证券公司为委托代理法律关系，专项计划资产由全体投资者按份共同所有，当单个投资者破产或被其债权人追偿时，可能导致整个专项计划资产被查封或冻结。

将专项计划中的资产与证券公司风险隔离，防止发生专项计划资产与证券公司固有资产、其他计划资产混同的风险。一般通过以下措施来隔离森林资源资产证券化融资过程中的风险，保障投资者的权益：①专项计划资产应由托管机构进行托管；②专项计划的货币收支活动均应当通过专项计划账户进行；③禁止管理人募集资金不入账或者进行其他任何形式的账外经营；④管理人应当为专项计划单独记账、独立核算，不同的专项计划在账户设置、资金划拨、账簿记录等方面应当相互独立。

要发行林业项目资产支持证券，关键是必须组建能够获得高信用等级的 SPV。西方国家 SPV 一般由国际权威资信评估机构给予较高资信评级的投资银行、信托公司、信用担保公司等与证券投资相关的金融机构组成。其经营有严格的法律限制，不得发生兼并、重组，禁止参与交易规定外的活动，不得担负交易外确定的任何其他债务及为此债务提供担保等。鉴于林业企业资产负债率高、投资回收期长的特点，森林资源资产证券化宜选择"表外证券化模式"实现真实销售，以降低资产负债率，达到真正的风险隔离。

森林资源资产证券化 SPV 分国有森林资源资产证券化 SPV 和非国有森林资源资产证券化 SPV 两种。

国有森林资源资产证券化 SPV 的构建比较适用国有独资公司。在这种模式下，由一个有政府支持的国有独资公司设立 SPV，林业资产权益人将资产真实出售给国有独资 SPV，

然后 SPV 将购买的资产组合为资产池，以该资产池为支持，发行抵押支撑证券。其首笔注册资金由政府投资，然后通过发行资产支持债券募集资金。这种模式以《中华人民共和国公司法》中有关国有独资公司的规定为依据，即国有独资公司有发行公司债券的资格。国有独资公司发行公司债券，由国家授权投资的机构或者国家授权的机构做出决定。这一模式目前在我国发展不存在法律上的障碍。它实现了真实销售，真正实现了破产隔离。而且在国内证券化开展初期，国有独资 SPV 由政府出资设立，因政府背景而具有天然的国家信用的支撑，再予以信用增级，则信用级别极高，有利于吸引投资者投资。同时，政府可以借助法案、宏观调控及影响力来引导 SPV 发展，对我国尚不完善的中介评估机构进行有效的弥补。国有独资 SPV 还能享受税收方面的优惠，使其更具有优越性。

具体操作方案就是成立林业资产投资管理公司（以下简称"投资公司"），出资人为国家林业和草原局和各省林业局（厅），资金来源为国家财政拨款和地方财政拨款，分别直属国家林业和草原局和各省林业局（厅），林业局（厅）将拟证券化的资产包无偿划转给投资公司。之所以无偿，是因为这种转让是名义上的，是为了达到真实出售的目的，实现风险隔离，由于投资公司是林业局（厅）的全资子公司，不会造成国有资产流失，而无偿划转后，实际资产仍留在原企业，由原企业管理运营。由政府设立 SPV，必须另外指定一家机构作为信托人管理 SPV 账户，向投资者偿还本息，信托人可以由国家开发银行或商业银行担任。

非国有森林资源资产证券化 SPV 可以采用信托形式。众多个人和法人认购信托凭证的资金不是信托财产，只是对信托财产具有投资收益权，因此，信托凭证也可以说是信托收益凭证。无论这些个人或法人的资金来源如何，或有第三者权利或诉讼或破产，并不影响信托财产的合法性和确定性，信托也不会因此就不能成立或被法院撤消。这些个人或法人认购信托凭证的资金只是一种投资资产，如有纠纷或诉讼，只要转让、质押、回购或按信托契约获取收益即可解决。从我国的现有法律环境来看，以信托公司作为载体的资产证券化方案遇到的法律障碍会相对小些。引入信托公司的信托模式，不需要新设 SPV，由信托公司来承担 SPV 的职责，达到破产隔离目标的资产证券化融资模式。

根据《信贷资产证券化试点管理办法》规定：受托机构由依法设立的信托投资公司或中国银监会批准的其他机构担任。从中国的现有法制环境来看，随着我国信托法的不断完善，以信托公司作为 SPV 的资产证券化方案遇到的法律障碍会相对小些，而如果选择 SPV 推行资产证券化，我国目前还没有具备 SPV 性质的机构，因此需要突破范围更大的法律障碍。在目前我国的法律环境和金融制度下，由于成立专业的林业投资管理公司还需要解决一系列组织上的问题，所以在投资公司未成立前，信托式 SPV 是国有林业主体的现实选择。

(三) 为资产进行信用增级

为提高证券化交易质量和安全性，必须运用各种有效手段和金融工具，实现信用增级。具体步骤为：①构造证券化交易结构，即将原始权益人的资产真实出售给 SPV，降低融资风险，提高信用级别；②建立信用担保机制，包括内部信用担保和外部信用担保。内部信用担保分为融资者直接担保、超额抵押、优先/次级结构、现金储备账户等，主要优点是成本较低。外部信用担保分为部分信用担保和全额信用担保，由信用级别较高的专业金融担保公司向投资者提供按期按量支付本息的义务，如有违约，金融担保公司代偿到期本息。

另外，为了让投资者在最短时间内以最低交易成本获得项目资产证券的信用状况，SPV 必须确定国际、国内资本市场上有重要影响、为广大投资者承认的独立信用评级机构（如标准普尔等）对资产证券化产品进行信用评级和投资级评级，以便于投资者对发行人按时支付证券化产品本息回报的风险做出评价。实践证明，通过信用评级可以大幅度地提高项目资产证券化产品交易的信息与信用透明度，有利于增强投资者信心，吸引投资者投资。而且，资产证券的信用级别越高，其证券化产品的发行成本就越低，融资环境越好。

我国的森林资源资产证券化信用增级可采用内外两层增级，以提高债券的吸引力。从外部增级角度，成立专门的政府林业担保机构，进行证券担保，可以大大降低证券的信用风险，提高债券等级。该机构不以赢利为目的，由政府出资设立，运营资金纳入财政经费。由于重新成立林业担保机构需要经过审批、论证等程序，需要运作一段时间，目前可以由商业性担保机构暂时承担森林资源资产证券化的担保业务，国家给予一定的优惠政策，如对其与林业担保业务相关的收入免征营业税和所得税，但要求其担保费率要比普通担保业务费率低相应的百分点，以体现对这一创新林业融资方式的扶持。

（四）对资产进行信用评级

信用评级的关键是信用评级机构和信用评级体系的建立。目前我国的信用评级体系尚不够健全，林业行业专业性强，具有一定的复杂性，一般机构对林业项目的信用很难做出准确的评级。可以考虑由政府出面联合国外专业信用评级机构，建立针对我国市场的信用评级机构和信用评级规则，以国库券为最高级别，对森林资源资产证券化进行评级后定级。待森林资源资产证券化操作成熟、市场容量扩大、信用评级规则形成后，信用评级机构再与政府完全脱钩，形成完全中立性的社会机构。信用增级后，由政府组成的信用评级机构进行评级，对评级结果进行公告，再由证券商进行证券销售。为满足林业项目对资金到位的及时性、充分性的要求，最好采用包销形式，使资金能迅速筹集到位。

（五）证券销售，向发起人支付购买价格

林业产业投资公司做 SPV 的情况下，证券的销售可以采取两种销售渠道：一种是通过银行向社会公开发行；另一种是通过证券交易所的大宗交易系统在网上公开发行。在采用信托式 SPV 情况下，由于按国家规定，信托公司不能进行公开募集，只能以私募形式通过银行发行信托受益凭证。由于资产证券化的复杂性，不能仅靠个人投资者支撑起规模巨大的资产证券化市场，机构投资者应成为该市场的主体。发行结束后，由 SPV 将获得的发行收入支付给原始权益人作为购买价格。

（六）SPV 选择资产服务运营商

SPV 作为资产证券化的中介机构，真实接受由原发起人出售的证券化资产，但本身不直接从事资产管理经营业务，而是委托给专业服务运营商来管理，同时将自己的权益全部移交给受托人进行托管。在证券化实际操作中，为保证 SPV 较好的实施资产管理，应建立投资者应收积累金。SPV 必须具备良好的追踪报告、资料加工和信息处理能力。具体包括：出示资产的财务记录，确认资产销售；出示经营纪录，确认属于所售资产的周期性支付；将周期性支付转移到特定账户；每月报告所得本息及预付和提前偿付，本金损失及决策损失等情况。这些工作应该由 SPV 或由 SPV 委托有关资产管理机构来完成。

(七)资产支持证券的还本付息

资产管理原始权益人或由其指定的服务公司将资产池发生的全部收入存入托管行,托管行负责收取、记录由资产池产生的现金收入,并按规定建立积累金,用于 SPV 对投资者进行还本付息,而后将剩余的现金返还给原始权益人指定的账户。到规定期限后,托管行要向聘用的各类机构支付专业服务费。在还本付息和支付各项服务费后,若有剩余,则按协议规定在原始权益人与 SPV 之间进行分配,资产证券化过程即告结束。

一般的融资在项目建设阶段风险相对较高,但在项目运营阶段风险相对较低。在项目建设阶段,资金被投入,风险系数急剧增加,一旦项目正常运营,就会形成稳定现金流,其间不会受太多风险因素的干扰。但林业作为与自然界息息相关的产业,其风险与一般行业不同,森林资源资产尤其是作为森林资源资产池主要品种的速生丰产林项目在运营中,受市场风险、技术风险的干扰较大,因此在实施森林资源资产证券化时要特别注重风险防范,这也是森林资源实施资产证券化存在的主要行业性障碍。

第四节 我国森林资源资产证券化发展的关键要素

资产证券化是一项外部环境压力和内在趋利动机共同催生的金融创新制度。一方面,它涉及原始权益人、发起人、服务商、信托机构、信用增级机构、资信评估机构、投资银行等多方主体,还需要一个特殊目的实体(SPV)作为交易结构的中心,这些主体的设立、活动、推出都要涉及法律制度的规范;另一方面,资产证券化存在很多环节,每一个环节又都涉及不同参与者追求自身财富和非财富最大化的利益问题及其权利义务问题。同时,资产证券化又面临着瞬息万变的金融市场。如何通过一系列契约来约束众多参与者的行为,以及如何通过制度设定一系列的规则来减少外部环境的不确定性和信息的不完全性、不对称性,成为森林资源资产证券化架构者以及当局需要考虑的重要问题。

一、收入流与债务流配比

林业项目收益资产收入流与债务流的支出时间不一致,需要在准确预测项目未来收益现金流的基础上,通过严格计算,设定债券的期限和利率。因此,SPV 要对项目市场进行充分调研,及时掌握国家出台的各项政策,对债券存续期内的各种风险进行合理预测,将预设利率与市场利率进行比较,考虑投资者是否会接受该债券、SPV 自身还有多大可操作空间等一系列问题,然后才能最终确定资产支持证券(ABS)的利率,从而确定未来的债务流。林业项目的流动性差决定了项目违约时变现价值难以估计,ABS 的担保资产又仅限于项目在经营期内的收益,因此更加凸显了林业项目未来收入流带来的风险。所以,政府需要对林业项目资产的未来现金流量提供一定的担保,例如,签订项目转让协议、产品购买协议等,必要时由政府的财政支出来确保收入流与债务流的配比。

二、利率设定与风险配比

一种金融工具只有达到风险与收益的配比,才能实现投资者与融资者利益的均衡。

ABS 在利率设计上也要遵循这一原则。对项目收益资产证券化中的分阶段组合设计方案而言，随着项目的进展，其蕴含的风险越来越小，待项目进入经营期能产生稳定收益时几乎不存在大的风险，考虑到风险与收益的相关性，各期发行的债券利率也应逐期降低，即贴息债券的内含利率、a+x 型债券的实际利率与等息债券的利率是递减的。这样，在不影响投资者接受度的前提下使融资成本降到最低，从而实现利润最大化目标，并且因偿还压力降到最低也相应给其以后还本付息以更大的保障。

对于其他方案来说，同样存在这一问题，SPV 在设计利率时必须在充分考虑项目风险的基础上，比较股票、公司债券等其他融资方式的成本，力争制订出最优方案，实现最低成本融资。另外，利率设定与风险配比还体现在对 ABS 信用增级过程中优先/次级证券的设计上。由于次级债券充当高级债券的缓冲器，率先承担损失，滞后收取本金和利息，其承担的风险要比高级债券大得多，因此，在利率设计上应保证其高收益性，以吸引那些愿意并有能力承受较高风险的投资者。

三、资本市场与债券流通

债券市场产品种类有限、流动性差、市场化程度低影响了我国资产证券化的运作和发展。出于 ABS 在定价和流动性方面的要求，必须大力培育并深化我国的债券市场。一是大力发展国债市场。没有健全发达的国债市场，就没有基准利率机制，ABS 也就缺乏合理定价的必要依据，更谈不上根据标的资产的风险、收益及融资期限设计适合的证券品种。二是活跃企业债券市场，增强二级市场流动性。我国债券市场的发展明显滞后于股票市场，在规模很小的债券市场内部，企业债券与国债、金融债券相比，又处于附庸地位。资产证券化是以流动性来实现收益和分散风险的，只有在二级市场可以自由转让，保证占用资金退出渠道的畅通，才能更好地调动投资者积极性，吸引资金投向一级市场，而只有壮大债券一级市场，才能为二级市场的流通提供标的物，增强市场流动性。三是提高企业债券市场的安全性，形成良好的投资氛围。我国企业债券信誉较低，加之债券市场的落后与狭小、非国债债券市场尚未发育成熟，因而除非有中央政府或中央政府所属机构的直接担保，否则会限制投资者对 ABS 的需求，因此，提高市场安全性迫在眉睫。

四、法律法规与会计处理

我国在资产证券化这一新型融资手段的运用上缺乏实践经验。目前，有关经济环境和法律法规方面还不完善，而森林资源资产证券化融资因其特殊性必定会带来一系列新的问题，在推行过程中必然存在许多障碍，因此，需要一套完整严密的法规体系来规范运作。

1. 在证券发行方面

我国证券法管辖范围仅局限于股票、债券及国库券和可转移债券等有价证券，应将资产证券化纳入其管辖范围，以满足证券化的发展需要，从而解决 SPV 的设立、证券的发行、上市阶段出现的法律障碍。由政府发起设立的国有独资 SPV 最适用森林资源资产证券化，但也存在法律障碍。应该对《中华人民共和国公司法》《中华人民共和国证券法》中 SPV 设立的限制性条款进行修订，尤其是对 SPV 作为空壳公司这一特定的公司形式做出变通规定。

《中华人民共和国公司法》《中华人民共和国证券法》及《企业债券管理条例》规定了较为严格的债券发行条件。尽管 2006 年开始实行新《中华人民共和国公司法》《中华人民共和国证券法》，对债券的发行取消了发行之前 3 年连续盈利的业绩要求，但仍要求发债企业 3 年平均利润足以支付债券一年利息，而如果如本方案所设计由新设立的林业投资管理公司发行资产证券，显然难以满足该条件。在证券发行的管辖和审批方面，《中华人民共和国证券法》第二条规定："在中华人民共和国境内，股票、公司债券和国务院依法认定的其他证券的发行和交易，适用本法；本法未规定的，适用《中华人民共和国公司法》和其他法律、行政法规的规定"。发行森林资源资产支持证券既不属于银行发行的金融债券，也不属于公司发行的公司债券，目前尚没有法律法规可参照。因此，SPV 作为一个特殊机构，其发行债券的管辖权和发行审批权的归属无法确定。需要对现有的《中华人民共和国证券法》进行变通，使资产支持证券的注册、审批、信息披露等义务在《中华人民共和国证券法》中补充完善，并规定我国各类资产证券化必须经中国人民银行的批准。

2. 在会计处理方面存在法律障碍

英国、美国法律中对担保融资和真实销售有明确的界定，而我国对于真实出售问题没有明确规定，会计制度对真实出售和表外处理的界定也不符合国际惯用准则。证券化交易中一个关键的会计问题就是证券化资产能否转移到发起人的资产负债表之外。只有表外处理才有利于提高其资金流动性、资金收益率及资本充足率。根据我国《企业会计制度》第八十五条规定，资产的转让要使用"风险报酬法"进行销售确认。根据此种方法，将会使真实出售很难成立，表外处理难于实现。不能实现真实出售，就不能实现破产隔离，不能有效防范发起人的破产风险，投资者的权益就得不到保障，资产证券化就很难成功运作。

证券化操作时，对于表外处理要借鉴国际标准，对我国现有的《企业会计准则》进行修改和完善，对会计上的销售给予更完整的定义；关于会计计量问题，应采用真实性原则，对发起人因资产证券化交易所产生的新的资产和负债，用公允价值进行计量，对所保留的资产及负债并已经用历史成本法计量入账的，要进行追溯调整；关于信息披露问题，要对《中华人民共和国证券法》《中华人民共和国会计法》《企业会计准则》和相关内容进行修改和完善，明确资产证券化信息披露的内容和披露的时间。对会计报表附注中披露资产负债表日、证券化的资产总额等内容进行会计规范，保证对投资者的透明度。为彻底解决资产证券化的会计问题，最好的对策是待资产证券化操作成熟以后，制定一套较为完善的关于资产证券化的会计制度作为实施资产证券化的配套工程，以解决资产证券化过程中多方面的会计问题。

3. 在信用增级方面存在法律缺陷

信用提高必须要有一定担保，《中华人民共和国担保法》中缺乏相应的动产担保制度，而担保登记机关政出多门、手续繁多、费用昂贵，增加了资产证券化成本。《中华人民共和国担保法》没有规定浮动担保制度，因此，将全部财产抵押给一个债权人可能导致抵押协议无效。当森林资源资产证券化中的资产池由应收账款（债权）组成时，发起人凭借手中债权担保来进行融资，属质押形式，在《中华人民共和国担保法》第七十五条"依法可以质押的其他权利"条款中，并未对资产证券化属于依法可以质押的其他权利做明确规定。

五、资产评估与信用评级

林业项目资产定价高低不仅直接影响融资成本,而且与原始权益人和投资者双方利益都直接相关,因而,在推行森林资源资产证券化的实践中,对森林资源资产准确合理地进行评估对资产定价至关重要。在债券发行前还会涉及信用评级问题,信用评级高低与双方利益也直接相关。如果高估项目资产或债券评级偏高,则未来还本付息缺乏足够的保障,损害投资者利益;反之,如果低估项目资产或评级偏低,则会加大融资成本,有损原始权益人利益。林业项目证券化中的原始权益人通常是政府,评级偏低会损害国家利益,导致利益外流。所以资产评估与信用评级时一定要把好关,力求做到公正、公平、合理。

目前,我国金融中介机构不发达,尤其缺乏信用评级机构和信用增强机制的支持。我国现有的资信评级机构存在诸如信誉不佳、独立性差等问题,导致现有评级机构做出的评级结果难以得到投资者认同,使资产证券化操作存在困难。债券评级一般由具有独立性和权威地位的资信评级机构进行,如美国的穆迪投资者服务公司、标准普尔评级公司等就是国际公认的权威性的资信评级机构。而我国债券评级方面的力量还很薄弱,因此,应创造条件建立规范化的资产评估和资信评级机构,以确保资产证券化的顺利实施。

森林资源资产证券化是一项金融创新工具,对资本市场是有利的,对未来林业建设与发展有重要的推动作用,我国在为证券化提供法律制度支持时,必须把握大局,综合考虑,统一规划。在制定法律时,视野不应当仅仅停留在证券化的资产上,而是要放在我国整体金融市场创新和调整上,放在对我国经济增长的促进作用上来,站在这个层次上做好调研,对各项法律制度进行完善和建立,由此推动我国森林资源资产证券化事业向纵深发展。

六、特殊的税收优惠政策

森林资源资产证券化过程中发起人、SPV和投资者的纳税问题直接决定了证券化融资成本的高低,从而影响资产证券化的发展。成功实施森林资源资产证券化需要合理的税收政策作保证。

首先,发起人的所得税、增值税和印花税纳税问题。林业资产转移过程中订立产权转让合同,要缴纳万分之五的印花税。出售过程中如果获利,必须缴纳所得税,由于方案设计的资产转让为无偿转让和信托形式所以避免了所得税问题。根据《财政部税务总局关于资管产品增值税有关问题的通知》(财税〔2017〕56号),在资管产品运营过程中发生增值税应税行为的,应缴纳3%增值税。如果基础资产被认定为"金融商品"时,根据《营业税改征增值税试点实施办法》(财税〔2016〕36号),则须缴纳6%增值税。资产证券化往往涉及上亿甚至几十亿的交易额,按现行的增值税和印花税税率计算,缴纳的增值税和印花税将是极大的数字,造成融资成本将远远高于其他融资方式。如果相关税法不对发起人减免税收以降低融资成本,很难推动资产证券化的发展,也不符合税收中性化的原则和国际通行作法。其次,SPV的纳税问题。既使SPV是一个空壳公司,作为有限责任公司,纳税问题依然存在。根据现行的法律法规,如何建立税收高效的SPV,减少融资成本是存在的重要问题。最后,离岸业务的SPV利息预提税征收问题。在离岸业务中,由发起人汇给(外汇汇出）国外的 SPV 的利息预提税，是针对融资关系而征收的，通常为贷款利息的 10%~30%。我国目前尚没有预提税的具体规定，只是以所得税的形式出现。《外商投资企业和外国企业所得税法》规定：外国企业在中国境内设立机构、场所，而有所得来源于中国境内的利润、利息、租金、特许权使用费和其他所得或者虽设立机构、场所，但上述所得与其机构、场所没有实际联系的，都应当缴纳 20% 的所得税，不符合税收中性的原则。这些税收将转嫁到借款人头上，增加了融资成本。

目前资产证券化面临的最大问题是如何解决 SPV 的税收问题而建立高效率的 SPV，从税制的角度看，证券化的当事人不能因为证券化交易而多缴税或少缴税。尤其是不能因为税收而导致证券化融资成本大幅度上升，使证券化融资在税制上缺乏效率。2006 年 3 月，财政部和税务总局下发了《关于信贷资产证券化有关税收政策问题的通知》，确定了"税收中性"的基本原则，明确了信贷资产证券化试点中的印花税、所得税税收政策，并对涉及税收管理问题做出了具体规定，但对其他资产证券化仍没有相应的规定出台。

为提高证券化融资在税制上的效率，降低证券化融资成本，必须在相关的税收法律法规中对企业资产证券化这一特殊的纳税问题制定特殊的规定。首先，根据税收中性化的原则和国际通行作法修订有关的法律法规，减免发起人、SPV 和投资者的纳税问题。对资产证券化过程中发起人向 SPV 的资产销售及转让过程中的所得税、增值税和印花税进行减免，例如，规定投资者投资于林业资产支撑证券可暂时享受和投资于国债相同的税收待遇，以刺激投资者对此类证券的需求。其次，减免离岸业务中对境外收益征收的利息预提税。建立相关国家之间的避免双重课税条约是主要方法之一。通过一定的结构安排将境外融资转为境内融资，将资产证券化融资视为表外融资而不是抵押贷款，可免征预提税。

本章小结

森林资源资产证券化是我国林业产业重要的投融资渠道之一。它能够改善企业财务状况，具有广阔的筹资前景，可以降低融资成本以及具有强大的政府信用担保机制。我国已经初步具备森林资源资产证券化的条件，林业领域资产证券化已有成功的尝试，已经具有坚实的现实基础。森林资源资产证券化运作模式主要有森林资源资产贸易收益证券化、森林资源资产全业务证券化、森林资源基金资产证券化、森林资源贷款资产证券化、森林资源债券资产证券化等。我国森林资源资产证券化运作程序主要为：确定资产证券化目标，组成资产池；组建 SPV，实现真实出售；为资产进行信用增级；对资产进行信用评级；证券销售，向发起人支付购买价格；SPV 选择资产服务运营商；资产支持证券的还本付息。森林资源资产证券化的稳健发展需要具备 6 个关键要素，即收入流与债务流要匹配，利率设定与风险要匹配，发展债券市场以保障资产流动性，健全法律法规与会计处理，科学的资产评估与信用评级以及特殊的税收优惠政策。

第十一章 林产品期货

林产品期货市场具有林产品定价与风险转移等功能,为林产品生产企业提供了良好的价格风险管理机制,有助于林产品生产企业改善经营,有助于林业投资市场风险的防范和化解,从而降低林业投资风险,增加投资者对林业投资的信心和积极性,吸引更多社会资本流入林业产业。因此,发展我国的林产品期货市场具有重要意义。

本章首先介绍林产品期货的含义、特点、功能、作用,然后讨论林产品期货在我国发展的可行性,接下来介绍我国林产品期货市场的历史和现状,指出其存在的问题和产生的原因,以及促进我国林产品期货市场的发展路径和注意事项,最后对我国胶合板期货案例进行分析。

第一节 林产品期货概述

一、林产品期货的含义与特点

林产品期货是指以林产品作为期货商品的一类特殊形式的商品期货。一般来说,林产品指的是在森林中或任何类似用途的土地上生产的所有可以更新的产品(石料、水及旅游资源不包括在内)。林产品分为木质林产品与非木材林产品,其中非木材林产品又被称为林副产品,因而,传统意义上的林产品指的是木质林产品,也是狭义的林产品概念。本教材所指林产品指的是木质林产品,包括工业用圆木、锯木、木制人造板、木材纸浆和纸、薪柴与木炭6大类(见FAO关于林产品的分类)。林产品期货与其他商品期货相比,其特点也比较明显。林产品均由木材通过物理或化学加工而成。相比其他商品或原材料,木材有生产周期长、生产地区分布广泛、生产方式多样、用途广泛、产业链长的特点,因而,林产品期货的特点表现在以下几个方面:

1. 极有可能形成系列期货商品市场

所谓系列期货,强调某一产业自上游至下游的主要产品或用途广泛的半成品均有期货交易。其优点是各商品的生产、加工及用途上关联性较高,在期货市场上互动性较好,有利于投资者的跨品种套利,降低投资者交易成本,稳定市场。林业产业链长,可以形成多种产品期货的互动。在育种、育林、林木护理、采伐、运输、初加工、化学加工、物理加工等生产过程中,会产生众多中间产品。如以制浆造纸为例,林木砍伐形成木材,木材削制成木片,木片制浆形成浆板,浆板加工形成纸,而纸有可能进一步加工为特种纸,甚至生产纸制品。这些中间产品也有多种用途，形成各种中间产品的交易市场，将众多企业联系在一起。这些中间产品完全有可能在一定条件下引入期货交易机制，形成系列期货市场。目前的大豆产业，在我国以及美国等国家已经构成了大豆以及豆油系列期货，形成多种产品期货的互动。如果能够形成木材、合板、木浆与纸等系列期货，对于整体市场发展比较有利。

2. 林产品期货参与者广泛，涉及众多投资者

林产品市场的参与者非常广泛，涉及生产者、消费者、交易中介以及监管者。从生产者看，生产主体为林场、其他林产品生产企业以及林农等。消费者更加广泛，既有木材及其他初级林产品加工的下游企业，如造纸厂、家具厂等，又有房地产建筑商等最终消费者。交易中介指的是专门以林产品进行买卖的商品流通企业。监管者除了一般的政府部门如工商税务、物价、质检等部门外，这里主要指的是林业政府部门。国外部门作为产品市场的重要组成部分，在我国林产品市场中具有重要的地位，尤其是在林产品的供给上，具有重要的影响。作为林产品市场的组成部分，林产品期货市场也应涉及上述参与者。林产品价格的变化容易引起多方的关注，因而，林产品期货容易吸引众多投资者的参与，有助于改善我国林产品期货市场参与者较少、动机单一的问题。

3. 林产品市场价格体系的互动

林产品市场价格体系是由各种林产品的市场价格组成的相互联系的有机整体。由于林产品均来源于森林及类似用途的土地，因而各种林产品相互之间存在不同程度的关联性，价格上也有一定程度的关联，各种林产品的价格因此形成一定的体系，林产品各子市场价格互动迹象明显。各种林产品价格(非木材林产品除外)的共同特点是供给弹性的特殊性，价格下降，林产品的供给弹性相对较大；价格上升，林产品的供给弹性相对较弱。

二、林产品期货的功能与作用

林产品期货的功能和其他商品期货一样，除具有回避风险、价格发现两大基本功能外，还具有套期保值、保持市场供求和价格稳定、节约交易成本、金融投资工具等功能。林产品期货市场重建对于林业产业发展具有重要作用，林产品期货一头连接贸易，一头紧系金融，不仅对我国木材等林产品贸易体系产生深远的影响，而且对林业产业发展和林业金融体系完善产生重大影响。

(一) 为林业经营者提供良好的风险管理机制

价格是市场的"指示器"和"晴雨表"，价格能否真正反映市场的供求状况，直接影响生产者对价格的预期和经营决策，进而决定了生产者面临的价格风险。初级林产品生产具有两个明显的特征：一是林产品生产的分散性，导致各地林产品尤其是初级林产品价格的差别巨大；二是林产品生产的长周期性，使林产品价格具有较强的时间性特征，因而导致林产品价格在时间上的不连续或者林产品价格的波动。由于期货市场提供了一种使资源在不同的时间区域内得到合理配置的机制，可以有效地减小林产品价格的时间性波动，从而使林产品生产和流通中的时间性矛盾得以解决，有助于缓解林产品的价格波动风险，吸引更多的资金流入林业产业，改善我国目前的林业投融资体制，为林业生产经营者提供规避风险的手段，吸引更多的民间资本以森林财产信托、林业产业投资基金等方式投资林业，

促进林业产业的快速发展。

(二) 有利于推动林业贸易信贷融资的发展

对于林业企业和林农之间的订单林业，林农可以通过贸易信贷的方式融资，从而缓解其面临的信贷约束。但是，订单林业可能由于林业企业的原因发生违约。如果林业企业加工制成品时存在价格过低、企业亏损，企业按订单原定的高价格执行，将承担过大的损失时，可能选择不履约行为，从而使得订单林业及其中的贸易信贷难以发挥向林农传导信贷的作用。通过发展木材、胶合板等期货市场，林业企业可以在与林农签订订单的同时，也在期货市场上套期保值，这样林业企业就可以规避由于现货市场价格波动造成的风险，进而减少林业企业对订单林业的违约。同时，林产品期货市场的价格发现功能，也可以为订单林业签约双方提供价格决策依据。因此，"公司+林农、期货+订单"组合交易模式成为一种订单林业模式。所以，恢复胶合板期货的试点，逐步开通木材、新闻纸等林产品期货市场，有利于降低林业企业市场风险，稳定订单林业中公司与林农的关系，促进林业产业化和林业贸易信贷的发展。

(三) 有利于提高金融机构对林农的信贷供给

通过规范的中介组织引导林农进入期货市场，进行相关林产品的套期保值交易，以此作为将来偿还贷款的凭证，向金融机构申请生产贷款，这样，林产品期货市场就成为林农与金融机构之间的信用中介，起到了信用担保的作用。林农得到了林业生产急需的资金，金融机构则降低了信贷风险，对二者都有好处。而且随着我国林产品期货市场的逐渐推出和发展，林产品期货的上市品种会不断增多，林产品期权交易也会出现，商业银行直接利用林产品期货市场的条件也会逐渐成熟。这为商业银行有效控制林业产业化信贷资金风险、提供林业产业化金融服务，开辟了一个新的领域。

(四) 有利于扩大我国期货市场的现有容量

期货品种是期货市场赖以生存和发展的基本资源，期货市场的价格发现和规避风险功能是依托于期货交易品种展开的。我国期货市场上市品种过少、市场容量有限、参与者少、期货系列不足，不仅不能满足大多数行业规避风险的需求，而且容易积聚市场系统性风险——巨量资金相对集中在少数几个品种上，形成堆积效应，使个别品种不堪重负，造成市场过度投资。无论是从生产商、贸易商的套期保值需求出发，还是从投资者日益增多的投资需求出发，期货新品种上市迫在眉睫。根据期货发达国家的经验，现货市场与期货市场交易量的比例约为 1∶50~1∶100，如果我国林产品市场中有 10% 的产品引入期货交易机制，那么我国期货市场容量将大幅度增加。因此，林产品期货市场恢复和重建对期货市场的发展能起到较好的推动作用。

(五) 有利于促进林业产业群的整合

林业不是一个狭窄的产业，而是一个产业群。长期以来，林业产业基本上是各自独立经营、封闭运行，开放力度较差，包括对内、对外的开放力度，除了行政的纽带以外，彼此之间并没有全方位的、复杂的利益关系来约束和调节。一旦政府行政纽带断裂，林业完全进入市场经济以后就会难以适应。目前，我国的林业产业还没有形成良性运作的产业生态体系，林业产业还缺乏良好的微观运行机制，林业科研机构、林业企业、林业教育机构以及各种支持性的组织之间相互依赖，改革不到位。林业经济优势的保持有赖于以上各方面形成良好的微观运行机制，如果这些组织机构缺乏良好的互动机制，林业产业就不可能有竞争优势。林产品期货市场提供的价格信息，完全有可能被政府、企业及有关科研机构、教育机构所利用，重新构筑以经济利益为纽带、价格信息为核心的全方位的、复杂的利益关系。由于林产品期货具有价格发现、风险规避以及信息汇集与传递的功能，因而能够改善我国林业产业的投融资体系，在一定程度上替代政府纽带，有机地整合林业产业群。由此可见，林业产业需要林产品期货市场为之服务。

（六）有利于改良林业产业的补贴政策

林业产业尤其是林业的公共效益，需要政府的补助与扶持，但是目前的有关措施难以到位，因而往往采用非市场化的手段，通过高税费、设关卡等措施来保证森林覆盖率，导致林农育林积极性下降，民营资金等资金缺乏进入意愿。美国的玉米补贴政策在这些方面具有较好的借鉴作用。美国政府主导区域性合作社制度，推动农场主参与期货交易。同时，制定政策引导玉米生产者进入期货市场保值。美国政府在林业保护政策的执行过程中，将玉米生产与玉米期货权交易联系起来，积极鼓励和支持农民利用期货市场进行套期保值交易，为保值者提供了广阔的政策空间。

1993年，美国农业部鼓励伊利诺伊州、俄亥俄州的部分农场主进入美国芝加哥期货交易所（CBOT）期货市场购买玉米的看跌期权，以维持玉米价格水平，从而替代政府的农业支持政策。具体方式是，美国政府支付农场主购买玉米期权的权利金，通过把农业补贴政策与期权交易结合起来，帮助农场主利用期货市场套期保值、规避风险。据美国农业部统计，1993年农场主参与期权交易的数量为956家，1994年为1285家，1996年达到1569家，呈明显上升趋势。正是由于美国政府采用的这种利用期货期权市场功能对玉米生产者进行补贴，引导玉米生产者通过直接与间接方式参与期货市场，使得美国CBOT成为世界玉米定价中心，并推动了玉米产业持续高速发展。我国林业政策完全可以借鉴这一方式，鼓励木材生产者进入期货市场，并利用木材期货价格对木材生产者采取灵活的补贴措施，保证育林者的利益，鼓励投资林业，在增加木材供应的同时保障森林覆盖率。

林产品期货市场的价格发现功能尤其是价格趋势的发现，对林产品价格体系的确立及其信息的传导具有重要作用，林业企业可以充分利用林产品期货市场产生的价格信息指导生产、销售；而套期保值功能为投资者提供风险管理工具，减少了经营者和投资者的风险，保证企业获得正常的利润，从而增加林业对民营、外资等社会资本的吸引力；政府部门根据林产品期货市场提供的相对权威的价格信息，对林业投资的成本及林产品价格进行测算，有助于采用市场化手段加强对林业产业的调控与管理，推动林产品价格市场定价及制定合理的税费政策和有关生态效益补贴政策，提高林业经营者和投资者的盈利空间。

第二节　林产品期货发展的可行性

期货市场交易的是标准化合约，期货品种的创新以标准化合约为载体，期货品种创新必须通过成功的合约设计才能得以实现。期货品种创新的过程是选择创新商品（包括实物商品与金融产品）与合约设计的过程。在决定一个期货品种成功与否的过程中，原发性的力量是最关键的，而原发性来源于经济主体的避险需求，所以，适合的期货品种首先必须具备价格波动频繁且价格自由波动的特征，并且应该具有较好的现货基础。在此之上，期货交易要吸引更多的参与者进入，还和该期货品种的现货市场结构以及产业结构有关。具体而言，期货产品具有 6 大特征：一是适宜贮藏；二是同质性；三是足够的现货规模以及适当的市场竞争结构；四是价格的波动性；五是无限制供给；六是具有一定长度的产业链以及适当的产业结构。而林产品具有以上 6 大特征，因此适宜成为期货品种，以下为具体分析。

一、林产品自身特点符合期货交易要求

从林产品的特点来看，大部分林产品基本具备期货产品的特征。

①大部分林产品均适宜贮藏，无论是木材、胶合板，还是纸、纸浆，保存时间都较长。

②从现货规模看，2018 年，我国的林业产品总产值达到 76 272 亿元，比 2017 年增长 7.02%，林产品贸易进出口总额继续保持稳定增长，达到 1653 亿美元。其中，2018 年木材产品市场总需求为 55 675 万立方米，商品材总产量为 8811 万立方米，比 2017 年增长 4.92%，人造板总产量为 29 909 万立方米，比 2017 年增长 1.43%，其中胶合板 17 898 万立方米，纤维板 6168 万立方米。在林产品贸易方面，2018 年原木进口 5968.6 万立方米，金额 109.8 亿美元；锯材进口 3673.6 万立方米，金额 101.3 亿美元；木浆进口 2479 万吨，金额 197 亿美元；纸、纸板及纸制品进口 640.4 万吨，金额 62.0 亿美元。木制品出口 69 亿美元，木家具出口 229.4 亿美元，胶合板出口 1133.8 万立方米，金额 55.5 亿美元，纸、纸板及纸制品出口 941.1 万吨，金额 191.4 亿美元。可以看出，我国的林产品现货规模巨大，潜在的套期保值者数量庞大，足以支撑林产品期货的活跃性。

③从价格的波动性看，随着市场经济体制的深入，木材等林产品的价格起伏较大，波动明显。以中国造纸业协会纸浆价格为例，以 2014 年 1 月的价格为基数 100。随着价格的下挫，到 2016 年 8 月纸浆价格降到 88，其后迅速上扬，在 2017 年 10 月达到 138，随后在震荡中下降到 2020 年 10 月的 90。因此，可以看出纸浆价格的明显波动，需要期货市场的套期保值功能。

④林产品期货品种的产业链较长，从生产加工到成为最终消费品的过程中涉及的相关市场主体也越多，这些主体都面临着原材料产品价格波动的风险，都有套期保值的需求。因此，林产品期货品种的产业链越长，期货市场的潜在参与者就越多，这样的品种就越容易成为活跃的交易品种。

二、林产品的同质性问题已经得到解决

至于标的物同质性这个条件，严格来讲，林产品在一定程度上并不满足，这构成了我国林产品期货发展缓慢的重要原因。期货商品的同质性至关重要，它是期货交易所凭以结算的标准，是连接现货市场与期货市场的重要环节。林产品尤其是木材，由于受气候、土壤、日照等多方面的影响，其物理结构与化学结构均有不同。虽然绝大多数林产品均有这样的问题，但是经过多年的发展，成熟的期货交易所已经找到了解决办法。

(一)采用期货合约本身允许有所变通

期货合约质量等级标准化并不是绝对的标准化,世界上绝大多数期货交易所都允许实物交割时的商品质量和等级可以与和约上规定的质量和等级有所出入,但与此同时,必须在交割价格上做出调整,或进行补贴或打折扣。部分期贷交易所在规定了期货商品标准等级的同时,也规定该期货商品的其他等级也可以进行交易。如日本名古屋粮谷砂糖交易所,在规定中国产黄豆为标准等级的同时,还规定美国产黄豆也可作为交货品。交货人用期货交易所认可的另一等级的商品替代标准等级商品进行实物交付时,收货人无权拒绝接受。替代商品的实际价格按它在等级上是高于还是低于标准等级的商品进行加价或减价。不过,这些可供交割用的替代品之间的等级差价,也是由期货交易所进行规定,并根据期货市场行情的变动情况及时调整。

(二)期货商品往往根据用途来确定等级与品质

只要期货商品的用途不发生变化而且不会改变该规定商品的价值,或者说,指定用途的主要特质没有变化而且并不因为某些次要的变化导致商品价格明显变化,那么,这些商品就可以用于交割。如美国芝加哥商业交易所进行的木材期货和期权交易,交易的产品品质规定为建筑用材,长度为8~20英尺[①],规格多为2×4[②],交易的木材品种为美国、加拿大、哥伦比亚铁杉、阿尔卑斯杉树、云杉、北美松树。交割的木材须捆好放在大平板车上。交易所规定,每份合同为13万板英尺[③]。该期货交易,木材的长度没有严格规定,具有相当大的弹性,但是总的数量是控制的,即13万板英尺;木材的种类也没有非常严格规定,可以在铁杉、阿尔卑斯杉树、云杉、北美松树之间进行选择;对产地要求也不高,可以是美国,也可以是加拿大生产的指定木材。

(三)我国林业的发展为林产品同质性奠定了良好的基础

目前我国林业鼓励发展的是人工用材林,而对防护林的砍伐严厉禁止,因此,将来林产品的主要原材料主要来自于人工用材林,尤其是人工速生丰产林。而人工用材林经营特点是集约经营,所产木材品种、采伐年限、地区均相对一致,因而其木材品质相对于现在的粗放式经营更易接近。所以从发展趋势来看,林产品的同质性基本能够满足期货商品的要求,尤其是在指定用途以及普遍使用人工用材林生产的木材时,更容易达到要求。

三、林产品的无限制供给问题有望解决

除了林产品的同质性问题,另一个困扰我国林产品期货发展的问题是林产品能否实现无限制供给,或者林产品价格能否由市场完全竞价形成。我国在1998年实施天然林资源保护工程后,国内森林逐年减伐,木材的砍伐被严格控制,木材及其他林产品的运输均受到严格管理。因此,木材的价格在表面上是放开的,由市场自主定价,但是由于源头及流通环节管制过多,导致木材的价格受到国家政策甚至是主要林区地方政府的影响甚大,进而影响到后续的以木材为原料的其他林产品的价格。而且我国木材自主供给能力弱,主要

---

① 英尺:1英尺=30.5厘米。
② 2×4:2英寸乘以4英寸。
③ 板英尺:Board Foot:1千板英尺=2.36立方米。

由补缺性的国际单边进口来弥补，因此又受到汇率、进口关税的变动的影响，而汇率及进口关税又受政府影响。从这层意义上说，我国林产品价格不是市场完全竞价形成的，受政府影响较大。近几年，我国林产品进口贸易的条件不断放松，进口金额仅次于石油，在一定程度上政府对木材及其他林产品的影响力逐步下降。同时，我国积极推进储备林建设，2018 年建设储备林 1010.75 万亩，根据《国家储备林建设规划（2018—2035 年）》，到 2035 年达到一般用材基本自给。因此，林产品的无限供给问题可以有效解决。

第三节 林产品期货市场发展状况

一、国外林产品期货交易的发展

自美国于 20 世纪 50 年代推出木材期货以来的 30 多年里，林产品期货发展一直比较缓慢。但从 20 世纪 90 年代开始，林产品期货开始迅速增加，范围扩大，更多国家陆续推出多个不同林产品的期货合约。据不完全统计，20 世纪 90 年代以来，先后开通的林产品期货合约主要有：1994 年，美国芝加哥期货交易所（CBOT）推出木制板材期货合约；1996 年，芝加哥商品交易所（CME）引进软木胶合板期货合约；欧洲成功推出纸与纸浆期货合约，芬兰期权交易所（FOEX）在 1997 年初，瑞典 OM 集团在 1997 年下半年引进该期货合约。另据有关资料显示，俄罗斯较重要的期货交易所之一——沃尔库塔交易所，于 90 年代初中期开通了木材期货交易。1990 年以后，还有关于日本、印度尼西亚以及欧洲的许多关于木材、胶合板期货合约可行性研究的报道。

从美国以及欧洲目前已上市的林产品期货合约来看，林产品期货发展相对缓慢，交易量并不大，但是林产品期货在不断发展，品种不断增加，地域不断扩大。

二、我国林产品期货交易的发展

我国于 1993 年推出了木材胶合板期货，而且在 1995 年、1996 年交易获得了一定的成功。在混乱无序的初始阶段，我国各级林业部门多次探讨、准备林产品期货合约交易，典型的有福建南平的纸浆期货，吉林长春的木材期货，苏州与上海的胶合板期货。其中，大部分林产品期货均未能成功上市，仅有 1993 年在苏州与上海上市的胶合板期货取得了一定的成功，在国内外产生了一定的影响。

两个交易所的胶合板期货比较活跃。推出当年，两市交易量达到 18 亿元，然后迅速增加，1994 年为 2647 亿元，1995 年到高峰，交易量高达 31 094 亿元，占当年所有期货交易量的 30.7%，为我国当年所有商品期货之首。1996 年，两市交易量为 12 742 亿元，1997 年为 815 亿元，1998 年为 39 亿元，其后交易停止。即使在 1998 年期货市场的整顿中，上海期货交易所的胶合板期货仍是我国保留的 12 个期货品种之一。但是，其后的多年，胶合板期货一直没有恢复上市，我国胶合板期货市场的发展实际上已经夭折了，林产品期货市场没有进一步的发展。

直到 2013 年，胶合板期货在大连商品交易所（以下简称"大商所"）重新上市。上市伊始，经历了一段发展时期，其成交量和成交金额在 2014 年 4 月达到顶峰，4 月成交量达到

4 363 908 手，但随后便逐年降低，至 2017 年 8 月，胶合板期货在大商所的月成交量仅为 20 手，在经历了短暂的发展之后，我国胶合板期货市场逐渐陷入了冷清。

三、制约我国林产品期货市场发展的因素

（一）我国期货市场发展落后

我国期货市场在不断发展的同时，存在的问题也比较突出，主要表现在以下 4 个方面。

1. 我国期货市场的发展远远落后于市场经济发展的要求

突出表现在：一是期货市场的范围小，仅局限于商品期货，没有金融期货；期货交易方式单一，没有期权等其他金融衍生工具，不能适应我国资本市场发展的要求。二是期货交易品种少且品种结构和布局不合理，形成"大连大豆"一个品种独大的局面，既不能满足各个企业对期货市场的需求，又制约了期货市场的发展，使得期货市场规模偏小，已经不能承受社会投资资金的需求，增大了市场的风险。三是可以使用期货市场的需求者范围小，客户少，可以进入期货市场的资金来源少，降低了市场的流动性。

2. 期货行业生存困难，期货市场难以规范发展

期货市场规模偏小，使众多期货企业面临存亡的考验。2001 年，期货交易虽然出现恢复性增长，但市场日平均成交额刚刚超过 100 亿元，仅能维持生存，缺乏发展能力。期货市场的冷清迫使期货企业压缩成本，一些高素质的人才因此离开期货行业，人才流失严重，动摇了市场的基础。为了生存，一些期货经纪公司不惜以降低手续费、降低保证金比例来吸引客户，恶性竞争扰乱了市场秩序，增加了市场风险；更有一些期货经纪公司违规自营或超范围经营，给期货市场带来更多的潜在危害，影响了期货市场的规范发展。

3. 期货经纪代理业不能适应期货市场快速发展的要求

作为期货市场主体的期货经纪代理业，现有的经营规模和经营模式不能满足形势发展的需要。一是，规模小、实力弱，与国际期货经纪代理业相比差之甚远，缺乏抗风险能力和竞争能力。二是，经营业务单一，服务结构趋同。目前的期货经纪公司无论大小，经营业务都仅限于经纪代理，不能开展配套性的深层次服务，缺乏行业的中坚力量和核心层，弱化了期货经纪代理业的作用。同时，由于期货经纪公司经营业务收入来源单一，同业竞争剧烈，限制了期货经纪公司自身的发展。三是，治理结构不合理。由于历史的原因，大部分期货经纪公司的股权比较集中，甚至还是关联公司持股，其结果是没有来自股权内部的制衡机制，董事会流于形式，期货经纪公司在运作中缺乏独立的主体地位，增加了期货经纪代理业的管理风险。

4. 期货市场难以在改革和发展中发挥更大的作用

我国经过 20 多年的经济体制改革，社会主义市场经济体系基本确立，95% 以上的商品实现了市场化，而仅仅几个商品品种的期货市场已经不能满足市场经济发展的需要。期货市场发展滞后，使市场经济体系不尽完善，将影响市场运行效率，潜伏金融安全隐患。随着各类现货市场规模的增大，市场风险加大，市场发展规律的内在要求需要有相应的期货市场提高市场效率、分散市场风险。目前，我国期货市场范围小、金融衍生工具单一，

不能满足证券市场等各种市场发展的需要。我国已经加入世贸组织，我国市场要向 WTO 所有成员国开放，国内市场已经国际化，现有的期货市场无法满足国内外企业利用期货市场的要求，不能提供更好的服务。

我国期货市场试点初期，曾经上市的农产品期货品种达到 20 多种，但由于风险事件频发生以及当时宏观经济环境的影响，大部分期货品种退出了期货市场。目前现有的期货交易品种主要集中在大豆、小麦、铜等少量品种上面。资金、风险在个别期货品种上较为集中。

(二) 我国林产品现货市场欠发达

期货市场的产生和发展要以现货市场的发展为基础，期货市场的出现又能调节和引导现货市场的发展，两者相互促进、密不可分。目前，林产品现货市场存在的种种缺陷严重影响了林产品期货市场的正常发展，培育和完善现货市场对促进期货市场的发展非常必要。

1. 区域市场发展不平衡，影响到了全国统一市场的形成

区域市场是市场发育的空间表现形式，一般要按照不同的自然资源状况、生产力发展水平、商品交易频率以及消费习俗等方面的情况，使交易活动在特定的空间汇集起来，从而产生并运行。在空间分布上，只有各种不同类型的区域市场相互影响、相互补充、相互联系、相互作用，才能构成一个完整的市场体系。在转轨时期，由于行政区划、宏观政策、产业政策、运行机制等方面的原因造成了我国区域市场发育程度不一，影响到了全国统一市场的形成，从而制约了我国林产品期货的发展。

2. 城乡市场缺乏有机联系，呈二元独立发展状态

我国是一个具有典型二元经济特征的发展中大国。种种资料表明，改革开放以来，我国城乡市场之间的背离程度不断拉大，城市市场与农村市场的发育完全是在两种不同的体系中进行的。在这两类市场体系之间，属于商品交易性的沟通方式很少，或者说城乡市场之间的联系只停留在消费品和农用生产资料供销方面，并不存在生产要素尤其是资本要素的市场交换关系。

尽管农村改革正在逐渐强化着广大林农的市场、价格、竞争等市场经济观念，他们在社区性的集市贸易市场环境中已经开始形成了一定的供需关系的生产流程，并对市场变动能够做出近期反应，但生产经营的远期观念和避险意识依然十分淡薄。这决定了在短期内林农不会有进入期货市场的可能性。另外，林农的自我服务组织一直发展较慢，因而，如何组织广大林农共同进入期货市场就一直成为林产品市场发育的难点。显然，生产分散、规模有限的林农不会成为我国林产品期货市场的套期保值者。

3. 市场发育中存在着过多的障碍因素

在商品市场方面，无论是消费品市场还是生产资料市场，均存在着严重的市场秩序混乱现象。在消费品市场的运行过程中，存在着明显的结构失衡和市场价格波动过大的现实状况。1996 年以后，随着经济"软着陆"，国内出现了有效需求不足的现象，给消费品市场的流通造成了极大的困难。在生产资料市场的运行中存在着结构性短缺问题，价格双轨制的长期运行所形成的流通秩序混乱现象一直没有得以从根本上消除。

在要素市场方面，市场主体缺位现象十分明显，这在金融市场和期货市场表现得尤为

突出。在期货市场上,受企业体制改革步伐的限制,生产经营企业并不能真正进入期货市场进行套期保值业务,而投机主体也并非真正的社会闲散资金所有者,投机交易大多属于对社会再生产资本的投机性使用。要素市场上的组织状况也存在缺陷,各种行政手段干预市场,破坏了市场的正常发育和运行。同时,缺乏必要的管理法规和依据。

4. 国内外市场对接存在着较大的难度

改革开放以来,我国的对外贸易已经有了很大发展,国内外交流日益扩大。但国内市场与国际市场仍然处于两个板块,各自通行着不同的运行规则,对接的难度存在于许多方面:①国内市场的发育程度较低,出口企业不注意提高商品质量,产品附加价值极低,在国际市场营销中缺乏竞争力。②外贸部门的市场竞争观念落后,仍然强调以价格竞争为主,出口贸易在总体上处于粗放经营状态。③国内企业在生产经营过程中"软预算"约束严重,没有灵敏的市场反应机制,企业没有树立全球化营销观念。④参与和利用国际分工不够,出口贸易中的国际综合性产品比重很小,与国际市场的融合度很低。以上种种因素的刚性存在,影响了转轨时期国内市场与国际市场之间的对接进程。

综上所述,我国目前发展林产品期货的条件尚未成熟,主要表现在我国期货市场本身发展状况对林产品期货的发展形成制约,以及我国林产品现货市场对林产品发展期货交易支持不足。因此,不适合大规模发展林产品期货市场,但是可以适当地引进个别的林产品期货品种,并在发展中逐步总结,逐步推广。

第四节 林产品期货市场发展策略

通过对林产品期货发展必要性和可行性的分析与研究,可以看出林产品期货对于发展林业产业具有重要意义。我国部分林产品已经符合期货商品的条件,能够成为期货商品,因此,林产品期货也有成功的可能性。但在目前我国期货市场发展相对缓慢以及我国林产品现货市场欠发达、期货品种推出机制与产业相对脱节的条件下,林产品期货的发展受到一定制约。面对这种状况,应当正确认识期货市场与现货市场的相互制约、相互促进的矛盾关系,在发展中逐步解决期货市场与现货市场中的问题,以发展的视角探讨在目前条件下逐步引入林产品期货合约的路径。

一、林产品期货品种选择原则

国外期货市场发展的经验表明:期货品种的选择并不是一件简单的商品选择问题,失败率很高,期货品种的创新更替速度快,有其自身的发展规律性。我国的林产品期货品种选择,需要借鉴国际上的成功经验,掌握期货规律,结合国内的实际情况,找准方向,大胆试点,逐步完善,争取在我国开发出成功的林产品期货品种,满足我国林业产业发展的需要。设计林产品期货品种时,要考虑林产品现货市场发展的实际状况,以及林产品现货生产商、销售商、消费者的具体情况。我国林产品期货品种战略应考虑3个原则:制度环境、比较优势以及现实经济活动的需要。

(一)制度环境原则

制度环境原则指要选择行业制度环境较适宜的期货品种来开发。转型经济的制度环境主要考察品种定价的市场化程度，相关企业的运作机制和风险处理战略。品种定价的市场化程度越高、行业内现代企业制度越完善，就越适合推出相关的期货品种。我国林业产业作为产业群，内部细分多个子行业，大部分子行业的产品已经是市场定价，市场化程度较高，如胶合板等人造板、纸浆与纸等子行业。相对而言，由于我国木质纸浆仍受到国家一定的保护，市场化程度略低于胶合板，就制度环境而言，可以优先考虑胶合板期货的上市交易。

(二) 比较优势原则

在国际期货发展格局中，各个期货市场均有特定的经营品种和交易规模。当某个品种在某一期货市场已发育成熟，形成规模，在其覆盖的交易半径内，其他期货市场很难在相同品种的交易上超越前者。例如，当前真正发达、能够发挥国际效应的期货交易中心集中于几个著名的期货市场，交易的品种也形成自然分工，如美国芝加哥的农产品期货市场以经营谷物为主，纽约的农产品期货市场以经营农产品原料为主，伦敦期货市场则是以有色金属为主的世界性矿产交易中心。可以说，世界上现在交易的任何一个期货品种，都形成了相应的占主导地位的交易中心。因此，选择期货品种的发展重点，实质上是寻找在世界经济贸易中的比较优势问题。既要考虑要素享赋差异，选择有本国优势的品种，或考虑能够充分发挥规模经济的商品，还要考虑期货交易的区域差别(区域内比较优势)。

(三) 现实经济活动需要原则

期货作为衍生产品与基础产品的发展是紧密相连的，任何一种期货品种的出现都是由于现实经济活动的实际需要，其出现的时序与现实经济发展的时序步调一致。

二、林产品期货市场发展过程中应注意的问题

鉴于以上选择原则，在发展林产品期货时，应当注意以下几个方面的问题：

(一) 正确认识期货市场与现货市场的关系

现货市场是期货市场运行与发展的前提条件和物质基础，而期货市场能够引导和调节现货市场的发展。因此，既不能等待现货市场完善后再来发展期货市场，也不能在现货市场基础薄弱的时候就盲目地发展期货市场。要在现货市场有一定基础的时候，引入期货交易机制形成两者的互动，才能促使两者彼此发展、彼此完善。作为一个产业群，没有期货交易机制，林业产业的产品市场体系显然不够完善，最终对林产品现货市场产生负面影响，从而制约林业产业的发展。

(二) 需要林业部门的推动

在目前期货品种开发潜力较大的情况下，林产品期货对期货交易所及期货行业的意义明显较弱，因而在我国目前期货品种上市机制由期货交易所推动的情况下，林产品期货的发展更需要林业部门的大力推动。林业主管部门需要适当地组织有关林业界的专家进行更深入的相关研究，为林产品期货的恢复与开通做出努力。

(三) 不要对林产品期货期望太高

林产品期货的开通能够部分解决林业产业中出现的问题，但是林业产业更多的问题，

如体制问题，还需要有关部门的努力，借助林产品期货发现的价格信息与传递，灵活采用市场手段完善和解决交易。林产品期货开通的诸多细节以及时机还需要进一步研究。鉴于林产品期货交易的复杂性，有必要进一步研究有关细节以及推出时机。

（四）加大风险监管力度

就现有的3大期货市场来说，尽管长期以来国家及各部门对期货市场的管理越来越规范，但市场的风险监控机制仍未健全、完善。对于计划中的林产品期货市场，这也是一个必须要考虑的问题。如果市场缺乏规范和有效的管理手段，将导致期货市场在发展和运作中产生混乱。这就需要制定规范、严格的风险管理制度，细致的交易规则以及有效的市场监管。

第五节 案例分析：胶合板期货

胶合板期货在20世纪90年代曾经是我国期货行业的明星品种，从1998年退市到2013年在大连商品交易所（以下简称"大商所"）重新上市，成功填补了我国林木产品无期货的空白。但是自2013年上市以来，胶合板期货市场并没有出现预期的火爆场景，一直不温不火、交投冷清，成交量和成交金额越来越小，逐渐被投资者边缘化。同时，胶合板期货的价格大起大落，临近交割月份，由于之前注册仓单时间较长，甚至出现了几次逼仓行情。成交量的日益萎缩使得套期保值无从谈起，价格的大起大落甚至出现逼仓，使得价格发现功能难以实现，从而影响了期货市场套期保值和价格发现的基本功能的发挥。大连商品交易所胶合板与上海商品交易所（以下简称"上商所"）胶合板相比，无论在期货市场、现货市场发展程度还是合约设计方面均有本质的区别（表11.1）。

表11.1 大连商品交易所与上海商品交易所胶合板期货合约比较

合约设计	大商所	上商所
交易单位	500张/手	200张/手
报价单位	元/张	元/张
最小变动单位	0.05元/张	0.1元/张
涨跌停板幅度	上一交易日结算价±4%	±3%
合约月份	1~12月	1、3、5、7、9、11月
最后交易日	合约月份第10个交易日	合约月份15日
最后交割日	最后交易日后第3个交易日	合约月份的25~27日
交割等级	大连商品交易所胶合板交割质量标准	以印尼产胶合板为标准品；质量符合日本JPIC(1968)
交割地点	大连商品交易所胶合板指定交割仓库	上海和宁波
交易保证金	合约价值的5%	持仓金额的5%（按当日结算价计算）

资料来源：大商所与上商所。

一、胶合板期货运行现状

(一)成交规模逐步减少

胶合板期货上市伊始,林木企业被压抑多年的热情被激发出来,成交量逐渐活跃,在 2014 年 4 月成交量达到最高。然而好景不长,随后胶合板期货的成交量日益萎缩,到 2015 年基本上罕有成交,日均成交仅仅几十手,成交占比更是可以忽略不计,成交情况见表 11.2 所列:

表 11.2 胶合板期货月度成交情况

时间	成交量/手	成交量占比/%	成交金额/亿元	成交金额占比/%
2013 年 12 月	1 988 112	3.65	1305.14	3.89
2014 年 1 月	2 306 818	5.05	1435.62	5.19
2014 年 2 月	1 376 449	3.71	885.75	4.13
2014 年 3 月	1 825 764	2.80	1182.91	2.64
2014 年 4 月	4 363 908	6.32	3096.46	7.35
2014 年 5 月	2 662 805	3.99	1853.58	4.83
2014 年 6 月	1 676 938	2.52	1126.7	3.03
2014 年 7 月	1 385 188	1.98	974.43	2.49
2014 年 8 月	952 820	1.55	709.2	2.20
2014 年 9 月	444 678	0.66	296.71	0.87
2014 年 10 月	251 273	0.39	166.48	0.53
2014 年 11 月	288 055	0.39	188.14	0.56
2014 年 12 月	225 679	0.30	143.35	0.44
2015 年 1 月	110 969	0.17	64.6	0.25
2015 年 2 月	16 067	0.04	9.39	0.06
2015 年 3 月	15 266	0.02	9.19	0.03
2015 年 4 月	23 620	0.03	12.21	0.03
2015 年 5 月	7162	0.01	3.87	0.01
2015 年 6 月	3212	0.00	1.64	0.00
2015 年 7 月	2722	0.00	1.25	0.00
2015 年 8 月	3014	0.00	1.29	0.00

资料来源:大连商品交易所。

进入 2017 年,胶合板期货无论是成交量还是成交金额均处在大商所所有交易品种的尾部,被彻底边缘化。1~8 月胶合板与纤维板期货在大商所的成交量在所有期货交易品种中最低,1~8 月成交量分别仅达到 2308 手与 1510 手,与玉米、铁矿石等期货产品成交量相距甚远(表 11.3)。

表 11.3　2017 年 1~8 月大商所期货成交量月度统计表

品种	8月成交量/手	同比/%	环比/%	1~8月成交量/手	同比/%
黄大豆1号	4 616 158	28.36	-6.86	40 139 670	-8.85
黄大豆2号	648	151.16	-62.76	6946	107.96
胶合板	20	-75.61	42.86	2308	179.42
玉米	14 996 640	-10.71	-7.56	211 106 704	42.09
玉米淀粉	6 397 084	-19.45	-17.12	77 978 092	-1.20
纤维板	112	154.55	-70.98	1510	232.60
铁矿石	76 083 796	70.97	28.95	398 810 534	-24.35
焦炭	9 490 156	45.20	90.71	34 050 398	-53.08
鸡蛋	8 077 022	81.32	-23.43	58 651 274	96.13
焦煤	11 630 144	231.37	85.70	39 762 796	-22.42
聚乙烯	12 280 120	-7.45	-4.99	86 611 456	-45.15
豆粕	28 776 456	-48.03	-16.61	239 496 556	-59.84
棕榈油	14 959 572	-40.38	15.13	101 600 678	-45.87
聚丙烯	10 781 892	-1.72	0.94	72 252 852	-66.04
聚氯乙烯	8 804 610	722.46	42.96	38 554 800	556.55
豆油	12 144 738	-17.80	11.09	84 659 070	-33.57
总计	219 039 168	5.37	10.69	1 483 685 644	-33.78

资料来源：大连商品交易所。

专栏 11-1　大连商品交易所

大连商品交易所成立于 1993 年 2 月 28 日，是经国务院批准的四家期货交易所之一，也是我国东北地区唯一一家期货交易所。经中国证监会批准，目前已上市的品种有玉米、玉米淀粉、黄大豆 1 号、黄大豆 2 号、豆粕、豆油、棕榈油、鸡蛋、纤维板、胶合板、线型低密度聚乙烯、聚氯乙烯、聚丙烯、焦炭、焦煤、铁矿石共计 16 个期货品种，并推出了棕榈油、豆粕、豆油、黄大豆 1 号、黄大豆 2 号、焦炭、焦煤和铁矿石等 8 个期货品种的夜盘交易。2017 年 3 月 31 日，大商所上市了豆粕期权，同时推出了豆粕期权的夜盘交易。

成立二十多年来，大商所规范运营、稳步发展，已经成为我国重要的期货交易中心。至 2016 年末，拥有会员单位 166 家，指定交割库 247 个，投资者开户数 273.70 万个，其中，法人客户 8.21 万个。2016 年，大商所年成交量和成交额分别达到 15.37 亿手和 61.41 万亿元。根据美国期货业协会（FIA）公布的全球主要衍生品交易所成交量排名，2016 年大商所在全球排名第 8 位。目前，大商所是全球最大的油脂、塑料、煤炭、铁矿石期货市场和三大农产品期货市场之一。

(二)价格趋势逐渐走低

通过胶合板期货上市后的价格走势图可以发现,从整体趋势看,胶合板期货的价格是逐渐走低的,但是每年的4月、8月和12月价格会明显走高,走出一波上涨行情,明显强于其他月份(图11.1)。

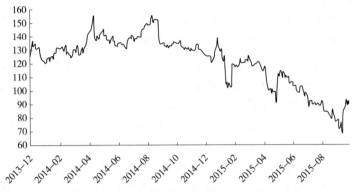

图 11.1 胶合板期货价格走势图

(资料来源:大连商品交易所)

胶合板期货价格逐波走低,除了跟房地产行业不景气导致胶合板需求下降之外,重要的一个原因是交易所规定的交割标准不适合市场主流产品,交割买入后用于生产不太方便、卖掉也存在困难,更有甚者降价20元/张都卖不掉。这直接导致生产厂商不愿意参与交割。另外值得注意的是,胶合板期货的价格在每年的4月、8月和12月都会出现暴力拉升,但是之后价格便重回下跌,这是典型的多方逼仓行情。胶合板期货的主力合约在1月、5月和9月之间切换,符合大多数商品的交易惯例,由于厂商的生产习惯、检测制度等规定,在临近交割月的前一个月,市场上有多少数量的胶合板可以用于交割就基本明朗了。多头可以毫无忌惮地拉升价格,因为空头手中没有货物不敢轻易做空即便胶合板的价格明显被高估,这就是逼仓行情。大商所也意识到了这一问题,所以规定自1508合约①起胶合板期货开始增加厂库交割制度。厂库交割制度的实行,可以有效降低交割成本,加快仓单生成速度,并有利于吸引和推动现货企业参与期货市场,这是胶合板期货交割制度的一大进步,有利于防止逼仓行情的发生。

二、胶合板期货市场低迷的原因

胶合板期货自上市以来除了个别月份,整体交投都不是很活跃,进入2015年更是冷清,经常出现长时间无成交的情况。研究发现,造成这一现象的主要原因是由于胶合板的价格存在地区差异,交割地的升贴水设置不合理,使得地点选择权对期货价格的影响很大。另外,胶合板期货的交割标的物跟现货市场的实际需求存在差异、检测成本高且时间长、多方交割后货物处理不顺畅也是造成胶合板期货市场低迷的重要原因。

(一)胶合板各地的生产成本差异较大

通过对比可以发现,胶合板在不同地区的价格差异十分明显,且各地区的价格差异基

---

① 1508合约:胶合板1508合约,2014年上市。

本保持稳定。各地价格不同主要是因为不同地区胶合板生产成本差异较大。目前,我国江苏、浙江等长三角地区的胶合板价格最高,主要是由于这一地区人工成本较高以及受森林限采限伐影响,导致原材料价格上涨比较大;山东、河北和天津等地区凭借较低的人工成本和产业转移的优势,胶合板生产成本相对较低;广东则是凭借较低的原料成本,使胶合板价格在全国价格最低。

胶合板价格各地区的价格差异基本保持稳定,主要跟胶合板销售半径有限、区域性消费等特点有关系。胶合板的销售半径一般控制在200千米以内,当运输距离超出这一范围后运输成本上升非常快,这就使得较远距离的胶合板流通基本不存在。所以目前胶合板除了在相邻省份流通外,很少出现较远距离的运输,使得全国各地区的胶合板价格差异基本保持稳定,价格差异大致相当于胶合板的运输成本。

现在胶合板大类下的细木工板是大商所规定的对胶合板期货标的物交割的标准。胶合板由3部分构成,由内而外分别是木芯板、两层中板和两层表板。其中体积占比最大(比例达到60%)的是最内层(木芯板),而且细木工板的质量对其有很大影响,所以其质量也成为了影响现货价格成本的关键。一般来说,主要有3种原木树种可以做成细木工板,即杨木、杉木及进口的马六甲,而其价格差异就体现在这3种不同的原料中。但是交易所规定的交割标准品没有对板芯做出专门规定,只是针对各地的生产成本不同设置了升贴水,难免出现劣币驱逐良币的现象。

(二)胶合板期货地区升贴水平不合理

胶合板行业是一个需求导向型的产业,浙江和江苏作为最大的消费区和重要的生产地,价格影响力较大,因此,大商所将浙江和江苏设置为基准交割地。其中,浙江有两个交割库区分别是浙江国贸嘉兴交割库和钱江交割库;江苏有两个交割库区分别是镇江惠龙港交割库和江苏奔牛港交割库,这4个交割库区为基准交割库,不设置升贴水。考虑到各地胶合板的价格差异及运输成本问题,大商所在天津设置了3个非基准交割库区,分别是天津全程交割库、中储新港交割库和南仓交割库,全部是贴水10元/张。考虑到河北、山东临沂和广东的胶合板生产成本和价格在全国都是比较低的,大商所在河北廊坊设立了中储廊坊交割库,在山东临沂设立了立晨物流交割库,在广州设立了广东国储交割库和广物木材广州交割库,在东莞设立了中储广州交割库,在佛山设立了广物木材佛山交割库,这6个非基准交割库区全部是贴水20元/张(表11.4)。

表11.4 胶合板期货指定交割仓库名录

序号	交割仓库名称	存货地点	交割专区	基准库/非基准库	与基准库升贴水/(元/张)
1	镇江惠龙长江港务有限公司		镇江惠龙港	基准库	0
2	江苏武进港务有限公司		江苏奔牛港	基准库	0
3	浙江省国际贸易集团物流有限公司	嘉兴库	浙江国贸嘉兴库区	基准库	0
4		钱江库	浙江国贸钱江库区	基准库	0

（续）

序号	交割仓库名称	存货地点	交割专区	基准库/非基准库	与基准库升贴水/（元/张）
5	天津全程物流配送有限公司		天津全程库区	非基准库	-10
6	中储发展股份有限公司	新港库	中储新港库区	非基准库	-10
7		南仓库	中储南仓库区	非基准库	-10
8		廊坊库	中储廊坊库区	非基准库	-20
9	立晨物流股份有限公司		立晨物流库区	非基准库	-20
10	广东国储物流股份有限公司		广东国储库区	非基准库	-20
11	中国物资储运广州公司		中储广州库区	非基准库	-20
12	广东广物木材产业有限公司	广州库	广物木材广州库区	非基准库	-20
13		佛山库	广物木材佛山库区	非基准库	-20

资料来源：大连商品交易所。

虽然交易所考虑到了各地的成本差异并根据各地的价格差异设置了升贴水，但是实际中仍然存在跨市场套利的机会，下面以山东临沂和江苏常州为例。山东临沂是我国最大的胶合板生产基地，江苏常州是胶合板的重要消费区及生产地，因此选取这两个地方的价格具有代表性。大商所规定江苏常州奔牛港为基准库，区不设升贴水，山东临沂立晨物流交割库为非基准库，区贴水 20 元/张。山东临沂的生产厂商将胶合板从临沂运输到江苏常州的成本一般在 3.5 元/张，最多不超过 4 元/张，中间价差高达 16.5 元/张。所以，山东临沂的企业要么选择不交割，要么就一定是去江苏常州交割。当期货价格高于山东临沂生产企业的生产成本和从山东临沂到江苏常州的运输费时，山东临沂的生产企业就有动力将胶合板运输到江苏常州进行交割，也就是说存在着跨市场套利的机会。事实上也是如此，自胶合板上市以来，山东临沂立晨物流交割库没有生成过一张仓单。

(三) 标的物与现货市场标准存在差异

大商所规定胶合板的交割标的是符合国家标准《细工木板》（GB/T 5849—2006）的实心、胶拼、双面砂光、室内普通用途的 5 层细工木板。交割标准品是 15 毫米的细工木板，交割替代品是 18 毫米的细工木板。同时，交易所对交割品有很强的环保要求。大商所规定可用于交割的胶合板的甲醛排放量必须符合国家标准《室内装饰装修材料人造板及其制品中甲醛释放限量》（GB 18580—2017E）中的 E1 级标准，虽然也允许 E2 级标准的交割品进行交割，但是设置了 30 元/张的大幅贴水。交易所关于胶合板交割品的规定跟现货市场的标准存在一定的差异，主要是板芯规定的差异、环保标准的差异和胶合板厚度的差异。

1. 交易所对胶合板板芯的规定与现货标准存在差异

目前，国内厂家大批量生产满足交易所交割规定的细木工板存在一定的困难，原因主要是胶合板生产企业所用的板芯宽厚比达不到交易所的要求。交易所要求可用于交割的板芯的宽厚比小于 3.5，但是，目前市场上胶合板主流产品板芯的宽厚比则是 4.2 左右，由于这一差异导致目前市场上可用于交割的胶合板数量少。在实际生产中，板芯并没有统一的国家标准，板芯使用者对此也没有专门要求。另外，由于胶合板生产企业所用板芯大多是从外部采购的，除非企业专门去定制符合交易所标准的板芯，否则的话大多数板芯生产厂家不会去生产宽厚比小于3.5的非主流板芯。如果企业为了交割去定制板芯，必然会提高板芯的价格，进而增加企业的生产成本。综合考虑到企业板芯需要外采的生产模式和定制板芯导致的成本上升，企业缺乏足够的动力去生产满足交易所规定的胶合板。

2. 交易所对交割品规定了较高的环保标准

交易所对交割标准品规定了较高的环保标准，和市场上主流胶合板的环保品级存在一定差异，市场上大部分胶合板达不到交易所的规定。大商所之所以对胶合板交割规定较高的环保标准，初衷是想倒逼企业转型、引领胶合板产业升级。开始确实发挥了作用，在胶合板合约上市以来，在交易所对国标的强化及引导下，对胶合板产业产生了积极的影响，胶合板生产企业于是开始提升其生产技术，按照国际要求进行改进。但是由于胶合板行业投资规模小、进入壁垒低，造成胶合板产业相对分散，大部分生产厂家规模较小。胶合板产品质量参差不齐，普遍存在低质高标的现象，虽然很多产品都标明是符合E1级标准，但是实际上很难达到，这是导致胶合板报价差别较大的一个重要原因。另外，终端消费者对胶合板环保标准的识别能力差，存在信息不对称的情况，所以，一般胶合板生产企业也不愿意使用高价格、高环保标准的产品，从而造成胶合板到期交割接货后再次出手不太容易。

3. 交易所对胶合板厚度的规定与现货标准存在差异

交易所规定的交割标准品是15毫米细工木板，交割替代品是18毫米细工木板，而目前市场主流的胶合板的厚度则是16~18毫米。另外，近年来市场上流行一种生态板（也称三聚氰胺板），这种生态板跟胶合板的品质和性能类似但是价格更便宜；同时，企业生产生态板的利润更高，所以，企业生产生态板的热情很高，生产胶合板的数量则逐渐减少。生态板的流通占比逐渐提高，有逐步替代细工木板的趋势。

（四）胶合板期货检验成本高且时间长

（1）胶合板期货的检验成本较高

大商所规定，3003张为一批，根据每组70张进行分组，从所有的组中随机抽取4组，在这4组中每组抽20张，共有80张被抽取，然后从80张中随机抽取9张，其中，3张用于检验，6张用于备检。如果3张通过检验，则剩余6张归还企业，如果3张不合格，则在6张中随机抽取3张再进行检验。检验费用较高，5000~6000元/次，检验成本占到货物价值的2%~3%，使得企业不愿意去注册仓单。

（2）胶合板期货的检测时间较长

目前，胶合板没有注册品牌，所有的货物入库之前都得检测。检测时间较长，一般为5~10天，所以企业注册仓单顺利的话最快也得10天左右。

目前，大多数企业并不生产交易所标准的胶合板，但是为了用于交割，他们也可以通过调整生产线来生产，厂家调整生产线的时间是1个月左右。交易所规定胶合板的最后交易日是合约月份的第10个交易日，一般就是在交割月的中旬。根据规定，我们可以看出，在交割月的前一个月的月初基本就可以确认目前胶合板的生产能力以及将来可能有的注册仓单数量，因为在这个时间之后再去注册仓单用于交割已经来不及了。胶合板合约上涨的启动点都是临近交割月的前一个月的月初左右，因为到了这个时间点投资者已经很清楚目前胶合板的生产能力以及可能会有的新注册仓单。这就是多方的逼仓行情，交割月过后，胶合板期货价格又重新步入"正轨",这是典型的炒作,不利于价格发现功能的实现。

一般来说,规范的期货交易,其交割率和交割的绝对量都维持在一个较小的水平上,所以,巨量的实物交割往往都发生在逼仓上。在期货市场上,一旦多逼空发生巨量交割后,期货市场的的正常秩序就被破坏,以后月份的交易往往会大幅度减少,实物交割也同样大幅度减少,逼仓的影响消失后,该品种的期货交易和实物交割才会趋于正常。我国期货市场比起国外成熟的期货市场,逼仓现象相对较为普遍,这已经成为引发我国期货市场巨量交割以及交割异常等交割风险的最重要的因素。

(五)胶合板仓单不容易转入现货市场

胶合板生产企业参与期货市场,注册胶合板仓单,通过期货市场进行销售,具有很高的价值。胶合板下游市场主要是家具、室内装修行业,受房地产的影响比较大,在楼市低迷时,即使是在胶合板的销售旺季,胶合板的出货也有可能不顺畅。参与期货市场可以将货物进行销售,而且还可以提前锁定销售价格,在价格下跌时避免了库存贬值的风险。同时,通过期货市场进行融资,卖方注册仓单之后,可以将仓单质押进行融资。通过仓单质押,可以帮助企业解决流动资金紧张的问题,提高资金的使用效率。

当期货市场价格对现货市场价格起到合理的引导作用时,期货市场服务于实体经济的作用才能发挥,帮助企业发展提高销售和采购模式,从而利于提高企业的竞争地位和利润。

因此,胶合板仓单是连接期货市场和现货市场的纽带,给胶合板的期现交易架起了一座桥梁。但是在实际的操作过程中,胶合板仓单在转入现货市场时却存在一定的障碍,在下游的接货情况不容乐观,主要体现在:

①国标对于胶合板的平整度检测要求低于生态板,目前按照大商所交割要求所交割的细木工板在实际生产中无法用于生态板加工,而生态板现在是家装市场的主力,这会抑制盘面接货方接货的动力。

②家具现货原材料市场以定制为主,下游市场已经形成了对品牌的依赖。但是品牌具有地域性,如果企业从期货市场接货,然后再直接销往现货市场,那么可能涉及法律侵权问题。所以,接货的厂商只能进行二次加工再销往现货市场,厂商成本将会增加,这会降低厂商参与期货交割的兴趣。

③胶合板现货企业对于期货市场的参与积极性不够。目前国内主流的品牌细木工板与大商所标准仓单的主要区别是对板芯的宽厚比的要求。交易所标准要求宽厚比是3.5,而市场主流产品的宽厚比则是4.2左右,交割标准的不同会打压胶合板企业对期货交割的参与积极性。

总体来看,目前期货上注册的胶合板仓单在下游的接货情况并不顺畅,胶合板厂商接货意愿不强,胶合板仓单在转入现货市场时遇到了不小的障碍。

三、胶合板期货发展的优化路径

(一)推广胶合板的注册品牌制,提高质检效率

现阶段国内胶合板生产厂家现货集中度有限,行业前10家公司约占15%的市场份额,

注册品牌的交付系统目前还没有实施,所有胶合板登记前必须由检验机构出具检验报告,在胶合板的等级检验方面耗费了大量的时间和成本。因此,应该提高胶合板质量检验的效率,针对目前我国胶合板市场发展还不成熟、胶合板必须由检验机构出具检验报告的现状,采用新方法对胶合板的质量进行检验,尽可能缩短胶合板质检报告的出具流程,提高胶合板质量检验的效率,并配合交割厂库的设立进一步推广胶合板的注册品牌制度。

(二)调整各地交割库升贴水平,做到统一标准

在设置胶合板期货升贴水时应该从企业的实际角度出发,通过调查,然后选择较为合适的升贴水。市场竞争是最好的标准,企业不盈利就会被淘汰,在市场中无法生存,所以,对于胶合板生产商来说,之所以会选择舍近求远,仍是其利益所致。因此,在我国林产品期货市场上,应根据企业的需求设置合理的升贴水。另外,由于各地区基本面是经常变化的,因此,应该定期修改我国林产品期货的升贴水,让更多的企业方便地参与期货市场,防范价格风险,也可以使期货品种交投更加活跃、期现市场联动更加高效。

(三)扩大胶合板交割品级范围,满足市场需求

由于胶合板标准交割品的品质较高,下游加工企业所使用的主流胶合板多数不能进行交割。在低迷的行情下,胶合板生产企业尽可能压低生产成本以提高竞争力,企业产品存在虚标的情况较为严重。这种情况造成卖方交割选择的范围非常小,很多企业为了交割而生产,失去了实际需求的支撑,会对市场和价格造成一定的扭曲。因此,应该适当放宽胶合板检验标准,让市场主要交易的胶合板以贴水的形式参与到期货交割中来,这样才能够将期货市场与实际需求相结合起来。

(四)加强逼仓行情的风险控制,防止过度投机

与大多数商品不同,胶合板期货合约在交割月前一个月,其主力合约仍是近月合约,而现货市场价格及仓单和主力合约联系较为紧密。根据大商所的数据显示,生产胶合板细木工板厂家越来越多,利于胶合板期货市场的发展,利于其价格发现功能及套期保值功能的发挥。随着市场对于胶合板期货合约和规则越来越熟悉,参与度会越来越高,未来交割月之前的行情还会继续且持仓与价格波动有扩大的趋势。

胶合板跟其他商品期货不同,临近交割月的合约往往是主力合约,因此,对于风险的防范也应该区别于其他商品。根据期货市场持仓与价格的波动特点,适度调整保证金比例和涨跌停板幅度,如果出现涨跌停板则应调整保证金比率。对于一般月份与交割月份应做出明显的区分,对于在连二合约[①]上建立头寸较多的客户给予充分的信息披露制度,避免持仓的过于集中,在连二合约上限制投机头寸限仓制度。

本章小结

林产品期货市场对于林业产业发展具有重要作用。它为林业经营者提供良好的风险管理机制,有利于推动林业贸易信贷融资的发展、提高金融机构对林农的信贷供给、扩大我

---

① 连二合约:指某期货交割月后的第二个交易合约。

国期货市场的现有容量、促进林业产业群的整合、改良林业产业的补贴政策。期货市场与林业的有机结合具有充分的可行性，比如，林产品自身特点符合期货交易要求，林产品的同质性问题已经得到解决，林产品的无限制供给问题有望解决。林产品期货市场在国外的发展相对缓慢，交易量不大，但是品种不断增加，地域不断扩大。而我国的林产品期货市场在震荡中前进，问题和困难较多，目前还处于市场调整和监管调整阶段，主要原因是我国期货市场整体发展落后和林产品现货市场欠发达。为促进林产品期货市场的发展，在期货品种选择方面要考虑制度环境，比较优势以及现实经济活动的需要。在林产品期货市场发展过程中，需要正确认识期货市场与现货市场的关系，需要林业部门的大力推动，不要对林产品期货期望太高，要加大风险监管力度。

第十二章 森林保险财政补贴

森林保险是一种准公共物品，具有极大的正外部性，政府如果不对商业性保险公司提供财政扶持，必然导致森林保险需求不足，造成市场失灵。因此，政府的直接经营或大量补贴是森林保险发展的必要条件，也是发达国家森林保险发展中的共同做法。为了使森林保险市场实现供求均衡，政府既可以采用对投保主体进行保费补贴的方式，也可以采用对经营主体（保险公司）进行经营管理费用和再保险补贴的方式。目前，我国财政对森林保险实行的是固定比例和"倒补贴"的政策，要求在投保主体的保费收缴、县市和省级财政的补贴到位后，才予以配套中央财政补贴。从财政补贴形式上看，主要是采用有条件、不封顶配套补助方式，对被保险人提供森林保险保费补贴。

本章从森林保险财政补贴的理论依据出发，借助市场失灵、信息不对称、公共物品和公共财政理论分析森林保险财政补贴的必要性，然后介绍森林保险财政补贴主要方式，以及我国的森林保险财政补贴方式，并指出我国现行的森林保险保费补贴政策存在的主要问题，最后提出我国森林保险补贴政策的优化方向。

第一节 森林保险财政补贴理论依据

一、市场失灵理论

当林农遭遇自然灾害时，对于小范围的森林风险林农可通过传统的风险管理措施，如亲朋借贷或者差异化树种培育等方法，进行风险分散。但如果森林风险覆盖面积较大的时候，传统的风险管理措施已不能有效分散风险，此时，森林保险作为分散林业生产风险的重要工具，可以帮助林业较快恢复再生产。然而，与一般风险相比，林业风险具有可保性差、风险单位大、区域性明显、监督成本高等特点，加之森林保险市场中频繁出现的道德风险和逆向选择现象，大部分的商业保险公司不愿意从事规模小、收益较低、赔付率高的森林保险业务。在没有政府补贴或者资助的情况下，森林保险市场大多处于市场失灵状态。即在市场经济的环境下无法使资源有效配置，投保主体和保险公司之间无法形成合作，需要通过政府干预方可达成合作。

二、信息不对称理论

(一)森林保险的道德风险

道德风险包括隐藏信息的道德风险和疏忽行为的道德风险,前者是由投保人不诚实或故意欺诈而引起,后者由投保人疏忽和过失行为而引起。在森林保险市场中,存在道德风险问题且较其他保险市场更为严重,其主要原因是标的物的价值差异。国家对森林的砍伐要求是获得采伐许可证才可以砍伐,然后在市场销售。有些林业生产经营者存在短期利益驱使,想尽快砍伐以获得林木销售收入。但是迫于采伐许可证难以获得,便通过人为火灾达到砍伐的目的。国家规定过火的林地需要更新再造,具有采伐资格。这导致森林保险的道德风险问题较为严重。若未投保时,林农需要自行承担灾害所导致的损失,为避免损失的发生,林农会在事前主动采取一切可行的风险管理方式以将灾害发生的可能性降至最低,或在事后会采取积极态度将损失最小化;若已投保,当事人所承担的损失会因保险公司的参与而得到分摊,则当事人的风险管理积极性下降从而可能使其疏于防范或者人为操纵,提高了灾害事件发生的可能性或增加不必要损失。这导致保险公司的赔付率上升和保险费用增加,进而使保险公司不愿意经营森林保险业务,森林保险市场萎缩,社会资源配置无效。

(二)森林保险的逆向选择

逆向选择是指合同交易双方签订合同之前,信息优势方利用其掌握的信息使得合同的签订有利于自己,导致劣币驱逐良币的局面。在森林保险市场中,保险公司了解不同森林资产对应不同等级的风险,若在理想条件下,保险公司希望能够精确区分高风险者并提高此类产品的保险价格以保证收益最大或损失最小。但在现实情况中,针对不同森林资产差别对待尤为困难,因而,在保险公司按照森林风险平均损失概率制定保费率时,作为信息优势方的林业生产经营者由于长期经营林地,对自身风险水平有比较清醒的认识,可能获得高赔付的林农或者赔付可能性大的林农会更加愿意购买保险。相反,低风险林农则拒绝购买保险。这样一来,高风险林农比重越来越大而低风险林农比重减小,投保人结构发生变化,同时,保险公司对投保人的平均赔付金额增加,保险产品价格随着平均损失的升高而升高,潜在客户群体缩小,间接影响了保险产品的供给和需求,最终导致整个森林保险市场萎缩。

三、公共物品理论

西方经济学理论认为,人类社会生产的经济物品根据其消费属性,可以分为公共物品、准公共物品和私人物品3个类别。公共物品具有共同受益和联合消费的性质,是用于满足社会公共需要的物品和服务,它是私人物品的对立物,在现实生活中具有受益的非排他性和消费的非竞争性,并且不具有明确的产权特征,如国防、湖泊、道路、森林的生态效益等。森林生态效益的非排他性和非竞争性,决定了森林生态效益作为公共物品的特性。森林生态效益的非排他性是指森林生态效益作为公共物品受益的非排他性,即"该物品一旦被生产出来,生产者就无法决定谁来得到它",或者说森林生态效益作为物品一旦被生产出来,生产者就无法排斥那些不为此物品付费的人,或者排他的成本太高以致排他成为不可能的事情。森林生态效益的非竞争性是指森林生态效益作为公共物品消费的非竞争性,即对森林的生态效益,"每个人对该物品的消费不会造成其他人消费的减少"。共同而又互不排斥地使用森林生态效益这种公共物品有时是可能的,但由于"先下手为强"式的使用而不考虑选择的公正性和整个社会的意愿,一些森林生态效益如清洁的空气、悦人的景观正在变得日益稀缺。

由此可见,森林生态效益是典型的公共物品,其公共物品属性决定了市场对森林生态效益的配置是失灵的,只有政府进行干预,把森林生态效益补偿纳入公共财政体系,以弥补保护森林资源的成本,保证这种公共物品的充分供给。

四、公共财政理论

由于市场存在失灵的状态,所以必须依靠市场以外的力量。公共财政就是指为了弥补由于市场失灵所带来的公共需求的供给不足,向社会提供公共服务的政府行为或其他经济行为。所谓的市场以外的力量就是指政府的力量,所有的政府再分配行为,可以通过税收进行,也可以采取补贴的方式。政府可以通过提供公共服务的方式来间接再分配收入,为市场提供公共服务的、与预算有关的经济行为。因此,公共财政是以满足社会公共需要、提供公共产品为目的的政府职能,是市场经济宏观调控的一部分。森林有着巨大的生态价值,承担着保护环境的重要责任。近年来,国家越来越重视森林的生态保护和建设,林业作为公益性基础设施是公共财政支出的重要部分。保护森林是我国实施可持续发展战略的必然要求,也是造福子孙后代、保护人类家园的客观需要,因此,重视林业发展是为满足社会的公共需要,是为社会提供公共产品和公共服务。但经济效益与生态效益并存的准公共物品属性使得林业为社会提供了公共产品或公共服务,从而存在一定程度的市场失灵现象。因此,林业生产经营活动需要公共财政的资助与支持,公共财政要补偿林业生产经营者因提供公共利益而增加的成本或损失的收益,公共财政须对森林的保护与发展提供最大力度的支持。

第二节 森林保险财政补贴主要方式

一、直接补贴方式

直接补贴方式主要是指对投保主体即森林保险的林业生产经营者提供保费补贴的方式。森林保险的保费补贴是针对投保方的一种转移性支出,其职能是纠正森林保险消费的正外部效应,主要是解决森林保险市场有效需求不足的问题。通过对营林主体的保费进行补贴,减轻营林主体的保费负担,提高其投保积极性,以维护森林保险市场运营的有效性,发挥森林保险在保证森林覆盖率、减轻农民负担和促进我国林业产业振兴等方面的基础保障作用。在应对自然灾害风险时,保费补贴被证明是更有效的补贴策略。从政府财政补贴形式上看,主要是采用有条件、不封顶配套补助方式,对被保险人提供森林保险保费补贴。

理论上,如果森林保险的费率厘定充分考虑了森林保险保费的所有构成要素,充分反映了森林保险经营成本、附加风险和盈利状况,即森林保险的实际费率等于其公平精算费率，那么，政府只需要对投保主体提供适度的保费补贴即可，因为保险公司的经营管理费用和利润都包含在保费中，因而无需对保险公司提供任何形式的财政补贴。目前我国森林保险采取的是保费直接补贴方式。

二、间接补贴方式

间接补贴方式主要针对森林保险市场上承保主体有效供给不足问题，通过降低保险公司经营成本和费用，并建立风险补偿机制来提高保险公司的承保积极性。间接补贴方式主要包括：①经营成本补贴。②税收优惠。一是直接减免保险业务的所得税和营业税；二是允许保险公司将盈利年份的部分保费收入不计入当期利润，而是作为未来赔付的准备金放入专门账户，以备大灾之年赔付之用。③提供再保险支持。④巨灾风险补偿基金。即由中央政府或省级政府建立巨灾风险补偿基金。其中，前两者是对保险公司经营成本的补贴，后两者是针对森林保险产品的高风险特性，建立风险补偿机制。

采取多样化的补贴方式，有利于从供求双方解决保险市场失衡的矛盾，有助于提高财政补贴效率。因此，除了保费补贴方式，发达国家基于森林保险的高风险和高经营成本的特征，普遍对保险公司给予经营成本和费用补贴，并建立了完善的巨灾风险补偿机制，国外实践证明了间接补贴模式的有效性。以下仅对经营成本补贴、税收优惠、提供再保险支持这3种间接补贴方式予以说明。

（一）经营成本补贴

经营成本补贴主要针对森林保险市场上承保主体有效供给不足的问题，以及森林保险业务经营成本高的特点，通过降低保险公司经营成本和费用，以充分调动保险公司开展森林保险业务的积极性为原则，在一定比例范围内对森林保险提供经营成本补贴。同时，为了防止森林保险经营成本补贴导致保险公司淡化责任、保险工作效率不高的问题，在采用经营成本补贴这种方式时，一定要合理测定不同地区的森林保险业务的费用率，根据费用情况的差异，实行差别费用补贴比例。此外，为了激发基层林业管理部门和工作人员为森林保险经营机构的承保、查勘、定损等工作提供宣传和技术支持，财政也可对基层林业部门给予一定的协办费用补贴，以解决基层林业部门森林保险工作经费缺乏的问题。因此，除了保费补贴方式，发达国家基于森林保险的高风险和高经营成本的特征，普遍对保险公司给予经营成本补贴，国外实践证明了经营成本补贴模式的有效性。

（二）税收优惠

对森林保险各参与主体进行税收优惠也是森林保险财政补贴的一项重要内容。对森林保险经营主体来说，税收优惠政策实施的意义在于减轻其经营负担、获得收益。对森林保险购买者来说，可以加强其购买意愿。因此，为了使森林保险购买者的支付能力和经营主体的自我积累能力得到提高，应积极扩大对森林保险业务的税收优惠力度。具体包括：①对于各种森林保险经营主体，不论商业保险公司或是林户共保组织，可享有直接免征或减征保险经营所得税的优惠；②允许森林保险经营主体从经营盈余中扣除一定比例的资金作为保险准备金，放入专门账户，并允许其在税前扣除，以备大灾之年赔付之用，增加森林保险经营主体的资金实力和风险抵抗能力；③扩大营业税和印花税的免征范围，为森林保险顺利开展提供更为宽松的税收条件。

(三)提供再保险支持

提供再保险支持是针对森林保险产品的高风险特性,建立风险补偿机制。森林风险的发生具有地域相对集中的特点,普通保险所遵循的大数原理难以在较小地域内实现,需要在全国范围内实行再保险。但实际情况是,许多商业性再保险公司考虑到林业风险的特殊性、经营林业风险收益的可观性和自身承受风险的能力,往往不愿意开办与森林保险相关的业务。解决这个问题的一个有效途径就是建立政策性的森林再保险体系,依托于我国现有的再保险公司,由政府对森林的再保险业务提供财政支持并进行监督管理。

政策性森林再保险公司可在以下两个方面发挥作用:一是运用再保险机制扩大森林保险在全国的开展范围,使更多的林农参与其中,从而提高林业户主经营的积极性,提高林业生产的收益;二是对每个省份森林保险公司的亏损进行适当的补偿,担当后盾的角色。当林业户主遭受较严重风险的灾害,保险公司因对其进行金额较多的赔付而自身得不到收益时,政策性森林再保险公司可对保险公司进行经济补偿,确保保险公司获得不少于社会市场平均水平的利润,使其可以正常经营下去。由于它所产生效益的受益者是参与森林保险的各个主体,因而也就同时调动了被保险人、保险人双方的积极性。因此,政策性森林再保险公司具有增加支付意愿、降低经营风险、提高承保能力、维持业务稳定的优点,其开展具有很大的可行性和效益性。

目前我国再保险市场较为薄弱,尤其需要国家提供再保险支持,逐步建立中央和地方财政支持的森林再保险体系。可以由中央政府统一组建政策性的全国森林再保险公司,既可以使森林风险在全国范围内得以最大程度的分散,维持全国森林生产稳定,又可以补贴各省份森林保险的亏损。所以,这是一种差额杠杆撬动机制,保证林农以可以接受的费率参加森林保险,创造林农对森林保险的需求,又可以撬动一般的保险机构以不少于社会市场利润率的水平来承保森林风险,调动被保险人和保险人双方的积极性。

三、直接与间接补贴相结合方式

直接补贴与间接补贴相结合方式指对供需双方(即投保方和被投保方)提供财政补贴。由于林业风险具有风险单位与保险单位的非一致性、广泛的伴生性和弱可保性等特点,导致林业风险的识别、度量和评估存在难以克服的困难,使森林保险的公平精算费率难以准确厘定。而我国森林保险经营技术水平较低,科学的保费厘定机制尚未建立,再加上林业风险灾害种类多、发生频率高、损失规模大等特点,使森林保险的纯保费率、费用率和附加费率都很高,导致森林保险的公平精算费率要比普通财产保险高出数十倍。目前,我国森林保险的实际保费率(商品林综合险费率为0.2%~0.5%,公益林综合险费率为0.2%~0.4%)远低于其公平精算费率。由于现行的保费定价机制并没有涵盖森林保险保费成本的所有影响因素,如果采取单一的针对林农的保费补贴方式根本无法解决森林保险市场的供需矛盾问题。因此,根据我国林业风险和森林保险特点,森林保险财政补贴方式应进行适当的调整,政府除了向林农提供保费补贴以外,还应该对保险公司提供管理费用和再保险补贴等(图12.1)。

根据以上对森林保险保费的分解,无论是实行单一的保费补贴,还是同时实行保费补

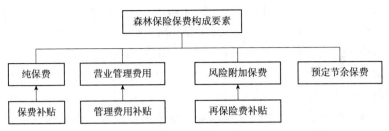

图 12.1　森林保险保费分解与财政补贴方式选择

贴、经营成本补贴和再保险补贴，其实质都是对公平精算保费的补贴，这两种情况本质上是一致的。在第二种情况下，保险公司并没有获得额外利益，因为这些费用成本本应是保险价格的组成部分，只是承担主体不同而已。

第三节　我国森林保险财政补贴方式

一、我国森林保险财政补贴方式与标准

森林保险保费补贴是一种转移性支出，其职能是纠正森林保险消费的正外部效应，以维护森林保险市场运营的有效性。从政府财政补贴形式上来看，主要采用有条件、不封顶配套补助方式，对被保险人提供森林保险保费补贴（价格补贴）。中央财政为公益林提供的保费补贴为 50%、为商品林提供的保费补贴为 30%，省级财政为森林保险提供的保费补贴在 25%~50%，市县财政为森林保险提供的保费补贴在 5%~25%，林农承担的保费在 0~40%。地方财政为公益林提供的保费补贴为 40%，在此基础上中央财政保费补贴 50%；中央财政对大兴安岭林业集团公司保费补贴 90%。省级财政为商品林提供的保费补贴至少 25%，在此基础上中央财政保费补贴 30%；中央财政对大兴安岭林业集团公司保费补贴 55%。其他如天然橡胶、藏区品种，要求省级财政保费补贴至少 25%，在此基础上中央财政保费补贴 40%；中央财政对被纳入的中央单位保费补贴 65%。

二、我国森林保险保费补贴政策存在的问题

（一）政策目标定位不准确

近年来，我国森林保险规模逐渐扩大，覆盖面积得到拓展，保费补贴比例不断提升。但当前的补贴政策与风险管理需求没有达到统一要求，森林保险改革无法满足林业发展需求。我国森林保险现行以"低保费、保成本、广覆盖"作为政策目标，执行过程中实际上限制了保障水平的提高，对于刺激林农提高森林保险需求起到的作用不大。如何激励林农参保以及在保持公益林参保水平提高的基础上，有效地增加商品林的参保面积，将是我国森林保险政策目标细化的主要方向，在物化成本的基础上对价值进行保障。

在我国森林保险实践中，政府作为参与主体之一，森林保险实施方案中规定其在运作过程中应遵循"政府引导、市场运作"原则，应主要以财政补贴、政策支持等方式参与森林保险，起到投保主体与承保机构之间的桥梁作用，衔接保险公司与分散小户林农及大户新

型林业经营主体间的关系。发达国家森林保险实践中，政府主要以"裁判员"身份作为监管主体参与森林保险，而我国政府则是以"裁判员"和"教练员"的双重身份参与森林保险。当前，我国政府全面参与到保险产品设计、投保、定损理赔等森林保险的各个环节，政府的作用并不仅限于提供保费补贴、监管资金和业务等的指导和支持，还主导了保险品种、保险责任、保险金额和保险费率等保险条款的制定。过强的政府干预使得森林保险违背了市场运作原则，导致保险责任、保险金额及费率偏离实际需求，也使得保险公司对政府部门的依赖度过高，导致保险公司缺乏创新动力。

当前实施的财政补贴政策规定，林农支付一部分保费，财政为其提供相应的补贴；下级财政在提供补贴后，上级财政实施配套补贴。在试点阶段，大部分林农缺少参保意识，受到一些因素的影响，各地政府和保险公司在开展森林保险业务时，采用统保统赔的方式推进这项保险活动，即林农不需要支付保费，政府或相关主体支付保费，在年底采用特殊的方式获得理赔，将其他主体或政府支付的保费套回。一些地区利用这种方式谋取个人利益。该方法既会侵害林农的权益，也会影响到森林保险制度的规范性发展，长此以往，越来越多的主体将退出森林保险，导致森林保险陷入停滞阶段。

第一，中央政府与地方政府之间目标不一致。中央和省级政府站在利国利民和发展林业的角度考虑，对推动森林保险的发展抱有较大的积极性与信心。但省级以下政府，特别是部分林区基层政府财政比较困难，而当前的保费补贴标准需县级财政承担一定的保费，且全国采取统一补贴比例，这使得森林资源丰富且经济欠发达的基层政府尤其是县域政府承受较大的财政压力。同时，基层政府从事森林保险查勘、定损、理赔等业务缺乏相应的业务费补贴，使得部分基层政府逐渐丧失了协助开展森林保险的积极性。

第二，林业部门和保险公司实际定位存在偏差，无法形成协同动力。现有的森林保险实践中，保险公司与林业部门职责分工不明确，导致保险公司处于强势地位，而林业部门因政绩压力被迫以"打工者"身份协助保险公司完成森林保险宣传、出险定损及理赔等相关工作，缺少森林保险管理的话语权。同时，林业部门也没有专门工作经费支持森林保险工作，使得其在森林保险运行体系中的纽带作用未能充分体现，影响了森林保险的运行效果。

（二）补贴方式较为单一

各国在实施森林保险时都为其提供了补贴，补贴方式包括税收优惠、经营成本补贴、保费补贴等。加拿大、美国实施森林保险的时间较早，这些国家采用了多种森林保险补贴方式。印度、日本在实施森林保险时采用了再保险、经营成本补贴、保费补贴方式。菲律宾在实施森林保险时采用了再保险、保费补贴。我国在实施森林保险时只采用了保费补贴方式，由于补贴方式单一，限制了保险产品的设计。当前，保险公司推出的森林保险产品将省作为单位，设置统一的保额和费率，林农缺少多元化的选择。在一个省的各个区域，林业生产费用存在显著差异，各区域遇到的灾害也各不相同，各地林农对保险的需求也存在差异。举例来说，黑龙江省绥化市出现的自然灾害较多，大部分农民愿意参加农业保险，一些农民希望保险能够提供较高的保障，他们支付保费的能力较强，但由于当地实施低保障制度，导致高端需求无法得到满足。当前实施的森林保险保障水平偏低，尽管收费并不高，但大部分林农并不愿意参与森林保险。

保费补贴指的是政府为了调动林农参与森林保险的积极性，使用政府财政引导市场参与运作的一种方式和手段。随着机械成本、人工费用的不断增加，林业生产费用大幅度增多，森林保险赔付远远小于损失的成本，无法满足现在林业的发展需求，导致大部分林农不愿意参与森林保险。当前实施的森林保险无法使规模化经营者的需求得到满足。尽管森林保险覆盖范围较广、保费较低，但它的保障水平偏低，只能实现保成本的要求，要想实现保收入的目标，政府财政需要提供更多的保费补贴，林农也需要支付较多的保费。受到诸多因素的影响，这种保障模式无法在短时间内实施。在森林保险发展过程中，森林保险企业面临不断增加的人工费用、较高的税收以及较高的赔付率，导致其在开展运营活动时承担着巨大的经济压力，这对森林保险产品的保障水平产生了很大的影响。由于关联保险开发数量少，导致森林保险无法实现规模化发展；且森林保险的种类较少，产品类型单一，在设计、开发、创新方面存在诸多缺陷。当前实施的森林保险大都是成本保险，无法满足林业发展中的各类需求。林业风险具有多样性特征，林业经营者对森林保险有着不同的需求，目前单一的森林保险产品难以满足林业经营者的多元化、个性化保险需求。对于森林灾害核查来说，森林保险企业在出现灾害后进行实地核查，以此来判定灾害程度。林业存在系统性风险，一些区域树种结构雷同的现象较突出，灾害发生对局部区域内特点相同的树种有普适性，受灾面易成规模，由于个体林农拥有大量细碎土地，他们的居住过于分散，导致森林保险企业在开展核查活动时花费了大量成本，但取得的效果并不显著。一些森林保险企业人员数量有限，加之受到各类因素的影响和限制，导致核查效率偏低。

(三) 补贴标准过低

由于是基于"低保障、广覆盖"原则设计保险金额，致使以较低保费为基础的保费补贴额度偏低，且保费补贴标准缺乏差异化，导致保费补贴政策难以发挥激励投保主体参保的作用，也影响了地方政府配套补贴与协同工作的动力。我国基于"低保障"原则的保费补贴政策，尽管保费补贴比例非常高，但实际保费补贴额仍偏低，单纯依靠保费补贴比例的提高来鼓励投保主体参保的空间非常有限。目前，我国森林保险保费补贴比例已达90%，远高于44%的全球农业保险保费补贴平均占比，继续增加保费补贴比例已无法进一步对投保主体产生激励作用。依据"补贴规模＝保费×补贴比例＝保额×费率×补贴比例"，费率与保障水平既可直接影响补贴规模，又可通过保费间接作用于补贴规模。而由于我国保费补贴标准制定中未能与保障水平相融合，受低保障水平的限制，即使保费补贴比例的持续加大也难以相应地提高保费补贴的规模，导致参保激励作用很弱。

(四) 补贴比例缺少差异

在当前统一保费补贴比例的"倒补贴"联动机制下，中央财政保费补贴资金的杠杆效应明显，但激励效应偏弱。我国地区间经济与财政水平、林业资源状况、投保主体保费负担能力等均存在巨大差异，然而财政保费补贴资金分配没有考虑这些因素，致使投保主体保费负担与支付能力不相适应。就2018年公益林财政补贴地区分布看，农民收入偏低的西部地区财政保费承担比例低于农民收入较高的东部地区，林业资源丰富且经济活力不足的东北地区财政保费承担力度也弱于东部地区。同时，对基层政府来说，在没有根据各地实际林地面积与贫困程度实施差异化保费补贴时，保费补贴比例的持续提高与森林保险覆盖面的继续扩大会进一步加重地方财政负担，与我国森林资源丰富地区经济条件往往落后的现实不相适应，严重影响了基层政府配套补贴的动力。部分地区正是因此而减少参保面积，甚至退出森林保险。此外，保费补贴对不同林业经营者的投保激励是有差异的。当前我国森林保险保费补贴政策顺应了开展初期小且分散的参保林农的需求，但近年来，随着需求主体的变化与升级，现行保费补贴政策补贴资金指向性弱，既无法实现对大户新型林业经营主体的投保激励，也无法满足低支付能力的小户林农对保费补贴的实际需求，补贴激励作用无法充分发挥。

（五）补贴责任划分不够合理

当前森林保险采用"倒补贴"模式，国家财政、省财政、林农共同承担保费，省财政和林农的保费支付能力直接影响到政策的实施效果，那些财力不足的地区只能放弃或者在极其有限的范围内为林农提供一些保费补贴。采用这种保费补贴模式时，一些地方政府在赔付、定损、承保等方面拥有一定的权利，容易引发各类问题，难以达到效率和公平要求。一些地区经济发展速度较快，拥有较强的财政能力，这类地区享受的国家财政补贴较多。一些地区经济发展缓慢，财政能力较弱，虽然当地的森林资源较多，但却无法享受到各项财政补贴，导致国家财政补贴资源难以得到有效利用。在一些省份，各区域经济发展存在显著差异，上级规定县级财政也要为保险提供保费补贴，并且采用统一的保费补贴方式，不利于省内林业稳定发展。这种千篇一律的保费补贴方式与各地区的灾害情况、风险特征存在较大的差异，一些地区容易出现各类灾害，灾害带来的损失较大，但如果这类地区的保费补贴较少，则难以满足当地林农的保障需求。

第四节 我国森林保险补贴政策优化方向

一、明确政府功能定位，界定政府职责权利

目前，我国对公益林采用全额补贴方式是由于公益林补偿金过低，经营主体无法享有公益林经营产生的收益，不会产生自发的投保意愿，有效需求不足导致保险运营的大数定律无法满足，进而导致保险公司没有承保意愿。但是，全额补贴方式缺乏激励引导作用，极易诱发道德风险，所以应该由各级政府全额承保，不需要林农参与，以提高财政资金使用效率。在明确政府全额承保后，承保机构的理赔款应全额赔付到生态公益林保险专户，由财政部门会同林业部门用理赔款购买恢复造林的种苗。这与《农业保险条例》的规定相一致，也符合保险运营的一般原理。商品林保险运作中应以"政府引导，市场运作"为原则，充分发挥市场的作用，避免政府过多干预。同时，明确政府对商品林保险的职责，包括对森林保险及相关政策的宣传、给予投保主体一定比例的保费补贴、对承保机构在技术研发与产品创新等方面进行政策支持以激发其创新供给动力。

二、构建分类经营模式，健全参保引导机制

为了充分发挥森林保险保费补贴政策的效用，必须解决以下问题：一是森林保险产品如何设计才能使林农接受、使保险公司持续经营；二是政府应该如何补贴、补贴多少才能

发挥财政资金的杠杆作用,促进林农参保和保险公司经营积极性;三是如何运用制度创新,降低森林保险运作成本、激发基层政府工作动力、提高管理效率。因此,需要在林农、保险公司和政府三者之间找到利益的平衡点,形成有效互惠的合作机制,通过创新森林经营模式,科学设计森林保险产品,优化保费补贴政策和补贴标准,建立有效的成本分担和激励机制,从而实现各方共赢。

(一)公益林保险采取统保模式,保费主要由中央与省级财政共同分担

目前,国家对生态公益林采取禁伐或限伐的经营管护措施,林农没有直接的经济收益,且不能抵押、不能流转。每年的生态补偿基金甚至不足以补偿林农以同样时间和精力去看护商品林或从事其他林业生产所获得的收益。由于公益林的特殊属性,需要采取区域统保的方式承保公益林,由县级(含)以上林业部门作为投保人及被保险人。对于国家级生态公益林,由中央财政全额承担保费;对于省级生态公益林,由中央和省级财政按一定比例分摊保费,取消市县级财政和林农个人的缴费。发生损失后,允许保险公司直接支付保险赔款至基层林业部门,由林业部门统一组织安排恢复造林,以确保保险赔款专项用于损失公益林的再植重建,最大限度地发挥公益林保险在维护国家生态安全、支持生态文明建设中的职能作用。

(二)商品林保险推行市场机制,实行政策性基本保险和商业性保险并举

财政补贴是森林保险发展的重要保障。由于森林具有生态功能的特点,即使是商品林也具有较强的外部性,单纯依靠市场机制配置会造成商品林市场的失灵,纯商业化经营的模式也难可持续,这就客观要求应对商品林保险这个准公共产品给予财政补贴。目前,中央财政对农业种植业大宗农产品保险保费补贴比例远远高于商品林保险,地方财政和林农经济负担较重。因此,基于商品林所具有的生态价值属性,应该加大中央财政保费补贴比例,逐步达到与公益林相同的补贴水平。但由于林业因灾受损经常发生,有时损失较为严重,如果将各种自然灾害损失都纳入保险范围全部给予补偿,会导致保费水平较高,林农不愿也无力接受。因此,实行森林保险开办的险种以保障林农灾后恢复生产为出发点,按照"先起步、后完善,先试点、后推广"的步骤逐步推行以政策性森林保险为主、商业性森林保险业务为辅的发展模式。前期主要以实行低保额的初始成本保险为主,这样既帮助林农抵御森林灾害风险,防止林农因灾致贫、因灾返贫,又解决了林农和地方财政经济承受能力问题,将政府灾后补助资金前移为灾前保险保费补贴;在以"保成本"的政策性森林保险成熟以后,针对大户林农和林业企业拥有的商品林逐步试行以"保价值"的商业性森林保险,从而激发林业经营者投保积极性。

(三)健全森林保险参保引导机制,实行"统保+自愿"保险运作模式

国外的经验表明,实行信贷、补贴、流转和抵押限定对森林保险需求有显著的正向影响,这些措施能有效地提升林农对森林保险的需求。因此,为实现基础险种的广覆盖,应当考虑诸如此类的限制措施,如只有参加了森林保险才有资格进行小额信贷、利率优惠、价格补贴、林地流转和林权抵押贷款等活动,才能享受生态效益补偿基金等,使基础性险种具有一定的强制性,确保参保的森林面积在大范围内规避风险,实现森林保险持续健康发展。在具体运作模式上,可以考虑将各地区风险较高、灾害发生较频繁、造成损失较大的险种作为基本险,在政府的引导下实行"统保",这种统保带有一定的经济利益诱导性和

操作上的强制性。而对另外一些风险较低的森林灾害和经济效益较高的林种可作为附加险，采取自愿保险的方式。基本险的保额较低、费率低、保障的风险范围较窄，应得到更多的政府财政的支持。对森林保险损失补偿有较高要求的林农可自愿购买补充险。这种参保模式的优势在于：一是政府向所有林农补贴基本险的保费，既减轻了财政负担，也体现了面向全体的公平原则，理顺了政府、保险公司、林农的关系以及相互的责任和利益；二是在政府全部投保基本险的前提下，可迅速提高森林保险的覆盖面和规模，并带动林农的参保积极性，从而实现规模效应，降低保险公司的经营成本，更好地分散风险。

三、优化财政补贴模式，制定差异化补贴政策

在提高保额的基础上，科学测算补贴规模，合理设计补贴比例，实行差异化补贴政策，包括地区差异化补贴与保障水平差异化补贴，通过补贴政策的差异性显示政府对森林保险的偏重点，更加高效地实现财政补贴资金的杠杆效应与激励效应。

（一）科学测算补贴规模，合理设计补贴比例

避免盲目的通过提高保费补贴比例来加大保费补贴力度，应在市场化原则下，结合不同森林保险方案与产品，在逐步提高保障水平并体现其差异性的基础上，合理设计森林保险保费补贴标准。具体作法为，科学测算各风险区域投保主体的森林保险支付意愿，并基于不同的保险金额与保险费率，从供给方保费水平与需求方保费支付水平之间的缺口确定保费补贴规模，实现森林保险财政补贴机制与产品体系及定价机制的有效联结，并据此重新设计最为合理的财政补贴比例。

（二）制定差异化补贴政策，提高补贴激励作用

我国地方政府财政实力差异较大，各地受灾特点不同，若按统一补贴比例，会加剧地方财政压力及投保主体的逆向选择行为。因此，需要调整"倒补贴"联动机制，根据不同地区经济与财政水平、林业经营主体收入状况、森林资源及受灾特点等对补贴水平进行合理调整，合理设置补贴比例。一是加大对重点林区和经济发展弱势地区的补贴力度，提高对西部地区林业大县的中央财政补贴比例，以解决贫困林业大省财力不够的问题；二是降低或取消县级政府补贴比例，适度提升保费补贴统筹层级，尤其对经济较弱且财政负担重的地区；三是结合保障水平与补贴政策，按照不同级别的保险金额与费率水平设计差异化的保费补贴比例，即补贴比例随保障水平的提升逐渐减低，以避免投保主体因信息不对称而进行低效率生产。另外还要增强补贴资金指向性。补贴政策要考虑不同投保主体对森林保险需求的差异性，有效区分需求弹性较低与需求弹性较高的林业经营主体，将补贴资金向高需求投保主体尤其是新型林业经营主体倾斜，以增强补贴资金的指向性与精准性。

本章小结

政府直接经营或大力补贴是我国森林保险发展的必要条件。市场失灵理论、信息不对称理论、公共物品理论、公共财政理论都是对森林保险进行财政补贴的理论依据，而补贴的主要方式有直接补贴、间接补贴、直接与间接补贴相结合等方式。目前我国森林保险财

政补贴政策存在政策目标定位不准确、补贴方式较为单一、补贴标准过低、补贴比例缺少差异以及补贴责任划分不够合理等问题。因此，需要明确政府功能定位，界定政府职责权利；构建分类经营模式，健全参保引导机制；优化财政补贴模式，制定差异化补贴政策。具体包括公益林保险采取统保模式，保费主要由中央与省级财政共同分担，而商品林保险推行市场机制，实行政策性基本保险和商业性保险并举；健全森林保险参保引导机制，实行"统保+自愿"保险运作模式；科学测算补贴规模，合理设计补贴比例；制定差异化补贴政策，提高补贴激励作用。

第十三章 林业银保合作机制

在构建林业金融支撑体系中，林业信贷与森林保险是不可或缺的两大主要内容，但是我国林业信贷与森林保险的合作总体上尚处浅层起步阶段，理论研究与具体实务中均缺乏对两者互动机制的系统探索。目前，在金融支持林业的实践过程中，林业信贷和森林保险发展极其不平衡，表现为相对割裂的局面，尽管个别地区有一些信贷业务（林权证抵押贷款）中要求林农必须购买森林保险，但仍是一种相对独立的运作方式。在制度层面上，我国还没有相应的林业信贷与森林保险的关联制度。因此，大力促进林业信贷和森林保险的互动与发展，使这两大金融政策措施既独立发挥作用，又相互配合、互相补充、相得益彰，形成二者发展与共赢的支持模式，对于完善我国林业金融服务体系具有重要意义。

本章结合林业信贷与森林保险互动发展的现实需要，通过分析两者互动发展的机理、合作优势及制约因素，设计包括跨市场的机构合作和跨市场的产品合作的两种发展路径，以及促进林业信贷与森林保险有机结合、互动发展的优化途径。

第一节 林业信贷与森林保险耦合机制与优势

一、林业信贷与森林保险耦合机制

信贷保险耦合机制是基于信贷机构和保险公司在开展此类金融业务上的极大类似性，将信贷与保险机制联结成为一体化的行为。信贷保险耦合机制主要是将信贷对林农的风险评估、业务办理与保险公司对林农的风险评估、业务办理建立高度的相互关联度，实现信息共享、业务耦合，降低交易费用，进一步改善机制的运行质量。通过建立"林业信贷+森林保险"，可以有效地解决林农因缺乏合格担保品而贷款困难的现实困境，同时将林业系统风险所导致的信贷风险从金融市场转移到保险市场，从而确保了信贷机构的可持续性和林农的再生产能力。同时，信贷保险耦合机制还可以有效减少交易成本和经营费用，降低保险公司和银行的风险，提高双方的总体收益，能够产生二者共赢的结果。此外，还可以增加林业经营者的预期收益。

1. 从林业信贷收益情况看

假定林业信贷总额、利率、期限及其他经济条件不变的情况下，林业信贷收益为 I，林业信贷总额为 C_r，林业信贷风险损失为 R_L，林业信贷成本为 C，贷款利率为 r，信贷期限为 t，理论上存在如下等式：

$$I = Cr \times r \times t - C - R_L \tag{13.1}$$

林业信贷与森林保险耦合机制建立后,由于森林保险的介入,林业信贷风险损失降低为 R_{L1},此时,$R_{L1} < R_L$;由于保险公司依托信贷机构的营销渠道进入林业领域,使得林业信贷机构能够通过代理森林保险业务直接获得与林业信贷风险相关的信息,使得信贷管理成本降低为 C_1,此时,$C_1 < C$。如果以 I_1 表示森林保险介入后的林业信贷收益,因为 $R_{L1} < R_L$ 且 $C_1 < C$,所以,最终结果是 $I_1 > I$。由此证明,林业信贷与森林保险互动机制建立后,将会促进林业信贷收益的增加。另外,由于贷款安全性的增加,还会使林业信贷总额增加,林业信贷总额的增加同样能够导致林业信贷机构总收益的增加。

2. 从森林保险收益情况看

假定森林保险品种、保费率、森林灾害发生概率及其他经济条件不变的情况下,保险公司森林保险的总收益为 W,保费总收入为 U,营销及管理成本为 P,森林保险理赔损失为 L,理论上存在如下等式:

$$W = U - P - L \tag{13.2}$$

林业信贷与森林保险耦合机制建立后,保险公司依托信贷机构的营销渠道进入林业领域,由信贷机构代理森林保险业务,可以降低森林保险的营销成本,此时,$P_1 < P$。同时还可以扩大森林保险的业务量,增加保费总收入,此时,$U_1 > U$。那么,最终的结果是 $W_1 > W$。由此说明,保险公司与信贷机构合作可以明显增加森林保险业务的收益。

3. 从林业经营者预期收益看

建立林业信贷与森林保险互动机制后,森林保险通过锁定林农生产经营活动的风险,降低其收入来源的不确定性,可在一定程度上替代抵押品,提高其进入信贷市场的能力,增强金融机构发放林业贷款的意愿,从而扩大林业信贷的投放总量,缓解林农贷款难的问题,提高其经营规模和收益水平。同时,林业信贷本身亦可成为林农化解风险的一种手段。假如林农面临的信贷约束程度小,获取信贷较为容易,那么林农就可及时利用信贷资金恢复生产,减轻由于自然灾害造成的持久影响。

由此可见,森林保险作为增强林业风险抵御能力的重要机制,不仅有利于林业生产经营者在灾后迅速恢复生产、增强林业经营者抗风险能力、促进林业稳定发展,而且通过森林保险可减少林业信贷风险和信息不对称问题,使得信贷资金投放更为安全,从而增加信贷机构对林业的信贷供给总量。而林业信贷规模扩大可以有效解决林业经营者发展资金不足的问题,提高林业生产经营规模和收益水平,有助于增强林农参保意愿和能力。同时,保险公司可依托信贷机构的营销渠道进入林业领域,利用银行及农村信用合作社机构分支网点和金融人才的优势,向林业企业和广大林农宣传森林保险的意义,甚至与其合作代理森林保险业务,以此降低森林保险的销售成本、提高森林保险的收益水平、扩大森林保险的覆盖面。所以,林业信贷和森林保险之间是一个互动关系,两者在业务经营上相互弥补、互相合作,可以将各自的交易成本尽可能降到最低,也可使双方谋求大于"单兵作战"收获的"超额收益"。两者的健康发展可以促进林业发展。根据乘数加速模型理论,投资的增加带来收入成倍性的增加,而收入的增加又会促使投资的增加和更加注重风险的保障,这个良性经济过程循环的实质就是要充分体现林业经营者、林业信贷和森林保险三者之间的良性互动关系(图13.1)。

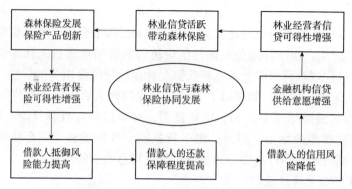

图 13.1　森林保险与林业信贷供给之间的良性互动关系

然而，目前我国森林保险处于"供需双冷"状态，即商业性森林保险市场表现为供给和需求都不旺盛，从而导致森林保险市场失灵。森林保险有效需求不足是困扰我国森林保险发展的重要原因。集体林权制度改革为发展政策性森林保险奠定了基础，由于政策性森林保险具有广覆盖的特性，与林业信贷在服务对象、服务目的、标的风险等方面具有共同的利益交点，这就为它们在林业项目产品的设计上奠定了更为广泛的合作基础。

二、林业信贷与森林保险合作优势

林业经营风险高导致一些金融机构不愿意涉足林业信贷，一旦林农遭受自然灾害，孤立的林业信贷往往会因为林业的特殊风险产生林农无力还贷和金融机构遭受损失的不利局面。同样，孤立的森林保险也无法解决林农生产资金来源不足的问题，甚至会出现为缴纳森林保险费而挤占部分林业生产资金投入的现象。"林业信贷+森林保险"模式是林农就即将进行的林业生产项目申请贷款时，购买以林业生产项目为保险标的的森林保险，将保单质押给银行并签订协议，协议规定信贷机构为森林保险的第一受益方，当林农由于森林保险所覆盖的自然灾害发生而无法偿付贷款本息时，由保险公司根据森林保险的承保额优先偿付银行贷款本息，承保额要求超过贷款本息，信贷机构对购买森林保险的借款林农信用评价进行调整，并对其利率给予优惠。

因此，通过建立林业信贷与森林保险耦合机制，将林业信贷与森林保险整合起来形成合力，充分发挥各自的比较优势，既可以解决林业资金不足的问题，也可以减少林农因自然灾害造成的损失。通过对贷款项目进行相应的保险，既能提高林农还款能力、降低林农信贷风险，又可以解决林农贷款抵押物不足的问题，为信贷机构的信贷资金提供安全保障。同时，保险公司可以按有关政策获得一定利润，从而实现林农、信贷机构和保险公司三方合作共赢的局面。信贷保险耦合机制相对于独立的保险机制和信贷机制有以下几个方面的优越性：

（一）优化金融资源配置，有利于降低信贷风险

林业信贷与森林保险耦合机制相对原有的信贷和保险机制而言，存在帕累托改进。帕累托改进的最大的表现是在不影响信贷机构和保险公司利润水平的情况下，规避了林农的风险，增强了林农的抗风险能力，提高了林农的盈利能力。通过发展森林保险，可以发挥保险的抵押品替代功能，既能提高林业生产者的禀赋，又能增强信贷机构对林业信贷的偏

好，在实现一方或双方主体效用不受损害的前提下提高效用水平，从而实现林业信贷资源配置的帕累托改进。在耦合机制下，即使出现风险，信贷机构也可从保险公司的赔偿中优先获得林农的还款，降低回收贷款的风险。

(二) 提高信息利用效率，有利于降低交易成本

在独立机制下，由于业务发展各自为政，要分别对林农信息进行采集和调查，建立各自的信息档案，信贷机构和保险公司的经营费用为二者费用的综合。而相对于原有机制而言，耦合机制对林农的风险状况信息、信用信息及经营信息的共享，使信息利用效率有所提高。信息利用效率提高的直接经济效果是节省了交易费用。由于业务的类似性，信贷机构的经营费用约等于保险公司的经营费用，理论上经营费用可以降低一半左右，也节省了林农办理信贷和保险业务的费用，因为对林农而言，原来要分别与信贷机构和保险公司两家签订协议、办理手续，现在只需要与一个联办机构签订协议、办理手续即可，节省了人工和费用。机制的改进，在不降低金融机构利润水平基础上，降低了经营费用，增加了剩余价值。对增加值的分配，主要是由信贷机构、保险公司与林农决定，在支持林权改革的大背景下，当信贷机构和保险公司在享受国家有关优惠政策后，增加值有可能被让渡给林农，以促进林业生产力的发展。

(三) 符合激励相容原则，有利于防范道德风险

耦合机制增加了对林农的激励和约束能力。较高的稳定收益是对林农的激励，违约后的信贷和保险的双重惩罚，是对林农道德风险的强有力约束。在独立机制下，保险公司对林农的道德风险没有足够的约束力。在耦合机制下，保险公司可以通过对今后的信贷业务的影响来约束林农的道德风险，从而降低风险。同时，耦合机制也增加了对信贷机构和保险公司的激励，一方面是为信贷机构破解担保难带来的贷款难、化解林业贷款风险提供了可行之道；另一方面是保险公司也有望借助中国农业银行、农村信用合作社、村镇银行等基层金融机构迅速拓展相关森林保险业务规模。

三、林业信贷与森林保险对接路径

林业信贷与森林保险的耦合机制，是基于信贷机构和保险公司在开展此类业务上的极大类似性，将信贷与保险机制联结成为"经济一体化"的行为，可以从跨市场的机构合作路径和跨市场的产品合作路径两方面对其互动机制的对接路径进行探讨。

(一) 跨市场的机构合作路径

"合作—代理"模式基于我国森林保险市场的发展现状，许多保险公司在森林保险市场的覆盖面有限，森林保险市场的发展还不成熟。因此，通过跨市场的机构合作，借助产业代理的方式是一种适宜的选择。"合作—代理"模式一般包括一家专业的保险公司（如商业保险机构）和一家信贷机构。

从国内现有的林业信贷、森林保险支持林业发展模式看，保险公司与其他金融机构的合作机制尚未形成。首先，信贷机构可能缺乏对森林保险产品的认识，从而影响到保险公司产品的形象。其次，委托代理关系下容易产生道德风险行为，不利于保险公司在森林保险市场的长期发展。目前针对林业信贷项目自然风险的森林保险产品有待创新。基于此，

信贷机构与保险公司可以构建新型的信贷与保险联合体模式,即"政府+金融机构+林业产业化龙头企业+林农"新型信贷与保险联合体。这种模式的主要特点体现在建立信贷担保机制、实行贷款贴息、建立自然灾害保险这3个方面。

在合作对象上,可把农村商业银行、农村信用合作社、农村资金互助社、村镇银行、林业产业化龙头企业等纳入保险公司合作的范围,积极推广"林业信贷+森林保险+林业产业化龙头企业"的服务模式。对于产业化经营主体来说,一般都积累了相当的资本,他们把森林保险的保费支出当作正常的生产成本支付。保险机构和信贷机构通过联合服务于具有较强实力的林业经济实体,既便于服务和管理、利于控制风险,又能够获取集约化经营效益。林业经营主体在获取保险和信贷支持后实力得以增强,在与林农签订林产品收购合同时可以较高的定价、较长的资金垫付、较优惠的结算条件给予林农相对的商业优惠。为保证林产品原材料或货源的充足、稳定,林业经营主体在一定条件下还可为订单林农提供部分风险补偿。保险公司和信贷机构通过联合服务于具有较强实力的林业产业化龙头企业,既便于服务与管理、有利于控制风险,又能够获取集约化经营效益。

(二)跨市场的产品合作路径

以上分析主要是从机构合作的视角分析林业信贷和森林保险市场的对接形式。还可以从产品对接角度来分析,通过开发不同的融资保险品种,拓展林业信贷与森林保险协同发展的空间。目前,正在试点的政策性森林保险对自然灾害给林农带来的损失进行了部分风险分担,虽然在一定程度上减轻了林农偿还贷款的负担,但是中央及地方政府的财政补贴款有限,当自然灾害发生时,林农的利益无法得到充分保障。此外,由于地方政府、保险公司、林农三方之间的协调成本高、理赔程序复杂,使得许多林农对该类保险的参与性不强。正在试点的森林保险品种单一,许多林农急需的森林保险产品、自然灾害险等也并未得到广泛推广。

在实际操作中,可以考虑将林业信贷与森林保险统一起来。信贷机构把贷款分成两部分,一部分贷款作为森林保险的保费,另一部分贷款交付林农用于林业生产,即林农在申请林业信贷的时候,农村信用合作社根据其申请的项目,扣减相应的保险金额,要求凡申请贷款者必须购买森林保险。在正常情况下,林农完成林业生产,用所获收入偿还贷款;发生自然灾害等保险事故时,则由保险公司审查之后,用赔款直接代为偿还银行贷款,剩余部分付给林农,用于林业生产的灾后恢复。这样做可以利用信贷与保险各自的特点,相互弥补其劣势。一方面,保险公司利用银行作为营销渠道,节省双方的成本支出;另一方面,可以降低农村信用合作社的信贷风险。此外,保险公司还可以考虑选择其他的分销渠道,或者在之前合作关系的基础上建立战略伙伴关系,利用信贷市场已经搭建起来的平台来拓展此类业务。

在产品开发上,对信贷机构来说,要加强与保险公司的合作,逐步拓展合作领域,开发新的适合林农需要的信贷品种。保险公司可以将林农或林业经济合作组织的保单、林权证或仓单作为质押物,或将大型林业机械设备作为抵押物向信贷机构申请贷款。对保险公司来说,也要加强对林业信贷保险市场的研究,开发符合林业生产特点、能够满足林业经营者需求的保险产品。保险机构可以设计保单质押贷款保险、抵押贷款保险等产品。林业生产经营者和信贷机构在签订贷款合同的同时由一方购买融资保险,将部分风险转移。保险机构承诺在借款方无力偿还贷款时，赔偿信贷机构的部分损失，并取得代位追偿权。当借款方有偿还能力之后，保险机构追回贷款，扣除支付的保险赔偿，并将余下款项归还给信贷机构。这样既增加了信贷机构的业务收益，又能更有效地防范风险。

第二节 林业信贷与森林保险合作问题与对策

一、林业信贷与森林保险合作的制约因素

(一)信贷与保险体系发展不平衡，政策支持不协调

森林保险制度的建立是信贷与保险的联动机制发展的前提。只有森林保险体系发展成熟，才能建立信贷与保险互动发展机制。经过多年的发展，相对于森林保险，我国林业信贷体系建立的发展步伐显得更快一些，目前已形成以农村信用合作社、中国农业银行、中国农业发展银行3大金融机构为主分工协作的合作性金融、商业性金融和政策性金融的初步格局，并辅以村镇银行、贷款公司和资金互助社等新型农村金融机构，同时国家开发银行、其他商业银行也开始介入林业信贷领域，为进一步扩大林业信贷服务能力提供了条件。然而，目前我国森林保险发展相对滞后，不仅制约了信贷资金对林业的持续支持，而且对化解不良林业贷款也带来了新的问题。因此，建立符合我国国情的森林保险制度，增强我国林业抵御自然灾害和承受风险的能力，为信贷支持林业创造更为宽松的政策环境，进而建立有效的林业信贷与森林保险耦合机制迫在眉睫。

森林保险发展滞后，是影响林业信贷与森林保险耦合机制建立的主要障碍。而造成我国森林保险发展相对滞后的原因，除客观上的法律法规、体制机制不健全等因素外，还有以下几个方面的因素：一是宣传不到位，特别是森林保险作为林业企业经营管理和林农生产经营活动的重要组成部分还未得到广泛认可，因此，林业企业和林农的参保、投保意识不强；二是地方政府在引导、推动森林保险工作方面还存在较大差距；三是由于森林保险涉及面广，树种众多，风险系数难以确定，承办森林保险的保险公司在资金、技术、人力等方面还存在欠缺，因此，虽然保险公司众多，但涉足森林保险的保险公司较少。因此，加快森林保险发展步伐，不仅要加快森林保险在法制、体制、机制方面的建设步伐，也要从改善外部环境入手，为森林保险的发展创造良好的外部环境。

(二)信贷与保险机构相互独立，联动机制尚未建立

林业信贷与森林保险的联动机制需要信贷机构和保险公司相互合作，实现资源共享，减少程序步骤，才能实现规模经济、降低交易成本。实地调研发现，目前林业信贷与森林保险机制缺乏内在的相互联系，双方并没有建立资源共享机制，以实现彼此间的互助合作发展。由于缺乏资源共享机制，两者在合作机制保障、产品开发、资源共享等方面存在诸多不足。

1. 双方缺乏制度协作

信贷机构和保险公司双方在林业金融服务方面的业务合作还没有很好地开展与衔接起来，未能形成风险利益共同体。目前，信贷与保险机构双方很大程度上还是按照自身发展

的内在逻辑和实际需要各自为政,而不是从整个林业金融服务体系发展形态的内在要求出发来建立配套制度的合作机制,没有实现彼此间的互助发展。如在保险业务代理方面,福建、浙江等地农村金融网点仅少量开展保险代理业务,银保双方在林业项目拓展上的分割性,使得森林保险产品在营销中无法有效利用信贷机构在农村地区地域、人员方面的优势,展业渠道上的单一性使得森林保险推广面受到影响,森林保险的参保率不高。

2. 双方缺乏业务协作

林业信贷和森林保险在产品创新合作方面没有很好地衔接,产品设计和供应不匹配。林业信贷和森林保险在服务对象、服务目的、标的风险等方面具有相同点,这就使得他们在林业项目产品的设计上有许多合作的基础。但在实践中,信贷机构没有收集贷款林农的保险记录,也没有将申请贷款户是否参保、参保类别、参保金额、参保年限等内容作为审核发放贷款的重要参考因素。保险公司也没有根据林业信贷产品设计森林保险品种、提高保险服务质量、发挥森林保险对防范和化解林业信贷风险的积极作用。基层银行和农村信用社的相关管理人员普遍反映,目前的森林保险产品对林业贷款融资的支持作用并不明显。由于森林保险产品与林业信贷产品设计和供应存在的不匹配,使森林保险难以发挥其为林业信贷提供有效风险保障的作用,这是制约森林保险发展的一个重要因素。与林业贷款相匹配的保险业务是一项新业务,处于推广阶段,信贷机构的信贷人员承担着推销的角色,但是由于信贷人员缺乏森林保险知识,不能积极地配合保险公司进行营销工作,无法对林农进行有效宣传,在一定程度上制约了该项模式的推广和发展。

(三)融资成本与保险费率较高,林农参与程度较低

目前,林权抵押贷款业务普遍存在利率高的问题。如果"林业信贷+森林保险"业务无政府补贴,森林保险费用的支出又增加了借款林农的融资成本,而借款林农的融资成本本来就高,借款林农不愿意在取得贷款的同时购买森林保险,尤其是目前的森林保险费用偏高,极其不利于"林业信贷+森林保险"模式的推广。森林保险的高成本具体表现为两个方面:

1. 森林保险的保费高,林业(特别是营林业)收益偏低,林农经济基础薄弱,因此不愿甚至无力承担高额保费

森林保险为此陷入"按商业化操作制订保险费率,林农保不起;按政策性要求制订保险费率,保险公司赔不起"的尴尬境地。目前,政策性森林保险财政补贴比例偏低,林农的投保积极性还未能全面被激发起来。按现行规定,商品林财政补贴保费60%,林农投保商品林保险的自缴部分仍达到40%,商品林综合险每亩按保险金额500元、年保费率0.4%计,林农每亩每年需负担保费0.8元。由于林区多为经济欠发达地区,林农收入水平普遍较低,尤其是林业生产周期长,林木种植业具有投资回报滞后性。而目前各试点省的森林保险产品都是保再植成本,而没有做到像日本、瑞典等发达国家那样保价值,因此,对于那些林木资源价值较高的林业生产经营者,森林保险的吸引力不强。

2. 农村地区保险机构网点缺乏,这既增加了林农参与森林保险的难度,又增加了林农参与森林保险的费用

目前我国的保险机构大都分布在县级以上地区,林农办理保险事项时需在城乡之间多

次往返，消耗办事林农的人力、财力，非常不便。保险事故发生后，保险公司的服务也不能及时满足林农的需要。

(四)经营成本与收益不相匹配，金融机构动力不足

商业机构的经营目标是在风险可控的前提下追求利润最大化，特别是受人力资源、资金资源等方面限制，需要优先发展投入少、盈利多的业务。林农的分散、单项业务金额较小以及信息的不对称等问题会导致信贷机构、保险公司与林农之间签订合约和执行合约的成本加大。过高的交易费用会使信贷机构和保险公司无意愿提供服务，尽管林业信贷与森林保险耦合机制在一定程度上降低了经营费用，但是如果基数太大，仍会使信贷机构和保险公司无法承受。如何设计合适的激励约束机制或引入林业经济合作组织来降低交易费用，是解决该问题的方向。

实际上，林业信贷与森林保险发展缓慢有着共同的经济基础原因，即原本就处于弱势的林业经济在分散到具体的林农时显得更为弱势。资本的趋利性和金融服务的获益要求，使得弱势产业(林业)和弱势群体(林农)的金融服务需求更难满足。林业金融因服务对象的弱势而变成了弱势金融。目前正在好转的是，随着林业经济的向好发展，林业产业化进程不断推进，一些林业产业化龙头企业崭露头角，在林业发达区域林业经济合作组织也开始出现并日趋壮大，订单林业的产生也使分散的林农个体由某种共同经营项目而结合成为利益共同体。原本弱势的林业产业因某个承载经济实体而逐步变强，使得弱势金融通过"合纵"之举做大做强有了新的载体。因此，信贷机构(包括小额贷款组织)和保险公司可以通过林产品加工企业、林副产品流通企业和林业经济合作组织将信贷和保险等金融服务功能传导给分散的林农，实现金融机构与林农之间的有效对接。

二、林业信贷与森林保险合作的优化途径

推进"林业信贷+森林保险"运作模式需要配套机制保障，这些配套机制既要让林农真正地信任保险、放心地购买保险，又要能在林农需要时获得金融机构的贷款支持。这样一项庞大的系统工程，需要政府从政策和监管层面全面推动，促使信贷机构、保险公司和林农积极参与。具体措施包括以下几个方面：

(一)加大信贷保险宣传力度，大力开展诚信教育和信用建设

政府部门和金融机构应充分借助电视、报纸、广播、网络等宣传媒介，将林业信贷与森林保险的作用广泛地进行推广，使林农对于这两种金融工具有充分的认识，吸引林农参加林业信贷与森林保险的耦合机制。在林业信贷与森林保险耦合机制中，林农的诚信显得十分重要。因此，要在林农中开展诚信教育，要在广大农村、林区积极开展信用林农、信用村镇建设，组织成立信用互助协会、专业担保协会等，同时要制定相应的措施来防止林农的道德风险。建立林农信用信息监管系统，对林农信息实行电子化管理，确保林农信用信息评定结果的客观性，为信贷机构贷款提供科学的决策依据。

(二)加强银保合作政策引导，探索建立信贷与保险制度框架

在目前的现实条件下，最可行的银保耦合机制是将信贷与投保进行有效衔接，即林农参加森林保险是获得林业贷款的先决条件，这也是国际上发展森林保险的一种常见模式。

央行、银监会和保监会等监管部门需要联合制定《银保合作指导意见》,从法律的高度去规范、引导森林保险与林业信贷合作的各个层面。根据森林保险发展实际,将森林保险纳入林业金融服务体系,建立林业信贷和森林保险耦合机制,择机推行"林业信贷+森林保险"的运作模式。通过银保合作,不断构建林业信贷与森林保险发展的长效机制。在初期阶段,对投保林农所需贷款在同等条件下实行贷款优先、服务优先等优先政策,并在贷款额度和利率等方面给予一定的优惠,鼓励林农参加森林保险。待条件成熟时,进一步将是否参加森林保险作为对林农发放贷款的条件之一。

(三)增进金融机构合作层次,建立信贷与保险机构联动平台

信贷机构与保险公司应加强沟通和联系,按照互惠互利的原则,不断拓宽双方合作领域,建立业务合作机制。

1. 建立良好的合作制度

信贷机构和保险公司不仅要提供人、财、物方面的支持和保障,而且要在组织架构上有所突破,实现实质上的互动和融合,要制定相关的业务发展策略,建立有效的业务监督管理制度和激励机制,并从整个林业金融发展内在要求来建立配套制度上的合作机制,以实现彼此间的互助发展。

2. 建立信贷资源共享机制

信贷机构和保险公司定期进行信息交流,了解、掌握双方支持的林业项目,逐步搭建双方信息合作平台和业务培训机制。中国农业银行、农村信用合作社等信贷机构和保险公司应联合加大对业务人员的培训,培养一批既懂林业信贷又懂森林保险的复合型人才,为提升"林业信贷+森林保险"运作层次提供智力支持。

3. 加强产品开发合作

信贷机构和保险公司要抽出部分专业人员,组成市场拓展专家小组,设计既满足林农需要又适合信贷机构销售的森林保险品种,并对现有的森林保险产品进行整合开发,满足客户对全套金融服务的需求。要制定产品动态开发工作机制,形成横跨信贷机构和保险公司的市场需求收集、反馈、产品设计、销售流程等相关工作,根据不断变化的市场需求设计不同的产品,提高市场反应能力。

4. 建立重点林业项目合作机制

对林业信贷和森林保险重点支持发展的林业项目,有合作意向的,要建立双方项目合作机制。保险公司和信贷机构应建立单独的业务部门,负责帮助林农办理信贷与森林保险业务,在该部门内实行资源共享,以降低交易成本,提高服务质量。实践中也可以在信贷机构与保险公司之间成立一个协作机构,由银行的信贷客户经理、保险公司的保险员和林农代表(也可以加上村集体有关人员)组成。因此,保险公司可以很好地借助林业信贷市场这一渠道,林业信贷市场也可以利用保险公司将风险分散出去。

(四)完善森林保险经营体系,开辟林业巨灾风险分散的途径

促进林业信贷与森林保险的合作发展,关键在于解决森林保险问题,而解决森林保险问题的核心在于解决制约森林保险发展的体制、机制问题。目前我国森林保险试点的区域性特征比较明显,都处于"单打独斗"状态,在全国尚未形成完善的森林保险经营体系。因

此，需要加快森林保险立法进程，明确相关主体职责，保证森林保险与林业信贷协同发展的稳定性。一是明确政府对森林保险的支持措施，包括保费补贴、税收优惠和经营成本补贴等；二是明确政府监管政策性森林保险经营者的职责，保证森林保险的正常开展，稳定森林保险市场秩序；三是明确建立监管协调机制，跟进监管协调，防止出现监督空白。

林业风险具有高度关联性，致使林业风险损失在空间上很难分散，容易形成林业巨灾损失。目前，虽然福建、江西等省建立了森林保险风险补偿金制度，明确了森林巨灾发生后的损失分担安排，但这种小规模、缓慢积累的补偿金，不足以有效化解巨灾风险。因此，应建立相应的森林巨灾风险分散机制。我国可通过4种措施开辟林业巨灾风险分散途径：第一，提高森林保险覆盖率。尽可能在更多的地区推行森林保险，通过增加森林保险的保险单位，在直接保险层面上通过大数法则在更广的空间上实现风险分散。第二，建立森林保险再保险机制。建立专门的森林再保险部门，与我国商业再保险公司、国际再保险公司合作，实现林业巨灾风险在国内外保险市场上的分散。第三，建立林业巨灾风险基金制度，将森林保险经营风险向林业市场乃至整个国内外市场分散。可以考虑由中央财政建立巨灾风险准备金，对商业保险总公司实行专项使用、亏损补充、盈余滚存的运作方式。第四，建立林业巨灾证券化体系。通过巨灾风险期权、巨灾债券、巨灾期权买权和巨灾风险互换等方式将森林保险经营风险在国内外证券市场上进行分散。

（五）推进林业经济合作组织建设，有效降低金融机构的经营成本

随着集体林权制度改革的全面推进，大部分集体林地使用权、林木所有权已经落实到各家各户，形成森林经营主体多元化、林地分散化、经营自主化的格局。由于一家一户分散经营，林农的风险意识不够，增加了金融机构的经营成本，同时，由于林业信贷与森林保险手续比较繁杂，也影响了林农申请贷款和购买森林保险的积极性。可以选择林业经济合作组织作为森林保险与林业信贷互动的切入点。在林业经济合作组织内部，信息的透明度和对称性大大提高，有效降低了林业信贷和森林保险中的道德风险。林业经济合作组织，如林业专业合作社、合作林场，可以成为森林保险的一个投保组合，从而有效降低保险成本。信贷机构通过林业经济合作组织放款，可以利用合作组织对社员的信息优势，节约交易成本；信贷机构对林业经济合作组织整体统一授信，可以促使社员之间相互督促与相互帮助，降低信用风险。因此，国家需大力扶持发展林业经济合作组织，尽快出台林业经济合作组织的法律法规，提高林业经济合作组织在市场中的主体地位，鼓励各商业银行和农村信用合作社将符合贷款条件的林业经济合作组织列为信贷优先支持对象，确定合理的授信额度，适度简化贷款手续，增加贷款投入，促使其在林业信贷与森林保险中发挥更大的作用。

（六）加大中央财政支持力度，发挥其对信贷和保险投放的杠杆效应

为了尽快建立林业信贷与森林保险互动机制，应抓紧研究、出台对银行类金融机构涉林贷款利息收入的营业税等税收减免和费用补贴、政策性金融对林业中长期信贷支持等政策措施，同时继续加大对森林保险的财政扶持力度。一是尽快扩大补贴政策试点范围。对已完成了明晰产权、承包到户改革任务的地区，应都能尽快列入补贴政策试点范围。二是提高中央财政的保费补贴比例。中央财政对森林保险的保费补贴比例不应低于对其他种植

业保险的保费补贴比例。三是取消县级财政特别是经济相对落后的县级财政配套保费补贴比例的要求,以便扫清森林保险实施和范围扩大的障碍。四是对森林保险经营机构给予经营费用补贴,对提供宣传和技术支持的林业基层部门和工作人员给予协办费用补贴,并对森林保险业务给予税收优惠。

本章小结

大力促进林业信贷和森林保险的协同发展对于完善我国林业金融服务体系具有重要意义。"林业信贷+森林保险"模式可以优化金融资源配置,有利于降低信贷风险;可以提高信息利用效率,有利于降低交易成本;符合激励相容原则,有利于防范道德风险。两者的对接路径包括跨市场的机构合作路径以及跨市场的产品合作路径。林业信贷与森林保险合作存在着制约因素,包括信贷与保险体系发展不平衡,政策支持不协调;信贷与保险机构相互独立,耦合机制尚未建立;融资成本与保险费率较高,林农参与程度较低;经营成本与收益不相匹配,金融机构动力不足。为了推进两者的合作,需要加大信贷保险宣传力度,大力开展诚信教育和信用建设;加强银保合作政策引导,探索建立信贷与保险制度框架;增进金融机构合作层次,建立信贷与保险机构联动平台;完善森林保险经营体系,开辟林业巨灾风险分散的途径;推进林业经济合作组织建设,有效降低金融机构的经营成本;加大中央财政支持力度,发挥其对信贷和保险投放的杠杆效应。

参考文献

才英, 2011. 基于林农视角的政策性农业保险绩效研究[D]. 呼和浩特: 内蒙古农业大学.

曹玉昆, 翟相如, 2020. 金融支持对林业产业发展的影响——基于空间计量模型的实证[J]. 统计与决策(13): 150-153.

陈炳泉, 周和平, 许叶林, 2014. 公私合营(PPP)基础设施项目风险再分担研究[J]. 工程管理学报(3): 89-93.

陈晨, 2018. 林权抵押贷款风险管理研究[D]. 广州: 华南农业大学.

陈珂, 刘璨, 刘浩, 等, 2019. 农村林业投融资政策: 回顾与实施——基于福建、浙江、辽宁3省的调研分析[J]. 林业经济(1): 81-91.

陈玲芳, 金德凌, 2005. 信息不对称与林业融资问题[J]. 林业经济问题, 25(6): 352-354.

陈宣, 翟静芳, 陈习龄, 2012. 林业金融支持体系视角下林业产业发展研究[J]. 现代商贸工业(2): 38-40.

陈荣邦, 2009. 农业保险与农村小额信贷协同发展问题研究[J]. 上海金融(10): 39-42.

崔玉果, 2010. 我国林业发展投融资机制探析[J]. 合作经济与科技(3): 12-13.

丁建臣, 赵丹丹, 2017. 突破中国林业金融发展壁垒的政策建议[J]. 林业经济问题(3): 60-62, 107.

杜佳盈, 2017. 收益权类资产证券化风险及防范研究[J]. 金融发展研究(4): 36-41.

范刘珊, 2019. 交易成本视角下对林权抵押贷款模式探析[J]. 现代农业研究(10): 92-94.

冯树清, 艾畅, 2014. 森林资源资产化管理研究综述[J]. 林业资源管理(2): 1-6, 92.

冯文丽, 2004. 我国农业保险市场失灵与制度供给[J]. 金融研究(4): 33-37.

冯祥锦, 黄和亮, 杨建州, 2012. 森林保险投保行为博弈分析[J]. 福建农林大学学报(哲学社会科学版), 15(2): 59-62.

高播, 张英, 赵荣, 等, 2016. 政策性森林保险制度设计创新研究[J]. 林业经济, 38(2): 27-32.

高天雷, 2016. 林业产业发展的金融扶持研究[J]. 四川林业科技(3): 62-65.

顾雪松, 谢妍, 秦涛, 2016. 森林保险保费补贴的"倒U形"产出效应——基于我国省际非平衡面板数据的实证研究[J]. 农村经济(6): 95-100.

郭凯, 孙慧, 2017. 我国PPP项目的风险识别——基于因子分析方法[J]. 地方财政研究(10): 42-46.

郭乐宜, 苏蕾, 2020. 林业PPP模式的国际借鉴与发展路径[J]. 中国经贸导刊(中)(6): 36-38.

郭颂平, 张伟, 罗向明, 2011. 地区经济差距、财政公平与中国政策性农业保险补贴模式选择[J]. 学术研究(6): 84-89, 160.

郭志鹏, 杨帆, 2019. 农业政策性金融服务林业发展的思考[J]. 农业发展与金融(8): 64-66.

韩锋, 赵铁蕊, 赵荣, 2018. 浙江省林权抵押贷款模式创新研究[J]. 林业经济(9): 27-30.

胡宇轩, 黄毅, 文彩云, 等, 2017. 林农林权抵押贷款需求意愿影响因素实证研究——基于7省3500户样本林农调查[J]. 林业经济(12): 50-55.

黄凌云, 戴永务, 2018. 30年来林业金融国内外研究前沿的演进历程——基于知识图谱可视化视角[J]. 林业经济问题(1): 87-98, 112.

黄庆安, 2008. 林权抵押贷款及其风险防范[J]. 山东财政学院学报(5): 76-79.

黄少安，郭冬梅，吴江，2019. 种粮直接补贴政策效应评估[J]. 中国农村经济(1)：17-31.

黄颖，2014. 河南省农业保险财政补贴绩效评价：基于林农、保险公司和政府的角度[J]. 信阳农林学院学报(4)：34-36.

冀忠实，2006. 发挥开发性金融作用支持中小企业发展——国家开发行实践[J]. 银行家(5)：31-33.

姜林，曾华锋，2010. 林权抵押贷款风险管理探讨——以江西省崇义县为例[J]. 林业经济问题(4)：126-130.

姜喜麟，2019. 国外典型林业公私伙伴关系(PPP)项目经验借鉴[J]. 中国林业产业(4)：76-80.

姜喜麟，李昌晓，2018. 我国林业PPP的政策制度思考[J]. 林业经济(10)：96-99.

江小燕，闫碧琼，于竞宇，等，2018. 基于ISM-fuzzy MICMAC方法的PPP项目关键风险层级关系识别[J]. 土木工程与管理学报，35(6)：70-77.

金银亮，2017. 林权抵押、信贷约束与林农信贷可得性——基于一个静态博弈模型的分析[J]. 林业经济问题(3)：51-54，105.

金银亮，张红霄，2017. 基于金融精准扶贫的我国林权抵押机制设计[J]. 世界林业研究(4)：85-90.

孔凡斌，阮华，廖文梅，2018. 林农参与林权抵押贷款行为分析[J]. 林业经济问题(6)：1-8，98.

赖一飞，雷慧，沈丽平，2018. 三方共赢的特色小镇PPP风险分担机制及稳定性分析[J]. 资源开发与市场，34(10)：1444-1449.

冷慧卿，王珺，2011. 我国森林保险费率的区域差异化——省级层面的森林火灾实证研究[J]. 管理世界(11)：49-54.

李丹，王郅强，2019. PPP隐性债务风险的生成：理论、经验与启示[J]. 行政论坛，26(4)：101-107.

李春昶，田健夫，2016. 国家储备林建设PPP模式引发的思考[J]. 林产工业(10)：3-6.

李浩然，张智光，2019. 国土绿化PPP项目"风险源——受体——防控"体系研究[J]. 林业经济问题，39(4)：386-394.

李佳怡，秦涛，2016. 国家开发银行支持林业产业发展情况调查[J]. 时代金融(12)：74-76.

李瑞杰，苏建兰，2020. 基于PPP的云南省国家森林公园发展研究综述[J]. 山西农经(8)：67-70.

李瑞平，刘润萍，2017. 国家储备林建设推进举措探讨[J]. 现代农业科技(4)：157-158.

李士萍，毛星，2018. 政府在PPP项目中如何防范合同风险[J]. 吉首大学学报(社会科学版)，39(S1)：38-40.

李停，2017. 我国土地信托模式的选择与实践[J]. 华南农业大学学报(社会科学版)，016(004)：34-44.

李喜梅，2010. 小额信贷与小额保险合作发展研究[J]. 经济问题(5)：95-97.

李亚军，2014. 基于保险费率、购买意愿和补贴效益的森林保险业发展与对策研究[D]. 北京：北京林业大学.

李宜强，韦佳慧，2019. 国家储备林PPP项目风险识别研究[J]. 四川林勘设计(4)：19-27.

李彧挥，林雅敏，孔祥智，2013. 基于Cox模型的林农对政策性森林保险支付意愿研究[J]. 湖南大学学报(自然科学版)，40(2)：103-108.

梁宇骐，2016. 森林资源资产证券化研究[D]. 贵阳：贵州财经大学.

林辉煌，2018. 林权改革与乡村振兴——对40年来集体林权制度改革的反思[J]. 北京工业大学学报(社会科学版)(6)：12-20.

刘从敏，张祖荣，李丹，2016. 农业保险财政补贴动因与补贴模式的创新[J]. 甘肃社会科学(1)：94-98.

刘佳儒, 2018. 国家储备林项目融资模式与案例分析[D]. 北京：北京林业大学.

刘伟平, 傅一敏, 冯亮明, 等, 2019. 新中国70年集体林权制度的变迁历程与内在逻辑[J]. 林业经济问题(6): 561-569.

刘文佳, 2016. 中国林业金融支持的框架构建与发展模式[J]. 林业经济(4): 61-64.

刘晓, 2018. 林业投融资平台建设问题研究[J]. 林业经济(8): 104-107.

刘亚洲, 钟甫宁, 2019. 风险管理VS收入支持：我国政策性农业保险的政策目标选择研究[J]. 农业经济问题(4): 130-139.

刘源, 李新, 2018. 基于SWOT分析的黑龙江森林公园建设PPP模式应用略论[J]. 中国商论(20): 129-131.

罗向明, 张伟, 谭莹, 2016. 政策性农业保险的环境效应与绿色补贴模式[J]. 农村经济(11): 13-21.

吕洁华, 那颂, 2015. 林权抵押贷款的金融风险与防范策略——基于银行信贷风险视角[J]. 林业经济问题(3): 238-241.

马华丹, 2015. 基于林农视角的安徽省农业保险保费补助绩效评估研究[D]. 合肥：安徽财经大学.

马九杰, 李歆, 等, 2008. 林业投融资改革与金融创新[M]. 北京：中国人民大学出版社.

马满芬, 2012. 国家开发银行支持林业产业发展的研究[J]. 经济师(2): 207-208.

马远, 2019. 国家储备林建设PPP模式的特征及发展形势[J]. 中国林业产业(5): 64-69.

倪剑, 2014. 林权抵押贷款风险管理研究[J]. 北京林业大学学报（社会科学版）(2): 81-86.

刘璨, 张永亮, 刘浩, 2015. 我国集体林权制度改革现状、问题及对策——中国集体林产权制度改革相关政策问题研究报告[J]. 林业经济(4): 3-11.

刘佶鹏, 2013. 农业保险保费补贴实施效果评价与对策建议——基于山西省的实地调查分析[J]. 经济理论与实践(8): 71-72.

潘家坪, 胡杨, 徐玉仙, 等, 2019. 优化森林保险财政补贴方式探讨[J]. 经济研究导刊(1): 45-47, 88.

潘勇辉, 2008. 财政支持农业保险的国际比较及中国的选择[J]. 农业经济问题(7): 97-103.

庞瑞芝, 吕越, 刘建明, 2010. 防范农民道德风险的小额信贷机制研究——基于开发性金融理论的视角[J]. 农业经济问题(10): 63-69.

奇正勋, 程军国, 秦涛, 等, 2020. 林业产业化进程中金融资源优化配置研究[J]. 财会通讯(16): 1-5.

秦涛, 2018. 林业金融工具创新与应用案例[M]. 北京：经济管理出版社.

秦涛, 潘焕学, 2008. 构建我国林业金融支持体系的战略思考[J]. 郑州航空工业管理学院学报(5): 41-45.

秦涛, 潘焕学, 2010. 基于资本形成机制的林业金融支持体系构建研究[J]. 当代经济科学, 32(1): 70-76.

秦涛, 吴今, 邓晶, 等, 2016. 我国森林保险保费构成机制与财政补贴方式选择[J]. 东南学术(4): 101-110.

秦涛, 田治威, 刘婉琳, 等, 2013. 林农森林保险需求的影响因素分析[J]. 中国农村经济(8): 36-46.

秦涛, 于衍衍, 2014. 我国农林业财政补贴政策比较研究[J]. 河南社会科学(10): 84-88, 124.

秦涛, 张晞, 顾雪松, 等, 2018. 基于Holecy模型的森林火灾保险费率厘定研究[J]. 保险研究(6): 77-87.

秦涛, 张艳红, 吴今, 等, 2018. 开发性金融支持国家储备林基地建设案例分析——以广西国家储备林项目为例[J].林业经济,40(1):56-60.

秦涛,2009.中国林业金融支持体系研究[D].北京:北京林业大学.

石焱,2009.我国南方集体林区森林保险事业发展对策研究[D].北京:北京林业大学.

宋沛,秦涛,蒋林橙,2013.我国林业信托融资项目典型案例分析与启示[J].绿色财会(4):13-17.

宋晓梅,刘士磊,潘焕学,2013.国外森林资源资产证券化研究综述[J].世界林业研究(3):1-5.

宋莹,2015.PPP模式与地方公共财政负债管理研究[J].现代商业(6):122-123.

宋志伟,朱丽艳,王海亮,等,2020.基于PPP模式的姚安县国家储备林建设模式探析[J].林业调查规划(2):167-171.

孙香玉,钟甫宁,2008.对农业保险补贴的福利经济学分析[J].农业经济问题(2):4-11,110.

孙哲,2014.PPP项目风险分担机制研究[J].建筑与预算(10):10-12.

孙志红,王亚青,2016.农产品期货、涉农主体与订单农业违约风险的规避[J].世界农业(7):50-56.

孙志红,王亚青,2016.农产品期货参与农业产业化的模式分析[J].世界农业(2):46-50.

田治威,秦涛,潘焕学,2009.中国林业金融支持体系研究[M].北京:经济管理出版社.

万千,秦涛,潘焕学,2012.林农参加森林保险的影响因素分析——基于福建林农问卷调查的实证研究[J].东南学术(3):62-74.

王富炜,田治威,张海燕,等,2008.森林资源资产抵押贷款价值评估研究[J].林业经济(11):12-16.

王戈锋,2011.农业保险与农村信贷互动机制的对接路径研究[J].金融理论与实践(6):96-99.

王火根,刘跃英,2017.商品林产业融资困境与对策研究[J].林业经济(11):93-100.

王华丽,陈建成,2009.政府支持与我国森林保险发展的经济学分析[J].经济问题(10):105-108.

王景利,2013.金融支持林业产业发展分析[J].金融理论与教学(1):55-56.

王立勇,2019.以精准性、指向性为重点 健全农业保险补贴机制[N].中国社会科学报,2019-10-16(004).

王敏,2020.中国地方政府专项债券发行问题研究[J].中央财经大学学报(11):13-25.

王晓航,2020.国家储备林项目PPP模式实施风险研究[J].西部林业科学(1):82-86.

王小丽,2016.国家开发银行支持林业产业发展存在问题与建议[J].中国市场(20):86-87,100.

王晓丽,石颖文,石道金,2018.公益林补偿收益权质押贷款证券化探讨[J].林业经济问题(4):48-54,106.

魏安琪,陶冶,2012.农业保险财政补贴模式评述及发展趋势展望[J].中国保险(5):24-26.

翁夏燕,陶宝山,朱臻,2016.林业补贴对林农林权抵押贷款意愿的影响研究——基于浙江省建德和开化的林农调查[J].林业经济问题(4):324;331.

吴彬,吕贤良,2019.林权抵押贷款现状分析——以丽水市莲都区林权抵押贷款为例[J].江西农业(6):138-139.

吴东,张一弛,张霁明,等,2019.关于国家储备林建设PPP项目的思考[J].湖北林业科技(6):37-41.

吴继林,2007.永安市林业融资体制改革实践与完善的思考[J].林业经济问题(8):353-357.

吴今,程军国,秦涛,等,2019.国家储备林建设中金融支持模式研究——以福建省南平市国家储备林PPP项目为例[J].林业经济,41(5):83-88.

吴静,陈洁,徐斌,2018.基于SWOT分析的我国林业绿色信贷政策探讨[J].世界林业研究(2):93-96.

吴森,张精富,2019.公私合作(PPP)项目风险管理研究述评[J].武汉理工大学学报(社会科学版),32(1):39-47.

吴普侠，王海燕，2019. 林权抵押贷款风险的应对措施探究[J]. 南方农业(27)：76-78.

吴童，2011. 林权抵押贷款风险研究[J]. 商业经济(5)：104-109.

吴学明，何小伟，陈峰，2018."无赔款优待"在农业保险中的应用探析[J]. 保险理论与实践(9)：69-76.

夏诗园，2020. 地方政府专项债特征、优势及问题研究[J]. 西南金融(8)：52-62.

谢建强，2018. 如何破解林改后林权抵押贷款存在的矛盾和障碍[J]. 金融经济(8)：157-158.

许慧娟，张志涛，蒋立，等，2009. 关于构建复合型森林保险体系的探讨[J]. 林业经济(4)：30-37.

徐克勤，2018. 对调整农业保险财政支持政策目标的思考[J]. 财政科学(4)：133-137.

杨桂云，2011."农业保险+涉农信贷"贷款定价研究[J]. 财经理论与实践(9)：31-34.

叶扬，2008."农村小额信贷+农村保险"模式的可行性分析[J]. 金融与经济(3)：75-76.

伊克夫，2020. 我国橡胶期货价格发现功能研究[J]. 价格理论与实践(7)：106-108，179.

尹成远，任鹏充，陈伟华，2010. 农村小额保险与小额信贷结合发展及其模式探讨[J]. 现代财经(3)：22-26.

游栋明，2009. 农发行开拓林业政策性信贷业务的探讨[J]. 林业经济问题(12)：545-548.

余东威，2017. 开发性银行贷款建设国家储备林的实践与探索——以广西利用国家开发银行贷款建设国家储备林基地为例[J]. 林业经济问题(2)：24-27，100.

余方纯，2020. 林业金融服务体系中创新模式构建的研究[J]. 林业科技情报(1)：47-49，52.

俞小芳，石道金，2018. 林业PPP模式的应用探讨——以浙江省为例[J]. 绿色财会(7)：29-33.

岳意定，李军，2011. 基于演化博弈的涉农信贷与保险耦合机制稳定性分析[J]. 系统工程(9)：92-97.

张东，江华，鲁锐正，2014. 林业信贷资产证券化运行机理研究及实证分析[J]. 广东农业科学(7)：219-222.

张桦，2004. 信托在林业投资中的应用——非公有制商品林投资运行机制创新研究[J]. 林业经济问题，24(5)：287-290.

张慧芳，雷咸胜，2017. 精准扶贫背景下新农保财政补贴机制的优化设计[J]. 税务与经济(1)：25-29.

张静，2019. 论PPP项目监管的国外经验及启示[J]. 中国政法大学学报(6)：19-28，206.

张兰花，许接眉，2016. 林业收储在林权抵押贷款信用风险控制中作用研究[J]. 林业经济问题(2)：139-142.

张敏，2020. 利用金融衍生品工具服务三农精准扶贫——天然橡胶"保险+期货"试点模式探究[J]. 中国证券期货(2)：28-33.

张蒴，2017. 国家储备林建设探讨[J]. 西南林业大学学报(社会科学)(2)：27-31.

张增磊，2019. 地方政府专项债券面临的主要问题及对策[J]. 地方财政研究(8)：51-57，63.

张祖荣，2009. 农业保险补贴问题的经济学分析[J]. 江西财经大学学报(2)：42-46.

张祖荣，2017. 我国农业保险保费补贴资金使用效果评价：方法与证据[J]. 财政研究(8)：101-111.

赵荣，韩锋，赵铁蕊，2019. 浙江省林权抵押贷款风险及防范策略研究[J]. 林业经济(4)：32-35，98.

赵树本，伍丰宇，王姗，等，2020. 我国国家储备林PPP模式适用条件与推广策略[J]. 世界林业研究(2)：101-105.

赵莹，2004. 准公共物品定义下的农业保险供给[J]. 财经科学(4)：94-97.

赵勇智，李建平，李俊杰，等，2019. 农业项目运用PPP模式的困境及对策研究[J]. 中国农业资源与区划，40(9)：212-217.

赵赞，2013. 种植业保险保费财政补贴的绩效评价——以吉林省为例[C]. 2013中国保险与风险管理国际年会论文集：542-558.

郑杰, 2011. 让金融资本涌入林业"洼地"的两大举措——永安市林业投融资体制改革及森林保险案例[J]. 林业经济(5): 31-35.

郑良海, 2020. 地方政府专项债与 PPP 的相容机制分析[J]. 经济问题, 487(03): 55-62.

周昌发, 2020. 乡村振兴战略下的农村合作金融制度改进[J]. 科学决策(12): 47-72.

周健, 2009. 保险市场与农村信贷市场的对接模式研究[J]. 改革与战略, 25(5): 79-82.

周孝坤, 2006. 林业企业债券融资探讨[J]. 林业经济(10): 58-60.

朱莉华, 马奔, 温亚利, 2017. 新一轮集体林权制度改革阶段成效、存在问题及完善对策[J]. 西北农林科技大学学报(社会科学版)(3): 143-151.

朱楠, 张媛, 王晓丽, 等, 2020. 林农公益林补偿收益权质押贷款可得性研究[J]. 林业经济问题(2): 165-172.

左斐, 2011. 农业保险对财政投入的放大效应分析[J]. 保险研究(9): 19-25.

Amacher C S, 1997. The Design of Forestry Taxation: a synthesis with New Directions[J]. Silva Fennica, 31(1): 45-47.

Baenett B J, Skees J R, 1995. Region and Crop Specific Models of The Demand for Federal Crop Insurance[J]. Journal of Insurance Issues, 18(2): 47-65.

Barreal J, Loureiro M L, Picos J, 2014. On Insurance as A Tool for Securing Forest Restoration After Wildfires[J]. Forest Policy and Economics, 42: 15-23.

Brunette M, Couture S, 2008. Public Compensation for Windstorm Damage Reduces Incentives for Risk Management Investments[J]. Forest Policy and Economics, 10: 491-499.

Brunette M, Cabantous L, Couture S, et al., 2013. The Impact of Governmental Assistance on Insurance Demand Under Ambiguity: A Theoretical Model and An Experimental Test[J]. Theory & Decision, 75(2): 153-174.

Brunette M, Holecy J, Sedliak M, et al., 2015. An Actuarial Model of Forest Insurance Against Multiple Natural Hazards in Fir(Abies Alba Mill) Stands in Slovakia[J]. Forest Policy & Economics, 55: 46-57.

Carbonara N, Costantino N, Gunnigan L, et al., 2015. Risk Management in Motorway PPP Projects: Empirical-Based Guidelines[J]. Transport Reviews, 35(2): 162-182.

Cheboiwol J K, Mutta D, Kiprop J, et al., 2018. Public Private Partnerships Opportunities for Forestry Sector Development in Kenya: Synthesis of Primary and Secondary Production Actors, and Trade[J]. Journal of Environment and Earth Science, 8(1): 47-69.

Coble K H, Barentt B J, 2012. Why Do We Subsidize Crop Insurance[J]? American Journal of Agricultural Economics, 95(2): 498-504.

Coble K H, Knight T O, Pope R D, et al., 1997. An Expected Indemnity Based Approach to the Measurement of Moral Hazard in Crop Insurance[J]. American Journal of Agricultural Economics, 79: 216-226.

Dai Y W, Chang H H, Liu W P, 2015. Do Forest Producers Benefit from the Forest Disaster Insurance Program? Empirical Evidence in Fujian Province of China[J]. Forest Policy and Economics, 50: 127-133.

Goldammer J G, Furyaev V V, 2014. Fire in Ecosystems of Boreal Eurasia: Ecological Impacts and Links to The Global System[J]. Forestry ences, 48: 1-20.

Hoppe E I, Kusterer D J, Schmitz P W, 2011. Public-Private Partnerships Versus Traditional Procurement: An Experimental Investigation[J]. Journal of Economic Behavior & Organization, 05: 1-20.

Goodwin B K, 1993. An Empirical Analysis of The Demand for Multiple Peril Crop Insurance[J]. American Journal of Agricultural Economics, 75(2): 425-434.

Goodwin B K, Smith V H, 2013. What Harm Is Done By Subsidizing Crop Insurance? [J]. American

Journal of Agricultural Economics, 95(2): 489-497.

Horowitz J K, Lichtenberg E, 1993. Insurance, Moral Hazard, and Chemical Use in Agriculture[J]. American Journal of Agricultural Economics, 75(4): 936-935.

Just R E, Calvin L, Quiggin J, 1999. Adverse Selection in Crop Insurance: Actuarial and Asymmetric Information Incentive[J]. American Joural of Agricultural& Applied Economics, 81(4): 834-849.

Knight T O, Coble K H, 1997. Survey of U. S. Multiple Peril Crop Insurance Literature since 1980[J]. Applied Economic Perspective and Policy, 19(1): 128-156.

Susanna L C, 2004. Foreign Direct Investments in the Forest Sector: Implications for Sustainable Forest Management in Developed and Developing Countries[J]. Forest Policy & Economics, 6(3-4): 359-370.

Li Y, 2010. Preliminary Discussion on Forest Insurance Legislation[J]. World Forestry Research, 23(2): 72-74.

Lindenmayer D B, Franklin J F, Lohmus A, et al., 2012. A Major Shift to The Retention Approach for Forestry Can Help Resolve Some Global Forest Sustainability Issues[J]. Conservation Letters, 5(6): 421-431.

Loosemore M, Raftery J, Reilly C, 2006. Higgon, D. Risk Management in Projects[M]. London: Taylor & Francis.

Pinheiro A, Ribeiro N, 2013. Forest Property Insurance: An Application to Portuguese Woodlands[J]. International Journal of Sustainable Society, 5(3): 284-295.

Qin T, Deng J, Pan H, et al., 2016. The Effect of Coverage Level and Premium Subsidy on Farmers' Participation in Forest Insurance: An Empirical Analysis of Forest Owners in Hunan Province of China[J]. Journal of Sustainable Forestry, 35(3): 191-204.

Qin T, Gu X, Tian Z, et al., 2016. An Empirical Analysis of The Factors Influencing Farmer Demand for Forest Insurance: Based on Surveys from Lin'an County in Zhejiang Province of China[J]. Journal of Forest Economics, 24: 37-51.

Samuelson P A, 2012. Economics of Forestry in an Evolving Society[J]. Journal of Natural Resources Policy Research, 4(3): 173-195.

Sauter P A, Möllmann T B, Anastassiadis F, et al., 2016. To Insure or Not to Insure? Analysis of Foresters'Willingness-To-Pay for Fire and Storm Insurance[J]. Forest Policy and Economics, 73: 78-89.

Stightz J E, 1990. Peer Monitoring in Credit Markets[J]. World Bank Economic Review(4): 351-366.

Vandeveer M L, Young C E, 2001. The Effects of the Federal Crop Insurance Program on Wheat Acreage [J]. Economic Research Service, USDA: 21-30.

Wang H H, Hanson S D, Myers R J, et al., 1988. The Effects of Crop Yield Insurance Designs on Farmer Participation and Welfare[J]. American Journal of Agricultural Economics, 80(4): 806-820.

Xiong W, Zhao X, Yuan J F, et al., 2017. Ex Post Risk Management in Public-Private Partnership Infrastructure Projects[J]. Project Management Journal, 48(3): 76-89.

Zhang Q, Wang G, Mi F, et al., 2019. Evaluation and Scenario Simulation for Forest Ecological Security in China[J]. Journal of Forestry Research, 30: 1651-1666.